SIXIANG YANBIAN YU TIZHI ZHUANXING

思想演变与体制转型
中国教师教育回眸与展望

李晓波 陆道坤 著

江苏大学出版社
JIANGSU UNIVERSITY PRESS

镇 江

图书在版编目(CIP)数据

思想演变与体制转型：中国教师教育回眸与展望 /
李晓波，陆道坤著. —镇江：江苏大学出版社，
2012.12
　　ISBN 978-7-81130-429-9

　　Ⅰ.①思… Ⅱ.①李… ②陆… Ⅲ.①师范教育—研
究—中国 Ⅳ.①G659.2

　　中国版本图书馆 CIP 数据核字(2012)第 302180 号

思想演变与体制转型：中国教师教育回眸与展望

著　　者/李晓波　陆道坤
责任编辑/米小鸽　朱汇慧
出版发行/江苏大学出版社
地　　址/江苏省镇江市梦溪园巷 30 号(邮编：212003)
电　　话/0511-84446464(传真)
网　　址/http://press.ujs.edu.cn
排　　版/镇江文苑制版印刷有限责任公司
印　　刷/丹阳市兴华印刷厂
经　　销/江苏省新华书店
开　　本/718 mm×1 000 mm　1/16
印　　张/21.25
字　　数/480 千字
版　　次/2012 年 12 月第 1 版　2012 年 12 月第 1 次印刷
书　　号/ISBN 978-7-81130-429-9
定　　价/48.00 元

如有印装质量问题请与本社营销部联系(电话：0511-84440882)

目 录

绪　论

　　中国目前的教师教育①，在正式创制时直接借用日文汉字，称为"师范教育"。如果以南洋公学师范院作为中国师范教育的肇始，那么中国师范教育至今已跨越了三个世纪，历经了百余年的探索之路。中国师范教育在其百余年的发展历程中，在寻求科学发展的道路上可谓是"左突右撞"。放眼世界，经历类似中国师范教育之"上下求索"历程者，可谓少之又少。经由这一披荆斩棘的探索历程，我国积累了丰富的师范教育建设经验，这些宝贵经验是师范教育乃至整个教育界的宝贵财富。经过百余年探索和尝试，我国在不断总结以及汲取国外教育理论和经验的基础上，逐渐形成了独特的教师培育理论，为今后有力地推动教师教育的发展乃至整个教育事业的发展提供了有力支撑。实践将有力地证明，具有中国特色的教师教育理论和体系，将会不断展示出其鲜活的生命力，并在不断自我完善的过程中引领我国乃至整个世界教育的科学发展。

一

　　百年发展历程中，中国教师教育几经周折，并进行了多次根本性改革。虽然有学者认为，中国教师教育的发展几乎是与政治发展齐头并进的，甚至无独立发

---

① 为体现对历史的关注，本书在"师范教育"和"教师教育"两个概念的使用上作如下界定：1. 鉴于在"教师教育"概念出现后，"师范教育"在很大范围内和程度上为其所替代，引起了不必要的混乱，本书中 2001 年《国务院关于基础教育改革与发展的决定》中"教师教育"概念出现前的教师培养场合尽量使用"师范教育"。2. 涉及历史长时段（自"师范教育"创立至今）的论述，尽量使用"教师教育"，以体现历史叙述的整体性和连续性。3. 涉及国外同时段的概念，以国外该时段的称谓为准。

展之品格。但即便如此，中国教师教育仍然在短短百年中经历了从封闭式师范教育到开放式师范教育、从师范教育到教师教育的转变，对不同模式的教师培养都作了有益的尝试；经历了从学习日本到学习美国，再到学习苏俄，以及近些年来博采众长的学习转向，在一定意义上实现了教育先进国家的理论、经验与中国师范教育理论以及体制构建的良好结合，为形成中国特色教师培养理论、推动中国特色的教师教育体制建设奠定了良好的基础。

毋庸置疑，清末学习日本建立师范教育体系，主要是对新式教育的有力回应和支持，甚至在某种意义上可以说是对中国传统教师养成模式的颠覆。在今天看来，不得不承认这确实是具有历史意义的创举，它有力地适应了中国近代化的发展需求。中国素来尊师重道，虽然教师的实际社会地位不高，但一旦将其与"仕"联系起来，与"出则为仕，退则为师"以及"在朝亦在野，为师亦为仕"的传统联系起来，师的地位将相对提升。而中国的师道传统实际上也确定了教师来源的非专业性和非专门培养。无论是"经师"还是"人师"，从其来源来看，无非是要求硕学大儒甚至可以身兼数职，为官，为师，甚至朝廷的朋党也有"坐师"之说。即使在挽救师道之风的唐朝，在韩愈的《师说》出现后，"师"这一职业从业人员的"非专业性"也未能改变。历史的脚步一直走到清末，中国始终未能够形成专门培养教师的体制。因此，从中国的历史发展来看，纵使教师的地位不断提升，对教师的要求不断规范，但自始至终也未能形成体系化的教师培养制度。而清末学习日本建立专门性的机构以及相应的制度来培养教师，则是一种对历史传统的颠覆，也是适应近现代教育的一种创新。当然，清末的师范教育并不是对历史的完全否认，其中教育思想层面的"中体西用"就是对中国传统师道的吸收和升华，而制度中关于给予教师"科举"出身奖励的措施，在某种意义上也是对历史的延续。

随着民国初新文化运动的风起云涌，学习美国则成为首选。这次学习的转向是在留美学生以及美国学者推动下开展的，这一转向显示出了中国人的开放心态。学习美国与学习日本不同，学习美国几乎是未经详细设计和较长时间酝酿的结果，多渠道和多方式的理论以及经验输入与中国"美式"师范教育体系的构建几乎是同步的。而这些理论和实践在未经"消化"的情形下即与实践对接，这与体制构建的常规逻辑是相背离的。实际上，虽然"美式"师范教育体制构建步履维艰，不断遭到反对，但经过10年左右的建设，"美式"师范教育体制还是形成了雏形，并在师资"质"的提升上作出了有益的尝试。应该说，"美式"师范教育是对最先进的开放式教师培养模式的有益探索，虽然在实践上这一教师培养模式未能取得如期效果。

新中国成立后,从理论到实践各个层面"以俄为师"全面推进师范教育建设,也是一次符合历史传统和现实境遇的选择。虽然当时也有反对之声,但"以俄为师"的师范教育理论和实践无疑是中国师范教育史上影响最深的变革。甚至在今天的教师教育理论和实践中,仍可以看到"以俄为师"的痕迹。以今天的眼光看,"以俄为师"的选择,即使在当时没有遭遇"冷战"政治影响的情况下,也是最优的选择。因为面对一个新的政治制度,建立起适合拥有数亿人口国家国情的教师培养体系,非大规模的"专门学府"无法承担——苏联的教育经验恰恰满足了这一需求。

20 世纪 60 年代中期至 70 年代中期,中国师范教育遭受了 10 年"文革"的重创。20 世纪 70 年代末,随着改革开放的春天来临,中国师范教育又开始了新中国成立后的"二次"重建。这一重建实际上是在恢复"以俄为师"的师范教育基础上不断融入中国特色的过程。值得注意的是,这一过程中,在职教育得到重视,职前教育与在职教育的连接逐渐被注意到。这一努力在 21 世纪初得到了进一步的发展——职前教育、职后培训一体化成为中国师范教育改革创新的重要内容,"师范教育"的概念也逐步被"教师教育"替代。

如今,进入 21 世纪已 10 余年,中国教师教育在博采众长的基础上逐步形成了自己的特色。站在新的起点上,总结 100 多年来中国师范教育发展的经验,为今天和未来的中国特色教师教育体系构建提供借鉴,是一项十分重要且极有意义的工作。

二

中国师范教育的发展历程充满着探索和尝试,但在反思和总结方面却稍显不足。因此,在中国教师教育取得快速进展的今天,非常有必要对师范教育的发展作一个系统性总结。总体上看,中国师范教育在其百年历程中积累了以下几个方面的经验:

第一,学习与改造的"拿来"经验。"拿来主义"是新建现代教育体制以及重建的最佳选择之一,对教育后起国家来说尤其如此。借鉴教育发达国家的先进教育理论,吸收其建设经验,吸取其发展中的教训,是后起国家在教育发展道路上科学、快速、健康发展,避免走弯路的重要举措。中国历代的教育家们不可谓不睿智,他们没有故步自封,陶醉于对天朝大国的优秀传统的回忆中,而是大胆向外求索,即便是刚刚欺负过我们的日本。我们学习日本,可谓匠心独具。姑且不论以"中体西用"的思想使其"中国化",使其不至于因招致大规模的反对而易于"落地"，单是教育课程的改变中就可见教育智慧的闪现。而学习美国实践上则直接将"原汁原味"的理论拿来，邀请美国当代最著名的教育理论家杜威来华推动此事，甚至以东南大学的成立为旗帜，将美国教育理论与中国教育实践进行无缝对接。至于"以俄为师"则更是"盛况空前"，苏联教育家从理论、政策到师范院校建设甚至基础教育的一线教学，对我国实施了"全面介入"。由于政治气候影响，中国教育家实际上在"以俄为师"中间，并未积极主动地加以"中国化"改造。从20世纪50年代中期开始一直到改革开放初期，中国教育界才真正地将苏联师范教育的精髓与中国教育实际有机结合起来，实现了"拿来"。

第二，快速建立体制的经验。中国师范教育体制的更替，基本上都呈现出了一个共同的模式——"理论＋舆论＋政府＋学界"的合力机制。中国师范教育体制的建立和推倒再建，都如疾风暴雨般。从考察日本师范教育到建立中国第一个现代式的师范教育体制，不过10余年。快速创建中国近现代师范教育体制，是在"白纸"上作画，清末的教育家和决策者表现出了极大的理论勇气和创造精神。舆论层面，清末的官绅"日本考察"风潮可谓是一个巨大的造势运动，而理论层面的关于精神内核的探讨则牵动了朝野上下。实践上，从地方试点开始，边总结边推广，呈现出制度建设和学校教育实践探索同步的状态。而"美式"师范教育体制建设则更为快速和迅猛。尽管反对声不绝于耳，但"美式"师范教育体制仍然实现了理论输入与实践推进并举，实现了短时间内推倒既有师范教育体制并同时实现重建的壮举。教育界的胆略以及相关政策的快速形成，甚至是学校体系的建设，都在不到20年的历程中，在政治局势较为动荡的情形下完成，其中的艰难曲折可以想见。舆论造势是以杜威等人来华为巅峰的，而政界则是以"留美"派的倾力推动为特征的。"以俄为师"建立的"苏式"师范教育体制几乎是一个"克隆"的过程，从20世纪50年代初到50年代末，不到10年的时间，在政府的全力推动下，"苏式"师范教育体制很快建立起来，并且在完备程度上超过此前的任何一种师范教育体制，其构建速度和完整程度匪夷所思。可见，中国师范教育史上的新建、重建的经验是十分丰富的。

第三，推动师范教育前后一体和上下对接的尝试。从中国师范教育体制的建设历程来看，最初的几个师范教育体制在师范教育的前后一体化方面确实没有作为。但"美式"师范教育建立前夕，人们在检讨"日本式"师范教育不足的过程中，指出了其不足之处在于教师的素质不高，不适应教学需要。参考美国师范教育建立起来的师范教育体制，已经开始意识到教师在职教育的重要性。而"以俄为师"建立起来的师范教育显然将教师在职进修提到了重要层面，并提倡教师的教育科研。这些努力在其后的几十年中一直被作为重要工作——尤其在改革开放以来的师范教育体制建设中。作为中国化师范教育体制探索的主要阶段，改革开放以来，中国师范教育一直在不断加大在职培训（继续教育）的力度，不断加大人力物力的投入，并搭建起了完善的教师继续教育体系。当前的教师在职教育正是依托这些既有的机构、机制开展的。可见，即使没有"教师教育"理念的进入，中国在教师培养的一体化上也将自然地进入"教师教育"阶段。

三

当然，在中国师范教育的多次尝试中，教训也是极为深刻的。

第一，教育的独立性建设相对滞后。教师的教育是整个教育发展的"发动机"，其独立性品格是保证整个教育体系合乎规律性和现实性发展的重要保证。当然，所谓的独立性品格并不是否定教育为政治、经济服务的特质，而是强调教育如何实现独立、高效的发展，进而在为政治、经济服务过程中发挥最大作用。中国学习日本是基于"甲午战争"的失败，在内外交困的情形下，某种程度上是以政治家的喜好为依据的，缺乏比较与甄别，更遑论其中必须具备的反复论证等环节。学习美国的背景是新文化运动，甚至有学者认为学习美国之中暗藏了多种政治动机。在政治和文化倾向美国的情形下，师范教育可谓是"跟风"，尤其缺乏对本国教育的实际观照，因此"美式"师范教育的失败从一开始就是注定的。

第二，体制的更替是否需要理性心态与规律的处理。在数次体制革新的过程中，教育界的浮躁是明显的。众所周知，教育成效的显现需要一个较长的周期，因而就产生了教育效果的滞后性，即对于各种教育形态，其结果需要在一定时期后才能够显现出来，因而在兴办教育的当时是无法得到回报的。这一特征决定了兴办教育必须能够作出周期的预测，选取较为合适的教育方式，并在兴办中保持理性的判断和预期。正因如此，任何一种教育都不可能在极短的时间内立即起效，而实践中人们往往会忽视教育的这一发展规律。一个最为明显的例证就是，我国"美式"师范教育推进过程中，没有等到"高师改大"完成，批判之声已成燎原之势。师范教育体制的变革造成的阵痛是难免的，甚至在短时间内无法恢复到建立之前的发展状态，对于一个崭新的体制来说，出现这一情况实属正常。但对于反对开放式体制改革的教育家来说，其采用的参照标准却是较为苛刻的，即把调整后的短时间内的师范教育发展与调整前的加以量化比较，完全没有宽容的态度和合乎规律的判断。这一情形甚至同样发生在"以俄为师"中，20世纪50年代末的"去苏联化"即是一例。总的来说，"建构"雄心不足，"解构"之举有余。

第三，国外师范教育理论的引进："合适"与"先进"何者为先？选择一个学习对象，建构一种教育体制，其标准应该是在当前乃至今后较长一段时间是否"合适"，而非"先进"与否。在中国师范教育建设历程中，"美式"师范教育体制的建立确实符合了国际的教师培养趋势，这一体制无疑是当时最为先进的，但选择者忽视了这样一点：美国的教师教育体制是与其基础教育相对应的，而当时的美国已经处于师资力量相对饱和的状态，师资需求已经由"量"过渡到"质"的层面。反观我国当时的基础教育发展状态，却与美国不同：师资的量的需求远远得不到满足。因此，学习对象选择以及教育体制建设的"合适"标准是最基本的——当然"合适"并非否定选择的前瞻性。

第四，科学地协调教师教育与基础教育的关系，推动二者的和谐发展，是教师教育理论建设和体制建设的关键。纵观中国教师教育发展史可以看到，中国教师教育体制建构似乎一直沿着一条"单行线"前行，缺乏与基础教育的对接和互动，而是按照自我的设想不断演进。从清末一直到新中国成立前，相关的理论研究中很少有关于师范教育与基础教育关系的论述，甚至在师范教育制度的建设中，这类关注也较少。虽然这一状况在"以俄为师"中得到了一定程度的纠正，但积弊已久，很难在短时间内得到改善。即使在当前，这一状况也不同程度地存在，这是需要引起理论研究者和教育政策制定者注意的。

当前，具有中国特色的教师教育理论系统化建设尚未成型，从理论到实践的各个层面已经进入了"高原期"：实践的探索形式化严重，改革推行的力度不足；教育科研成果多，但能够付诸实践者相对较少；对接实践的教育实验以及"试验田"建设处于"夹生饭"阶段，基础教育领域并未深入领会未来教师实践的重要性；教师教育结构与基础教育对接的机制和体制构建处于僵化状态；等等。因此，以史为鉴，吸取我国师范教育建设的历史经验，发挥理论勇气和创新精神，实现教师教育的根本性突破，将是今后中国教师教育努力的方向。有鉴于此，本书在回顾中国教师培养体制形成的过程中，将着力呈现其中的思想演变轨迹，为中国特色教师教育体系构建提供有益的借鉴。

需要说明的是，本书所论及的中国教师教育仅指大陆地区，港澳台地区的教师教育单列在第七章中叙述。

第一章　中国教师教育的演变轨迹

与西方教师教育发达国家相比,中国教师教育的发展历程呈现出更为多样和复杂的面貌。但拨开历史的面纱,用哲学的眼光和方法来观察、分析百余年中国教师教育发展历程,可以清晰地看到这样一个演变轨迹:中国教师教育遵循了否定之否定规律,呈现出波浪式前进或者螺旋式上升的演进路径。在教师教育思想层面体现为发展的继承性(扬弃)与开创性相结合的特征;在教师教育制度层面,体现出发展的连续性与非连续性相交融的特征。与此同时,教师教育体制不断在解构和重构中实现发展。

从思想及理念层面来看,中国教师教育思想经历了以下几个阶段:清末学习日本,并在其基础上以"中体西用"之精神内核充实之,形成封闭式师范教育理念;民国中期学习美国,形成以"高师改大"为特征的开放式师范教育理念;民国中后期,封闭式师范教育思想开始回复,形成以"师范学院"为代表的封闭式师范教育理念;新中国成立后,形成了以"专业学府"为特征的封闭式师范教育理念;"文革"后,师范教育体制逐步走向开放,并渐进式地形成以"教师教育"理念为基础的开放式教师教育理念——这一教育理念将一直指导着当前乃至未来较长一段时间的教师教育。

与思想发展相对应,教师教育政策和制度也相应地发生改变,教师教育体制也在不断地解构和重构中发展,虽然其中的实践往往没有思想的改变彻底和迅速,但实践的转向却在教师教育发展历程中刻下了深深的印记。从教师教育发展的历程来看,历史断裂性意味更为强烈。历史地审视前后相连的各个横断面,可以发现这一发展历程前后无法割裂,并呈现出思想上的继承性与创新性相结合的发展轨迹。历史地审视教师教育的发展历程,可以清晰地发现各个阶段的教师思想和教师教育体制前后相连与相承。后来者往往以扬弃的方式承袭前者的科学合理因素,并极力摒弃不科学以及无法适应教育发展的因素。教师教育发展经过肯定、否定、否定之否定（新的肯定）的过程，相邻阶段往往在不同基础上重现，呈现出类似复归的特征。但这种复归不是原来事物的简单重复，而是在更高、更丰富的基础上的复归。鉴于上述判断，可以将中国教师教育百余年发展史看做一个否定之否定的演进过程，一部在探索中不断创新的发展史。

第一节　教师教育思想的变迁：外力推动下的发展与超越

中国现代意义上的教师教育与西方相比起步较晚。客观地看，中国的教师教育思想基本上都是在吸取或者借鉴国外教师教育思想的基础上，结合对国内教育情况的深刻认识形成的。

清末师范教育初立，开风气之先的是"赴日取经"。梁启超、盛宣怀、郑观应、张之洞等人将日本师范教育思想带回国内，并结合中国的师道传统以及初起的新式学堂加以诠释。清末师范教育思想在精神内核上关注"中体西用"，因此其设定的教育培养目标也未脱离"士大夫"的窠臼。从这点来看，就不难理解为什么对师范毕业生仍然给予出身奖励，也不难看出为什么会允许大量的老生寒儒跳槽到新式学堂：这一思想直到民国才被完全清除。

民国初期，随着新文化运动的兴起，杜威等人从西方为教师教育带来了一股新鲜空气。在留美归国学生如胡适、陶行知等人推动下，提倡开放办学的师范教育思想大行其道，甚至以论战的形式与封闭式师范教育思想展开斗争。但最终形成的教育理念却未以开放式教师教育思想的大获全胜告终，而是以妥协的形式确定在教育政策上。也就是说，学习美国教师教育思想并未实现全盘"美化"，而是在"亦美亦中"的思想中穿梭。合并派与独立派之争激烈持久，虽然有部分学者要求废止师范，甚至亲力亲为地推动"高师改大"和"师中合并"，但最终却仍然愿意承认和保证师范的相对独立存在。

20世纪30年代，师范学院思想袭来，既是对美国师范学院的认同，更是对清末学习日本时期的教育制度和思想的回溯。其中既有对前面师范教育思想——提升教师素质的吸取，又有对封闭式师范教育制度的再认识。在中等师范设立上，注重与高等师范的结合并主张国家层面监管。这一趋势延伸到了新中国成立后。虽然苏联的师范教育思想早在20世纪30年代就传入中国，但一直未引起重视。而新中国成立后，虽然在人才的定义上有所不同，但针对性的"专业学府"思想仍然是某种意义上师范学院代表的封闭式师范教育思想的延续，只是将封闭式师范教育思想梳理得更为系统和科学而已。

进入21世纪以来，教师教育思想不断升格，我国教师教育将逐步以开放式思想作为指导，但在基本的办学模式和思想上仍然将封闭式作为基础，虽然近年的改革不断加速，但在职前的教育思想和在职培训的思想上，仍然吸取了此前苏联模式的合理因子。

总的来看，教师教育思想在扬弃中得到丰富和发展，在吸取外来优秀思想、理念的基础上，不断对既有的思想进行科学的、历史的否定。教师教育思想通过否定不断确立自己的思想体系和理念体系，并在落地中不断修正发展，进而逐渐成为"旧事物"，为外力簇拥下的"新事物"所替代。具体来看，其中合理的科学的因素在不断地积累和传递。

一、理念的冲突与调和——教师教育思想的扬弃

一部教师教育史，就是一部教师教育思想演进史。中国教师教育思想虽然也经历了多次转换，但自始至终未能形成自己独立完整的内容体系。客观地看，中国的教师教育思想并不能完全称为"思想"，称之为"理念"则更为确切。外来教师教育思想在中国的教师教育理念转换中都起到了重要作用，甚至是关键作用。思想或者理念的非原生态，其实证性缺乏支持，其"根基"则相对不牢，说服力欠缺，更缺乏作为学派的传播和支持。因此，每一次中国教师教育思想的转变，都是在外力的推动下以政府政策的引导而收官的。在每一次教师教育理念的转换中，留学归国的学者都起着摇旗呐喊的作用，甚至充当着教师教育改革的主力军，足见外力的作用之大。但在教师教育理念乃至体制的转换中，中国的基础教育所起的作用却往往较小，甚至很难听到其声音。因此，每一次的思想冲撞都显得相对"烈度"较低，无法触及教师教育和基础教育的连接处，无法系统地认知和分析当时的基础教育的现状和未来。正因如此，基础教育与教师教育之间的矛盾不停地引发教师教育的变革。

中国教师教育理念的转换是通过冲突的方式进行的。当然，由于理念产生和依存的特殊性，理念在冲突转换中，多未能以革命的方式体现某种理念的绝对优势，一旦基础教育问题凸显，其相对立的理念就会以另外一种方式卷土重来。值得注意的是，鉴于思想冲撞转换的时间间隔都较短，因而其中的调和特征往往较为明显。清末学习日本过程中，作为倡导者和实践家，旅日官员们、学者们以及留日归国学者逐步形成了封闭式教师教育理念——值得注意的是这一理念基本上未遭遇抵制，反而得到"中体西用"的精神内核的美化。随着这一理念的逐渐深入，裹挟着美国教育思想的新文化运动的开展，杜威、国联中国教育观察团的来华以及规模庞大的留美归国学生不遗余力的宣传，加上部分有着赴美学习经历的政客的支持，"高师改大"和"师中合并"的"美式"教师教育思想逐渐蔓延，且与既有的学习日本形成的封闭式教师教育思想发生正面交锋，并取得胜

利。反观当时的基础教育，美国教师教育思想在当时的中国是难以落地的，而其得以胜利的重要原因之一就是"美国模式"的倡导者抓住了师范与基础教育之间矛盾的一点：教师质量的不足——这恰恰是当时教育发展中最大的弊端，显然戳中了当时教育的要害。但就教育自身的特点而言，教育是一个较长期的发展过程，其周期特征明显，不可能一蹴而就。"美国模式"的倡导者们未能预料到，"美国模式"建立之后不久，其击倒独立派的武器恰恰成为导致自己消解的利器。值得注意的是，虽然几次教师教育理念冲撞中最为激烈的是师范学院体制诞生前后的论争，但师范学院思想恰恰是最为薄弱的。顺着独立办学的封闭式教师教育理念，新中国成立后学习苏联的模式基本上未受到思想冲击即走上教育舞台。除了 20 世纪 50 年代中后期，伴随政治上与苏联关系的恶化和国内师范教育自主意识的提升——仍然在封闭式教师教育理念的范围内，基本上到改革开放前，教师教育都走在封闭式办学之路上。20 世纪末，伴随着教师教育思想的传入，中国教师教育理念逐渐发生了变化——这一变化是在渐进式的演变中逐步形成的，与之前受"苏联模式"影响的教师教育理念未发生较大冲突。但在这一演变过程中，学者们从理论的角度展开了探讨。

思想或者理念的冲撞并非意味着精神层面的革命。中国教师教育理念的冲撞只能是一场思想的改良：思想的冲撞往往最终在政策层面和实践层面都带着大量的调和因素，并非彻底地否定，进而引发政策和实践层面的改弦更张。学习日本形成的教师教育理念，强调独立办学，在实践中一以贯之地实施：除了最早的师范教育归属于京师大学堂以外（可以认定为中国综合性大学参与教师教育的肇始），其他高等和中等师范教育皆为独立办学。学习美国形成的教师教育理念远远没有学习日本形成的教师教育理念功力深厚，也没有其根深蒂固。因此，即使在政府倡导、学界力推的情形下，也难以在短时间内对师范教育进行一次大换血。在美国教师教育思想影响下的中国师范教育显然是一个理念调和的产物，在政策层面只是将师范挪了一个地方，即由独立变成大学（中学）一院系（门类），这在客观上导致了师范教育的萎缩，再加上取消公费制度等，其他方面与清末民初学习日本时形成的师范教育基本相同。而师范学院理念则更让人深思，从思想冲撞到师范学院体制确立，教育思想界和教育当局历经反复，最后留下了一个妥协的产物。而其思想中，也对"美国模式"中强调质量的因素更为倚重。从师范学院严格的过程管理制度的设计中很容易发现这一点，其从课程设置到教育实习等方面，无一不体现了美国教师教育的思想。及至新中国成立之后，"以俄为师"形成的教师教育理念也同清末形成的"日本模式"的教师教育理念的命运类似，其先入为主并相对根深蒂固，在中国教师教育制度和实践层面留下了深深的刻痕。虽然经历多次反动，但一直到今天，苏俄师范教育在多方面的影响都未完全消解。综上所述，我们甚至可以将中国教师教育理念的发展史概括为一部教师思想碰撞与妥协、融合的历史。

科学地看，作为一种直指实践的理论体系的建设，在借他山之石以攻玉的过程中，应该体现出兼收并蓄的特性，而不应该走入非此即彼的选择误区。从世界教师教育史来看，英国的教师教育模式就体现出了工具理性和价值理性相结合的特征，没有陷入将各种模式对立的迷局。各种模式在统一的思想和科学的设计下，运作有序，合作有道，相得益彰。而在中国教师教育理念的变迁中，虽然有着浓厚的调和色彩，但无论是哪一时段，教育当局乃至教育学家主观上都常常在非此即彼的思维模式中挣扎，未能考虑亦此亦彼，进而以多种方式推动教师教育的发展。

二、从肯定到否定：外力推动下新旧思想的更替

一种思想的否定或式微往往通过两种方式：内部的否定与自我分化或者遭遇外来思想的冲击进而被取代。前者往往是因为内部矛盾的凸显，进而在斗争中逐渐升级或消解；后者往往是在特殊的社会背景下，遭遇外来新思想或者理念的强烈冲击，并被其以压倒性优势取代。前者是思想或者理念在与实践的对接中，鉴于实践本身以及研究者的多方面的原因，产生认识上的分歧。在一定外因的催化下，往往产生思想上的冲突，产生新的思想流派或者学派。这一更新属于在内因作用下思想理念体系的自我更新。但是很多思想理念的更新却往往采取了后一种方式。尤其是在政治强势、文化强势等背景下，外来的政治、军事等携思想体系进入，在文化上呈现出类似同化的情形下，外力思想理念体系就呈现出压倒本土既有的思想体系之势，往往在现实层面首先发酵，并逐层对既有思想体系进行驱赶，进而实现全面的推广。

纵观中国教师教育思想发展历程，不难看出，外力的作用是异常强大的。不可否认，外来的教师教育思想以及经验等对中国快速推进教师教育、减少无谓的尝试和少走弯路都起到了极大的作用。但外来思想或者理念的输入往往是在寻求医治教育弊病的灵丹妙药的前提下，整个输入的过程都往往带有急功近利的色彩和无视教育发展实情以及规律的不良倾向。输入者对既有的教育思想理念往往极力否认，缺乏科学的批判。不理性的思想批判往往导致非此即彼的实践，即便是在教育理念体系建设中主动地汲取了前一种思想理念并体现出调和性，但在新思想的推广者的主观层面，却往往是主动地全盘否认的态度和方法。外来思想或者文化得以进入一个有着强大文化传统的国度，基本上都以武力作为重要开拓手段。

中国与外部思想接触和交流的时间并不短，但向来都是以外力思想的被同化或者被调和为结局的。但甲午战争的失败，使得强势的中国文化风光不再，清廷统治者中思想先进的官员开始推动朝廷思考学习国外的问题。清末学习日本，是需要"天朝大国"的统治者们放下高贵的架子的，对于张之洞等敢于和愿意学习日本的先进官员来说，也是需要作出极大的牺牲的。清末梁启超、张之洞等一批先进士绅和思想家赴日取经，并企图将日本的教师教育思想原汁原味无一遗漏地传入中国，甚至不惜将日本教育家引进中国。纵使如此，日本教师教育思想还是经历了中体西用的改造，并被导入了传统意义上的"师道"思想。因此，无论培养目标的设定、整个教育体制的设计，还是教师教育的定位，都体现出明显的封建化色彩。正是因为有这一"否定"的元素，才得以形成清末具有中国封建特色的师范教育思想，并逐步统一、深化认识。应该肯定，相比之后的教师教育思想，清末的教师教育思想自生性和外来性相结合的特征更为明显，教育界的理解更为深刻、接受程度更高。

1915 年开始的新文化运动，是美国教师教育思想得以传入中国的重要背景和推手。随着杜威、克伯屈等人的来华，在教育界、政界的留美归国学者（学生）推动下，美国的教师教育思想成为时尚，在较为彻底的对传统文化反动的大潮下，对清末以来的教师教育思想的否定是必然的。从历史唯物主义的角度来看，没有否定就没有前进。美国的教师教育思想代表了当时追求教师水平提升的思潮，是当时较为先进的教师教育思想。实际上，清末至民初，鉴于教师培养的急需，大量快速师范生进入教师队伍，与清末作为新式学堂师资补充的老生寒儒混杂在一起，导致教师整体素质相对难以尽如人意。教师素质方面的不足，是美国教师教育思想得以存活的重要原因。师范学院思想袭来，与 1931 年秋国际联盟教育考察团对中国教育的考察得出的结论（《中国教育之改造》）及其前后倡导的完全取消师范教育（消解师范教育）有关。这一论断较"美国模式"更为彻底，即教师培养"应由大学中之文学院与理学院负担之"①，甚至连大学的教育科（学院）都可以取消。矛头直指北平师范大学，因而触发了一直处于低烈度争论的独立派和合并派（消解派）之争。这一思想的冲突，事实上是清末师范教育思想以及新传入的师范教育思想的复辟。学习美国初步形成且未来得及完全站住脚的教师教育思想，在反复的思想冲撞中居于下风，进而在多个层面被"否定"。

"以俄为师"背景下苏联教师教育思想的全面输入经由了三种方式：文献传

---

① 北京师范大学校史编写组：《北京师范大学校史（1902—1982）》，北京师范大学出版社，1984 年，第 92 页。

播、苏联教育家来华参与政策制定、苏联教师教育专家介入教师教育实践。苏联教师教育思想的袭来是在教育重建时期，其以压倒性优势，在政治的推波助澜下，全方位地席卷整个教育思想界。就教育界、政府等层面来说，这一思想是对在这之前的教师教育思想的总结和完全再造，是一种彻底意义上的"否定"。甚至可以认为，同样是封闭式教师教育思想，"以俄为师"背景下形成的教师教育思想与师范学院思想有着本质的区别。前者甚至只是对"日本模式"下的教师教育思想的重复，创新之处较少。后者是完全意义上的全新的封闭式教师教育思想，无论在培养目标的设定还是对整体的设想上都与前者不同。更为明确的是，教师教育思想是在终身教育思想席卷全球的背景下，由多种渠道传入的。虽然中国在教师教育上已经作出了调整，但细枝末节处的调整和修改完全不能算是朝向教师教育的改良。而教师教育思想袭来之时，教育界和教育政策部门来不及对其进行消化，完全处于被动接收阶段。这一思想是对"以俄为师"形成的师范教育思想的颠覆。在如何应对教师教育上，我国教育界和教育行政部门显得较为谨慎，并力图通过快速消化，系统推动教师教育建设。但从今天的教师教育思想来看，在其中国化过程中，"谨慎"地否定似乎更为合适。

中国百年教师教育演进历程中，并未能形成任何一种系统的教师教育思想。究其原因，主要在于教师教育主流思想频繁更迭：不同的教师教育思想不断被"引进"，一种新的思想理念刚刚开始构建或者落实到政策设计层面，甚至未来得及推广实施，就招致新的教师教育思想的"否定"，甚至旋即被替代。作为一种教育思想，其从被接受到指导实践并在实践中不断"接地气"，进而在不断纠偏中自我发展，完善既有体系，是一个长期的过程。这不仅是一个理念获得接受的过程，更是在较大范围内对这一理念加以理解的过程，也是将理念内化并用于指导实践的过程。无论从哪一个环节来看，都非短时间所能完成。教师教育思想的频繁更替，是与思想本身的接受（生成）到成熟的规律相悖的，因此也阻碍了中国特色的教师教育思想的生成。

三、否定之否定：教师教育思想的升华

有研究者认为，中国教师教育无论在思想上还是在体制上都呈现出类似"钟摆式"运行外观。"钟摆式"外观实际上只是对原有两端的反复，但中国教师教育思想的转换远非"钟摆式"这么简单。事实上，即使是同样的封闭式或者是开放式教师教育，其理念、整体设计等各个层面也是各不相同的。因此，教师教育思想的回复，只是类似"回复"的运行轨迹，而非实质上的重复。教师教育思想的"回复"，实际上是在更高意义和层面上的一种复归，它是在肯定—否定—否定之否定过程后的升华。

中国教师教育思想可以分为两种倾向：强调封闭式"专门"结构实施职前培养的教师教育思想和强调开放式的教师教育思想。无论哪一种都经历了否定之否定的发展过程。这一发展历程将科学地预示中国教师教育未来发展的走向。从封闭式教师教育思想发展历程来看，清末民初的封闭式教师教育思想经历了近20年的发展，对中国最初的现代意义上的教师教育进行了设计和规划，并形成了以"中体西用"为内核的教师教育思想。这一思想在数年发展中，逐渐走向中国化。但美国教师教育思想袭来之后，"日本模式"的教师教育思想很快式微。但其很快在20世纪30年代中期卷土重来，并在新中国建立初期得到升华。与前述思想不同的是，这一复归是一个时期较长的过程，及至以"师范学院"思想为代表的师范独立思想出现，封闭式教师教育思想才以复归的方式隆重登场，将学习日本时期形成的教师教育思想向前推进了一步。同时，为了探讨根据各地情况推动高等师范教育体制建设，1913年民国教育部提出设立六大高等师范区的方案。这一方案的原型是日本1872年《学制》大学区的设立模式。《学制》将日本划为8个大学区，每个大学区分为32个中学区，每个中学区分为210个小学区。《日本教育史》的作者高桥俊乘指出："此项学校分区制度却完全采用法国的学制，为断然实行此项学制起见，以前的藩学和乡学则完全废止，自是以后，文部省就统辖了全国的教育。"①其后于1873年，文部省向太政官建议每个大学区设立一所官立师范学校。该提议在1873年到1874年得以部分实施。我国高等师范区提议者是时任教育总长的范源濂，此人曾于1898年自费留学日本，毕业于日本东京高等师范学校。从其学历背景来看，高等师范区提议很大可能出自日本。但是，在民国高等师范教育史上，这一提议应属创见。这一思想的进步之处在于：完全将封建思想内核去除，以现代教育观念代之；吸收美国教师教育思想中重视教师质量提升和教育实践的优秀因子，注重质和量的均衡；注重教育模式的详细设计，对师范生的检核更为严格；等等。这一复归的延伸在于新中国建立后的"以俄为师"背景下的教师教育思想。与以师范学院思想为代表的师范独立思想相比较，"以俄为师"背景下形成的教师教育思想则更为先进，与学习日本形成的教师教育思想类似的是，这一封闭式教师教育思想在中国教师教育史上影响深远。"以俄为师"的教师教育思想是在苏联的全面帮助下形成的，与学习日本形成的教师教育思想相比较而言，其进步性在于：以"专业学府"思想指导，注重对职前教育结构的设计；注重对职前教育、在职教育等的全面考虑和设计；注重教师教育与基础教育发展的全面对接；为强调专门性和独立性，

① ［日］高桥俊乘：《日本教育史》，秦企贤译，中日文化协会，1941年，第270－271页。

将教育科学研究提升到较高层面。按照这一发展规律,未来是否会出现新一波的封闭式、独立式的教师教育,在更高层面实现教师的专门培养,尚不得而知。但是有一点是肯定的,教育史的发展与社会史一样,有其发展规律。类似地,未来的教师教育是否会再次走向封闭——更高层面的封闭式发展,尚不能根据当前的开放式趋势来下定论。

学习美国教师教育思想几乎与美国式教师教育的实践是同步的。这也反映了当时的中国教育界与政界对教育的高期待和急功近利的心态。一种理论或者思想未经过试点("日本模式"在全国推广之前,多地已开始试点探索)即上马实施,如此仓促和草率,其在实践上存在不足是在所难免的。但从今天的教师教育发展趋势来看,当时的教师教育思想是代表了先进的教师教育思潮走向的。从当时形成的教师教育思想来看,可以概括为"寓师范于大学"的"高师改大"和"师中合并",但当时的教师教育思想未臻成熟,其中在开放式师范教育的保障体系以及在职教育等方面,未能形成系统设想。当然,在对师资供需关系未作准确预判的情况下,这一思想注定很难落地。因此,当21世纪之初教师教育的思想席卷中国时,学习美国形成的教师教育思想在更高的层面和崭新的理论支持下,实现了复归。当然,这一复归是完全意义上崭新的思想的形成。"美国模式"下的教师教育思想与复归后的中国式教师教育思想的相同点是:强调教师教育的内涵式发展,强调教师质的全面提升。但二者的基本指导思想却不尽相同。后者的先进之处在于:基于终身学习的理论下对职前教育、在职教育的一体化设想,注重全面设计,强调教师专业发展,强调教师素质结构的全面优化,将在职的连续性学习作为主要抓手,以教师资格认定等作为教师质量的重要保证。与封闭式教师教育思想的复归相比较,开放式教师教育思想的复归更能体现出否定之否定的意味。从"美国模式"下的教师教育思想到当前的中国式教师教育思想,完全是一次高水平的飞跃。

第二节 政策与制度的变迁:连续性与非连续性的统一

教育政策和制度是教育思想的体现,也是教师教育思想落地的重要抓手。政策的制定和制度的设计与调整,往往与教师教育思想的发展并行。在百余年的发展历程中,中国教师教育政策和制度的变化是最为明显的。教师教育政策和制度呈现出这样一种演进状态:一种教师教育思想还未经大面积宣传普及的时候,相对应的教师教育政策和制度已经开始酝酿,并常常体现为官方的政策性试探,在教师教育思想的转换中,教师教育政策和制度的设计与改进更为明显。

当然,在教师教育政策和制度的变换中,连续性与非连续性相互交织,扬弃的特征较为突出。

一、教师教育政策与制度连续性:一个扬弃的发展历程

与教师教育思想理念体系的转变历程一样,教师教育政策和制度的发展也呈现出连续性。当然,这里所谓的连续性是指哲学层面上的连续性:扬弃的发展过程。

清末师范教育的政策和制度基本上是通过吸收日本的师范教育政策和制度制定的,其中对师范教育结构的设立和管理、教师招录和管理、教育教学的设计和管理、教育实习制度、师范生服务期制度、师范生的检核制度等方面都作了周详的规划。甚至在师范教育起步之初,为提高师范教育被接受的程度和速度,还别出心裁地实施了"出身"奖励制度。无论从当时来看,还是从今天考察,学习日本师范教育形成的师范教育政策和制度都十分系统与完备。

当然,科学的设计和理想的规划未必一定能够完全落地。随着新文化运动来袭,美国教师教育思想传入中国,在留美归国学者的推动下,在杜威等教育学家来华及其演讲的感召下,中国教育界对美国教师教育思想进行了解读,并付诸政策制定和制度设计。值得注意的是,这一过程与思想的发展几乎是同步的。学习美国制定的师范教育政策和制度,并未完全否定学习日本建立起来的政策和制度体系,而是采取了扬弃的方法,对其中值得借鉴的做法加以吸收。主要表现在以下方面:

第一,"寓师范于大学"背景下北京师范大学以及师范专修科的设立。尽管教育界坚持"寓师范于大学",强调取消师范教育的独立性,但北京师范大学(校)的设立,实际上是对师范教育独立性的另外一种肯定,是对学习日本时期政策和制度的一种吸取、保留甚至是发扬。而师范专修科的设立是为应对教师急需而采取的临时性举措,这一应急举措也来源于学习日本时期的"速成"师范制度。

第二,服务期制度的沿袭。如果说学习美国建立的师范教育模式有些不伦不类,一点也不为过,其中关于服务期制度的制定和推行就是一例。美国教师教育奉行的开放型师范教育体制对服务期制度没有规定,严格地说,服务期制度是专门针对封闭式师范教育的。而学习美国时期制定的服务期制度则值得深思:不仅是对清末民初的师范生服务制度的沿袭,在某种意义上更是对其的认可和承继。1925年颁布的《督促师范毕业生实行服务案》就是例证。

20世纪30年代中期,以"师范学院"体制(含中等师范教育独立)为标志的封闭式师范教育的回归,是对学习美国的反动。但思想上的反动与制度上和政策上的承继是不矛盾的。由于时代背景的特殊性,两种制度之间存在着过渡的问题。鉴于赋予的时间较短,师范学院制度和中等师范独立的相关政策并未能完全对学习美国时期形成的制度作出革命:鉴于时间问题,"美国模式"的师范教育甫经建立,尚处于制度的逐渐丰满期,很难在短期内革除。因此,师范学院时期的政策和制度也带有大量的学习美国时期的痕迹,汲取了其中大量的成熟做法。其中关于师范教育机构的设立,仍然被部分地借鉴(或者说"保留"更为确切)。以师范学院规程为例,1937 年颁布的《师范学院规程》规定高等师范教育可以"师范学院单独设立,或于大学内设置"。其后颁布的《改进师范学院办法》则规定"附设于大学的师范学院,除保留教育、体育两系外,其他各系归并于文理学院。大学未设师范学院者,在文学院内添设教育系"。① 大学内设置的师范教育及大学师范学院中教育系的留存实际上还是美国大学的翻版。此外,其教师任职以及检核制度也与学习美国时期建立的相关制度具有一定的相同度。以中学校长的任职资格为例,《修订中学规程》规定的资格为:国内外师范大学、大学教育学院教育科系毕业等。② 新中国建立之初的师范教育体制,既是"师范学院"体制的延续和完善,又是对封闭式师范教育制度的创新。而前后的师范教育发展完全是一种缓和式的渐变,前后在制度上、政策上的连续性和过渡性较为明确。20 世纪 50 年代末虽然对"以俄为师"进行过反思,但在制度上未能实现反动。因而,其后除"文革"对前述制度进行批判外,整个演进未作"革命"式的颠覆。甚至可以认为,当前正在推进的教师教育制度,在很大程度上也扬弃地沿用和发展了"以俄为师"时期的部分制度和做法。

二、教师教育政策与制度的非连续性:一个创新的发展历程

教育救国是清末以后的教育家们兴办教育的根本追求。围绕这一社会理想,中国的教育家们在师范教育领域展开了尝试和探索。相比欧美等国的教师教育史,中国的教师教育史显得更为色彩斑斓,探索意味更为浓厚。在新旧不同类型的师范教育制度的更替中,最为突出的一点就是创新的色彩。可以说,创新贯穿了整个中国师范教育史,或者可以认为正是这一创新才引领了其后的创新风气。

清末学习日本师范教育显然是一个有准备的学习过程。这一准备包括了指导思想层面的准备和实践层面的准备。思想层面的准备主要是指在清末处理中

---

① 廖世承:《抗战十年来中国的师范教育》,《中华教育界》,1947 年第 1 期。
② 民国教育部:《修正师范学院规程》,中国第二历史档案馆《中华民国史档案资料汇编》第 5 辑,江苏古籍出版社,1998 年,第 726 - 734 页。

外文化等方面的关系时的指导方针"中学为体，西学为用"的确立。作为清末洋务派重要人物的张之洞，极力主张学习日本制度尤其是日本的师范教育制度。为了确保学习西方的制度不至于威胁大清统治，同时也为了使学习西方的进程不至于由于触犯清廷的利益而被耽搁，张之洞在《劝学篇》中提出了"中学为体，西学为用"这一处理中外文化关系的方针。这一方针得到了清朝最高统治者的赞许，因此，也保证了向外学习的有效进行。在学习日本过程中，张之洞委托罗振玉、陈毅（"癸卯学制"的起草人之一）等人对日本的师范教育作了详细考察，形成了对日本师范教育的直观认识。除此之外，张之洞还大力促成对日派遣留学生。为了保证日本的教育制度能够原汁原味地输入中国，清末以张之洞等人为代表的学制执行者以及参与者们还大量引进日本教习。日本教习为清末学制的制定和实施提供了直接的办学经验和第一手制度材料。据汪向荣统计，共有224 人在师范学堂任教，其中1909 年之前来华的日本教习任教于师范者125 人；师范学校或学院毕业的来华日本教习及顾问中，近1/4（200 人中有46 人）出自东京高级师范学校。

在思想和前期实践方面的准备做好之后，学习日本教育进入了实质性的阶段，即学制的制定，而"中体"的改造则成为关键部分。作为"癸卯学制"纲领的《奏定学务纲要》则将"中体"的思想分门别类地加以规定，指出教育宗旨是"以忠孝为敷教之本，以礼法为训俗之方，以练习艺能为致用治生之具"[1]，从而确保培养符合封建人才标准的效果，"以端正趋向、造就通才为宗旨，正合三代学校选举德、行、道、艺四者并重之意"，因此要求"中小学堂宜注重读经以存圣教。外国学堂有宗教一门。中国之经书，即是中国之宗教。若学堂不读经书，则是尧舜禹汤文武周公孔子之道，所谓三纲五常者尽行废绝，中国必不能立国矣。学失其本则无学，政失其本则无政。其本既失，则爱国爱类之心亦随之改易矣"。[2] 可见，"中体"的确保与否关系学制的存废。学习日本师范教育制度的调适体现在学制的演变和调试上。而在"壬寅学制"中，却看不到师范教育的单独设置。高等师范教育依附于京师大学堂。高等师范教育的格局完全是类似开放式的，学习日本的师范教育成果未能体现在学制上。而在"癸卯学制"中，师范教育却完全具有日本师范教育的气象。在学制的制定中，对日本师范教育制度的改造和变通是同步进行的。如何使外来的教育制度能够为己所用，清末的学制制定者

---

[1] 张百熙，等：《学务纲要》，朱有瓛《中国近代学制史料》第 2 辑上册，华东师范大学出版社，1987 年，第83－84 页。

[2] 同①。

们绞尽脑汁,苦思良方。张之洞、张百熙、荣庆组成三人起草小组之后,七易其稿,历经数月才得以出台。其中的制度调适过程之艰难可见一斑。整个构建过程体现了"中体"的改造之精神。

20世纪20年代前后,我国师范教育体制运营状况相对平稳,并在民国初期的调试中不断自我完善。但袁世凯的复辟以及方方面面的综合因素,引发了新文化运动,并在1919年前后达到高潮。时代经历着风雨突变,教育作为时代转换之际变革的重点之一,自然不可避免地烙上了时代的印迹。实际上,1915年湖南省教育会的《改革学校系统案》就提出废止高等师范教育的独立设置,仿照美国波士顿的师范教育,将高等师范教育设于大学。但这一提议并未引起广泛注意。而处于时代转换之际的中国,改革高等师范教育的呼声却源于各界对中等教育的不满。这是一个上溯的推导的过程。孟禄在考察中国教育时曾经指出"中国教育,中学最坏"。这一论断对当时的教育改革起到了推波助澜的作用。而在20世纪20年代的教育改革中,中学教育的改革是重点议题,其次才是师范教育。由进步主义教育运动引发的中小学教育改革,不仅推动了师范教育的升格,同时也为大学介入教师教育提供了可能(主要体现在参与教育科学研究上)。这一趋势主要由以杜威为代表的美国教育家的来华以及留美学生的回国输入。如前所述,这一时期输入的不仅仅是能够改造中等教育的实用主义教育理论,更重要的是一场教育革命,而这一革命的输入恰逢中国正在经历着一场思想界的革命运动,由此,二者共同促成了中国20世纪20年代的一场教育领域的暴风骤雨式的变革。基于对美国师范教育的片面解读,国内在激进思想的烘托下,开始了一场对高等师范教育的革命。

显然,对美国师范教育制度的片面解读,造成了国内师范教育体制的开放式格局甚至较美国本土的发展趋势有过之而无不及。而这一完全开放式体制天生的缺陷就在于配套制度的不完善。从欧美的师范教育发展史来看,体制的开放是以相关配套制度的完善为先导的。配套制度包括了教师资格认定和教育机构的认定制度,同时还必须辅之以教师的在职教育制度。而我国20世纪20年代建立起来的完全开放的师范教育体制显然缺乏了根本的配套。作为中学师资的培养模式,缺乏对教师的检定以及其他评价制度,显然会导致大量不合格的师资进入中等教育,而就培养师资的单位来说,没有相关标准和认定制度,其培养制度的科学性也难以保证。虽然开放式的培养模式的效果没有完全展现出来,国内反对之声已经此起彼伏,并直接对教育决策者造成了巨大压力。因此,对其反动性的调适逐渐成为教育改革的主题。20世纪20年代末开始,恢复师范教育独立的呼声响起。30年代开始,师范学院制度逐渐走上前台。

"以俄为师"源于政治的亲和。而以政治为导向的学习则将政治的标准与教育的标准混同。新中国成立之初，各个领域的发展都具有极深的政治化倾向，师范教育领域也不例外。因此，"以俄为师"中，师范教育构建的话语权几乎全为苏联专家和倾苏的学者掌握，出于政治的需要很少有反对的声音。1949年底，第一次全国教育工作会议明确提出要借鉴苏联经验来建设新中国的教育。1950年《北京师范大学暂行规程》出台后，苏联专家参与了从宏观的师范教育政策的制定到微观的师范教育教学大纲等方面的制定，乃至教育实习、课本编写等细微工作，中国师范教育无处不留下苏俄师范教育的影子。由于新中国成立之初对苏联的盲从，我国师范教育的制度、规范等方方面面皆为苏联的翻版。概而言之，经过新中国成立之初的师范教育的院系改造，到50年代中期，我国的师范教育无论从制度上还是从体制的外貌上皆为苏俄师范教育的中国版。这一体制的弊端是十分明显的。从理论上看，苏俄的整个教育体系经历多年建设，其纵向体系的连接和横向结构的匹配都已经达到了相对较为合理的状态，而我国由于经历了长期战争，教育基础薄弱，纵向衔接以及横向的匹配都需要不断的探索和磨合，与苏俄有很大的不同。因而完全"以俄为师"而制定的师范教育教学大纲，对我国学生来说就显得相对要求较高。

20世纪70年代后期，在"中国化"的旗帜下，我国高等师范教育真正开始了对"以俄为师"的调适，这一调适主要表现为以下几个方面：其一，突破了"以俄为师"的高等师范教育机构单一化的约束，推进高等师范机构体系的多样化。综合性大学参与中等学校教师培养，打破了师范院校的独占局面；教育学院等参与中等学校教师的培养，丰富了高等师范教育的学校体系；电大、自考等加入师范教育体系。其二，教师检定制度与分配制度的改革。这一制度是与高等师范教育机构多样化相关联的措施。1995年先后推出《教师资格条例》和《教师资格认定的过渡办法》，开始教师资格制度的摸索，为逐渐规范教师队伍、走向开放的教师教育体制奠定了基础。同时，师范生的分配制度也逐渐由统包统分走向双向自主择业。上述调适，是对中国国情和教育情况的关照。当然，这一阶段的中国高等师范教育体制始终还是在"以俄为师"的模式下的修整，未能完全突破新中国成立以来的封闭式体制模式。

第三节　教师教育体制的发展：在解构与重构中创新

若把中国教师教育体制比作一座大厦，那么频繁的拆除与重建将构成中国教师教育发展的一幅动态变化的图景。若认为这一不断的推倒重来是资源浪费,导致教师教育大厦无法形成坚实积淀,则这一观点不足取。教师教育体制究其本质来说,"用"的层面居于首要地位,而"学"的层面则较教育学等专业学科而言稍弱或者淡化一些。因此,对于体制的消解与重建,实际上体现了教师教育思想的演进过程,也体现了教师教育在实践中不断发展的过程——正因为实践的推动,教师教育思想和体制才得以在运动中不断被检验和发展。

一、体制的建构:封闭式与开放式体制的系统建设

封闭式师范教育体制的建构以清末的"日本模式"体制和新中国"以俄为师"构建的师范教育体制最为典型,而开放式师范教育体制则以"美国模式"和近年来的教师教育体制的构建作为典型。封闭式师范教育体制的构建都是在政治转向的前提下开展的,其获得的支持要比开放式师范教育体制的建设更为有力、高效。封闭式师范教育体制的构建中,系统构建的特色和努力非常明显。清末的师范教育体制,以思想的引进和制度的大规模引进为起点,在留日学生群体、赴日考察官绅以及来华日本教育家的共同推动下,在理论引进和构建较为齐备的前提下,经过"中体西用"思想的改造之后,渐次转变为政策制度,通过系统设计和规划,在试点的基础上逐步推广形成的。在"师夷长技以制夷"的思想中,日本的师范教育只是"技";而在清末西方观念的根本指针"中体西用"中,日本的师范教育也只能是"用"。正是由于这一指导方针,在学习日本的过程中,我们以"中学为体"对日本的师范教育制度进行了全面改造。这一改造使得清末师范教育兼具了中国传统教育的"神"和近代新式教育——日本师范教育的"形"。从而使得初建时的封闭式高等师范教育体制具有明确的过渡性,适应了改革的需要。清末民初的师范教育体制建设虽有模仿日本之嫌,但在精神内核上还是融入了中国因子。应该说,仿照日本建立起来的师范教育体制,涵盖了师范教育机构、师范教育招生机制、学费制度、师范教育培养机制、师范教育课程设置、教育实习机制、服务期管理机制、检核制度等在内的全面、系统的体制机制。师范教育的独立运行模式设计完整、运转有效,同时又兼顾基础教育。而"以俄为师"背景下建立的师范教育体制则更为经典,这是一个动态调整的师范教育体制,在其建立和之后的调整过程中,逐渐体现出中国特色。中国对苏俄师范教育的学习是由浅入深、由表及里的过程。新中国成立之初,苏俄教育专家大量来华,从制度层面和精神层面逐步地开始了对中国教育的"塑造"。苏联专家全面介入了教育的制度到体制的构建,工作涉及了宏观层面的师范教育政策的制定、微观层面的教育计划——各类师范院校的教学计划的制订。美国学者李欧良认为:"正如苏联对中国的经济和技术援助是历史上无与伦比的,苏联对于中国教育的援助也同样巨大，并且或许具有更为持久的影响——尤其在高等教育方面。"①以苏联教育理论、思想、制度的输入为前提，以苏联教育专家的全面介入为重要推动力，从理念层面、制度层面、运作管理层面系统"塑造"起的新中国的师范教育体制，涵盖了"专业"学府的师范教育理念、独立的师范教育机构体系、凸显"师范性"的培养制度、倡导对接基础教育的教育实习机制、立足基础教育的教育科研机制以及"统包统分"的教师就业机制。这是一个制度完备、结构有机的师范教育体系。

开放式师范教育体制的构建，体现为两种截然不同的模式：以疾风骤雨模式建立起来的美国式师范教育体制和缓和渐进式的当代中国教师教育体制。"五四"运动是学习美国师范教育的时代背景，这一背景的革命性特征也决定了学习美国建立师范教育体制的急促性。实际上，"美国模式"的师范教育体制，也不完全是美国教师教育体制的翻版，而是一种改良。"美国模式"的师范教育体制从体制上"寓'师范'于大学"的师范教育机构设置模式开始，逐步推进。从学习美国师范教育开始到开放式师范教育体制基本完成，用了不到 10 年的时间。1931 年 10 月 24 日，教育部核准四川成都大学、成都师范大学、四川大学三校合并，定名为国立四川大学，标志着"高师改大"基本完成。与开放式教师教育体制相对应，学费制度、培养制度也相应作了调整，尤其是师范归属到大学或者中学之后，培养制度的相应改变是一个浩大的工程。虽然在反对派的眼里，这是一个瑕疵颇多的制度，但对于当时的"美国模式"的建设者来说，这一过程是极其艰苦的，所招致的抵制以及外部压力也是十分巨大的。此外，虽然"美国模式"下的教师职业准入制度姗姗来迟，但这一制度较"日本模式"下的教师职业准入制度有着明显进步性，这是毋庸置疑的。而 21 世纪初师范教育向教师教育的转变中，体制的重建实际上就是"一场静悄悄的革命"。从在原有的师范教育体制上建立前后一体的教师教育体制构建，到教师教育的体制渐次改革，乃至教师教育的相关机制的逐步设计完善，都在科学的渐进式的改变中实现。从 20 世纪末的师范教育思想冲突到 2001 年"教师教育"一词进入政策层面，教师教育体制构建的酝酿已达数年。其后，教师在职教育逐步走向科学化和规范化设计，包括教师教育课程的改革、教师教育主体的改革、教师资格制度的改革，甚至到今天的教师教育标准的建立都呈现出渐进式的色彩。以"非师范院校参与教师教育联盟"的建立为标志，中国教师教育主体 21 世纪初以来发生着静悄悄的变化，当然

① 李欧良：《苏联对中国高等教育的影响》，许美德《中外比较教育史》，上海人民出版社，1990 年，第 294－295 页。

这一变化也是较为明显的。

二、体制的解构：不同体制的多维度结构

体制的建设绝非易事，体制的解构同样是一件难事。中国师范教育体制多次建构的背后就是多次的解构。其中解构"日本模式"的师范教育体制、"美国模式"的师范教育体制、苏联的师范教育体制分别代表了三种不同的解构模式。"日本模式"的解构是以"替代"的方式进行的，即仅以无法满足基础教育为借口，通过思想界和政府的力量采取排山倒海式的推翻，并借此予以取代。而"美国模式"师范教育体制的解构，则是在部分保留的背景下温和式的解构。最为特别的就是"苏联模式"师范教育体制的解构：以一场政治运动为契机，从精神层面的消解开始，逐步在制度上取而代之。

"日本模式"的解构，完全是在一场类似暴力的场景中进行的。解构"日本模式"的师范教育体制，是在新文化运动这一对封建思想作摧枯拉朽的批判与扫荡的政治和文化风潮中进行的。因此，作为其精神内核的"中体西用"思想很快遭到清洗，而其历史遗留问题也被拉到批判层面，即教师的综合素养不高，影响了新教育目标的达成。随着精神层面的垮塌，制度层面的清洗旋即开始，既有的师范教育机构被归并，在实体上完成了对日本师范教育体制的解构，而招录制度、培养制度等方面的渐次出台，逐渐将日本师范教育体制完全解体。"日本模式"的师范教育体制因此退出了历史舞台。

而"美国模式"的解体则带有一定的戏剧性色彩。自美国教师教育思想成为主导师范教育思想前后，教育思想领域的交锋始终没有停息过。在合并派致力于合并建设的时候，独立派却在积蓄力量企图恢复封闭式的师范教育体制。事实上，从合并开始，独立派的声音就一直没有停止过。甚至在具体实施层面消解了许多开放式的政策，导致了很多经验政策的流产。思想的斗争导致"美国模式"的师范教育体制从一开始就颓像渐显。及至20世纪30年代的论争开始后，思想层面对"美国模式"的消解已经取得了成功。其后走上历史舞台的以师范学院制度为代表的师范教育体制，以修修补补的方式，逐渐完成对"美国模式"师范教育体制的解构。值得注意的是，这场解构是以新政权的成立画上句号的。

而"以俄为师"建立起来的师范教育体制，则是在"文革"中被政治运动方式下教育变革解构的。虽然在20世纪50年代中我国教育界展开了对"以俄为师"的反思和检讨，但在师范教育的主导思想上以及制度上并未能对"以俄为师"进行解构。鉴于"以俄为师"下苏联师范教育对中国师范教育影响至深，一般意义上的反思很难对其进行解构。而"文革"确实以一种"无厘头"的方式，对整个教育包括师范教育进行了一次彻底颠覆，进而在近10年的运动中，完成了事实上的解构。当然，这一过程是纯粹的解构，与解构、建构同时进行的规律是相违背的。因此，"文革"后师范教育重建的过程是艰难的，由于缺乏先进对象参照（很难在短时间内获取完整的外部信息），出于稳妥和安全考虑，在某种程度上又回复了"以俄为师"时的师范教育体制。

时至 20 世纪末，教师教育逐渐成为教师培养的主流思想，开放式教师教育体制以渐进的模式、温和地对既有的教师培养模式和体制进行改革：以"局部质变"的方式推动"整体质变"的方式，对既有的教师教育体制进行解构。这一解构过程仍然在进行中，并已经取得了阶段性成果。但在这一解构与建构同步的过程中，矛盾不断凸显，如何应对和处理这些矛盾，将是今后教师教育发展中的重要议题。

三、体制的重构：螺旋式上升中的复归

从中国教师教育发展史的全貌来看，建构与解构交叉发生，二者的更替过程似乎成为教师教育发展史的主线。但事实却并非如此，对教师教育发展各个阶段的不同模式进行比较，可以看到，在类似复归中的重构构成了教师教育发展的另外一条脉络。

从教师教育的"日本模式"到民国中后期的"师范学院"模式，再到新中国成立后"以俄为师"建立的"苏联模式"，是封闭式教师教育的一个类似复归的螺旋式上升过程；同样地，从"美国模式"到当下的中国特色的教师教育发展模式，也是一个类似复归的螺旋式上升过程，这一过程体现了开放式教师教育发展的历程。当然，所谓复归，只是在形式上的复归，实际上后者是对前者的完善和发展，甚至是一种质的飞跃。以下对"日本模式"和"苏联模式"进行比较，以说明这一发展过程。

第一，构建历程不同，但后者是建立在前者探索的基础上，少走了前者走过的弯路。应该承认，清末在取法日本师范教育的问题上是十分谨慎的。为了建立现代学制系统，清末的官绅们可谓殚精竭虑。对日本"学务考察"，是中国教育史上第一次大规模的从政府到地方的"向外以求"。"学务考察人员"包括了从朝廷重臣到地方普通官绅在内的多种群体。为了达到全面了解日本师范教育的目的，甲午战争之后"学务考察"即全面启动。到 1903 年"癸卯学制"的出台，酝酿时间长达 5 年之久。期间为了充分获取日本师范教育的各种信息，赴日考察与派遣学生留日、聘请日本教习成了三大主要活动。与此同时，政府还支持对日本的教育制度等方面的译介。通过上述手段，学制制定者们获取了全面的日本师范教育的信息。而在"癸卯学制"酝酿中，最为关键的是"中体西用"思想在各项制度中的渗透。这是与"苏联模式"构建的最大区别之一。清末"日本模式"形成之后,民国初年又对其进行了资本主义办学思想的改造。而"苏联模式"的形成则较为简单。新中国成立之初,教育上学习苏联是由政治上的取向决定的。与清末"日本模式"的构建历程不同,学习苏联无须经过政治思想上的洗礼:我国与苏联在意识形态上的趋同决定了学习苏联的彻底性和全面性。而政治上的密切关系,使得学习苏联成为中苏双方的政府性的国际行为,这是与清末的"日本模式"建构不同的。在这种具有政府性质的大规模学习中,苏联的教育专家直接进入教育最高决策层,掌控了教育的主导权。同时,来华的苏联教育专家又以官方的身份介入了师范教育的各项制度的制定,并对教育实践进行指导。因此,苏联的师范教育制度的输入比日本的师范教育制度的输入更为全面和彻底,不仅在制度层面,更在精神层面。鉴于此,若将两种模式与其母体相比,"日本模式"已经同日本的师范教育体制相去甚远,仅为形似而神却不似;而"苏联模式"若与其母体相比,则为神形兼备。如果以本土化的程度论,则"日本模式"更具有本土化特征,而"苏联模式"显然在这一方面体现得较为不足。

简而言之,"日本模式"和"苏联模式"的最大区别在于二者构建模式的不同,这种不同又导致其他方面的不同。"中体西用"使"日本模式"失去了其母体应有的理念,从而导致了对相关"用"的层面的理解上的分歧。如对服务期的强制性的理解,日本国内强调采取较为强硬的手段实施,而清末民初的"日本模式"中制度的强制性则明显欠缺;而"苏联模式"则"原汁原味",根本无此之虞。因此,中苏在对制度的理解上分歧较小。这也是"日本模式"与"苏联模式"效果差别产生的原因之一。

第二,适应范围不同,后者覆盖范围更广,构建得更为完整,"下行"更为深入,克服了前者的不足。学习日本建立的师范教育体制,无论在规模上还是在构建的完整性上,乃至与基础教育的联系上,都存在着较大的不足。面对快速发展的基础教育,清末民初的师范教育无法提供充足的师资供应,因而导致了基础教育发展受限,人民受教育机会较小,教育无法迅速向大众化方向发展,教育普及率低。同时,由于清末民初的师范教育体制是"边摸索边建设",缺乏完整的制度规划和执行,因而这一阶段的师范教育体制貌似完整,但在结构上却远不合理。此外,清末民初的师范教育在与基础教育的连接上,存在着较大的不足,二者之间的关系较为松散和随意。因此,往往导致师范教育培养出的教师无法适应基础教育的需要,而基础教育所需要的教师却得不到满足。"以俄为师"下的师范教育建设则在很大程度上克服了前者的不足,首先体现在系统的、结构化的大规模建设中,师范教育的大规模推进有力地支持甚至引领了基础教育的发展。大规模推进的基础教育在师资供应上可短时间内得到很大程度的满足。与此同时，师范教育注意了与基础教育的连接，当然这也是苏俄师范教育的重要特征。其中最为典型的是师范教育的实习、科研等得到很大发展，与之对应的基础教育教育科研也快速发展，二者声息相通并相互促进，实现了互动中快速发展。

第三，运作效果不同，后者在效果上远甚于前者。当然，这一差别的形成是多方面因素造成的。首先两种体制相关制度的差别是造成效果不同的重要原因。"日本模式"的相关制度弹性太大，很多制度无法全面贯彻。而"苏联模式"中，制度的刚性则有力地保证了师范教育效果的达成。如同样是分配制度，"日本模式"中服务期制度在执行中大打折扣，导致了"今之师范毕业生，有不服小学职务，而为官吏者，而为教育以外之事业之外者，政令不禁也，学校不问也"。而管理上的混乱如"监督常不驻堂……学生惟闻分钟上课，退则宿舍聚谈耳"，因此"务陶成真正师范生者，卒十不得一"，"真师范生寥寥"。这一情况在"苏联模式"中却不曾有过，"统包统分"的分配制度将政治上的强制力贯彻于内，因此也确保了"苏联模式"效果的有力达成。此外，两种体制实施方式的差异也是重要原因。以日本教习与苏联教育专家的工作方式比照为例，日本教习的聘请多为半官方性质，其工作范围大多是限于师范学堂之内，在教师教育实习等方面的指导较少，因而其开创的模式也多被诟病。如"壬戌学制"的提倡者就指责师范教育与普通教育缺乏联络。而苏联教育专家的工作则不同，他们是以官方的性质进行指导，且其援助的性质本身就容易获得一线教育教学人员的好感，因此在指导中获得了良好的配合，取得了良好的效果。其对教师的培养和培训广泛涉及，并对实习和教育科研给予全面指导。

第二章 师范教育的初步创立：清末、民初的师范教育

清末以降，在面临"数千年来一大变局"①情形下，洋务运动兴起。"洋务"教育掀起了兴办近代新式教育的热潮。在这场热潮中，大量新式学堂建立起来，师资需求急剧上升，因而呼唤着师范教育的建立。清末的开明士绅们在与国外接触的过程中，逐渐认识到师范教育在现代学制中的重要性。师范教育成为清末学制建设的重点。以输入日本的师范教育制度为基础，在张之洞等人的大力推动和亲身参与下，清末在短短的时间内建立了中国首个现代师范教育制度。民国成立之初，只是简单地对这一制度进行改造便付诸实施。由于二者前后相承，具有一定的连续性，本书将二者划为一个阶段加以论述。

第一节 清末、民初师范教育思想的形成与变化

中国是有着悠久师道文化和优秀尊师重道传统的国度，"师"这一职业由兼职到专职历经多次转变。当然，传统的师道是在基础教育未形成完整的体系背景下，在教育"精英化"发展态势下形成的。因此，传统意义上的"师"并不能完全算得上一种职业，教师的培养训练、职业发展乃至继续教育等方面也都未形成相应的体系。因此，"师"在中国传统社会并未得到充分重视，因而也对全民教育的发展形成了制约。但随着工业社会的到来，在西方列强迅速崛起并携武力入侵中国的前提下，中国面临"千年未有之变局"。以洋务派等为代表的官绅积极应对，并兴办起近现代新式教育，由此引发了师资的需求。在师资需求扩大的背景下，清末和民初在兴办师范教育上，基本上保持了思想上的一致。当然，其中也发生了一定的变化，最为重要的变化是在师范教育的人才培养指向上，即要

---

① 顾廷龙，叶亚廉:《李鸿章全集》，时代文艺出版社，1998年，第874页。

培养什么样的教师和以何种思想来培养。概而论之，清末师范教育思想仍然体现出封建传统的"中体西用"精神内核，仍然以封建士大夫作为目标培养教师，与现代师范教育格格不入；到了民初，师范教育逐步以资产阶级思想武装，体现出了三民主义的要求，实现了与近现代教育思想的对接。

一、师范与中国师道传统

从"师"的出现到教师职业的形成，经历了漫长的历史演进。因此，有必要对中国教师职业的发展历史轨迹作一个梳理，从而为中国传统教师发展与现代教师教育的对接研究奠定基础。

（一）中国教师职业发展阶段

中国古代教师从非职业到职业的转变，经历了漫长的历程。虽然尊师重道的传统一直在各个社会形态中被大力提倡，但自奴隶社会教师成为一个职业至清末新教育产生以前，中国教师职业一直呈现出有职业却无职业化建设的态势。教师职业建设中，从教师的培养到教师职业管理的各个方面都缺乏具体的标准、规范，缺乏整体的设计，更谈不上职业发展。以下对清末新式教育产生以前的古代教师职业历史作一个梳理。

"师"一词的出现并不意味着教师成为一种职业。相反，"师"最早是指军队的建制。"师，二千五百人为师。"（许慎《说文解字》）军队之中的军官则称为"师氏"。郑玄注："师，掌军旅之官，若司马也。"（《尚书·周礼》）说明"师"是主管军事的官。其后，"师"管理的领域向教育延伸，《诗经·周南》"言告师氏，言告言归"一语，说明师氏已不完全是军官，还部分承担教育的职责。春秋时期，"师"大量地承担了教育工作。《礼记·文王世子》"入则有保，出则有师，是以教喻而德成也。师也者，教之以事而喻诸德者也"，可见，师承担了"教之以事喻诸德"的职责。由此，"师"已经成为承担教育及管理职能的官员。春秋战国时期的文献，大量提及"师"。在对"师"的解释上，已经将含义圈定为"学习、师法"，如《战国策》"前事不忘，后事之师"之"师"。以此为起点，"师"基本上成为主要的教育从业者。其后，尽管从事教育者的名称有所变化，但基本上只是式的变化。当然，"师"的内涵也在不断丰富，"师"的标准也在不断提高。

1. 教师职业的诞生：一个漫长的历程

教育是伴随着人类的产生而产生的，原始社会的教育就当然地与人类的生存相关联。中国教育史上教师的原型就是生活手段和生产技能的传授者，其中最质朴和原始的教师代表当为传授生存手段的燧人氏、有巢氏、伏羲氏、神农氏等。到了原始社会末期，由于经济的发展和社会物质生产的扩大，开始出现脑力劳动与体力劳动的原始分工，使得一部分人得以从直接的生产劳动过程中分离出来从事文化的生产。应该说，生产力发展到一定阶段，人类有富余的时间从事物质生产之外的活动的时候，教育就成为必需。原始社会末期，没有力量从事物质生产的老人是最早从具体生产中脱离出来的，因而在集体赡养的制度下，他们自然地成为教育下一代的主要力量。因此，最早的教育场所就落户在养老的地方。《礼记·王制》记载："耆老皆朝于庠"，"有虞氏养国老于上庠，养庶老于下庠"。"庠"实际上就是原始社会学校的原型，而"国老"与"庶老"就是原始社会对后代实施教育的重要承担者。当然，原始社会的"国老"和"庶老"还远远不是教师。

教师职业萌芽于西周，是以"兼职"或者"兼任"的面貌在中国教育史苑隆重登场的。西周时期，统治者对教育高度重视，并对教育进行垄断，形成了"学在官府"和"官守学业"态势。政教一体、官师合一成为西周教育两大特征。国学、乡学的教师由现职及退休官员担任，因而教师都有着较高的政治地位，尊师重道成为时代的重要风尚，天子和诸侯除每年必须视学外，还要举行隆重的典礼。在思想认识层面将"为"作为通向统治者的进阶。《礼记·学记》"能为师，然后能为长；能为长，然后能为君。故师也者，所以学为君也"，说明了教师这一职位的重要性及其上升的空间，为中国历史上的教师身份的特殊性埋下了伏笔。

中国历史上的专职教师诞生于春秋战国时期。这一时期，政治经济的变化导致学术由"官守"向"四夷"下移，进而讲学之风盛行。专门掌握文化的"士"阶层出现，进而官学式微、私学逐步兴盛。实际上，私学任教的饱学之"士"就是专职的教师，他们作为一个群体的出现和较长时期的存在，就表明"教师"作为一个职业的形成。当然，这些读书人的最终理想还是"出仕"为官，这也预示着"师"这一职业不过是一个跳板，因此职业的教师很难保持人员的稳定。这一时期，以孔子为代表的"师"群体倡导讲学、游学，掀起了学习风潮和新思想产生的高峰，也有力地推动了民众教育的发展。一时间，"师道"大盛，"从师"成为社会风尚。其后涌现出如孟子、荀子、墨子等成为师之典范的著名思想家、教育家。

2. 教师职业第一次探索："德才"兼备且以"德"为先的人师

"师"产生早期，教育的聚集点主要集中于"师"者自身。鉴于"师"的社会地位相对较高，整个社会奉行"尊师重道"。社会对"师"的文化修为、道德修养等方面的要求自然较高，而有着高尚德行和渊博的知识者自然成为"人师"的最佳选择。

春秋战国时期，对师的要求唯"才"和"德"为准，因而导致"无常师"。其中关于"师"的要求，体现于孔子的教师观中："当仁，不让于师"（《论语·卫灵公》），"温故而知新，可以为师矣"（《论语·为政》），"文武之道，未坠于地，在人。贤者识其大者,不贤者识其小者。莫不有文武之道焉。夫子焉不学? 而亦何常师之有?"(《论语·子张》)可见,孔子的师道观为知识要求"温故而知新"和道德要求"贤"。而墨家对师的要求则更为提倡"德",主张"夫为弟子,后生其师,必修其言,法其行"(《墨子·非儒》),"终善者"可以"为师",把教师的言、行是否符合道德要求作为评判标准。这一观点在《荀子》一书中得到声张,荀子认为教师的道德要求之所以高,是由教师的地位决定的(即"天、地、君、亲、师")。教师个人道德要求中,"礼"居于核心地位:"礼者,所以正身也;师者,所以正礼也。"(《荀子·修身》)。

及至两汉,"人师"特色更为明显,甚至将"德才兼备,以德为先"提到了最首要的位置。而为"人师"者,社会地位也因此较高,虽然其实际的生活状态未必"名实相符"。"王者官人有六等:一曰师,二曰友,三曰大臣,四曰左右,五曰侍御,六曰厮役。"(贾谊《新书·官人》)"人人之国足以重人之国者,谓之师。"(《新书·官人》)"师哉师哉,桐子之命也。务学不如务求师。师者,人之模范也。"(扬雄《法言·学行》)关于师的言论,充分说明了教师的人之楷模、德之示范的社会角色定位。这一定位,将师从咨询、辅助的角色上升到社会的中流砥柱的地位,将传授做人、育人、治国之道,乃至引领社会风气、塑造社会公德等复合型立人、治国、理天下的工作加之于教师身上,使得其"人师"特色极为鲜明。魏晋时期,仍然将达到"至德"要求的知识分子作为"人师",将德的要求作为考察教师的根本指标。此时的教师主要还是一种人师的角色,道德居于统领位置。虽然东晋时期逐渐提倡对"才"的考察,但这一"才"仍然围绕着"德"进行建构。作为人之楷模,必须通过自身示范,以适当的教育方法,培育德行高尚的士绅。

3. 教师职业的第二次探索:以"经世致用"之"才"为核心的教师

教师"走下神坛",始于这一阶段,这也是教师真正成为众多职业之一的开端。教师因而从人之楷模的桎梏中走出,真正成为拿起教鞭引导和培育人才的主要从业者,通过自身的多方面的修为,帮助学生成长。当然,随着科举制的兴起,教师职业成为一个跳板,教师成为入仕的跳板或者失意读书人的栖身之所。教师的流动增大,因此也使得真正的教育教学方法等缺乏积累。

五代十国至隋唐,政治变革频仍,师道受损。战争时代,建功立业往往依靠武力,因此世风日下,人多不愿意从师。魏晋之后的"清流"之风愈演愈烈,知识分子也不愿意以"公德"致天下,为师之道也逐渐被抛弃。严格地说,隋朝以及唐初,仍然继承了前一阶段的"人师"传统。但安史之乱之后,师道之风淡化,这一职业也逐渐式微。唐朝后期,为挽救师道日微的颓势,韩愈等知识分子尽心竭力。韩愈的《师说》针对魏晋以来不尊师、耻学于师的坏风气,一针见血地指出

"古之学者必有师"，"学必有师"，教师的任务在于"传道、授业、解惑也"。传道是首要任务，即传授儒家仁义之道，使学生受到伦理道德教育，体道悟道；讲授《诗》、《书》、《易》、《春秋》等儒家典籍，教授学生齐家治国平天下的道理；解答学生在学习"道"和"业"过程中的疑问。实际上，韩愈所谓"道"和"业"是相通的，即在于提升个人的修为，小则修身，大则齐家。其根本指向在于"用"，即造就经世致用之人才，为国家和社会服务。但随着两宋时期程朱理学的兴起，这一进程又被打断。理学注重从道德价值层面对教师提出要求，为师者"其名甚重，非道尊德重，不可以居也"。① 教师是道德的示范者，是化民成俗的重要力量，而不是谋生、谋取名利的工具。值得注意的是：作为对此前的教师"兼职"身份和"跳板"色彩的反动，程朱理学认为，作为教师的"学官"不是进阶的跳板，只有学官安于教职，教育才有可能发展。

唐末开始的以"经世致用"为内核的教师观，在元明清得到延续和发展，即形成了所谓的"经师"时代。元代教师任命主要有以下几种形式：（1）保举职官——规定学官须求资格相应之人担任。国子监师儒之职，有才德者不拘品级选用，布衣之士，若果才德素著，可不次超擢。② （2）朝廷征召：元代一些名士大儒，往往由朝廷直接征召，尊为师儒之官。特别是元初一些前朝遗士隐居不出仕者，元朝政府便采取特殊礼仪招请入仕。（3）推恩叙迁。为确保教师的质量，至元二十五年（1288年）还特定《学官格例》，对教师选拔、保举及标准作了详细的规定，将"才"和"德"作为基本任职规定。明朝对教师的考察，主要是针对教官的"才"，即"务要依先圣先贤格言教诲后进，使之成才，以备任用。敢有妄生异议，乖其良心者，殊其本身，全家迁化外"（《明会要·学校》）。关于教师"才"的论述，以黄宗羲为典型。在黄宗羲看来，教师责任重大，地位崇高，是传授文化知识和培养学生德行的桥梁。他指出，欲为人师者，务必慎重，学者不应该轻易以教师自居。他认为师道的败坏是由于一般人原本没有资格当教师，却强以为师。他反对当时"轻自为师"的社会流俗，提出"苟无其德，宁虚其位，以待后之学者，不可使师道自我而坏也"（《明夷待访录·学校》）。他强调教师应具备的首要条件是"不干清议"，主张教师必须具有民主思想。在传道、授业、解惑的同时，应该承担起议论国家政事的重任。他在《明夷待访录·学校》中明确提出，中央太学祭酒可以当着天子和宰相、六卿、谏议等大臣之面，议论朝政，若"政有缺失，祭酒直言无讳"（《明夷待访录·学校》）。同样，地方郡县学官，可以当着郡县官之面，议

① ［宋］王栐，等：《燕翼诒谋录》，中华书局，1981年，第30页。
② ［清］毕沅：《续资治通鉴》卷一九七，岳麓书社，1992年，第753页。

论地方政事。对于符合条件和尽了责任的教师应该给予充分的尊重，弟子应事之以最隆重的礼节。

（二）中国传统的教师标准

从中国教师职业各个发展阶段的特征可以看出，中国古代对教师的要求是非常明确的。当然，这一标准同时与对士大夫的标准有着较大的重合。作为教师的标准，主要集中在"德"、"才"以及作为教师的教育教学理念和教育教学的艺术上。其中对教师的"德"的要求，是其根本要求。这是与古代追求的"人师"的标准相匹配的。同时，由于教师职业的特殊性，其一方面是作为读书人进阶的预备所，一方面是作为老生寒儒的寄身之所，因而其对"德"的要求也是在情理之中的。对教师"才"的要求相对也较高，毕竟为师者要"传道、授业、解惑"，没有相对广博的知识储备是不足以胜任教师职位的。此外，教师之所以可以为师，其教育理念、教学的艺术也是至关重要的。当然，随着韩愈等人将教师职业设定为"传道、授业、解惑"者，教师的内涵也基本定格。因此，教师的标准基本上就集中为三个方面：德行、学识、教育理念和方法（艺）。

1. 德行的要求：中国传统师德观

古代教育家认为，教师是社会文化道德的维系者，道德要求是对其的基本和首要要求。古代师德观强调教师对学生的人格感化和道德示范作用。师德具体可以分为教师的私德和公德。所谓私德是指教师的个人修养和对自我言行的约束标准。所谓公德是指教师所承担的社会责任对教师的要求和准则。教师的私德不仅包含了教师自身的道德操守和道德修为，还包括了教师的职业道德。自身的修为是对读书人的重要要求。一般的研究中，很少将其作为中国古代的师德观进行研究或将其纳入中国古代师德观的内容。自教师作为古代文人的一个类别存在以来，对教师作为文化传承者的个人修为的要求一直较高。春秋战国前后，对于文人的道德规范要求逐渐形成，"仁义礼智信"成为道德追求的重要目标，并在其后漫长的封建社会里逐步制度化——实际上，这也是对教师能够"传道"的初步要求。当然，教师不仅是一个文化人，是士大夫的预备队，同时还承担着"授业解惑"的工作。此外，作为教育工作者，其职业道德要求也相对较高。教师职业道德则依然延续了历史的传统，受到从业者乃至整个社会的重视，"经明行修"、"德行道义兼备"成为选择师的基本标准。

随着古代教育的发展，我国传统教师职业道德也得到了不断丰富和发展。具体来说，包括了以下几个方面：

第一，敬业、乐业。首先表现为对教师职业地位的肯定，表现为对教师职业的崇敬和景仰。其次表现为敬业爱生、诲人不倦、献身教育事业的职业精神。孔子说："教不悔,仁也","爱之能勿劳乎,忠焉能勿悔乎"。① 孟子认为能得"天下英才而育之"是人生的最大快乐,将培养出"青出于蓝而胜于蓝"的学生看做教师无上的荣光。可见教师必须具有强烈的责任感和使命感,要有崇敬自己职业、忠诚于自己事业的职业道德精神。

第二,为人师表。我国传统师德对教师提出了"为人师表"、"以身立教"的职业道德要求。孔子十分强调教师的表率作用,认为身教重于言教,他指出:"其身正,不令而行,其身不正,虽令不从","不能正其身,如正人何"。② 扬雄认为:"师者,人之模范也。"(扬雄《法官·学行》)董仲舒是对汉代教育政策有重要影响的教育家,他自己任教时因"进退容止,非礼不行"③和为人师表、以身作则而受到人们的尊重。

第三,学而不厌。尚知爱智、勤思穷理、博学多才、好学进取成为我国传统师德中的重要内容。孔子认为教师要有"学而不厌"、"敏而好学,不耻下问"的进取和钻研精神。荀子也认为教师应该学无止境,永不自满,"君子力学,昼夜不息"(《荀子·劝学》)。此外,教师还要学思结合,创新知识。孔子认为:"温故而知新,可以为师矣。"(《论语·为政》)教师不仅要"博学之",更要"审问之,慎思之,明辨之"(《中庸》)。

总之,中国传统教师观认为道德素质是教师标准的核心内容,应该包括教师个体的道德修养、作为教师的职业伦理要求、对道德内容的传授等几个方面,尤其强调教师的言传身教,这是以伦理道德与伦理教育为中心的传统教育赋予古代教师的一种必然要求。

2. 知识储备的要求

孔子认为"温故而知新,可以为师矣",即能够温习旧知识而从中获得新的体会、新的见解,这样的人才可以做教师。汉代之后教师的知识主要是儒家经学知识,对经学的理解程度也往往作为教师的标准之一:往往更注重儒经所含的"道"、"理",而非简单的"记诵之学"。扬雄强调教师必须掌握圣人之道的根本法则。唐代孔颖达也曾批评有的教师"不晓经义",只是教学生诵读经文却没有引导学生了解经典的本义,这样的教师是不合格的。明清之际的黄宗羲也认为浅薄无知之人不配做教师,教师必须做到终身学习、学而不厌、勤学苦读。王夫之要求教师有丰富的、正确的知识,必须能够做到"知其然,知其所以然"。王夫

---

① 杨伯峻:《论语译注》,中华书局,2004 年,第 147 页。
② 同①,第 136、138 页。
③ [汉]司马迁:《史记》,梁绍辉标点,甘肃民族出版社,1997 年,第 896 页。

之认为教师的知识不仅要丰富、正确，而且还要不断更新，"欲明人者必须先自明"。王充十分强调教师在学问上要做到"博"和"通"。他认为"能多种谷，谓之上农，能博学问，谓之上儒"（王充《论衡·别通》），要求教师"博通众流百家之长"。

3. 教育能力和教学艺术的要求

第一是教师的教育观念和态度。所谓"美其道，乐其业"，即教师应热爱教育事业，具有牢固的专业思想，以教为乐。董仲舒认为"善为师者，既美其道，又慎其行"（董仲舒《春秋繁露·玉杯第二》），要求教师必须敬重为师育人之道。因此，首先必须对教育的作用有充分的认识。典型的例子是北宋初期教育家胡瑗，他认为"致天下之治者在人才，成天下之才者在教化，而教化之所本者在学校"（《松滋县学记》）。其次，对教育事业的责任感。再次，还要有"安贫乐道"、献身教育事业的崇高理想。

第二是教师的学识水平和教学业务能力。掌握教学规律和一定的教学方法，具备一定的教学能力，也是教师的基本要求之一。韩愈的《师说》将教师的职责概括为"传道、授业、解惑"三大方面，教师如要授业，首先必须精通教学业务，掌握一定的方法。《礼记·学记》中指出教师在教学中应做到"豫、时、孙、摩"。在讲解时既要注意语言的运用，又要做到善问善答。孔子在教学中就已经有意识地使用了启发性原则，做到举一反三、启发诱导，注重学生思维能力的培养。

第三是教育方法和教育艺术。颜渊称颂孔子的"循循善诱"，认为教师应该采用高超的教育艺术，以期达到最好的效果。孟子主张教师在教学中要培养学生独立思考和自觉钻研的学习能力，要求教师对各种问题的讲解都要富于启发性，要能以浅近的语言，启发开导学生从中去理解深刻的至理。教师还应根据不同情况采取灵活多样的方法。他认为："君子之所以教者五：有如时雨化之者，有成德者，有达财者，有答问者，有私淑艾者。此五者，君子之所以教也。"（《孟子·尽心上》）《学记》总结了4个方面的教师教育教学能力标准：其一是懂得并掌握教育教学规律，即"君子既知教之所由兴，又知教之所由废，然后可以为人师也"。其二是了解教育内容，即"君子知至学之难易，而知其美恶，然后能博喻；能博喻然后能为师"，也就是教师必须了解学生天资的高低差异，采取多种教学方法，因材施教。其三是了解教育对象。"教也者，长善而救其失者也。"其四是掌握教育艺术方法。"善歌者使人继其声，善教者使人继其志。其言也约而达，微而臧，罕譬而喻，可谓继志矣。"（《礼记·学记》）也就是说，善于教学的人能使学生继承他的治学志向。善教者讲话辞简而意明，所讲的道理幽深而解说精妙，讲时比喻虽少却使人易懂，能够使学生有志于学习并能举一反三。

二、清末、民初现代师范教育思想的引进

20 世纪以前，我国没有现代意义上的师范教育这一教育形态。甲午战争的失败催生了维新变法，维新派和当时的朝野有识之士都认识到，要想救亡图存，培养人才是第一要旨。他们对洋务教育进行了反省，郑观应、梁启超等人指出洋务教育"兵学之末，不务其大，不揣其本，即尽其道，所成亦无几矣"，"其受病之根有三"，其中"师范学堂不立，教习非人也"①是重要原因。可见，在对洋务教育的批评中，"师资"问题是最为集中的，即师资素质差且主要依靠国外。梁启超认为中国急需普遍设立中、西学兼习的新式学堂。而最为突出的问题是师资来源，根本的解决办法是设立师范学校，培养符合时代要求的教师，"夫师也者，学子之根核也"，"故师范学校立，而群学之基悉定"。因此，"欲革旧习，兴智学，必以立师范学堂为第一义"。② 可见，近现代师范教育思想的兴起带有"教育救国"的色彩。甲午战争的失败，也使当时的开明士绅将视角转向了日本，"师夷长技以制夷"的思想与维新变法以及洋务运动的"自强"等观念混同在一起，促成了学习日本的浪潮。

（一）"赴日取经"与师范教育思想的传入

甲午战争后，官方和民间的赴日考察增多。官方派遣的赴日考察团包括了朝中要员、地方官长和学界清流，其中有作为"壬寅学制"和"癸卯学制"的智囊团如严修、张謇、吴汝纶、罗振玉等人，以及众多的教育第一线办学者。早在 1898 年，受张之洞委托，姚锡光赴日考察学校，并于同年 4 月将所见所闻向张之洞汇报。在上呈的报告中，姚锡光概括性地介绍了整个日本的学校系统及其运作情况，其中对师范教育也作了简单的介绍。1903 年，柳诒徵随缪荃孙、徐乃昌等人赴日本考察教育。日本的师范教育与实业教育给柳诒徵留下了深刻的印象。他所到之处，留心学习，逐日详记，举凡东京高等师范学校校长嘉纳所讲教育学、教授法、管理法、世界各国教育状况，以及日本各地大中小学校的办学经验，俱详列备载，后写成《日游汇编》，以亲身感受的笔触介绍了日本的教育包括师范教育。当时的京师大学堂总教习吴汝纶不顾年迈，东渡日本，考察教育。在日期间，他多次听取了文部省有关教育的特别讲座，还遍访日本教育名家，并把所见所闻汇编成《东游丛录》一书。日本学者阿部洋曾把《东游丛录》视为清末中国以日本为模式创立近代学制的重要情报源之一，给予了高度的评价。甚至有人认为"对'壬寅学制'以及'癸卯学制'作出建设性贡献的，应该是京师大学

---

① 梁启超：《学校总论》，舒新城《中国近代教育史资料》第 3 卷，人民教育出版社，1981 年，第 927 – 934 页。
② 梁启超：《论师范》，梁启超《饮冰室合集》第 1 册，中华书局，1989 年，第 34 – 37 页。

堂总教习吴汝纶"。① 值得注意的是，吴汝纶十分重视日本明治时期的师范教育，在日期间参观了不少师范学校，并将所见所闻写入《东游丛录》，对日本近代师范教育作了详细的介绍。

甲午战争后，由于清政府的提倡以及日本的留学政策推动，在日本学习西方所取得巨大成功的吸引下，大批学子满怀救国热情负笈东瀛。1896年，驻日公使裕庚从国内选拔了唐宝锷、朱光忠等13名学生赴日本留学。这是清政府派遣的第一批赴日留学生。以此为起点，留日高潮开始出现。1898年戊戌变法期间，清政府下令各省督抚选派学生赴日本留学。1899年我国留日学生已有100多人。据统计，留日学生1901年为274人，1903年为1 300人，1904年为2 406人，1906年有8 000至12 000人。20世纪初的中国留日学生所学专业极其广泛，从政法、文史、日语、师范到理工、农医、商业、陆军、音美、体育，应有尽有。其中又以学政法、师范和军事为最甚。大批留日学生在日本接受了一定的近代化教育，受到资产阶级思想文化的熏陶和冲击，逐渐改变了原有的传统保守心理和观念，萌生出新的思维方式与价值观念，成为近代中国一批有新思想、新知识的新生知识力量。留日学生是中西文化交流的重要使者，是近代中国通过日本学习西方文化的重要纽带。通过在日本的亲身感受，深刻认识到西方和日本之所以强大的重要原因之一就是重视发展教育、开发民智。

留日学生对学制的制定和实施起到了重要作用。他们大力提倡发展资产阶级新教育，通过创社团、办刊物等方式不遗余力地译介、引进日本等国先进的教育思想和学说，回国后积极投身于教育改革的实践，任教、办学、从事教育行政管理等，身体力行地传播和实践这些思想学说，为中国教育的近代化作出了卓越的贡献。清末民初，从中央到地方的各级教育行政机构中，留日学生占了相当大比重，起着举足轻重的作用。清政府曾明令规定，各级教育行政官员选择"曾经出洋游历或曾习师范者充之"。② 这就为留日学生进入教育行政机关任职提供了很大的可能性和法令上的保证。因此，许多留日学生归国后，被派往各省、地区的学务公所、劝学所任职，学部成员中也有不少是留日学生。中华民国成立后，一部分留日学生开始执掌教育界大权，留日学生中曾任民国教育部部长者有范源濂、黄炎培、汤化龙、汪大燮、汤尔和、黄郛、章士钊等。各省教育官员也多为留日学生，如沈钧如（浙江教育司司长）、胡家祺（山东教育司司长）、李元鼎（陕西教育司司长）等。而这些人对民国的"壬子癸丑学制"的制定和执行起到了重要

---

① 钱曼倩，金林祥：《中国近代学制比较研究》，广东教育出版社，1996年，第69页。
② 杨晓：《中日近代教育关系史》，人民教育出版社，2004年，第564页。

的作用,对在新的政治制度下不断完善的师范教育制度作出了巨大贡献。留日学生通过各级行政任职,得以直接参与教育方针、政策的制定和落实,成为用西方资产阶级新教育思想指导中国近代教育改革实践的重要载体。

留日学生中,学习师范教育者较多,他们在留学期间以及归国后,把当时在日本流行的西方各种教育理论和方法带回国内,并运用到自己的实践活动中去,都对中国的师范教育体制建设作出了巨大的贡献。光绪二十七年(1901年),陶森甲在考察日本的师范教育之后,上书朝廷,并组织学生留学日本学习师范,这也标志着派往日本学习师范教育的开始。其后一直到1905年,留日学习师范教育者逐年增加。根据清国留学生会馆统计,在1903年4月到1904年10月的18个月中,留日学生中毕业于各类师范学校者占毕业生总人数的44.1%;根据《东方杂志》的记载,1904年各省共计派出留学学习师范者347人,其中包含山东派出的学习师范和法政者共计4名,1905年达到426人,其中安徽派出10人中包含学习实业者数名。中华民国建立以后,赴日学习师范教育高潮再起,据“中华民国第三次教育统计图表”显示,1914—1915年留学日本官费生共853人(未包括预备科学生254人),其中学习师范者有137人,占总数的16%,仅少于学习工科(290人)、医科(144人)者。另据《第一次中国教育年鉴》统计,1931年留学研习教育科共有42人,其中留日17人,留美16人,其余为留学法(2人)、德(5人)、英(2人)者。可见,留日师范教育具有举足轻重的地位。留日教育对中国近代师范教育模式的定型产生了深刻影响,留日师范生回国后,大多从事一线教学和办学以及教育管理。

清末新政以前,也曾有日本人在华办学并聘任日本教习的现象。早在1897年,日本教习应官方的延聘来华任教。而大量招聘日本教习,则始于清末新政时期。1903年起,日本教习陆续来华,到1906年已有五六百人之多,成为聘请日本教习的高潮时期。据汪向荣的统计和日本外务省1909年“清国佣聘本邦人名表”的档案记录,当时(1901—1911年)在中国师范学堂任教的日本教习情况如下:共有224人在师范院校任教,其中京师大学堂22人,直隶师范学堂21人,江苏两级师范学堂13人,两江师范学堂28人。日本教习不仅大量分布在直隶、京师、两湖、两广、江苏、山东这样一些政治、经济、文化教育比较发达地区的师范学校,而且遍布贵阳、四川、西安等内陆和边远地区,可以说凡是有新式师范学堂的地方几乎都有日本教习,可见日本教习对中国近代师范教育影响之广。日本教习所担任的科目从数、理、化到体、音、美,从博物、历史、地理到师范教育,几乎包揽了除国文、经学、伦理之外的所有现代课程。有的师范学校的全部课程都由日本教习担任,如贵阳公立师范学堂等。这些日本教习在中国20世纪头10年的师范教学中确实发挥了骨干作用。其中如服部字之吉、菊池谦太郎、松本孝次朗、内崛维文、藤田丰八等都担任着像京师大学堂师范馆、两江师范学堂、山东师范学堂、江苏两级师范学堂等著名师范学堂的总教习，直接参与师范教育计划的制订和管理，训练和培养了一批师范学堂的行政管理人员，建立了一套比较完备的现代师范学堂的管理制度，这为我国近代师范教育的完善和发展打下了一定基础。

（二）负笈以归——日本师范教育制度、法规的翻译

日本教育理论和教育法规的推介以翻译为主要方式。根据实藤惠秀监修、谭汝谦主编《中国译日本书综合目录》的统计，1896 年到 1911 年，中国共译日本教育类书籍 76 种，为历史最高峰，其中不少是介绍日本现行学制和学校教育概况的。早期的如日本文部省编、古城贞吉译、上海时务报社出版的《日本学校章程三种》（包括日本教育制度、日本高等师范学校章程、日本华族女学校规则，1898 年），东京泰东同文局编辑出版的《日本学制大纲》（1902 年），日本文部省编、天津东寄学社编译的《日本新学制》（1902 年）等。此外，大量的教育理论类著作也被介绍进入国内，如立花铣三郎讲述、王国维翻译的《教育学》，牧濑五一郎著、王国维翻译的《教育学教科书》，加纳友市、上田仲之助的《实用新教育学》，吉田熊次的《新教育学释义》，熊谷五郎的《大教育学》，以及大濑甚太郎著，江夏、杨彦洁译的《实用教育学》等几十种。

值得一提的是，日本教育理论和教育法规的推介还引起了思想上的冲撞以及理论上的争论，而在这一论争中，《教育世界》发挥了重要作用——提供了论争的平台。面对以各种方式输入的日本为主的国外教育理论的冲击，朝廷官员、地方士绅纷纷发表议论。一时间，国内形成了对国外教育制度探讨、对国内教育制度审视的风潮。本属强势的中国文化和教育面临着国外教育的挑战，对一向以天朝大国自居的清政府及其治下的子民们来说，无论在思想上还是在现实中都是无法接受的。在此背景下，将"舶来之物"视为"器"或者"技"，以本国的"道"来改造，坚持中国的文化本位似乎更合乎情理。《教育世界》从创办起到 1904 年"癸卯学制"颁布前，主要刊载国内有关教育改革的议论以及日本的各种学制章程和教育法规、法令。教育改革的议论，主要集中于这样三个问题：初等教育普及和新式学校的创办；教育行政制度的建立；科举制度的改废。具有代表性的议论有：两广总督陶模《粤督陶制军粤抚德中远请变通学校科举折》和《粤督陶制军奏图存四策》、张之洞《江楚会奏第一折》、出洋学生总监夏偕复《学校当言》、张元济《答友人问学堂事书》、罗振玉《日本教育大旨》和《教育五要》、四川学政吴郁生《四川学政吴请定学堂课程折》、山西巡抚岑春煊《晋抚岑奏请山西归并

学堂折》、直隶总督袁世凯《直督袁奏陈筹款开办直隶学堂折》。日本的教育家、学者也参与了讨论,如让武雄发表《支那教育改革案》、高桥作卫发表《与北京大学堂教习吴君论清国教育书》等。

日本教育理论和教育法规的输入,为清末学制的建立提供了第一手资料。而高等师范教育制度的译介也为高等师范教育体制的构建和调整提供了主要的借鉴。从清末高等师范教育的制度来看,日本教育的印记十分明显,民国初年的相关调整也留下了日本教育的印记。

三、"中体西用"下清末、民初师范教育思想的形成

输入日本的师范教育理念、理论和制度过程也是国人对日本的教育理论和教育制度的认识、思考过程,其中包含了对中国的社会情况、政治体制的考量。在当时的情况下,如何做到不触动(有了鸦片战争到维新运动的外力以外来制度介入的经历,清政府对外来的制度和理论有了天生的畏惧感)清政府的敏感神经,符合清政府的利益,在既有的政治体制下建立师范教育体制,对各方来说都是极为重大的考验。在这一考验下,对建立和发展于资本主义条件下的日本师范教育制度作符合封建社会制度的调整,使之符合封建政府利益,使之与中国的传统教育相结合,与封建教育宗旨相结合,是当时以张之洞为首的新教育的提倡者的主要工作。这一工作实际上就是在制度输入的条件下,与中国的各种条件相结合,逐步建立中国师范教育体制的过程。经历了维新运动至20世纪初数年的酝酿,以日为师建立中国的教育体制已经逐渐成为朝野上下的共识,几经周折之后,"癸卯学制"颁布实施。"癸卯学制"的颁布实施标志着以日本师范教育为蓝本的中国师范教育体制正式建立。

中华民国建立后,仍然坚持了类似的师范教育体制,并不断加以完善。民国之初之所以沿用清末的师范教育体制,主要有三个方面的原因:

其一,由于民国初建,尚无建设中高等教育之经验,故较为谨慎,不敢冒进。民初的教育部次长蒋维乔在讨论民初的学制制定时指出:"当时教育界办学经验,以小学较为丰富,故民元学制之初高等小学校令确能参合国情,表现特色。至中等教育并未发达,经验殊少,于专门大学,更属茫然。故除增损日制,易以本国课程外,殆无经验之可言。"[1]1919年初,教育调查会第一次会议报告:"当时所以采用此制,实因办教育者学识经验皆苦不足,若学制稍趋繁复,即不免无所

----

① 蒋维乔:《民国教育部初设时之状况》,丘权政,等《辛亥革命史料选辑》下册,湖南人民出版社,1981年,第301-304页。

适从。"①

　　其二，民国初年对日本教育制度的认同。1912 年 7 月，民国教育部召开全国临时教育会议第一次集会，蔡元培指出："至现在，我等教育规程，取法日本者甚多，此非我等苟且。我等知日本学制，本取法欧洲各国。惟欧洲各国学制，多从历史上渐演而成，不甚求其整齐划一，而又含有西洋人之习惯。日本则变法时所创设，取西洋各国之制而折衷之，取法于彼，尤为相宜。然日本国体与我不同，不可不兼采欧美相宜之法，即使日本及欧美各国尚未实行而教育家正在鼓吹者，我等亦可采而行之。"②蒋维乔指出，学习日本是迫不得已，绝不能将责任推到教育部头上，"余之计画学制草案时，理想殊高，部中所招致之留学生，英、美、德、法、俄、日皆备，原拟将各国之学制译出，舍短取长，以造成适合于中国之学制。结果所译出之条文，与中国多枘凿不相容。而起草委员会，屡经讨论，仍趋重于采取日本制。临时教育会议，时经一月，辩论至详，而议决案之趋势，亦归宿于模仿日本制"，而"以学制施行历十年。教育界渐觉其不适用……其实临时教育会议，国内著名之教育家，皆罗致到会，而多数之见解，确已如是，不能全归咎于教育部。是盖时代为之，一般人之经验学识，只有此限度也"。③

　　其三，留日学生的推动。民初教育政策的制定者中，有留日经历者不在少数④，他们大力推崇日本教育。在师范教育方面，高等师范教育区的方案的提出者范源濂即是日本留学生之一。⑤

（一）"中体西用"代替"和魂洋才"——清末创立师范教育时指导思想的变通

　　"中体西用"与"和魂洋才"是 19 世纪 60 年代以后中日两国统治阶级在近代化过程中占主导地位的西学观，是规范两国近代化内容和进程的指导思想。它们的内涵和外延都有很大差别。

---

①　《教育调查会第一次会议报告》，朱有瓛，等《中国近代教育史资料汇编：教育行政机构及教育团体》，上海教育出版社，1993 年，第 393 - 397 页。

②　孙常炜：《蔡元培先生全集》，台湾商务印书馆，1977 年，第 705 页。

③　蒋维乔：《民国教育部初设时之状况》，丘权政，等《辛亥革命史料选辑》下册，湖南人民出版社，1981 年，第 301 - 304 页。

④　据蔡元培讲，这 70 多位部员"一半是我所提出的，大约留学欧美或日本的多一点；一半是范君静生所提出的，教育行政上有经验的多一点"。转引自田正平：《中国教育史研究》（近代分卷），华东师范大学出版社，2001 年，第 200 页。

⑤　实际上，民初所提出的设立高等师范教育区的提议与日本文部省在 1873 年所提出的在每个大学区设立一所官立师范学校的提议有些类似（日本文部省的该提议在 1874 年开始实施）。参考梁忠义，罗正华：《教师教育》，吉林教育出版社，1998 年，第 63 页。

从奕䜣、曾国藩、左宗棠、李鸿章到张之洞，"中体西用"的内涵是在不断变化的，"西用"的范围是逐渐扩大的。张之洞的《劝学篇》则可以视为"中体西用"的代表性文献："中学为内学，西学为外学；中学治身心，西学应世事。"(《《劝学篇·会通》》)"夫不可变者，伦纪也，非法制也；圣道也，非器械也；心术也，非工艺也。""夫所谓道，本者，三纲四维(礼义廉耻)是也，若并此弃之，法未行而大乱作矣，若守此不失，虽孔孟复生，岂有议变法之非者哉。"(《《劝学篇·变法》》)"西用"范围虽然比它早期有所扩大，然而封建的政治体制、伦理纲常和一些根本性的经济制度还是不能变的。

日本的"和魂洋才"也是"西力东渐"影响的产物，源于幕府末期的"东洋道德、西洋艺术"，由明治政府成立时所宣布的"广求知识于世界"、"文明开化"演变而来。发展初期，它所包含的内容与中国的"中体西用"差不多，只限于学习西方的军事技术和生产技术，而于文物制度、道德文章等制度和思想层面，仍是"和"、"汉"，极力维护以朱子学为主的封建思想体系和政治秩序。明治维新后被突破，逐渐发展为在完整意义上向西方学习的主张，包括了学习西方先进国家的政治、经济、军事、文化教育等各个层面的内容。"和魂洋才"的文化模式所要扬弃的是民族虚无主义，坚持传统的民族道德规范，并不否定已为日本大量汲取的西方文化科学技术和政治、经济学说和制度，这就不仅从理论上赋予西学合法地位，使"和"、"洋"文化得以真正并存、兼容，而且还赋予在近代化过程中大量、广泛汲取西学的内涵。这样，既能保持民族原有的一些精神准则和道德规范，即"和魂"，以避免出现文化思想上的紊乱、文化失范和信仰危机，又在"洋才"的规范下，大力汲取西方政治、经济、文化思想方面适合于日本需要的技术设备和制度、政策，推进本国近代化的发展。这实际是一种把西方文化与本国文化相结合的界定。

清末在向日本学习的态度上，坚持中体西用，主动将"和魂洋才"从输入的制度中剥离，事实上有着多方面的考量：

其一，清政府在对待外来制度时采取了折中办法。经过了戊戌变法的冲击，清政府在对待外来的制度方面已经产生了抵制感。由于戊戌变法所提出的一揽子方案涉及了清政府统治阶级的根本利益，试图撼动其统治地位，从而引起了大多数统治阶级的反对。因此，在对待学习外国进行变革问题上，清政府保持着一定的警惕，这一点大多数倡导学习国外进行变革的参与人员是十分清楚的。因此，对"中体"的无条件的承认是获得采纳"西用"进行改革的前提，也是获得政府支持的基本条件。

其二，避免引起地方顽固派以及民众的抵制。五千年的文明发展历程，使孔孟之道以及长期以来形成的封建伦理纲常以及等级秩序在地方士绅和绝大部分民众的心目中具有无可动摇之位置,这些思想甚至成为其根本的思维方式的一部分以及其心理结构的重要部分。因此,采取"质变"——突然性的变革是无法奏效的,量变才是其唯一的方式,戊戌变法的失败就有力地证明了这一点。因此,想要使教育的变革能够贯彻下去,光靠政府的支持是不够的,中国地大人多,无法像日本一样采取全面的政府驱动方式,因此,在变革中逐渐消除群众以及地方官僚的抵制情绪是必要的。而清末的教育改革者显然也考虑到了这一点,据此推测,在清末对日考察的鼓励可能也是基于此方面的揣度。清末的访日潮流波及地方官僚和普通民众,客观上也对日后的教育改革起到了一定的积极作用。

其三,全面兼顾,寻求持续发展。在面对国粹与西洋文化的冲突时,如何取舍,这是摆在倡导建立新的学制者面前的重大问题。与日本所不同的是,尊重、保护国粹已经成为中华民族心理的一个主要组成部分,而封建的道德教化也成为政治需要的主要部分,即教育培养出的人才必须符合封建社会的人才标准。因此,"中体西用"自然也就成为全面兼顾和持续发展的唯一方法。

"中体西用"作为教育的根本指导思想主要体现在"壬寅学制"、"癸卯学制"的指导思想上。作为学制的制定者,荣庆、张百熙、张之洞在"中体西用"指导思想和原则上的恪守是一致的。张百熙、荣庆、张之洞在呈奏《重订学堂章程折》中明确提出,立学宗旨"以忠孝为本,以中国经史之学为基","以西学瀹其智识,练其艺能,务期他日成材,各适实用",这一思想在《奏定学堂章程》的"学务纲要"中得到重申,并以教育法令的形式确定下来,即"以忠孝为敷教之本,以礼法为训俗之方,以练习艺能为致用治生之具"。① 1906 年学部又奉命正式颁布教育宗旨,即"忠君、尊孔、尚公、尚武、尚实",前两者是"中国政教之所固有,而亟宜发明以距异说"("中学为体"),后三者是"中国民质之所最缺,而亟宜箴砭以图振起"(实质是"西学为用")。②

从以上的分析中不难看出,清末在输入和借鉴日本的教育制度的同时,结合本国的条件,综合考虑各种利益,首先作了符合当时的时代特色的变通,即在教育的综合指导思想上作了变通,以"中体西用"取代"和魂洋才"。对于师范教育来说,这一指导思想充分体现在教育的各个方面,尤其是课程设置、师范生管理等方面。

---

① 张百熙,等:《学务纲要》,朱有瓛《中国近代学制史料》第 2 辑上册,华东师范大学出版社,1987 年,第 83 - 84 页。

② 陈学恂:《中国近代教育史教学参考资料》上册,人民教育出版社,1986 年,第 564 - 565 页。

（二）"中体西用"的消解——民初师范教育思想

日本的教育指导思想"和魂洋才"是在资本主义发展时期确立起来的，它在一定程度上符合了资本主义的需要，促进了日本的资本主义化。而同是资本主义建设环境下的民国却与此大不相同。由于政体的变革，清政府所制定的"忠君、尊孔、尚公、尚武、尚实"的教育宗旨显然有悖于时代潮流，提出和颁布新的教育指导方针是关系到民国教育发展方向的全局性大事。1912年，民国教育部正式公布教育宗旨"注重道德教育，以实利教育、军国民教育辅之，更以美感教育完成其道德"①，这一思想在1913年颁布实施的《学制系统令》中得到体现，学制改革的总体指导思想和根本目的是适应民初政体转换和社会变迁的需要。从整个指导思想来看，基本上已经将清末的教育指导思想和当初引进的日本教育思想完全消解，代之以具有德国意味的教育指导思想。虽然师范体制在整体上仍然具有日本色彩，但从整个师范教育的发展状态来看，新的教育指导思想下的民初师范教育已经与日本的师范教育相去甚远。

从师范教育的具体指导思想来看，教育宗旨具体表述为"独立博爱为充任教员者之要务，故宜使学生尊品格而重自治，爱人道而尚大公"。② 从民国初年的师范教育来看，无论是在教育宗旨上还是在各种制度的指导思想上，合乎时势的改革相对较多，已经无法看出日本师范教育的印记。而同时资本主义下的师范教育，由于在资本主义的建国宗旨上的不同以及改革程度上的不同，在教育方面也表现出较大差别，在此不作比较。

第二节　师范教育思想举要

如何构建与传统教育完全不同的现代师范教育，对清末民初教育家、思想家乃至政府官员都是一个重大的考验。构建什么样的师范教育、如何办理师范教育、如何建立师范教育管理制度和学校系统、培养什么样的教师以及如何与基础教育对接等都考验着教育界的智慧。基于这些问题的考虑，清末民初涌现了一批批优秀的教育思想家和实践家，其中最为杰出的当属梁启超、张之洞、张謇等人。

---

① 民国教育部：《教育部公布教育宗旨令》，中国第二历史档案馆《中华民国史档案资料汇编》第3辑，凤凰出版社，1994年，第22页。
② 民国教育部：《教育部公布师范学校规程》（摘录），中国学前教育史编写组《中国学前教育史资料选》，人民教育出版社，1990年，第243页。

一、梁启超的师范教育思想

梁启超(1873—1929)，字卓如，号任公，广东新会人，清末民初著名的改良主义者、教育家。曾先后在北京大学、北京师范大学、南京大学、南开大学、清华大学讲学任教。梁启超首论师范教育，批判传统教师教学中的流弊，倡导教学革新及新教学方法实践。他的教师思想既带有时代特征，更寓有深刻的理论价值与现实意义。

（一）梁启超师范教育思想的体系

作为中国现代师范教育思想领域的先行者，梁启超对师范教育理论作了深入研究和精辟阐述。他的师范教育思想是一个完整的体系，包含了师范教育观、师范教育制度设计和师范学校的管理等多个方面，具有很强的系统性。梁启超的师范教育思想不仅对清末师范教育的建立和发展具有重要意义，即使在今天看来，仍然具有重要的参考价值。

1. 师范教育的地位

我国自古重视师资培养。许多教育家都论及师德、师术、师表等为师之道，对教师应具备的道德和学问以及身教和言教的方式方法，提出过许多严格的要求。但创办师范学校，建立系统的师资培训制度，却是在晚清时期出现的。

梁启超对师范教育重要性的认识是与他的爱国意识分不开的。19世纪末期，尤其是中日甲午战争以后，帝国主义列强加紧入侵中国的步伐，企图瓜分中国。面对这种严重的政治危机和民族危机，梁启超主张必须尽快实施变法，改变一切不合理的封建旧制度，以拯救国家。主张变法之本在教育，要强国必由教育。他说："今日为中国前途计，莫亟于教育。"①当时，西方一些资本主义国家自产业革命后，工农业生产得以迅速发展，其主要原因在于教育之普及，教育之普及又在于师范教育之发展，这对早年就接受过西方文化熏陶的梁启超来说影响很大。因此，他极力主张效法西方，兴办师范学校。正所谓"师范学校立而群学之基悉定"。② 他希望通过兴办师范，以促成教育之普及，以达人才日以盛、民智日以开、国家日以强之目的。梁启超充分肯定了师范教育在整个教育事业中的地位和作用，把师范教育看做教育发展的基础和推动力量，看成是整个教育体制运转的工作母机，这是很有见地的。

梁启超从三个方面总结了洋务学堂的弊端，其中之一就是"师范学堂"不立，教习非人也。梁启超指出："吾所欲言者，采西人之意，行中国之法，采西人之法，

---

① 梁启超：《教育政策私议》，陈学恂《中国近代教育文选》，人民教育出版社，1984年，第159页。
② 梁启超：《论师范》，梁启超《饮冰室合集》第1册，中华书局，1989年，第34-37页。

行中国之意，其总纲三：一曰教，二曰政，三曰艺。其分目十有八：一曰学堂，二曰科举，三曰师范……"①这是对我国师范教育较早的关注。不久，他又在《时务报》上发表《变法通议·论师范》，在中国近代教育史上首次专门论述师范教育问题。《论师范》一文集中反映了他的师范教育思想。他的《论师范》及其以后有关著述中所表达的师范教育思想，开启了我国近代师范教育理论的先河，为师范教育的发展奠定了基础。

他指出："夫师也者，学子之根核也"，"欲革旧习，兴智学，必以立师范学堂为第一义"，故"师范学校立，而群学之基悉定"。他主张设立本国自己的师范学校，培养符合时代要求的教师。至于师范学堂的具体设置方法和课程安排，梁启超主张参照日本并结合中国国情，在中国建立完整的师范教育体系。

2. 师范学堂的建立

梁启超认为师范学校应办在大学之先，与小学同办，首先培养小学教师。他主张应择优等生充为学员，在师范学堂附设小学堂，以师范学生任小学老师。三年以后，小学生可升为中学生，而小学教习中之优秀者可升为中学之教习等。如此，中国之教育方能逐步发展。他认为由于"教学相长"的关系，从事教育职业的人，一面教育别人，一面继续做学问，两件事完全打成一片，所以别的事也是一种趣味，教育事业是两种趣味。

1896 年，梁启超发表《学校总论》等系列文章，根据西人所著《德国学校》、《七国新学备要》、《文学兴国策》等书，分别讲到普通大、中、小学，专科学校、师范学校、女子学校、残疾人学校、劳动教养学校等类及各校修业年限等，提出了学制的设想。为了全面推广学校，他根据日本教育次第列举了一个"教育制度表"，其中师范学制为：师范大学（和大学院平行设置）4 年，高等师范学校（和大学平行设置）4 年，寻常师范学校（和中学校平行设置）8 年。

梁启超还特别强调"师道"与社会进步的关系，从而突出了师范教育的社会功能。他认为，当今社会之所以"风气日以下，学术日以坏，人才日以亡"②，是因为社会上轻视教师，没有形成一种尊师重道的社会风气。所谓"师道不立，而欲学术之能善，是犹种稂莠而求稻苗，未有能获也"。他一方面要求整个社会尊重知识、尊重教师，形成一种尊师重道的良好社会风气；另一方面则要求师范学校要培养出合格的师资，既能胜教于学校，又能促进社会及学术风气的日益好转，这是对中国教育传统的继承和发展。

---

① 梁启超：《学校总论》，舒新城《中国近代教育史资料》第 3 卷，人民教育出版社，1981 年，第 927 – 934 页。
② 梁启超：《论师范》，梁启超《饮冰室合集》第 1 册，中华书局，1989 年，第 34 – 37 页。

3. 师范学堂的管理

梁启超是中国近代教育史上第一位专题论述教育要有正确目的的教育家。他认为，人和动物之最大不同就是人活动的有意识性和有目的性，而教育是人类的一种非常重要且复杂的活动。因此，梁启超明确规定了各级师范学校的培养目标，即中等师范是专门培养小学教师，高等师范是专门培养中等教育教师(包括中学、中等师范及中等专业技术学校教师)，师范大学则主要是培养高等师范及各科大学师资。各级师范有了明确的教育目标，才能有目的、有意识地培养出有质有量、符合教育和社会需要的教师，最终造就出具有公德心、国家思想，具有进取、冒险精神，具有自由、自治精神，具有权利义务思想等素质和特色的"新国民"。

梁启超认为，要培养有特色的公民，自然要求教师要具备有特色的个性，即要有爱国心、独立性、公共心及自治力。他强调师范院校要特别重视对师范生的个性塑造，注意帮助引导他们树立一个正确的求学目的，立圣人之志，"以天下为己任"，要求师范生常自策励，发奋读书，谋个性之完善，求立人与达人。这些主张都是很可贵的，具有一定的民主性和进步性。

梁启超还注意到了学生的全面发展，主张在对师范生进行道德教育的同时还应进行智、体方面的教育，规定各科教学都应"以倡明圣教为主义"，还规定选择读书的标准应以"有关于圣教"为主，"而杂引外事，旁搜新义以发明之"。① 这是和他的改良主义思想分不开的，因为他要利用孔孟学说，参用西制，兴办教育，最终革新政治和社会，同时也是"中体西用"思想在其教育目标管理上的反映。

梁启超对师范课程的设置十分重视。当时，日本改革后的师范课程有 17 种之多，即修身、教育、国语、汉文、史志、地理、数学、理化、博物、习字、图画、音乐、体操、西文、农业、商业及工艺等。梁启超主张要"略依其制而损益之"，减少一些不紧要、不适宜的课程，增加一些注重实用、切于时用的课程。具体来说，就是要以六经、诸子为经，而以西人公理公法之书补之；以历朝掌故为纬，而以希腊、罗马古史补之；以按切当今时事为用，而以各国近政近事补之。总的目的是使师范生通过学习这些课程，能通古今而达中西，"能以授人为主义"。梁启超还进一步提出了课程设置必须遵循 6 个方面的要求，即"一须通习六经大义，二须讲求历朝掌故，三须通达文字源流，四须周知列国情状，五须分学格致专门，六须仂习诸国言语"。

---

① 梁启超：《湖南时务学堂·学约》，梁启超著，周岚编《饮冰室书话》，时代文艺出版社，1998 年，第 484 页。

梁启超强调师范院校的课程要突出师范性，除开设基础课和专业课外，还要特设教育课程。他重视教育和教学方法，是中国近代教育家中系统阐述各科教材教法的第一人。他认为"今天下之变日亟，教学之法亦日新"①，主张在师范院校设教学法课，向师范生传授"为教之道"。他指出"为教之道"具于《学记》这篇专门论述教育和教育问题的文章之中，其关于教育原则和教学方法的阐述最切于师范教学之用。他说：《学记》一篇，言师范学堂之事也"②，应作为师范学校的教育课程"循而用之"。这样，可使师范生学会、掌握教育和教学方法，以便毕业后能更好地适应教育和教学工作。

教育实习是师范学校教学的重要组成部分，通过实习，学生把知识综合地运用于教育和教学实践，有助于锻炼自己从事教育和教学工作能力。对此，梁启超也十分重视，并提出三点主张。

第一，设小学为师范生实习基地。俄国大教育家乌申斯基很早就主张师范学校应附设实习学校，若"师范学校没有实习学校，有如医学系没有医院"。在中国，梁启超最先提出了这个问题，他主张"师范学校与小学并立"，"以师范学堂之生徒为小学之教习"。他把小学作为师范生的教育实习基地，规定师范生在校学习的三年时间内，在学习专业课的同时要被分派到小学各年级任教，从事实际的教育教学工作，实习生实际上就是小学各科的常任教师，他们边求学边实习，读书实习两不误，且能相互促进。正如《学记》所言："学然后知不足，教然后知困。知不足，然后能自反也；知困，然后能自强也。故曰，教学相长也。"

第二，加强实习指导。单从知识上讲，师范生完全能够胜任小学教学工作，但能否有效地把知识传授给学生还是个大问题。为此，梁启超提出要配备专门教师来指导师范生的实习，对师范生要"课之以教术"，使他们更好更快地把握教学规律，提高实习效果和教学质量。

第三，严格考核，量才录用。师范生实习结束后要进行全面总结，并评定成绩。那么，如何评定实习成绩呢？他主张"以小学堂生徒之成就验师范学堂生徒之成就"。通过严格考核和评定，"择其优异者为大学堂、中学堂总教习，其稍次者为分教习或小学堂教习"③，使各得其所、各司其职、各尽其能。这种把小学生学习成绩的好坏作为衡量或评定师范生实习成绩的尺度是比较客观的、合理的。

在比较了中西教育的优劣后，梁启超认为师范之道在于有一套行之有效的

---

① 梁启超：《论师范》，梁启超《饮冰室合集》第 1 册，中华书局，1989 年，第 34－37 页。
② 梁启超：《学校总论》，舒新城《中国近代教育史资料》第 3 卷，人民教育出版社，1981 年，第 927－934 页。
③ 同①。

方法,应"导之以道,抚之以术",并遵循以下原则:

一是身心发展原则。他在《变法通议·论幼学》中说:"其为道也,先识字,次辨训,次造句,次成文,不躐等也。识字之始,必从眼前名物指点,不好难也。必教以天文地学浅理,如演戏法,童子所乐知也;必教以古今杂事,如说鼓词,童子所乐闻也;必教以数国语言,童子舌本未强,易于学也;心教以算,百业所必用也……"①他认为这种教学方法,由浅而深,由易而难,由形象而抽象,比较符合人的认知规律,学生学习的热情高,效果也好。

二是个性发展原则。教育应该以人为本,充分尊重、发展学生的个性。梁启超认为近代教育是"成为物的教育,失却人的教育"。他主张在大学实行自由讲座制,即由学有所长、研究有素的学者开办讲座,学生自由听讲,以便有较多的自修时间自我钻研或和教师共同研究。他认为大学里除教室外,还应有图书馆、实验室等,以培养学生查阅资料、动手实践的能力。他希望通过这样的教育制度和教育环境,"使学校、教师、学生三者之间,皆为人的关系,而非物的关系"。②

三是实践原则。梁启超认为:"一切实学,如水师必出海操练,矿学必入山察勘。"③

四是趣味原则。"各人选择他趣味最浓的事项做职业,自然一切劳作都是目的,不是手段,越劳作越有趣。"④"编者、教者或不欲过费儿童之脑力,然失之过宽,亦实有不宜之处。"⑤

(二) 梁启超师范教育思想的历史价值

梁启超的师范教育思想是我国教师教育思想的重要构成部分,为我国近现代师范教育的创立奠定了思想基础。同时,他关于师范教育的相关论述对清政府产生了重要影响,甚至直接推动了清末师范教育体制的创立。

1. 为我国师范教育的创立奠定了思想基础

中国封建社会长达两千多年,在其发展中逐步形成了独具特色且根深蒂固的封建教育传统和形式。清朝时期学校的教育以程朱理学为主要内容,以"三纲五常"的封建道德训练为中心。科举考试以八股取士为主,普通人进入仕途的唯

---

① 梁启超:《学校总论》,舒新城《中国近代教育史资料》第 3 卷,人民教育出版社,1981 年,第 927—934 页。
② 梁启超:《自由讲座制之教育》,李伏虎《少年中国的呼唤:梁启超杂文代表作品选》,甘肃人民出版社,1998 年,第 164 页。
③ 同②。
④ 同②,第 169 页。
⑤ 梁启超:《中国教育之前途与教育家之自觉》,舒新城《中国近代教育史资料》第 3 卷,人民教育出版社,1981 年,第 944—951 页。

一途径便是通过科举考试，所以，很多读书人为了求取功名利禄、出人头地而抛弃学问，专门研习八股文字，投机取巧。教师也都是科举出身，因而深受封建教育的影响。梁启超认为正是由于没有合格的师资，才造成了中国积弱积贫、被动挨打的局面。所以挽救国家危亡、变革社会，必须改革和发展教育、培养人才。发展教育、培养人才，首先要兴办学校，培养自己的合格师资，而在当时的中国社会，上至统治者，下到平民百姓，未认识到发展师范教育、培养师资的重要性。梁启超从中国近代教育发展的客观需要出发，继承了中国古代重视师道的思想，又从培养人才、国家强盛的角度阐发了师范教育的重要性，并予以具体规划，这在当时是具有进步意义的。梁启超是中国历史上首倡师范教育的思想家，他重视师范教育，把师范教育看做"群学之基"，即各级各类学校发展的本原。他的第一声呼吁，可谓发人深省，唤醒了有识之士和统治阶级对教师重要性的认识，使人们意识到了发展师范教育对于社会发展的重要作用。也正是由于梁启超的首倡和呼吁，以及其他人的努力和实践，师范教育思想才能深入人心，有了广泛的社会思想基础。

2. 促进了我国近代师范教育的建立

梁启超不仅在理论上为我国师范教育的发展奠定了思想基础，而且还参与了教育决策的过程。1898年，他受军机大臣与总理衙门张百熙等的委托，起草了《京师大学堂章程》。该章程第一章第四节中指出："西人最重师范学堂，盖必教习得人，然后学生易于成就。中国向无此举，故各省学常不能收效。今当于堂中别立以师范斋，以养教习之人才。"由于戊戌变法的失败，这一章程虽未发挥决策效益，但梁启超等重视师范教育、重视择优师资等认识和主张，不仅开启了我国师范教育理论的先河，对后世也产生了重大的影响。光绪二十八年（1902年）《钦定学堂章程》中就确立了"欲求教员，最重师范"的思想；1904年《奏定学堂章程》中设置了自成系统、独立设置的初级和优级两级师范学堂，正式确立了中国师范教育在整个教育事业中的地位，而且对师范生的要求、教师地位等均有相应的规定。这与梁启超等人对师范教育的倡导和实践有着直接的关系。梁启超的倡导和呼吁以及亲自参与教育实践直接促进了我国近代师范教育的建立，因而才有了后世师范教育事业的繁荣和发展。

（三）梁启超师范教育思想的现实意义

1. 以梁启超重视教师的思想为鉴，切实提高教师的社会地位和待遇

尊师重道一直是中华民族的优良传统。新中国成立后党和国家非常重视教师在社会发展中的作用，但由于"文革"特殊历史时期的影响和改革开放初期商品经济浪潮的冲击，教师的社会地位一再受到冷落，造成了一些不良的后果。随

着我国教育优先发展战略目标的确立,教师的地位和作用在知识经济时代被重新认识。今天重新回顾和思考梁启超的"师也者,学子之根核也","师也者,人才之大原也"①,"师道立"则学术兴、人才出、国家强等重视教师地位和作用的思想,对于在国际竞争日趋激烈的时代背景下提高教师的地位和待遇更具有突出的意义。我国人口众多,要把沉重的人口负担转化为人才智力的优势,就必须扩大教育的规模,造就高质量的教师队伍。而建设高素质的教师队伍,必须提高教师的地位和待遇,因为只有教师的地位提高了,做教师才可能成为优秀青年的首选职业,教师队伍的建设才能走上良性循环的轨道。

2. 积极而稳妥地推进师范教育改革,建立适合我国国情的师范教育发展模式

我国师范教育一百多年来培养了数以千万计的教师,特别是为新中国成立以来普及教育和提高国民素质作出了巨大的贡献,充分发挥了"工作母机"的作用。21 世纪是科技和人才竞争的世纪,为了提高在国际社会中竞争的实力,我国实施了科教兴国的战略,而实施科教兴国战略、培养人才,必须造就优秀的师资队伍,因而师范教育的地位和作用也愈发重要。因此,我们要重视师范教育,重新审视和认识梁启超把师范教育视为"群学之基"的思想,稳步进行师范教育的改革。应该看到,师范教育的产生是时代和社会发展的必然要求,在其发展过程中不可避免地面临诸多问题,受到社会政治、经济、文化等诸多因素的影响和制约。随着社会的不断进步,师范教育也必将面临如何选择和发展的问题,我国师范教育体系在一百多年发展进程中,在许多方面已经不适应新时代形势发展的需要,这是现实。改革是必需的,但其目的是提高质量,更好地为社会服务,而不是取消师范教育的独立建制。所以必须处理好继承与发展、改革与稳定的关系,结合我国实际建立适应我国国情的师范教育发展模式,使之更好地适应社会主义现代化建设和教育发展的需要,充分发挥其"工作母机"的功能。

总之,梁启超的师范教育改革主张,体现了时代和社会的发展对教育尤其是师范教育的迫切要求,同时也反映出资产阶级发展教育、培养人才、改良社会的强烈愿望,具有一定的民主性、进步性和现实性。特别应该指出的是,他的有些主张,诸如重视师范教育对整个教育发展的作用,重视师范教育的社会功能,重视师范院校的目标管理和课程设置,重视师范生的教育实习,并以小学生学习成绩为评定师范生实习成绩的标准,强调师范院校的教学要突出师范性,强调学习西方兴办师范教育必须从本国国情出发,等等,对改革和发展今日具有中国特色

---

① 梁启超:《论师范》,梁启超《饮冰室合集》第 1 册,中华书局,1989 年,第 34－37 页。

的社会主义师范教育事业无不具有重要的参考价值。

二、张之洞的师范教育思想

张之洞(1837—1909)，字孝达，号香涛，直隶南皮(今属河北)人，清末洋务派首领。在我国近代师范教育初创时期，张之洞无疑是一位卓越的先行先试者，甚至可以认为是中国现代师范教育的开创者。他在我国近代师范教育发展过程中所提出的一系列具有远见卓识的主张以及所作的积极切实贡献，为近代师范教育制度的形成奠定了思想基础。他的师范教育思想主要表现在以下几个方面：

(一) 明确师范教育在整个教育事业中的基础地位

张之洞十分重视师范教育的作用，认为师范教育在整个教育体系中处于基础的地位，他指出："各属开办学堂，全赖师范得人，课程方能合度，管理才能得宜。"①"师范学堂为教师造端之地，关系至重。"②这些思想为中国近代师范教育制度的形成奠定了理论基础。在这些思想指导下，张之洞先后创办和改建了一大批师范学堂，1902年于武昌创办湖北师范学堂，这是中国近代教育史上最早的独立完备的师范学校。1903年在南京设立三江师范学堂。1904年将两湖文高等学堂改为两湖总师范学堂。1904年开办湖北师范传习所，这是我国教师进修学校的开端。1905年通饬湖北各府将所设中学堂一律改为初级师范学堂，或先办速成师范与师范讲习所。同年，他又将湖北武备将弁学堂改为湖北武师范学堂。1906年创办湖北女子师范学堂。

(二) 在教育体系中独立设置师范教育

设立独立的师范教育体系，是张之洞师范教育思想的重要内容。由他参与制定的《奏定学堂章程》明确指出师范学堂的任务，"意在使全国中小学堂各有师资，此为学堂本源，兴学入手第一义"。在"癸卯学制"下一系列章程中，《奏定初级师范学堂章程》和《奏定优级师范学堂章程》规定师范教育独立设置。

(三) 采取措施吸引优秀人才进入师范学堂

张之洞在兴办近代学堂时，清政府还没有废除科举制度，"学而优则仕"是书生们的最高理想，许多读书人仍然向往科举，对近代学堂特别是师范学堂不感兴趣。为吸引读书人进入师范学堂，他规定师范学堂一律免费，同时给予师范生特

---

① 张之洞：《札学务处开设师范传习所》，陈山榜《张之洞教育文存》，人民教育出版社，2008年，第470 - 471页。

② 张之洞：《筹定学堂规模次第兴办折》，陈山榜《张之洞教育文存》，人民教育出版社，2008年，第405 - 419页。

别优厚的待遇，使师范学堂成为人们羡仰之所，以图造就更多的教员。

（四）多种渠道培养师资，提高教学质量

张之洞认为，教育的质量取决于教师的质量，而合格的教员需要经过正规师范训练。关于师范学堂的教师来源，张之洞认为有三种途径：一是聘请外国教员为师。1902 年，张之洞筹建三江师范学堂，为解决师资问题，准备求助于日本。张之洞致电东京近卫公爵、长冈子爵："金陵现拟设三江师范学堂，学生九百名。前三年教寻常师范，三年后教高等师范。拟聘贵国师范教员十二人，须性情恳勤端笃、于教育有实历者。内以一人为教头，薪从优；余十一人听其调度，薪酌减。明年正月半到金陵……祈代物色良师。"[1]次年，菊池谦太郎等 11 人到南京三江师范学堂任教，并与张之洞签订了应聘契约。二是派人出国学习师范教育。他在湖北推行新式教育之初，就从经心、两湖、江汉三书院中挑选优秀学生赴日本留学，专攻师范。三是创办师范学堂自己培养教师，如优级师范学堂就可为初级师范学堂提供师资。同时他还认识到师范教育急需解决的问题，除了创立师范学堂、培养新教师外，还要培训原有教师，即对大量塾师进行改造。由此他创立了我国最早的教师培训机构——湖北师范传习所，开启了旧中国教师在职培训的先河。这与 20 世纪 80 年代以来的全球性教育改革所表现出来的一个主要特征"以提高师资质量作为提高教育质量的突破口"[2]不谋而合，由此可见张之洞的远见卓识。此外，为应对创办之初的师资急需，张之洞出示晓谕，要求两江所辖诸省官绅保荐"举、贡、廪、增出身"中的学行兼优之士，通过分门命题考试录取 50 名，与所聘日本教习"互相教益一年"，再分别教授修身、历史、地理、文学、算学、体操各科。

（五）重视教育理论课程的学习，突出"师范性"

开设教育理论课程是师范教育区别于普通教育的一个标志。在张之洞开设的师范学堂里，课程除普通中学堂所开设的学科外，另加教育学、卫生学、教授法、学校管理法等。1904 年制定的《奏定优级师范学堂章程》规定，优级师范学堂的学科分为公共科、分类科、加习科。其中加习科是根据学生的学业表现以及学生自己的意愿定的选修课程。加习科的学科分为十科：人伦道德、教育学、教育制度、教育政令机关、美学、实验心理学、学校卫生、专科教育、儿童研究、教育演习。修加习科者，于此诸科目所选修，须在五科目以上，不得过少；毕业时须使呈出著述论说，以考验其研究所得如何。由此可见，在当时的师范学堂里教育课

---

① 范书义、孙华峰、李秉新：《张之洞全集》第 7 - 12 册，河北人民出版社，1998 年，第 8989 页。

② 吴文侃、杨汉清：《比较教育学》，人民教育出版社，1989 年，第 617 页。

程已受到重视，"师范性"比较突出。

（六）把教学实践能力作为培养师资的关键

教育实习是未来教师的一种教学尝试，即把已经学到的教育理论知识通过实习运用到课堂教学的实践之中。张之洞深刻地认识到教学实习的重要性，把培养教学实践能力作为培养师资的关键。他在创设湖北师范学堂时，以东路小学堂附属其旁，作为学生教学实习之处。后来在他主持制定的《奏定学堂章程》中规定：初、优级师范学堂都要有附属学校（小学和中学），以供师范生实习使用。其实这与他的教学论思想是一致的，他一贯认为"学之为事，讲习与历练兼之"①，一切学术"要其终也，归于有用"②。因此，他特别强调课堂学习与社会实践的结合。他虽非职业教育家，但他提出的"讲习与历练兼之"的思想基本符合教育学规律。

张之洞的师范教育思想在当时具有一定代表性，对我国师范教育的发展所作的贡献是不容置疑的。诚然，他对师范教育的认识也有其时代和阶级局限性，他的师范教育思想仍属于封建士大夫的范畴，办学目的在于维护封建统治，有其消极的一面。但总体上说，他开辟了一条兴办师范的新路，为开创我国近代师范教育奠定了早期思想基础。他关于师范教育的主张对于我们办好有中国特色的师范教育具有重大的现实意义。

三、张謇的师范教育思想

张謇（1853—1926），字季直，号啬庵，江苏南通海门常乐镇人，1894 年考取光绪甲午恩科状元，授翰林院修撰，是中国近代史上一位著称于世的实业家，同时也是中国近代教育事业的开拓者和奠基人之一。张謇致力于教育事业 30 年，办学之多、种类之全、时间之长、影响之深，在我国教育史上都是罕见的。他的教育思想和教育实践活动，直接推动了我国近代师范教育的发展。

（一）兴学之本，惟有师范

张謇始终把兴学放在重要位置上。他在《规复海军奏疏》中，提出振兴海军的"根本之图，教育为亟"；在《徐州应建行省议》中，明确指出"兴学为要中之尤要"；建议清政府实行新政，要从"普兴学校，酌变科举"做起。他还具体提出了兴学的步骤和方法。第一年："宜各府州县先立一小学堂于城"。小学堂中，先专设一师范班，选年龄稍长、程度较高者学师范速成课程。师范班学习三月后便分派到小学实习。由地方视学官，每月会同师范生，试其学业、教法之进退而第

---

① 张之洞：《创办水陆师学堂折》，陈山榜《张之洞教育文存》，人民教育出版社，2008 年，第 47 - 49 页。
② 张之洞：《创建尊经书院记》，陈山榜《张之洞教育文存》，人民教育出版社，2008 年，第 35 - 43 页。

其优绌。第二年：四乡划区分立小学，"府州县大者四十区，中三十区，小二十区，酌分地段，有寺庙者先借为之，师范生优者为教习"。第三年："以先立之小学堂为中学堂"，其内仍设师范班。另于城内"别立高等师范学堂"。第四年："各省城立专门高等学堂"。第五年："京师大学堂可立矣"。①

张謇认为兴学的根本，在师范教育的发展。他经常强调："兴学之本，惟有师范"②，"教不可无师"。他熟谙教育，对各级各类学校的内在关系具有独到的见解，称"师范乃教育之母"，具有启塞、疏流、承接教育内部联系的纽带作用。他说过："师范启其塞，小学导其源，中学正其流，专门别其派，大学会其归。"③形象地把整个教育事业看做一条源远流长的江河，小学是其"源"，中学是其"流"，各专门学校是由"源"、"流"派生出来的"支流"，到了大学，则如百川会归，是各种知识的总汇合处，而师范教育则处在启塞源头的关键地位。1902 年，他自筹资金创办了全国第一所师范学校——通州师范，成为中国近代教育史上独立师范学校的起点。他亲自设计学校建筑图样，择校址，拟章程。

（二）放眼世界，博采众长

张謇是一位思想开放、富有战略眼光的教育家。他意识到办教育"既须适应世界大势之潮流，又须顾及本国之情势，而复斟酌损益，乃不凿圆而纳方"④，力主"仿效东西各邦"学制，"善取法于各国参究之后"，以发展中国的教育。为了更系统地吸取西方教育的长处，改革传统教育课程设置的种种不合理性，1903年，张謇东渡日本，进行了 70 多天的考察，参观了 35 处教育机关。从学校制度、办学方式、课程设置、教育方法，到学校设备、教室大小，甚至窗户面积等，一一加以注意，认真考察适合中国国情的一些经验。通过对国外教育的考察和借鉴，他也更加深了对教育作用的认识，意识到当今世界的竞争，是学问、才能的竞争和教育的竞争。回国后，张謇参照日本的办学章程，并且"顾及本国之情势，而复斟酌损益"⑤，为使师范毕业生能用新知识教育下一代，必须首先用新知识武装头脑。师范学校设置课程要求新颖，计有"教授管理法、修身、历史、地理、数学、国文、博物、理化、测绘、体操"等。这些课程中，多数是科举时代教育中从未有过的

---

① 张謇：《变法平议》，郑振铎《晚清文选》，上海书店出版社，1987 年，第 537 - 557 页。
② 张謇：《代内子作通州女子师范学校募捐启》，张謇研究中心，等《张謇全集》第 4 卷，江苏古籍出版社，1994 年，第 62 - 63 页。
③ 张謇：《正告南通自立非自立各学校学生及教职员》，张謇研究中心，等《张謇全集》第 4 卷，江苏古籍出版社，1994 年，第 211 - 213 页。
④ 同③，第 52 页。
⑤ 张謇：《师范校友会演说》，张謇研究中心，等《张謇全集》第 4 卷，江苏古籍出版社，1994 年，第 148 页。

新课程,同时也有一些是传统教育中有的,如伦理学、国文、历史等。既考虑到了中国的特殊国情,又适应了世界教育发展的大潮流,初步构建了中国近代中等师范教育的课程体系。尤其值得注意的是,张謇主张在通州师范的课程计划中设置选修性质的随意科,对愿意深造的学生,可于本科毕业后,加习随意科。当时的通州师范设立的随意科"为政治经济学、农艺化学、英文之科,听愿者自量"①,供四年制的本科学生选修,扩大知识面。这在课程计划与教学上,都是很有创见性的改革,具有重要意义。张謇的许多教育主张,都是在认真考察和学习外国教育经验的基础上提出来的。他特别强调,学习外国经验要择其合我国情、利我之用者学之,学其实质而不照搬形式,求其效用而不追求宏美,反对不加选择地盲目照搬。

（三）主张提高教师待遇

针对世俗贱视教师的实际情况,张謇建议授予师范毕业生官职并给予优厚待遇,以"鼓舞习师范者,使有乐从教育之途"。在科举余习尚存的情况下,必须从政治上提高教师的地位,"明定出身",按教师教学水平的高低授予相应的官职。他主张给予教师优厚的经济待遇。在考察了西方各国教师的待遇后,他提出"宜由国家酌定俸额"②,以保障教师的生活,建议按学校层次的高低来定教师的俸禄:初等小学教师每月 20～30 元;高等小学教师每月 30～40 元;中学教师每月 40～50 元;专科教师每月 70～100 元。按当时的生活水平衡量,这是很不错的待遇。他还向学部建议:师范毕业生在一校任教满四五年,"与地方相安,学生毕业程度合格过半者,劝学所、教育会考实呈报地方官给予奖励金"③,奖金为平时每月工资数的 6 倍;再工作四五年得奖的,奖一年的工资;第三次得奖的,除奖一年的工资外,免其地方税;第四次得奖的,除奖一年工资、免交地方税外,其子弟上学免交学费。有疾病或老了退休的,"给酬助费、退隐费",直至其死。这些奖励措施是对有贡献教师的肯定,能够激发教师工作的积极性。给予患病与退休教师一定的生活保障,免除了他们的后顾之忧,使他们能够安心工作。尤其是免交地方税及子弟上学免交学费的奖励措施,使得教师的家属分享了荣誉,得到了实惠,有利于动员社会力量,支持教师忘我地工作,献身于教育事业。这些建议对我国发展师范教育是十分有益的。

---

① 张謇:《通州师范学校开办章程》(1902 年),陈学恂《中国近代教育文选》,人民教育出版社,1984 年,第 310 页。
② 同①。
③ 张謇:《师范奖励约束补助说呈学部》,张謇研究中心,等《张謇全集》第 4 卷,江苏古籍出版社,1994 年,第 33 页。

（四）重视提高师资水平

没有高素质的教师队伍是不能培养出高素质的学生的，在提高待遇的同时，还必须加强对教师的管理，提高教师的质量。张謇强调要对教师进行资格认定，促使其提高教学水平，认为教育质量的好坏与教师的质量密切相关。他要求教师研究和掌握教书育人的方法。他认为："教聋不可以管笾，教瞽不可以文章，教童子不可以乌获，必因其所能明而益以明，因其所能行而导以行，是为法，是有法。"①因材施教、因势利导，建议教师在教学过程中要学会运用"举一而即悟三焉，兼两而始见一焉"的教学方法。他还主张参照法国制度，对"教员违背国家法律，侵损地方公益，亏丧个人行检之事……由地方劝学所、教育会察实报告地方官及提学使，停其教育权，甚者并夺其公民权。就学之校追回毕业证书"，"庶诡薄害群之士，不得为玷于教育"②，以确保持教师的质量。

由于当时国内对于"教育之理，虽谓直无一人能之，亦不为过"③，因此张謇还认识到仅设法提高国内教师的质量是不够的，还必须从国外引进有近代教育知识的人才。为此，他采取了两项措施：一是采访本国散在各国大学毕业之学生，招其回国，访在各国学高等各科者，助其学费，令入大学，分门学习，订立志愿书，学成归国，任为教员。④ 二是借才异域。张謇认为，只要是能为我所用的人才，不论其是哪个国家的，都可以聘用。1903—1909 年，张謇先后从日本聘请了多名教师在南通任教。

1905 年，张謇任江苏省教育会会长。在他带领下，江苏省教育会研究和制定了有关整顿学务的章程。在此期间，由张謇发起成立了全国师范联合会和民办中国教育会。全国性教育组织的成立和全国范围内教研活动的开展，大大促进了中国教育的近代化发展进程。

第三节　"中体西用"下师范教育制度的建立和完善

在学习日本师范教育制度的过程中，清末、民初的思想家对日本师范教育制度进行了深入考察及集体思考和论证，并采取了较为实际的态度，对其进行了改造。具体说来，可以分为清末创立之初对日本师范教育制度的变通和民初在此

---

① 张謇：《南通教育状况序》，张謇研究中心，等《张謇全集》第 4 卷，江苏古籍出版社，1994 年，第 149 页。
② 同①，第 34 页。
③ 张謇：《北京商业学校演说》，张謇研究中心，等《张謇全集》第 4 卷，江苏古籍出版社，1994 年，第 111 页。
④ 马斌：《张謇实业与教育思想概论》，苏州大学出版社，2006 年，第 121 页。

基础上的变革两个阶段，每个阶段事实上都采取了符合自身教育方针的根本性的改造，而这一改造具体体现在宏观的管理制度（师范教育政策、法规）、课程设置等方面。

一、基于日本师范教育制度和实践实施的制度创新

结合清末、民初的新式学堂的发展态势，基于对所需师资力量的判断，并实现与政治体制、文化传统的有效匹配，是清末、民初师范教育思想到体制建设的核心工作。因此，清末、民初基本上都按照这一思路，对从制度到体制的方方面面进行了创新和变通，建立和完善了具有"日本特色"的师范教育体制。

由于清末输入的日本师范教育制度是明治维新后较为完备的版本，因此，其所体现的刚性较强。日本从 19 世纪 70 年代初的师范教育制度的确立，到 19 世纪 80 年代中（1886 年森有礼任文部大臣）的改革，乃至 19 世纪末的再次改革，所制定的师范教育制度刚性越来越强，在分类上也越来越细化。其主要体现在：自 1872 年《学制》颁布始，到 1875 年 8 月制定了《官立女子师范学校学生入学心得书》和《东京女子师范学校教则》；1880 年颁布《师范学校教则大纲》，1886 年颁布《师范学校令》、《高等师范学校的学科及其程度》；1894 年制定《高等师范学校规程》、《女子高等师范学校规程》；1897 年颁布新的《师范教育令》，其所体现的刚性和制度的细化是十分明显的。由于清末师范教育制度初创，同时各类制度的刚性不能太强，因此，在各类师范教育的制度上都比日本的师范教育制度更灵活，主要体现为以下几个方面：

（一）师范学校制度的设立

日本的高等师范教育是在森有礼任文部大臣时确立的。1886 年 4 月 10 日，在森有礼的主持下，文部省颁布了《师范学校令》。《师范学校令》共 12 条，规定了师范学校教育制度，将师范学校分为寻常师范学校和高等师范学校两级。前者招收高等学校的毕业生，每府、县各设一校；后者招收寻常师范学校毕业生，只在东京设置一校，仅限于国家统一设置。一直到 1903 年以前，日本的高等师范学校只有东京高等师范学校、广岛高等师范学校和女子高等师范学校三所。

在借鉴日本制度和实践的基础上，我国师范教育制度构建工程于清末启动。1898 年 5 月，孙家鼐呈请设立京师大学堂，并主张于大学堂中分设"师范斋"，收大学堂前三年级的高才生，以培养教习人才。这是我国创办师范教育的萌芽，但因"戊戌变法"而搁置，直到 1902 年"壬寅学制"颁布以前，"师范斋"始终没有开办，只是纸上的规划而已。1901 年，清政府迫于内外压力，宣布实行新政，陆续恢复维新运动期间实行的改革措施，先是明令将各省省城书院改为学堂，并任命管学大臣，主管京师大学堂和全国一切学堂事务。1902 年，管学大臣张百熙拟奏的《钦定学堂章程》颁布，因这一年是壬寅年，故又称"壬寅学制"。"壬寅学制"是中国现代教育的第一部完整的学制，对初等教育、中等教育和高等教育作出了明确规定。如对高等教育，明确规定分为高等学堂或大学预科、大学堂及大学院（相当于研究生院），大学院不规定年限，以研究为主。《钦定学堂章程》对师范教育也作了规定。按此学制，中学堂可以附设师范学堂，以培养小学堂教习，修业期限规定为 4 年；京师大学堂设立师范馆，标志着我国高等师范教育的开端。这就构成了我国现代最初的中等师范教育和高等师范教育体系。1904年实施"癸卯学制"，在清政府颁布的《奏定学堂章程》下包含了一系列章程，其中的《奏定初级师范学堂章程》和《奏定优级师范学堂章程》规定师范学堂不再附设于各普通学堂，而是独立设置。师范教育分初级师范学堂和优级师范学堂。

1903 年，张百熙、张之洞、荣庆重新拟订了《奏定学堂章程》，并于 1904 年公布。规定设通儒院为最高学府，属研究院性质，以"能发明新理以著成新书，能制造新器以利民用"为宗旨，学制 5 年。从国家层次上初步确定了大学不仅仅是培养人才的机构，它还负有研究学术的职能。在这个时期，只有个别学科、个别学者进行了一些研究，发表了几篇论文。《奏定学堂章程》把师范教育分为初级师范学堂和优级师范学堂两级。初级师范学堂属中等教育层次，其任务是培养初等教育师资，"以派充高等小学堂及初等小学堂二项教员者入焉；以习普通学外，并讲明教授管理之法为宗旨"。优级师范学堂属高等教育层次，"以造就初级师范学堂及中学堂之教员管理员为宗旨"。《奏定学堂章程》规定，每州县设一所初级师范学堂。省城初级师范学堂除完全科外，设简易科，以适应教师培养的需要。完全科实行五年制教育，入学年龄在 18 岁至 25 岁之间。初级师范学堂除完全科和简易科外，添设预备科及小学师范讲习所，属于补习班性质。京师及各省城宜各设一所优级师范学堂，学制不少于 5 年，招生对象有两类：一是初级师范学堂及普通中学堂毕业生；二是精选有一定的基础、年龄在 18 岁至 25 岁的本省举贡生员（对这类学生要延长 3 年的公共科学习时间）。优级师范学堂需设中学堂和附属小学堂各一所，供学生教育实习。

初级师范与中学堂平行，担负培养小学教师的任务，相当于 20 世纪的中等师范学校。初级师范学堂每州县必须设置一所，但开办之初可先于省城暂设一所，然后逐渐添设。学堂经费由各地筹款备用，师范生不需要交费。设于省城的初级师范学堂既设立完全科，又设立简易科。完全科 5 年毕业，简易科 1 年毕业。

优级师范与高等学堂平行，担负初级师范学堂及中学堂之教员和管理人员的培养任务，相当于现在的师范学院或师范大学。修业年限为 5 年，略高于高等学堂。学业分为 3 个阶段，先学习 1 年公共科，再学习 3 年分类科，最后根据学生的意愿，再学习 1 年加习科。优级师范学堂须附设中学堂和小学堂，以资学生教育实习之用，还应附设教育博物馆，广为搜罗中国及外国学堂建筑模型、图式、学校设备物品、教学用具、学生成绩、学校各种统计的规划、教育图书等类，陈列于馆中，供本学堂学生参考并任外来人参观，以期研究教育的普及和修改。

为了加快培养新式学堂急需的师资，《奏定初级师范学堂章程》还规定，各州县于初级师范学堂尚未齐设之时，宜急设师范传习所，待省城及各州县初级师范学堂普遍设立，小学师资足敷于用之时，师范传习所便渐次裁撤。形成了比较完备的独立师范教育体制，建构了中国师范教育的雏形。清末则为了调动地方的积极性，利用地方的财力，作了更改。《奏定初级师范学堂章程》规定："惟此时初办，可先于省城暂设一所，俟各省城优级师范学堂毕业有人，再于各州县以次添设"，"优级师范学堂，京师及各省城宜各设一所"，"省城优级师范学堂初办时，可与省城之初级师范学堂并置一处"[1]，无论是高等师范教育还是初等师范教育，皆将设立权加以下放。其中因素较多，清政府国库空虚，地方财力相对富足，将办学权下放，有利于确保在办学经费的供给。此外，与日本不同的是，中国地域广袤，从当时的局势来看，采取严格的中央集权办学形式，无论在设立上还是统一控制上都存在较大的难度，且在办学等方面也不利于因地制宜。当然，由于科举制度的废除，师范教育成为各个地方知识分子进身的一个出路，师范教育的办理也牵涉到地方的利益，以此推断，师范教育办学权的下放以及管理权的下放也有调动地方积极性方面的考虑。

（二）具有弹性的学费制度和服务制度

从日本文部省公布的《学制》来看，师范生可以通过为官方义务供职的方式获取借贷公费，也可以根据学习时间的长短，选择在不同的年限内偿还学费。1886 年文部省颁布《师范学校令》规定：师范生享受公费资助，但毕业生必须到指定的教育岗位上工作。与日本的学费制度不同，"癸卯学制"实行的是以公费制为主、自费制为辅的学费制度，并以服务期制度为保证。"癸卯学制"中，学费制度有着较多的分类，《奏定优级师范学堂章程》对高等师范教育的学费规定"公共科及分类科学生在学费用，均以官费支给"，"惟加习科学生，其由分类科毕业生选取者，仍由官给费用"，自费规定"其不由分类科毕业生选取者，应令本生自备学费"。与学费制度对应，服务期制度具体规定表现在：服务地点的选择

---

① 学部：《奏定优级师范学堂章程》（1903 年），舒新城《中国近代教育史资料》第 2 卷，人民教育出版社，1985 年，第 682 - 696 页。

上"有效力于本省及全国教育职事之义务"。① 服务期制度上，日本的《学制》作了规定，接受不同年限的教育，其服务的时间长短不一，如"接受 2 年公费者要为国家服劳务 4 年"，"接受 3 年公费者要为国家服劳务 7 年"。而清末服务期限则定"义务年限暂定为 6 年"，1907 年改为 5 年，明确规定师范生不得在服务期内规避教育职事，对于顺利履行服务义务者，给予奖励，奖励的方式具有一定的封建特色，"尽心无过者奖给官职"，"如更充当年久，积有资劳者，从优奖励"。② 民初基本上沿用了清末创立的高等师范教育制度，但是经历了清末到民国建立前的数年的探索，高等师范教育积累了较多的经验，体现在学费和服务期制度上，则呈现出学费虽仍然继续了清末的以公费制为主体、自费制为辅助的制度，但是学费分类呈现细化趋势，且对于各种类别的学生实施了有差别的学费制度，甚至出现了"半费"之说。

民国加强了对高等师范教育服务期的管理，主要表现在：

第一，服务期呈现延长和分类更为细化的趋势。本科生服务期分为公费 7 年、半费（介于公费自费之间）5 年、自费 3 年、第二部生 2 年 4 种；专科生（专修科）服务期分公费 4 年、自费"视公费生减半"。但是对在边区服务的本科公费生的服务期也作了更改。"本科公费生"为 4 年，服务于边区或教育总长特别指定职者为 3 年；"专修科公费生"为 3 年，服务于边区或教育总长特别指定职务者为 2 年；"专修科自费生"为 2 年，经教育总长许可可减为 1 年；但如果"遇有特别情事，不能依规定期限服务者，教育总长得酌量暂缓或解除之"。对于不履行服务期规定的惩罚措施较为宽松，公费生偿还学费及所给各费，自费生偿还学费。"但得酌量情形，免其一部或全免之。"③值得注意的是，民国专文规定师范生不准在服务期内改行，于 1917 年 2 月 13 日和 14 日分别出台《师范生服务期内不得改就他职各师范中小学教员应先尽师范生任用》、《在服务期内师范生各行政单位无庸录用》两个通告。

第二，适应性较强的招生制度。为适应新式学校对师资的需求，1875 年日本在东京师范学校附设专门培养中学教师的中等师范学科，招收品行端正、学过英语、年龄在 18～25 岁的人。1886 年日本文部省颁布了《师范学校令》，规定师范学校分为寻常师范学校和高等师范学校两级，前者招收高等学校的毕业生，每

---

① 学部：《奏定优级师范学堂章程》(1903 年)，舒新城《中国近代教育史资料》第 2 卷，人民教育出版社，1985 年，第 682－696 页。
② 同①，第 665－682 页。
③ 民国教育部：《教育部公布师范学校规程》(1912 年)，璩鑫圭，唐良炎《中国近代教育史资料汇编：学制演变》，上海教育出版社，1991 年，第 686 页。

府县各设一校，后者招收寻常师范学校毕业生，只在东京设置一校。为保证师范生的质量，清政府加强了对入学者的筛选。以优级师范学堂为例，优级师范学堂对入学者的规定繁琐，如公共科学生的招收，除了严格查明其所具备的程度为中等学校毕业者外，还"须由本地府州县官荐举，复经本学堂考验后，始行选取入学"，且对于考验入学的学生"须由本生邀请确实正副保人为学堂所信重者，出具保结备案"①，对保人还有严格规定。这一招生制度却在客观上提高了师范入学的门槛，如此苛刻的规定，使得有志学子大多望而却步。清政府一方面力图扩大高等师范教育规模并试图为中等教育留住高等师范毕业生，另一方面却设置高门槛堵住了规模扩大的通道。但是这一变通是与传统意义上对教师的出身以及道德要求并行不悖的，完全符合"中体西用"之精神。

第三，教师的任职资格方面的变通。日本的中小学教师的任职资格具有刚性的规定，即唯有师范学校毕业者才能够担任教师。1879 年颁布的《教育令》明确提出，师范学校系培养教师的机构，各府县可设置公立师范学校培养公立小学教师，只有取得师范学校毕业证书者才能在公立小学任教。当时的师范学校毕业证书具有教师资格证书的性质。对于学习者的中国来说，当时的教育状况较为复杂。由于基础教育的发展，大量在职教师的任职资格就成了必须考虑的因素，且由于师范教育的培养具有周期性，大批的师范生必须在一个周期后才能够走出学校。因此，清末在教师的检定上采取了考试检定和不考试检定两种。《学部奏遵拟核定小学教员章程》规定："除初级师范学堂完全科毕业生、官立二年以上初级师范简易科中等以上毕业生、优级师范完全科毕业生及优级师范选科毕业生，在奏定奖励义务章程准充小学教员者无庸检定外，其他应行检定者分为两种：一为试验检定，一为无试验检定。"②《学部奏检定初级师范学堂中学堂教员及优待教员章程折并单》："除优级师范学堂本科中等以上毕业生、优级师范学堂选科最优等毕业生照奏定师范奖励义务章程准充中学正教员，及优级师范本科下等毕业生、优级师范选科优等中等毕业生照章准充副教员，于其专修科目均无庸检定外，其他应行检定者分为两种：一为试验检定，一为无试验检定。"③分别对中小学和初级师范学堂的师资任用和检定作了规定，其精神在于逐渐规

---

① 学部：《奏定优级师范学堂章程》（1903 年），舒新城《中国近代教育史资料》第 2 卷，人民教育出版社，1985 年，第 682 – 696 页。

② 学部：《奏遵拟核定小学教员章程》（1911 年），舒新城《中国近代教育史资料》第 1 卷，人民教育出版社，1981 年，第 343 – 348 页。

③ 学部：《奏检定初级师范学堂中学堂教员及优待教员章程折并单》（1911 年），璩鑫圭，童富勇，张守智《中国近代教育史资料汇编：实业教育、师范教育》，上海教育出版社，1997 年，第 590 – 596 页。

范师资机构和设置非师范生从教门槛,缩小非师范生从教比例。为了防止师范毕业生改行或者不专心从教,首先对师范生在就学期间作了规定,除学费和服务期制度限定外,还通令《在校就学学生不得应各项考试》,"而重师资"。对处于服务期的师范生,1917 年 2 月 13 日和 14 日分别出台《师范生服务期内不得改就他职各师范中小学教员应先尽师范生任用》《在服务期内师范生各行政单位无庸录用》,同时为了杜绝"亦官亦学",防止"官师一体"现象的复燃,还专门出台了《官员不得兼充学校校长及限制兼任教员办法》。

教师检定制度的变通,主要出于以下两个方面的考虑:其一,利益的均衡。由于基础教育的起步较早,且师范教育在培养上具有周期性,实际上从事基础教育的大多为老生寒儒,与封建政权有着千丝万缕的联系(政府官员大多同情其遭遇),采取严格的考试检定势必会导致这些人丢掉饭碗。由于这是一个较大的群体,因此采取多种检定方式能够兼顾其利益。而新毕业的师范生(尤其是速成科)多有鱼目混珠者,采取有试检定又能够杜绝其进入教育领域。其二,教育的稳定持续发展。由于大量没有师范教育经历或者只有速成师范教育经历的旧式文人占据着基础教育的大量教职岗位,因而对他们采取严格的师范毕业要求势必会导致不稳定因素的产生。

(三) 具有创新意味的课程制度

出于贯彻"中体西用"指导思想的需要,"癸卯学制"在师范教育的课程设置上主要根据日本的师范教育课程设置,同时又作了较大的变通。与日本的追求科学化西化的课程体系不同,清末在变通的时候充分考虑了日本的课程设置。在明治维新前后的师范教育课程设置中,对道德教育的重视无法从课程的比例中体现出来,科学化和专业化的意识较强,甚至在一段时间内,日本师范教育的欧化倾向已经显现出来。1890 年 10 月 30 日,日本政府正式颁布了《教育敕语》。《教育敕语》作为指导教育的最高准则,对日本国民教育的方针作了明确的规定:提倡国家主义的道德,禁止欧化思想的传播。毫无疑问,国民教育的目标和内容必然要体现《教育敕语》的精神实质。文部省颁布了修改后的《师范学校令》,对课程设置等都作了修改。当然,改革后的课程设置等方面仍然不能完全避免欧化的色彩。因此,这一课程体系对于清末的学制制定者来说是十分敏感的。因此,为了消解其中的资本主义色彩(尤其是欧化的色彩),避免引起政治上的过敏从而导致学制的流产,学制的制定者们以"中体西用"的武器对其进行了清洗,并作了符合时势的变通。

清末,师范教育课程体系充分体现了"中体西用"的办学宗旨,它特别注重对师范生的道德教育和人格训练。师范教育最重要的任务在于"变化学生气质,激发学生精神,砥砺学生志操",“养成其良善高明之性情",使之“敦品养德,循礼奉法,言动威仪,足为楷模"。[1] 故在课程设置中,“人伦道德、经学大义"课时比例最重,且贯穿于每一学年。周课时约占 7~8 课时,教育内容带有浓厚的儒教色彩,读经和讲经时间占全部教育课程的 1/4。这些要求实际上也体现了中国对教师的“德"的要求,体现了中国教师培养的历史承继性。

当然,对读经类课程的重视导致清末读经类课程在课程设置中所占比例过大,影响了教育理论类学科的比重,也影响了其他专业科目的设置,这是变而不通的地方。也正因如此,清末的师范教育状态及其培养出的师范生常招致诟病,与既有的教师——旧式知识分子相比,师范生国学造诣明显不足,而由于课程设置的问题,其所学的专业又显得相对薄弱。德育的辅助作用反客为主,导致了基本技能的教育和专业知识的教育都被削弱。

民国建立后,取消了读经类课程,在整个课程设置上与明治维新时的日本课程设置较为接近。但在袁世凯复辟前后,读经课程沉渣泛起,在很大程度上又将课程设置的结构推回清末的状态。

二、师范区制的制定和实施

1912 年,民国中央临时教育会议提出了“师范区制"的设想,在师范教育史上具有重要的创新意义。1913 年,教育总长范源濂规划实施“六大师范区制"。他向袁世凯建议,“高等师范学校定为国立,由中央直辖,无论为校若干,悉以国家之精神为精神,以国家之主义为主义"。[2] 这种集权思想正中袁世凯的下怀,于是得以全盘付诸实施。1915 年 2 月袁世凯的《特定教育纲要》中提出“应由教育部统筹全国定为六师范区",“前经拟定全国划为五学区,每区设校一所,地点为北京、江宁、武昌、成都、广州五处",“惟五校尚觉不敷,可在西北或东北省分各增一学区"。[3] 按照计划,把全国划为直隶、东三省、湖北、四川、广东、江苏六大师范区,每区辖数省,各区分设国立高等师范学校一所。此外,内蒙古、青海、西藏等另行组织,新疆另划一区。1912—1918 年,六大区所设的国立高等师范学校先后开办,分别是:北京高等师范学校、沈阳高等师范学校、武昌高等师范学校、成都高等师范学校、广东高等师范学校、南京高等师范学校。区内其余高师

① 学部:《奏定初级师范学堂章程》(1903 年),舒新城《中国近代教育史资料》第 2 卷,人民教育出版社,1985 年,第 665－682 页。

② 《教育总长呈大总统拟暂设高等师范六校为统一教育办法》(1914 年),璩鑫圭,童富勇,张守智《中国近代教育史资料汇编:实业教育、师范教育》,上海教育出版社,1994 年,第 798－799 页。

③ 袁世凯:《特定教育纲要》(1915 年),舒新城《中国近代教育史资料》第 1 卷,人民教育出版社,1981 年,第 254－265 页。

或并入或降为中师,仍然"采分立主义"的,仍以省立为原则。于是,有些省也设有高等师范学校。截至 1915 年,国立和省立高等师范学校 10 所,学生 1 917 人。1912—1922 年,中等师范学校也有较大的发展,学校由 253 所发展到了 385 所,学生从 28 525 人发展到 43 846 人。这样,国家设置的高等师范学校和省设置的中等师范学校两级师范教育体系正式确立。

有人认为,师范区制注意到了全国教育的均衡发展,推动了西部地区教育的发展,但在强调均衡发展的同时,没有认识到中国经济和教育发展的不均衡性将在相当长的时期内客观存在,在推动落后地区教育进步的同时,反而抑制了发达地区的教育增长积极性,以削足为代价来换取适履。总之,民初的"六大师范区制"实为 1927 年"大学区制"在高师领域的预演,这种盲目模仿日本、法国的典型中央集权式管理,严重背离了当时中国南北对峙、军阀割据的国情,表明日本式制度在中国已经由变通走向僵化,最终成为师范教育发展的桎梏。

但总体上看,划区设立高等师范学校,既是当时留日学生在教育界尤其是师范教育界得势后,日本教育行政中国家干预学校的思想主旨在中国的实践尝试,是一部分人急于建立统一的国家教育体系的思想反映,同时也是根据当时我国地域辽阔、各地经济文化发展极不平衡的状况提出来的,为谋求全国中学师资的均衡发展作出了贡献,推动了西北、西南等内地不发达省份的教育发展。在当时我国大学很少的情况下,国立高等师范学校实际承担起了大学的社会功能。1922 年《学校系统改革令》颁布后,除北京高等师范学校升格为国立北京师范大学、北京女子高等师范学校保留外,其余 5 所高等师范学校先后改为或并入综合性大学:南京高等师范学校(简称南京高师)先增挂"东南大学"校牌,然后南京高师并入东南大学(1920 年 4 月 7 日,时任南京高等师范学校校长的近代著名教育家郭秉文竭力倡导建立综合性大学。他在南京高师校务会议上提出,就南京高师校址及南洋劝业会旧址建立一所国立大学的议案,得到与会者一致赞同。随即着手筹备。12 月 7 日,国务会议通过,在南京建立国立东南大学。12 月 15 日,东南大学筹备处正式成立。1921 年 8 月 24 日至 26 日,东南大学、南京高师同时招生,东南大学招收新生 130 人,南京高师招收新生 119 人。1922 年,南京高师停止招生,其最后一批学生 17 人,于 1926 年毕业),后来又先后改为第四中山大学(1927 年)、江苏大学(1928 年 2 月)、中央大学(1928 年 5 月)、国立南京大学,后分拆为东南大学、南京大学、南京师范大学等 9 所高校。武昌高师改为国立武昌大学(后来演变为现在的武汉大学)。成都高师并入成都大学。沈阳高师升格为东北大学。

三、清末、民初师范教育的特点和影响

我国的近代师范教育是在学习日本师范教育经验的基础上建立起来的，并在总结自身教育成绩的基础上不断发展，具有鲜明的特点，为改变封建主义旧教育的落后状况起到了推动作用，对我国的教育事业的发展和整个社会的进步产生了积极的影响。

（一）清末、民初师范教育的特点

建立在取法日本基础上的师范教育是工业社会的重要产物，是与社会的近代化相适应的教育形式，体现了全新的教育理念。对于处于没落的封建社会中的晚清来说，师范教育无论从理念层面还是实践层面来看，无疑都是"新事物"。清末、民初师范教育发展主要体现出以下几方面的特点。

1. 师范教育的重要性成为全社会的共识

我国近代新式教育承负着救亡图存的重任，以兴学而兴邦，具有重大的意义。梁启超曾言："盖中国今日之大患，苦于人才不足；而人才所以不足，由学校不兴也。"[①]新式学校的兴办，其首要的条件之一就是必须有师，因而师范教育被视为"群学之基"。清政府对于师范教育较为重视，明确肯定师范学堂为"兴学入手之第一义"，要"首重师范"。中华民国成立后，孙中山极其重视教育，提出教育"首贵普及"，为此"欲兴办中小学校，非养成多数教员不可；欲养成多数中小学教员，非得设初、优级师范学校不可"。[②] 要使民众皆受教育，必须"倚重师范"。因此，南京临时政府教育部多次明确规定师范教育为"教育根本之根本"。

2. 重视教师"教育"理念的养成

出自内心自愿从事教育职业的人，更容易在教育事业中作出成绩。师范学生的职业兴趣，不是与生俱来的，而是教育培养的结果。1902年张謇在《通州师范议》一文中指出，师范学校必须鼓励学生树立"乐从教育"的思想。梁启超对教师的职业兴趣十分看重，认为在教育界立身的人，应该以教育为唯一的趣味，否则应劝之立刻改行。为了使师范学生乐于从事教育，政府还给予特殊照顾。1905年，清政府政务处奏请对于教师"重以礼貌，优以薪俸"，使教师能感到"荣宠有加"，乐于从事教育事业。张謇甚至提议：对于教育成绩优异者，"可递升至祭酒而上为管学大臣"；对于终身为师者，可使之得到"与他科进取之人同享人

---

① 梁启超：《戊戌政变记》，陈景磐《中国近代教育史》，人民教育出版社，1979年，第138页。
② 王继平：《洋务教育评议》，《史学月刊》，1986年第6期。

间之福利"。①

3. 重视师范生教学能力的培养

师范教育不同于其他教育，一个有学问的人不一定能成为好的教师，对师范学生的培养，不仅要传授他们广博的知识，而且更重要的是训练他们传授知识的实际技能。中国近代师范教育，从一开始就重视让学生学习教育科学的课程，重视训练教学能力，掌握教学方法。从南洋公学师范院开始，校方就重视学生的实际教学能力培养。1897 年秋，南洋公学设立附属小学，由师范院的学生分批担任教师，使师范院学生边学边教，提高教学能力。清政府在师范学堂的设校宗旨中，除规定学生要学好专业知识外，还规定"讲明教授管理之法"。② 1902 年张之洞在创办湖北师范学堂时，特设立小学堂一所，由师范学生教课，进行实地训练。1903 年的《奏定初级师范学堂章程》更加强调师范生的"实事授业"。1913年民国政府教育部训示"师范教育应理论与实习并重"。最后，对于师范学生的要求比其他学校学生更加严格。南洋公学把师范院的学生分为 5 个层次，对每一层都提出品质、学识、能力等方面的要求。每一个师范生只有经 5 次考察都合格，才能充任教师。1903 年张百熙等拟定的《奏定初级师范学堂章程》中对师范学生的入学，在品行、文理、身体等方面均有严格要求，其中特别强调师范生必须文理优通，入学后要经过 4 个月的试学，品行学业相宜者才能继续就读，对于师范生的学力培养，亦高于其他同级学校。从学习年限上看，民国的学制，一般中学为 4 年，但师范学校却为 5 年；从开设的课程上看，初级师范学校开设修身、读经讲经、中国文学、教育学、历史、地理、算学、博物、物理、化学、图画、体育共 12科，有的学校还增加外国语、农学、商学、手工等科目。

（二）清末、民初师范教育的影响

作为"新事物"，清末近代师范教育得到了较好发展，这一具有重大历史意义的创举，可以说是新式教师培养的"破冰"之举。清末、民初师范教育的创建和发展，具有重要的历史意义。

1. 提高了民族文化水平，启迪了人们的智慧

清末、民初，一批先进的知识分子渴望了解、学习西方的科学文化知识，新式教育为他们提供了这种机会。无论是社会科学的天赋人权、进化论、民主自由，

---

① 张謇：《通州师范学校议》（1902 年），璩鑫圭，童富勇，张守智《中国近代教育史资料汇编：实业教育、师范教育》，上海教育出版社，1997 年，第 509 页。

② 学部：《奏定初级师范学堂章程》（1903 年），舒新城《中国近代教育史资料》第 2 卷，人民教育出版社，1985 年，第 665－682 页。

还是自然科学的电、光、声、化等，都使长期沉浸在"四书五经"里的中国人大开眼界、耳目一新，极大地改变了思想观念。近代师范教育为适应新式教育发展的需要，大量增设自然科学的科目，为中国的中小学校培养了一大批具有一定自然科学知识的师资队伍，为更多的青少年接受科学文化知识提供了条件，从而促进了民族文化水平的提高。

2. 造就了一批杰出人物

近代师范教育从一开始就出现了一批思想进步、热爱教育事业的进步教师。例如著名学者、教育家王国维，1903 年在江苏南通师范学堂教授心理学、伦理学，1904 年又在江苏师范学堂任教。爱国知识分子沈钧儒 1907 年在浙江的师范学堂担任监督。鲁迅 1909 年也到杭州师范学堂任教。徐特立曾入宁乡县师范速成班学习，后在长沙建立师范学校。教育家陶行知 1917 年留美回国后，即在南京高等师范学校任教。这样一批教育家，对于促进中国教育的发展有着重要的贡献。近代师范教育不仅培养了一大批合格的新式教育师资队伍，还造就了许多革命志士。由于近代师范教育注重爱国主义思想教育，许多师范毕业生一走出校门，便投身于革命的洪流之中。例如辛亥革命时期的革命英雄吴樾，他于 1902 年考入保定高等师范学校，在校期间常与爱国志士陈天华、蔡元培、秋瑾等联系。1905 年毕业前夕，他潜入北京刺杀清政府出国考察的大臣未遂，后以身报国。又如中国人民的伟大领袖毛泽东，青年时人湖南第一师范学习，在校期间博览群书，并广泛联系志同道合的有志青年，建立进步组织，宣传革命思想，参加爱国斗争，并逐步走上社会主义的革命道路，成为新中国的缔造者。

3. 进行了有益的探索，为中国师范教育的发展奠定了良好的基础

最初，新式学校的教学多是照搬外国的模式，清政府又规定教学内容须固守"中学"，这样自然造成不少弊端。经过一批教育家的积极探索，师范教育有了很大的变化。例如：在课程设置上，大量增设自然学科，为在中小学教育阶段普及自然科学知识打下了基础；重视教育科学的学习，师范生大量学习教育、心理学等，并参与教学实习，以提高教学能力；积极改良学制和国外的教科书，改良教科分组和课目时间分配；等等。近代师范教育在教育教学方法上的探索，对提高教学质量、促进中国教育事业的发展起到了积极作用，走出了有中国特色的师范教育之路。

第四节　清末、民初师范教育机构举例

清末、民初，从地方到政府兴起了师范办理热潮。其中包括作为师范肇始的南洋公学师范馆、三江师范学堂等，甚至还包括女子师范学堂体系。这些措施都

为师范教育的发展提供了重要经验支持。

一、南洋公学师范院

盛宣怀(1844—1916)，江苏武进人，字杏荪，号愚斋。他认为师范为教育之本原，"惟师道立则善人多，故西国学堂必探原于师范"。因此，师范"尤为学堂一切事务中之先务"。① 盛宣怀认为，自强以立学堂为先，立学堂又以立师范为本。他在《筹集商捐开办南洋公学折》中指出："师范、小学，尤为学堂一事先务之先务，既病求艾，相需已殷，急起直追，惟虞弗及。"他又说："蒙养正则圣功始，故西国学程，必植基于小学。"开始，他"仿日本师范学校有附属小学校之法"，注意到在师范学堂附设小学堂的问题，使"师范诸生，且学且诲"。

1897 年，盛宣怀经奏准由招商局、电报局供给经费，在上海徐家汇创办南洋公学。他吸取了 1895 年创办天津头、二等学堂的办学经验，在南洋公学设 4 个院，即师范院、外院、中院和上院。根据《南洋公学章程》之规定，师范院即师范学堂，下设 5 层(年级)。第一层"学有门经，材堪造就，质成敦实，趣绝卑陋，志慕远大，性近和平"；第二层"勤学诲劳，抚字耐烦，猝就范围通商量，先公后私"；第三层"善诱掖，密稽察，有条理，能操纵，能应变"；第四层"无畛域计较，无争无忌，无骄矜，无吝啬，无客气，无火气"；第五层"性厚才精，学广识通，行正度大，心虚气静"。南洋公学师范院的设置，标志着中国师范教育迈出了坚实又艰难的第一步。按照盛宣怀的设想，为使办学"导其源"、"正其基"，南洋公学"先设师范院一学堂，延请华洋教习，课以中西各学，要于明体达用，勤学善诲为指归"。再效仿日本师范学校的办法，附设小学一所，作为师范生的实习基地，名为"外院"(南洋公学外院，实为中国师范附属小学之始，其主要功用是解决师范生教育实习问题，其功课全由师范院学生分科任教)，招收年龄 10 岁至十七八岁的聪颖儿童 120 名，让师范生边学边教、教学相长、知行并进，然后设中院、上院，"上中两院之教习，皆出于师范院"。南洋公学四院浑然一体，师范院为三院培养师资，外、中、上三院逐级递升，形成了循序渐进的近代新学制的雏形。师范院当年招收师范学生 40 人，于 4 月 8 日正式开学，以"明体达用，勤学善诲"②为旨归。南洋公学师范院无疑是中国近代最早培养师资的专门机构，标志了我国近代师范教育制度的诞生。耐人寻味的是，南洋公学师范院的建立，表明了我国师范教育最初建立时就并非独立的教育机构，而是独立教育机构中的一个子系统。南

---

① 盛宣怀：《筹集商捐开办南洋公学折》(1898 年)，陈学恂《中国近代教育文选》，人民教育出版社，1983 年，第 76 页。

② 同①，第 77 页。

洋公学设置的师范院,可以说是一种开放式师范教育模式的雏形。

二、三江师范学堂

三江师范学堂在中国教师教育史上具有重要地位,今天的南京大学、南京师范大学、东南大学、河海大学、江苏大学、江南大学等多所高校历史均可以上溯至此。根据《创办三江师范学堂折》"江苏省宁属定额二百五十名,苏属定额二百五十名,安徽省定额二百名,江西省定额二百名,共定额为九百名"来看,三江师范学堂是为江苏、安徽、江西的师资培养而设。同时,三江师范学堂为两江总督倡设和管理,两江总督府兼辖江苏、安徽、江西三省,安徽曾属江南省,"三江"即江苏、安徽、江西三省之简称,三江师范学堂之名应由此而来。

三江师范学堂自 1902 年筹建,1905 年更名"两江师范学堂",至 1912 年停办,历时近 10 年,办学成果卓著,在中国近代教育史上写下了浓墨重彩的一笔,至今仍有着重要影响。三江师范学堂的建立与发展历程中,刘坤一、张之洞、魏光焘、周馥、李瑞清都作出了重要贡献。1902 年,刘坤一会同江苏巡抚、江苏学政上奏《筹办江南省学堂大略情形折》《筹办学堂情形折》陈述了办学须循序渐进、需注重课本与师资的主张,这一提议可以算作是倡设三江师范学堂的前奏。1903 年 2 月,接任刘坤一出任两江总督的张之洞上《创建三江师范学堂折》奏请创建三江师范学堂。《创建三江师范学堂折》阐述了创设三江师范学堂的理由、意义、章程学制、生员定额、师资来源及构成、办学经费及筹措渠道等,对三江师范学堂的设立和管理作了周详规划。① 张之洞在两江总督任上约百余日即离任。1903 年至 1904 年,魏光焘任两江总督将近一年半时间,正是三江师范学堂建校和开办的关键时期。魏光焘采取了"萧规曹随"的方略,继续推动三江师范学堂建设,在硬件和软件两个层面,大力推动三江师范学堂的建设,并取得了卓著成就。尤为值得一提的是,在他的推动下,制订了《三江师范学堂章程》。在他的主持下,三江师范学堂于 1903 年 6 月 25 日宣布开学(由于当年度尚未招收学生,因而所谓"开学",即"华洋教习"互相教练、互换知识)。1904 年 7 月,三江师范学堂总办杨觐圭通知两江所辖各府州县,三江师范学堂将在 9 月 15、16 日两天举行招生考试,这一举措标志着三江师范学堂正式招生开学。1905 年,继魏光焘出任两江总督的周馥将"三江"改为"两江",并根据《奏定学堂章程》定名为"两江优级师范学堂",由徐乃昌出任学堂监督。1906 年起江宁候补道江宁提学使李瑞清(号梅庵)接任监督。李瑞清曾担任学堂监督达 6 年,在他的主持下,三江师范学堂以"嚼得菜根,做得大事"为校训,大力提倡科学、国学和艺术

---

① 　张之洞:《创建三江师范学堂折》,陈山榜《张之洞教育文存》,人民教育出版社,2008 年,第 421 - 422 页。

教育,首创在高校设艺术系科,学校规模迅速扩大,优良校风开始形成,发展而为东南第一学府。

师资力量配备上,张之洞等人主张从日本聘请教习或顾问并逐渐招募培养本土教习的政策。张之洞致函日本东亚同文会会长近卫公爵及副会长长冈子爵,"拟聘贵国师范教员 12 人"。近卫派遣当时正在上海的同文会干事长根津一赶赴南京,与张之洞"就三江师范学堂招聘教习之事,详细研究",并与张之洞委派的代表俞明震、杨觐圭和刘世珩(三江师范学堂创设的具体管理者和实施者)三人,于 1903 年 2 月 26 日达成《三江师范学堂拟聘日本教习约章》,就聘请日本教习的数量、聘期、所任科目、课时、薪水、川资、诊疗费用等事项作了规定。后日本教习陆续到位,苏云峰根据他所见到的资料统计,从 1903 年至 1911 年,三江师范学堂、两江师范学堂先后聘请日本教习 32 人次;至 1911 年辛亥革命前夕,两江的日本教习仍有 8 名之多。但 1910 年冬刊印的《两江师范学堂同学录》则载有当时仍在两江的 12 名日本教习和曾在三江、两江任教的 18 位日本教习名单,共计 30 名。日本教习远远无法满足师范教育师资需求,因此,张之洞等人还独立延揽中国教习,并选送教习赴日学习。张之洞出示晓谕,要求两江所辖诸省官绅保荐"举、贡、廪、增出身"中的学行兼优之士,通过分门命题考试,录取 50 名,与所聘日本教习"互相教益一年",再分别教授修身、历史、地理、文学、算学、体操各科。1903 年三江师范学堂开办前后,曾经 4 次选聘中国教习,实际招聘了 70 名,为提高教习水准,于次年选送其中 21 名教习赴日留学,但由于整个社会环境等诸多原因,1903—1905 年实际在三江师范学堂任教的中国教习只有 26 人。1911 年初,两江师范学堂有中外教习 36 人,其中日本教习 8 人,西洋教习 3 人,中国教习 25 人。

招生上,三江师范学堂在筹建之初就有明确的规划。张之洞在《创建三江师范学堂折》中确定学额为 900 人,其中江苏省 500 人(宁届、苏属各定额 250 人),安徽省定额 200 人,江西省定额 200 人。开学第一年先招师范生 600 名,三年后再续招足额。但实际上,1904 年秋两次招考,仅录取 300 人,为原定头年招生数的一半。甚至包括两江师范学堂时期,也才总共招收学生 1 601 人。①

三江师范学堂设三种学制:(1) 最速成科,学制一年,开设修身、历史、文学、舆地、算学、体操、英文、教育、理化概说、博物、生理卫生、图画、手工、东(日)文等课程,每周授课 36 学时。(2) 速成科,学制两年,所学课程较最速成科增加了农学和法制经济等,且课程程度也明显加深。但每周仍为 36 学时。(3) 初级师

---

① 王德滋:《南京大学百年史》,南京大学出版社,2002 年,第 24 - 31 页,第 34 页。

范本科，学制三年，开设修身（经学）、历史、教育、文学、舆地、算学、物理、化学、生理、博物、图画、农学、法制经济、手工、体操、英文、东（日）文等课程。

更名为两江优级师范学堂后，当时的学堂负责人李瑞清倡导并主持开办优级本科之"公共科"（1906 年 7 月）。主要修读人伦道德、群经源流、中国文学、东语、英语、逻辑、算学、体操等公共通识课程，为进入"分类科"做准备。1907 年10 月，两江师范学堂开设优级本科之"分类科"。所谓"分类科"，就是在完成"公共科"学习之后进行的分学科的专业教育，其专业性加强，程度提高，因而不同于初级本科的"完全科"。两江师范学堂开设了理化数学部、农学博物部和图画手工等三个"选科"，学制两年。此外，两江师范学堂还招考"预科"及"补习科"：从 1907 年 9 月至 1908 年 2 月，先后招考了历史地理选科的两个"预科班"和三个"补习科"。值得注意的是，两江师范学堂凸显了对实验能力、动手能力培养的重视。

三、女子师范学堂体系

1904 年"癸卯学制"付诸实施时，并未建立女子学堂。女子教育完全被排除在官办教育体系外，女子教育被认为主要是"教以为女为妇为母之道也"，在家庭之外上学则有伤风化，"少年女子断不宜令其结队入学，游行街市，且不宜多读西书，误学外国习俗，致开自行择配之渐，长蔑视父母夫婿之风"。[①] 另一方面，清廷也承认女子教育的重要性，指出"使全国女子无学，则母教必不能善，幼儿身体断不能强，气质习染断不能美"。于是将女子教育归入家庭教育范畴。《奏定学堂章程》中规定："故女子只可于家庭教之，或受母教，或受保姆之教。"同时，清政府还试图通过教科书来控制女子家庭教育，掌握了教科书编印、发行的权力。教科书强调妇道，目的是"令其能识应用之文字，通解家庭应用之书算物理，及妇职应尽之道，女工应为之事，足以持家教子"。[②] 教科书内容综合中外妇德训教，并将一些初级小学课本作为识字教材，附以图片，"每家散给一本"。

但是，"癸卯学制"为男童设计的蒙养院又规定由女教师和保姆教养，而这些女教师和保姆需从新式学堂的毕业生中招聘。于是地方官员绅士支持开办女子学堂，私立女校不断涌现，甚至官民争相送女子出洋留学，学习师范。1905 年后，一部分留学生从日本回国，成为女子教育的主力。她们积极推进女子教育，将女权主义和激进民族主义引入女子教育，使女学的扩展对清政府形成威胁。

---

① 学部：《奏定蒙养院章程及家庭教育法章程》（1903 年），舒新城《中国近代教育史资料》第 2 卷，人民教育出版社，1981 年，第 381－386 页。

② 同①。

　　1902 年到 1906 年，私立女子学校如雨后春笋般建立起来。1902 年清政府开始实行新政时，私立女子学校在江南一带、京师地区纷纷建立，其他省份如湖南、四川、广西、江西、山东甚至贵州、云南也都不甘落后。女子教育在理念上和实践上展现出了多样性，从西方的男女教育平等到日本女子教育培养"贤母良妇"的观念，都有倡导者和拥护者。私立女子学校初级小学课程主要为训练读写能力、算术、德育以及唱歌、体育、绘画、缝纫和手工。历史、地理、科学、生理、理化为小学高年级课程。学校重视德育、科学知识，特别是家务技能的训练，沿承明清女子教育传统的三大组成部分，只是文字教育部分加入了西方知识，但强调女子作为母亲和教育者的角色。

　　1906 年，建立女子学堂对民族国家建设的必要性已成为有改革意识的士大夫们的共识，地方绅士和官员也越来越多地参与女子学堂的设立。1907 年清政府进行第一次教育统计时，有 400 多所女子学堂。尽管清政府试图将女学限制在家庭内，但女学的发展已完全超出清政府的控制，而且其分散性与办学方针、指导思想的多样性使中央地方官吏有失控之感，加之地方官绅出于对本地教育发展的考虑，在对待女学的态度上表现不一，也给中央政府造成压力。清政府不得不考虑设立女子学堂的必要以及道德、理论基础和对社会的冲击力，不得不考虑其培养目的、课程、教科书以及入校学习对女子思想、行为、家庭、社会的长远影响。学部在制定女子学堂章程时也表达了相同的忧虑。学务大臣承认，许多官员绅士和商人都参与开办女子学堂，"若不预定章程，则实事求是者既苦于无所率循，而徒骛虚名者不免转滋流弊"。因此，当务之急应制定章程。面对激进派的女学主张，清政府不得不改变态度，主动规范女子教育，以限制女学向激进方向发展，将女学的发展纳入国家发展的统一轨道。随后，清政府面对的问题是，如何为蓬勃发展的女校提供教师。直到 1906 年，清政府对私立女子学堂延请男教习有严格规定，基本上禁止男教习任教女学堂，其结果就是要求国家训练并提供女教师。于是，官办女子师范学堂的建立不仅势在必行，而且也有了现实可行性。因为到 1906 年，早期女子学堂已有一批女学生完成初级教育，要求继续升学，一部分公私立女子学校也已增设师范科以满足学生的升学要求。

　　1907 年 3 月 8 日，学部《奏定女学堂章程》颁布，决定在全国范围内建立女子师范学堂和女子小学堂，提出了"女子教育为国民教育之根基"的口号。这一戏剧性转变成为近代公立女子教育的开端。"三八"是 1910 年定下来的"妇女节"，这倒也是一个巧合。章程规定，女子师范的目的是培养"女子小学堂教习，并讲习保育幼儿方法，期于裨补家计，有益家庭教育为宗旨"。应当在每一府、县均设立一所。在经费和管理上与男子师范相同，由政府出资，属于官办，免学费并发放一定津贴。修业年限 4 年,比男子师范少一年。女子师范学校的毕业生也与男校一样,必须由政府指派教职。毕业后三年内,"有充当女子小学堂教习或蒙养院保姆之义务"①,若毕业生不完成所规定的服务,政府向其追回学费与津贴。章程也允许私立女子师范,但必须经政府许可,并受政府监管。

从 1907 年开始,各地政府积极推广女子教育,开办女子小学与师范,而师范又成为发展女学的当务之急。地方官员寻求快捷方式,在开办官立女子师范的同时,还将以前的公、私立女子学校或女子师范改为官办。江苏粹敏女学创办于 1905 年,是一所私立学校,1908 年,江苏巡抚端方将其改为官办师范。1911 年江苏学政也同样将另一所私立女学改为官办女子师范。从 1907 年到 1911 年,全国相继开办了多所女子师范,如京师女子师范(1908 年)、武昌女子师范(1909 年)、江苏女子师范(1911 年)、湖南女子师范(1911 年)、河南女子师范(1911 年)等。1910 年至 1920 年,第一批女学生从 1907 年章程公布以后的女子小学堂毕业以后,女子师范学堂就成为她们接受中等教育、寻求职业、走向社会、赢得自立的主要途径。官立女子师范学堂的建立打开了女子走向社会之门,使女子在社会上的地位合法化,这种转变意义深远,影响了其后一代又一代的女性。

---

① 学部:《奏详议女子师范学堂章程折(附章程)》,璩鑫圭、童富勇、张守智《中国近代教育史资料汇编:实业教育、师范教育》,上海教育出版社,1994 年,第 573－581 页。

第三章　师范教育体制调整：民国中后期的师范教育

正值清末、民初模仿日本建立起来的师范教育体制不断完善之时，"五四"运动风起云涌，"新文化"成为时代的主流。在这场轰轰烈烈的运动中，以留美归国学者为主要构成的教育群体，在杜威等知名学者的支持下，推动了师范教育"学美"的开展。经历了短暂的思想交锋之后，以"高师改大"和"师中合并"为主要形式，以理论构建和舆论造势为突破，"美式"师范教育体制走上前台。但"美式"师范教育一直未能显示出其优势所在，因而自开始起就屡遭诟病。民国中后期，"师范学院"运动再起，力图恢复封闭式师范教育体制。新旧交替之间，恰逢战争。因此，无论哪一种模式都未能在全国范围建立起来。总体来看，民国中后期师范教育体制呈现出师范院校与非师范院校并存的状态，这一状态一直持续到新中国成立以后。

第一节　美国师范教育制度的输入与师范教育思想的交锋

学习美国办理师范教育旨在提高师范生的整体素质，可是这一模式在兴办之初就忽视了一个基本事实：中国基础教育的发展对师资数量的需求更为紧迫，缺少充足的师资供应以满足不断扩大的基础教育需求，必然成为制约基础教育发展的最重要的瓶颈。而事实上，20世纪20年代建立起来的师范教育模式并未显示出比学习日本建立起来的师范教育体制更大的优越性，甚至在很多方面还更为不足。由此，如何兴办师范教育必然成为教育界争论的焦点。20世纪20年代末以后，这一论争逐渐走上前台，并引发了师范教育领域的再一次变革。

一、美国师范教育制度的输入

20 世纪 20 年代前夕,在留美学生群体的宣传和推动下,杜威等人携实用主义教育思想及其所承载的进步主义教育运动思想登陆中国,由此在国内掀起学习美国的热潮。

实际上,19 世纪末 20 世纪初的美国师范教育正在经历着两个方面的变革。变革之一是中等师范教育的升格。师范学校向师范学院的升格成为这一时期教育发展的重要事件,因此这一阶段史称"师范学院时期"。1890—1930 年,美国中等学校的数目增长了近 5.5 倍,而中学生的人数增加了 15 倍多,造成了教师的严重短缺。1908 年和 1912 年,美国教育协会师范学校部两次呼吁师范学校提高学生入学资格,要求为中学毕业,把学制延长为 4 年,呼吁师范学校承担起培养中小学教师的任务。州立师范学校顺应时代潮流,延长学制,调整课程,提高学生入学标准,并改称"州立师范学院"(State Teachers College)。1900 年全美仅有 2 所师范学院,1930 年美国师范学院增至 140 所,而同期州立师范学校由258 所减至 169 所。美国师范教育的变革之二主要体现为大学逐渐主动介入教育科研活动。到 1909 年,171 所学院和综合性大学设有教育讲座和教育系。[1]20 世纪 20 年代前后的美国高等师范教育格局呈现开放状态,其中师范学校和大学的师范学院(或教育学院)共同组成了新的高等师范教育机构体系。

美国师范教育得以输入中国,与留美学生(归国)群体和以杜威为代表的美国学者群体的努力是分不开的。美国师范教育的制度与经验的主要传播群体是留美学生,他们"左右着二三十年代的教育理论"[2],通过教育实践和参与教育政策的制定,将其所理解的美国师范教育制度贯彻到师范教育的改革中。在这一群体中,哥伦比亚大学师范学院毕业者不在少数。1909—1929 年,共有 177 名中国留学生获得美国哥伦比亚大学师范学院的学士、硕士、博士学位,其中有 52人在国内杂志发表教育类文章。[3] 其中著名者如日后"寓师范于大学"的倡导者和践行者即东南大学校长郭秉文——哥伦比亚大学师范学院第一位获得博士学位的中国人;还有陶行知、胡适、朱经农、李建勋、蒋梦麟、吴卓生、张伯苓、王文培、郑晓沧、汪懋祖、刘廷芳、凌冰、张耀翔、陈鹤琴、张士一、俞子夷等。这些哥伦比亚大学师范学院的留学生回国后,积极投身教育事业,将师范教育的理念带入中国,对当时的学制改革起到了重要的作用。陈东原在《师范学院之历史的使

---

[1]　Ladd A J. The Function of the Teachers College. *Education*,1910,Vol. 30,Issue 5.

[2]　霍益萍:《中国近代高等教育》,华东师范大学出版社,1999 年,第 139 页。

[3]　同[2],第 137 – 142 页。

命》一文中指出：新学制的出台从而导致高等师范教育的改弦更张"实是受了民国5年至10年这几年中从美国归来的一般留学生的影响"。①

受邀来华讲学的美国教育家中，绝大多数是哥伦比亚大学师范学院教师，当然其中也有如特威斯②等非该校教师而与该校有一定渊源者。哥伦比亚大学师范学院著名学者、实用主义教育的创始人杜威曾就美国师范教育作了《美国师范教育的情形》的演讲，对美国的师范教育理念作了介绍。而其蓝本则是哥伦比亚大学师范学院。此外，来华的美国教育家中，包括从杜威到孟禄、克伯屈等人皆为哥伦比亚大学师范学院教授。而当时的哥伦比亚大学师范学院在美国师范教育中是一个较为典型的大学参与教师培养的案例。在杜威、孟禄以及克伯屈等人的来华讲学中，大多将美国师范教育的相关制度输入中国。孟禄在1915年至1923年期间任哥伦比亚大学师范学院院长，可以说既是实用主义教育家又是师范教育的管理专家。孟禄还参加了学制订立的讨论，就学制提出了多种意见和建议。此外，门罗博士（哥伦比亚大学师范学院院长，1921年在东南大学作了两次讲演）也对美国的师范教育在中国的传播作出了贡献。

二、"独立派"与"合并派"思想的冲突

师范教育设置之争自师范教育创立之初就没有真正间断过。而师范教育设置上的根本分歧在于师范性和学术性的问题。师范性和学术性之争的实质是培养什么样的师资和怎么样培养师资的问题。由此，师范教育独立设置与否的关键点和出发点还是在于师资培养的模式问题。师范教育的合并与独立之争主要体现在高等师范教育领域，并波及中等师范教育。

第一次世界大战以后，欧美许多国家的教师培养在制度和课程上都发生了一些变革。随着我国师范教育的发展，同时由于五四新文化运动的影响，社会对师范教育的形式和内容提出了新的要求。在此背景下，一些人对独立存在的师范教育体制提出了质疑。1915年第一届全国教育会联合会期间，以符定一为会长的湖南省教育会提出的《改革学校系统案》指出："教授中等学校之技术，易于初等远矣，本无须专门养成，至于三年之久，且教授中等学校之学识，原不在专门大学各科之外，更无独设一校之必要"，故建议"取消高等师范学校，而设师范研

---

① 陈东原：《师范学院之历史的使命》，黄季陆《革命文献（第55辑）：抗战前教育概况与检讨》，台北"中央文物供应社"，1971年，第215－219页。

② 特威斯（George Ranson Twiss，1863—1944），美国教育家，生于俄亥俄州哥伦布市，1885年获得美国俄亥俄州立大学学士学位，1925年获得哥伦比亚大学哲学博士学位。

究科于大学"。① 取消师范教育的独立存在在《改革学校系统案》中体现得非常明显。一石激起千层浪，瞬间将师范教育设置之争再度激化，很快形成了合并派和独立派两大阵营。合并派代表人物有许崇清、云六、贾丰臻、廖冰筠、陈独秀、顾树森、蔡元培、胡适、郭秉文等。独立派代表人物有汪懋祖、李建勋、邓萃英、经亨颐、云甫、常乃德、俞大同等。两派实际上都要求高等师范教育升格，但是在到底是以并入普通大学的形式还是将高等师范学校升格为师范大学的形式的问题上，两派的分歧很大。合并派认为高等师范并入大学成为大学的一个部分从而实现升格是符合教育规律和现实需要并合乎潮流的。而独立派则认为将高等师范学校直接升格为师范大学更合乎师范教育的规律。

合并派的观点主要包括以下两方面：

一是主张"裁去高等师范学校附入大学教育研究科中。高等师范学校各种专科，与专门学校之分科略同，其所造就之人才，不过为中等学校之教师，故与其耗费巨大之经费，特设此等学校，不如就大学校分科之上，附设教育研究科，亦可收同样之效果"。② 并且他们认为"高等师范学校不过是个过渡的制度，大学教育发达后当然归并于大学"，在学制系统里"另设师范教育系统实属无谓。若强而行之，徒深固其树蒂，反足为教育进步底（的）障碍"。更有甚者，贾丰臻认为："高等师范学校之教育一科，较之师范学校不过有深浅详略之别，至分科之国文科、英文科、地史科与大学文科无甚差异，数学理化科、博物科与大学之理科无甚差异，农业科、工业科、商业科与大学之农科、工科、商科及农工商业专门学校无甚差异，设骈枝机关亦觉无谓。"因此"高等师范学校废置，于大学及专门学校设教育一科，亦革除骈枝之良法"。③

二是认为模仿日本建立起来的师范教育体制重复累赘。代表者如云六等人。云六对高等师范学校模仿日本十分不满："为什么不参照他们（指英国、美国——笔者注）的组织，偏欲实译枝枝节节不死不活的倭国文，叫我怎的不大惑不解呢？……"就政府实行的高师分区设置，他认为："在政府的眼光看来，以为如此布置，绵密已极。我以为这种机关，觉得不十分满意。为什么呢，高等师范的分科制，差不多和专门学校大学校相近，何不叫他做专门学校？何不附设于大学校中？"他还认为高等师范学校"所分六部，太觉粗率，只与供普通的中校教员

① 《湖南省教育会提议：改革学校系统案》，璩鑫圭、唐良炎《中国近代教育史资料汇编：学制演变》，上海教育出版社，1991年，第837–842页。
② 顾树森：《对于改革现行学制之意见》（1919年），朱有瓛《中国近代学制史料》下册，华东师范大学出版社，1992年，第741页。
③ 贾丰臻：《今后学制革新之研究》，《教育杂志》，1923年第12卷第6号。

之用,不足充甲种实业学校及和中学程度相等的职业学校之用,我以为应照各专修科的分类去办。但无论何部,可一律归入大学及专门学校带办。不过大学及专门学校中,多出一个师范部的名目罢了"。从而提出一种激进方案:"原有的高等师范学校,实是大学及专门学校的赘疣,大可割去。"① 除此之外,蔡元培从管理的层面分析了合并的必要,他认为:"高级中学中既有师范科,大学中既有师范科,而说明中又存师范学校与高等师范学校,亦无谓。此与高专,似皆为迁就现存之学校而存其名。然既今之师范,可照新案改名中学,高专与高师,均可改为专科大学,或并入大学,殊不必为此骈赘也。"②

两派的论战以代表学习美国建立开放式高等师范教育体制的合并派胜利告终,其成果体现为开放式师范教育体制的构建。当然,这一论战并未随着美国式师范教育体制的确立而结束,20 世纪 30 年代前后,论战再起,并以合并派的失败告终。

第二节　民国中后期师范教育思想举要

民国中后期,师范教育思想日渐多元和丰富,涌现出了一大批师范教育思想家,他们从不同角度对师范教育提出自己的看法,并在实践层面不断推进师范教育的设计和实施。这一阶段的师范教育所取得的成就是与师范教育家群体所作的努力分不开的。

一、蔡元培的师范教育思想

蔡元培(1868—1940),字鹤卿,号子民,浙江绍兴人,我国近代著名民主革命家、思想家,卓有贡献的教育家。

蔡元培教育思想的重点在高等教育,对师范教育并无专门的论述,但他在担任教育总长合大学院院长期间,在构建民国学校制度的过程中,对清末形成的师范教育体系进行了完善。同时,他的"五育"、"思想自由、学术自由、兼容并包"思想,以及"发展个性,崇尚自然"的办学理念,对近代师范教育产生了重要的影响。

(一) 重视教师和师范教育的作用

蔡元培十分重视教师的作用,认为"人类之职业,没有比教师再为重要的。衣食住行的改良,科学美术的创造,迷信偏见的破除,世界大同的推进,无一不出

---

① 云六:《现行师范学制的流弊及其改革法》,《教育杂志》,1923 年第 12 卷。
② 高平叔:《蔡元培教育论著选》,人民教育出版社,1991 年,第 376 页。

于人为，人何以能为？由于教师。所以教师是最负责任、最有势力的"。① 因此，作为培养教师的师范教育就有着十分重要的作用。他说："怎么叫做师范？范就是模范，可为人的榜样。自己的行为要做别人的模范，所以师范生的行为最为要紧。模范不是短时间能成就的，须慢慢地养成。"他甚至接着有些极端地强调："小学教员在社会上的位置最重要，其责任比大总统还大些。"②充分体现了他对教师作用的认识。

（二）主张建立开放式的师范教育体制

在"师范教育是否需要在教育体制中独立成为一个系统"的争论中，作为合并派的领军人物，蔡元培的观点在今天看来仍具有参考价值。他不赞成设置高等师范学校来培养中学教师，认为中学的教学分科明显，学术造诣的要求较高，而高等师范学校科学程度太低，学术基础不厚，难以培养高质量的中学教师。他参照当时各国的学校制度，认为"而于大学外，特设高等师范学校，以养成中学教员者，不多见也"。③ 因而他主张逐渐停办高等师范学校，一是把高等师范学校改为师范大学校，招收高中毕业生入学，修业年限定为4年；二是把重点放在综合性大学的文理科，使其毕业生愿为中学教师者加修教育理论课程，成为中学以上教师的主要来源。他认为教育理论十分重要，非加习教育理论的大学毕业生是难以胜任中学教育的。同时，蔡元培认识到，要在中国这样一个经济、教育都比较落后的人口大国普及初等教育，仅靠师范学校培养教师是难以实现的。他指出："师资之造就，虽一面于普通师范学校外，又增设简易师范学校、简易师范科、特别师范科，然也缓不应急，且亦无从于短时期间训练多量之人才，则又不得不另想应急办法。"④他主张放宽教师资格，多渠道聘用义务教育师资，除聘用受过师范训练的合格教师外，可聘用这样一些人员：当地师范学校或乡村师范学校已届实习之师范生；已受相当训练，可为代用教员之私塾教师；当地公务人员；当地具有相当程度之人员；志愿担任教员并尽义务者。这种以综合性大学为主，多渠道培养、聘用师资的观点，是符合当时的国情的。

---

① 蔡元培：《〈世界教联〉发刊词》（1938年），高平叔《蔡元培教育论集》，湖南教育出版社，1987年，第621页。
② 蔡元培：《对于师范生的希望》（1920年），高平叔《蔡元培教育论集》，湖南教育出版社，1987年，第292－294页。
③ 蔡元培：《大学教育》（1930年），高平叔《蔡元培教育论集》，湖南教育出版社，1987年，第504页。
④ 蔡元培：《实施义务教育标本兼治办法案》（1934年），高平叔《蔡元培教育论集》，湖南教育出版社，1987年，第558页。

（三）重视师范生的具体培养环节

蔡元培主张对师范生的培养要有全面、严格的标准，因为师范生是未来的教师，他们的人品与学识直接影响基础教育的质量。他要求师范生在学校学习时就要效力社会，"养成健全人格，提倡共和精神"。[①] 他强调，"要培养爱自由、好平等、尚博爱的人，在教育上不可不注重发展个性和涵养同情心两点"。[②] 他认为师范生对各种科学须兼长并进，不能选此舍彼。尤其是小学教师"各种科学都完善，才能得良好的小学教育"。[③] 他提倡师范生自治。1920 年 10 月，北京高等师范学校学生自治会成立，蔡元培到会发表演说，认为师范生自治有四大益处：（1）可以缓和治者（如学监、舍监等）与被治者（学生）的矛盾和冲突，避免学潮的发生；（2）学生自己管理自己，规章制度是自己制定的，不知不觉地承担起一切学业、自修、卫生清洁等种种责任，自律律人，效果更佳；（3）师范生在自治活动中养成民主管理习惯，毕业后担任教师，也会在教学中发扬民主，避免过去那样在校读书期间当小媳妇，自感压抑，当教师时又做恶婆婆，变本加厉向学生报复的恶性循环；（4）国人以学生为先导，师范生自治也为平民自治作出榜样，可以唤起国民自治精神。这些观点非常具有远见卓识。

二、李建勋的师范教育思想

李建勋（1884—1976），字湘宸，直隶清丰县（今属河南省）人，著名教育家和社会活动家。清末毕业于北洋大学，民国初年留学日本，就读于广岛高等师范学校。1917 年赴美国留学，在哥伦比亚大学获教育学硕士学位后，回国任北京高等师范学校教育研究科主任。1921 年 10 月至 1922 年 1 月任北京高等师范学校校长。1923 年再赴哥伦比亚大学进修，获博士学位，回国后一度任教于东南大学和清华大学；1929 年又回到北京师范大学，历任教育系主任、教育学院院长和教育研究所所长。抗日战争时期，曾随校西迁至陕西城固、甘肃兰州。新中国成立后任天津师范学院副院长、全国政协文史委员会委员。李建勋毕生致力于教育工作，为我国师范教育制度的确立作出了不懈的努力。

（一）主张师范院校独立设置

到 20 世纪 20 年代，我国建有 6 所国立高等师范学校，即北京高等师范学校、南京高等师范学校、武昌高等师范学校、广州高等师范学校、成都高等师范学

---

① 蔡元培：《在北京高等师范学校教育与社会社演说词》（1920 年），高平叔《蔡元培教育论集》，湖南教育出版社，1987 年，第 268 页。

② 同①，第 267 页。

③ 蔡元培：《对于师范生的希望》（1920 年），高平叔《蔡元培教育论集》，湖南教育出版社，1987 年，第 292 页。

校和沈阳高等师范学校。当时有些人认为，凡知识阶级人尽可为师，教育原理并无秘诀，不比他项筋肉技巧，非熟练不可。他们漠视教育的地位，对教育的作用全无所知，认为有点知识的人都能从事教育事业。这种论调曾迷惑了许多人，使人们对师范教育制度的存在提出了质疑。随着对美国教育体制的模仿，由于当时美国的师资及教育人才培养多由普通大学承担，因而我国的高等师范教育不断被削弱。1922 年颁布的《学校系统改革案》取消了高等师范教育的独立性，师范院校与普通大学合并或改为普通大学，而北京高等师范学校之所以成为硕果仅存的一所高等师范学校，这和当时任校长的李建勋的努力是分不开的。1922 年 9 月，北京政府教育部召开全国学制会议，李建勋代表北京高等师范学校提出《请改全国国立高等师范为师范大学案》。该议案从目的、教材、教法、训练、成例 5 个方面，证明了高等师范学校应当成为设立多学科的师范大学。在他看来，师范大学要培养教育的专门人才，就必须按照中等教育发展的实际状况和要求，教授各科应用的学识，在校生既要研究各门学科，还要顾及各科材料在中等学校所体现的运用价值。因而，与普通大学相比，师范大学的学科标准及取材范围应有自己的特色，而不应仅仅设立教育科。李建勋在提案中还以美国哥伦比亚师范大学为例，他认为该校是当时世界上"最大最完善之教育研究机关"，因为其校内不仅设教育科而且设实艺科，教育科内既开设教育理论科目，还兼备英文、法文、历史、数学等应用科目，这种体制为师范大学的办学提供了成功的范例。李建勋的这个提案得到大家的认可，在学制会议上得以通过。1923 年，北京高等师范学校奉教育部令首先改为北京师范大学。从此，师范大学确立了在学制中的地位。

尽管高等师范教育的地位在教育系统内得到承认，但一直到抗战之前，全国仍然只有一所高等师范学校，即国立北平师范大学。自 1938 年起，国立中央大学、国立西南联合大学、国立中山大学及国立浙江大学分别设立了师范学院。高等师范教育虽有所发展，但李建勋一直主张高等师范学校应该独立设置。1942 年，李建勋在《吾国高级师资训练之待决问题》一文中再次重申了高等师范独立设置的重要性。他认为，普通大学的教育学院或教育系无法承担训练庞大的中学师资的重任。把师资的培养附设于普通大学内，即便经费、人才、设备等问题可以解决，普通大学也无法胜任其他的最根本的任务，这些任务包括"儒家气节、专业精神和课程专业化"等。教育事业和其他农工商各业相比，具有自身独特的性质。作为一种职业，教师直接为国家谋利益，间接为个人谋幸福，因此必须对国家民族有深厚的感情，立身处世要具备"富贵不能淫，贫贱不能移，威武不能屈"的大丈夫气概，而这种感情和气概在普通大学里因过分讲究功利而容易被忽视,因而必须放在特殊的环境中培养。同时,教育是清高事业,容不得玷污和轻视,从事教育者"必须对于教育有崇高的信仰,对于所学有勤奋的努力,对于教人有不倦的态度"。① 很明显,这种信仰、努力与态度的养成,在普通大学的环境里是很难完成的。此外,师范院校的所修科目虽然与普通院校有相同之处,但两者的目的各不相同,高师生既要掌握专业知识的内容,还要精通如何把自己所学到的东西以恰当的方法传授给中等学校的学生,而普通大学的学生只需将所学用于今后的工作,所以,为了适合各自专业化发展的需要,师范院校和普通院校在教材教法上有很大的区别。如果高等师范附设于大学内,则除教育系外,其他专业势必被普通大学所同化,以至于难以达到培养合格的专业化的教师和教育行政人员的目的。根据以上理由,李建勋主张高等师范应绝对独立设置,不能因小而失大。

(二) 重视师范生的素质教育

由于高等师范教育在办学目的和性质上与普通大学不一样,20 世纪 40 年代以后,李建勋在《师道论》、《论中等学校教师需要专业训练》、《教师之职业道德》等文章中又特别地谈到了高等师范教育的修业年限及高师生的培养问题。

对高等师范教育的修业年限,当时存在两种意见:五年制和四年制。主张五年制的人认为,师范院校不同于普通大学的主要一点在于它是专业训练机关,所培养的人才必须专精,没有相当的时间不能达到训练目的。而且,高等师范教育造就的是教育者,而不是教书匠,没有长期的熏陶是不行的。有人还列举英美等国的师资训练为例来说明。英国、美国一般大学生毕业后,须受一年的专业训练才能任中学教师,而德国的大学生毕业后须实习两年才能走上中学讲坛。因此,高等师范的修业年限应定为 5 年。

李建勋主张高师的修业年限为 4 年。他认为,高等师范能否达到训练的目的,年限并非唯一因素。虽然高师生在校的训练时间长一些对于巩固专业知识和教育理论知识很有益,但在现实中,一名教师工作的优劣和在大学训练的时间长短并非一定成正比,他的教学成绩还和他在课堂上的组织能力、教学方法等因素密切相关。从事教育事业的人,更多的是需要在实践中磨炼。如果把学生关在校园内进行较长时间的训练,会造成和实践脱离的弊端,最终的效果并不一定就好。高师生在学校的 4 年时间足以让他学到今后从事教育事业必需的知识,要成为一名优秀的教师,除了必须拥有充裕的知识外,丰富的经验是更为重要的

---

① 李建勋:《吾国高级师资训练之待决问题》,许椿生,等《李建勋教育论著选》,人民教育出版社,1993年,第274页。

条件。此外，中国当时的经济状况与欧美各国相差太大，各级各类教育的经费都严重不足，增加一年的修业年限，势必就教育条件、学校设施、师资数量等方面提出更高的要求，这对当时的政府而言实在是力不从心。因而，中国的高等师范教育应以 4 年为宜。

有关高师生的培养，李建勋认为对高师生的素质要求和普通大学生是不一样的。他在《师道论》中指出，教师在教育事业上的重要性是不可否认的，"考诸外国，教权无论掌自教会或国家，目的无论在读圣经或作公民，教师地位之重要，则为有识者所公认"。正因为教师在教育事业上具有举足轻重的地位，因而教师的素质如何至关重要。在他看来，教师必须做到德才兼备，不然，小则牺牲青年前途，大则影响国家前途。教师的"德"应包括人格道德和职业道德。人格道德从本质上来说是属于一种健全人格，它由"至大至刚，以直养而无害，则塞于天地之间"的浩然之气以及"维护国家生存，促进民族文化之使命"的国家思想和民族意识所构成。职业道德主要是指处理好自身与学生、同事、社会的关系，在事业上发挥"敬业、勤业、乐业"的精神，以"夏禹之惜寸阴，商汤之勤昧爽，孔子之学而不厌"为榜样，诲人以不倦。作为一名优秀的教师，必须具有科学头脑和专门知识。"所谓科学头脑，即对于一切事物，以科学的态度及方法处理之之谓也"①，面对问题，能以事实为根据，不盲从，不武断，用分析的眼光，明辨是非。专门知识则应包括所习专业的知识及教育方面的知识，两者均为教师必备的武器，舍一不可。李建勋还把高师的课业定为 4 类，即修养科目、基本科目、专业科目、专门科目，前两项重在培养高师生的基本素质，后两项侧重于培养高师生从事教学所必备的知识与技能。

李建勋提出的高等师范教育的办学宗旨、高等师范的性质定位以及高师的修业年限、高师生的培养等问题对完善我国高等师范教育的办学思想起到了重要的作用，尤其他提出的高师教育的三大职责，对于当今的高等师范院校仍然具有借鉴意义。

（三）明确师范院校的三大任务

1942 年，李建勋在《教育通讯》上发表《吾国高级师资训练之待决问题》一文，指出高等师范教育专以培养师资为目的存在着明显的缺陷。他认为，尽管建立高等师范学校的初衷是为了解决师资问题，但在教育学术人才的培养和教育行政人员的训练方面，高等师范学校也责无旁贷。早年他留学美国时曾主攻教育行政、教育统计和学务调查。美国各大学把教育行政看做一种专门的事业，不

---

① 李建勋：《师道论》，许椿生，等《李建勋教育论著选》，人民教育出版社，1993 年，第 241－244 页。

仅单独成系，且设有专科以训练局长、督学等。由于从事教育行政的人员不仅需要经验，更为重要的是必须经过专门的训练，而训练的最佳场所当然是师范学院，因此师范学院应以"训练中等学校健全师资，培植教育行政人员，及养成教育学术专才为目的"。[①] 这种宗旨明确了高师的三大任务，为我国高等师范的发展方向提供了指南：高等师范教育应当成为教育事业各类人才的培养基地，而不应仅仅是专为训练教师做准备。虽然教育部当时在高师办学宗旨方面并未提出较全面的指导思想，但北京师范大学一直在为完善高等师范的教育理念进行着不懈的努力。1930 年，北京师范大学成立了研究所，李建勋任主任导师。在 1933 年 9 月 28 日北京师范大学研究所的开学典礼上，李建勋强调，研究所是为训练教育之专门人才及研究教育问题而设的。所谓教育的专门人才，主要包括教育行政的专门人才及教育实验的专门人才。前者是为了弥补"中国教育的材料非常繁多，但是未曾整理，这都是因为教育行政人员未曾受过专门的训练"这一缺陷；后者则是教育发展的需要，因为"近代的教育已走向科学的道路，一切理论均需要实验的证明方可为信，所以实验工作在教育上占有重要位置"。[②] 当时，我国的教育实验及教育研究大多由个人发起组织的各类教育社团承担，而在大学，尤其在高等师范学校开展教育方面的研究，这在高等教育领域还是首创。

李建勋对北京师范大学的教育学术研究非常重视，他严把毕业生的论文关，以此作为学生能否如期毕业的条件之一，并杜绝徇私舞弊。四川某权要的女儿毕业于教育系，因未按规定提交论文而无法获取毕业证书。时隔多年，该权要一再托人说情希望为女儿领得证书，李建勋坚持原则，并未因此而有所通融，最终仍未发给毕业证书。

三、陶行知的师范教育思想

陶行知(1891—1946)，原名文浚，后改知行，又改行知，安徽歙县人。1910 年入南京金陵大学文科学习，1914 年赴美国留学，1915 年获伊利诺伊大学政治学硕士学位。1915 年秋，入哥伦比亚大学研究教育，师从美国实用主义教育家杜威、孟禄，1917 年获该校都市学务总监学位，同年秋回国，先后担任南京高等师范学校、东南大学教授、教务主任、教育科主任。五四时期，陶行知主张改革旧教育，提倡新教育，提倡女子教育、学生自治等。1923 年专任中华教育改进社主

---

① 李建勋：《吾国高级师资训练之待决问题》，许椿生，等《李建勋教育论著选》，人民教育出版社，1993 年，第 272 页。

② 李建勋：《在北平师范大学研究所开学典礼上的讲话》，许椿生，等《李建勋教育论著选》，人民教育出版社，1993 年，第 175 页。

任干事,开展平民教育运动,开办多所平民识字读书处和平民学校。

陶行知毕生致力于劳苦大众的教育事业,是一位杰出的教育改革家。他抱着"爱满天下"的立世之愿,以"捧着一颗心来,不带半根草去"的献身精神,立足于中国国情,吸取中外有益的经验,艰苦探索,勇于实践,在多年的教育实践中逐步形成了具有鲜明时代色彩的系统的教育理论。其中的师范教育思想更具有中国特色、中国气派,对于建构新世纪师范教育体系、推进师范教育现代化仍具有重要的参考价值。

（一）陶行知的教育实践

1927 年,陶行知认为中国的国情是以农立国,教育应为占中华民族最多数的贫苦农民服务,于是积极提倡乡村教育运动,提出以普及乡村教育运动来改造中国乡村社会。他在南京郊区晓庄创办试验乡村师范学校,培养具有改造自然、改造社会的活本领的教师,系统地提出了生活教育理论的基本观点,如"生活即教育,社会即学校"、"教学做合一"等。

陶行知拥护孙中山的"联俄、联共、扶助农工"三大政策和新三民主义,支持学生反帝反封建的爱国斗争。1930 年国民党政府下令封闭晓庄学校,陶行知因被通缉,同年秋避居日本。1931 年春,陶行知回上海,任《申报》总管理处顾问,对《申报》转向支持进步力量和抗日救亡起了促进作用。1931 年至 1935 年,提倡普及教育,发起"科学下嫁"运动,与丁柱中、高士其等主持编辑《儿童科学丛书》和《大众科学丛书》,并创办了《生活教育》,向人民大众介绍通俗科学知识。先后创办了山海工学团、晨更工学团、报童工学团、流浪儿童工学团等。"九一八事变"后,投身于民族民主革命斗争。1935 年"一二·九运动"后,和宋庆龄、何香凝、马相伯、沈钧儒、邹韬奋等发起组织上海文化界救国会,为执行委员。1936 年初发起组织国难教育社,吸收文化教育界的人士参加。同年 7 月,与沈钧儒、章乃器、邹韬奋等人发表《团结御侮》宣言,响应中国共产党中央委员会的《为抗日救国告全体同胞书》的号召,赞同中国共产党提出的抗日救国政策。同月,应邀赴伦敦参加世界新教育第七届年会,并受全国各界救国联合会的委托,为国民外交使节,先后周游亚、非、欧、美 28 国,宣传抗日救国,向华侨和世界人民开展募捐活动,支援抗日救亡运动。

1938 年 10 月,陶行知回国参加国民参政会,致力于战时教育运动,并在重庆创办育才学校。他发表了从事抗战教育的"三愿":一是创办晓庄学院,以培养高级人才;二是创办难童学校,使难童受到教育;三是在香港创办中华业余补习学校。育才学校在中共地下党组织和进步人士的支持下,培养了很多革命战士和专业人才。1938 年 12 月,生活教育社在桂林成立,陶行知被选为理事长。

1945 年,陶行知加入中国民主同盟,任中央常务委员兼教育委员会主任委员。
1946 年 1 月,陶行知在重庆创办社会大学;4 月,回上海从事反内战、反独裁的
民主运动;7 月,因突发脑溢血逝世。毛泽东称他是"伟大的人民教育家"。

（二）高度认识师范教育的地位和作用

陶行知师范教育思想大致形成于 20 世纪 30 年代,他对师范教育的认识,无
论在深度还是广度上,都高出前人一筹。他不仅注意到师范教育对发展教育事
业本身的作用,而且从中国的实际情况出发,把师范教育放到挽救贫穷落后的民
族、改造旧的社会、创立新的国家的高度上去认识,把师范教育同国家命运和民
族前途紧密联系起来。他认为:"师范教育可以兴邦,也可以促国之亡。"①

1925 年,他在为乡村教师草拟的《我们的信条》中指出:"我们从事乡村教育
的同志,要把我们整个的心献给我们三万万四千万农民。我们要向着农民'烧心
香'。我们心里要充满那农民的甘苦。我们要常常念着农民的痛苦,常常念着他
们所想得的幸福,我们必须有一个'农民甘苦化的心',才配为农民服务,才配担
负改造乡村生活的新使命。"②把心献给民众,向着民众"烧心香",解救劳苦大
众,担负起改造旧社会的使命,创造一个独立、富强、民主的新国家,既是陶行知
对教师作用的高度概括,也是他生活的信条。正是怀着这颗赤诚之心,他才舍弃
名誉、地位、金钱、安逸,主动跑到农村办师范,希望用自己的理想、行为唤起千万
个教师的心,点燃千万个改造社会的火种,让他们和自己一起实践人生的信条,
成为"改造乡村生活的灵魂"。陶行知在《介绍一件大事》一文中又从小学教师
的角度进一步阐述了教师的作用。他认为,"小而言之",小学教员所教出的学
生之好坏,关系到"全村之兴衰","大而言之",关系到"国运、民运",即小学教师
之好坏,可以影响到国家的存亡和世运之治乱。而教师要靠师范教育加以培养。
由此可见,师范教育在国家发展、民族振兴方面确实起着十分重要的作用,必须
予以高度重视。

陶行知针对当时我国师范教育脱离实际、"仪型他国"的"洋化"和"沿袭旧
制"的"传统化"等弊端,在《师范教育之彻底改革》一文中大声疾呼:"好些师范
学校只是在那里教洋八股,制造书呆子。这些大书呆子分布到小学里去,又以几
何的加速率制造小书呆子……中华民国简直可以变成中华书呆国……想到这

---

① 陶行知:《师范教育之彻底改革——答石民佣等的信》,《陶行知全集》,四川教育出版社,1991 年,第
139 页。

② 陶行知:《我们的信条》,北京市教育局《教育思想学习文选》,中国和平出版社,1991 年,第 189 页。

里,真要令人毛骨悚然。"①这种师范教育如不彻底改造,"直接可以造成不死不活的教师,间接可以造成不死不活的国民。有生活力的国民,是要靠着有生活力的教师培养的;有生活力的教师,又是要靠着有生活力的师范学校训练的"。所以,陶行知认为"中国今日教育最急切的问题,是旧师范教育之如何改造,新师范教育之如何建设"。② 陶行知怀着一种为民造福、为国造福的责任感和使命感,一生都在为"改造旧的师范教育而艰苦探索,辛勤耕耘着"。正如他自己所说的,他"从前曾经为师范教育努力,现在正是为师范教育努力,以后仍是继续为师范教育努力"。陶行知坚决摒弃"教洋八股,制造书呆子"的师范教育,一生孜孜不倦地探求师范教育的改革,他是我国现代教育史上师范教育彻底改革的先导。他在当时的历史条件下,能把师范教育同国家、民族的前途命运联系在一起,是十分可贵的。

(三) 积极创新师范教育体制

陶行知积极主张师范教育的体制要从实际出发,适合中国的国情,认为当时中国的师范教育脱离实际,阻碍教育的发展,必须改革。改革的标准和出发点,就是从中国的国情出发,按照教育的需要培养人才,建立有中国特色的师范教育体制。他积多年之经验,认为:"教育界所需要的人才有四种:一是教育行政人员,二是各种指导员,三是各种学校校长和职员,四是各种教员。"③并且他进一步指出:"吾国自办师范教育以来,无论高等师范、初等师范只顾到第四项,只是以造就教员为目的;对于教育行政人员、指导员、校长和职员的训练都没有相当的注意……大家都以为这种种职务可以不学而能,人人会干,无须特别的训练,更无须科学的研究。"正是因为"教育行政办学指导人员之不得相当的培养",才造成了"中国学务不发达"。为了解决这个问题,陶行知提出了"广义师范教育"的主张。"广义师范教育"的基本内容是:"凡是教育界需要的人才都应受相当的培养。"实际上,陶行知是在强调教育行政人员和办学指导人员的"专业化"和"知识化"的问题。1922 年,他在《新学制与师范教育》一文中,又提出师范教育的三原则,可作为"广义师范教育"的注脚。三原则是:(1) 教育界要什么人才就该培养什么人才;(2) 教育界的人才要什么,就该教他什么,要多少时候教得了,就教他多少时候;(3) 谁在那里就教谁。这三条原则紧紧围绕着一个中心,

---

① 陶行知:《师范教育之彻底改革——答石民佣等的信》,《陶行知全集》,四川教育出版社,1991 年,第139 页。

② 陶行知:《中国师范教育建设论》,华中师范学院教育科学研究所《陶行知全集》第 2 卷,湖南教育出版社,1984 年,第 644 页。

③ 华中师范学院教育科学研究所:《陶行知全集》第 2 卷,湖南教育出版社,1984 年,第 215 页。

即师范教育的实际需要、师范教育的功效，且层次分明，由宏观到微观，从一般到具体，显示出逻辑的严密性。陶行知根据中国国情提出的"广义师范教育"思想及三原则，可称得上是师范教育的纲领，是改造师范教育的蓝图，切中当时我国师范教育的时弊。

陶行知还根据教育界的需要，明确提出了我国早期师范教育的体制。从纵向讲，包括了从初级—中级—高级—研究院的各级师范学校；从横向内容上看，包括了幼儿教育、普通教育、职业教育、在职的补习教育等师资的培养。从实际出发制定出来的这一学制是很全面、客观的。它一方面考虑了社会的实际需要，一方面又考虑了师范教育的自身特点。

在师范教育制度的建立上，陶行知尤其注重乡村师范教育的建设与改造。他认为乡村师范是发展我国师范教育的重点。这是因为中国是"以农立国"，绝大多数民众是农民，而农民教育水平最低，师资最缺，办乡村师范是"关系到三万万四千万人民之幸福"的事业，是立国的根本大计所在。因此，他提出要用最少的钱，办最好的学校，培植最有生活力的农民。他估计中国有 100 万个乡村，需要办 100 万所学校，最少需要 100 万名教师。但他认为当时的师范教育脱离农村实际，远不能适应改造乡村教育的需要。因此，他提倡大办乡村师范教育，号召开展"师范教育下乡运动"。经过认真的调查和深思熟虑，陶行知理想的"真正的乡村学校"有两重任务，一是培养乡村教师，二是改造乡村。为了完成这两重任务，必须"充分运用乡村环境"，使师范生身临其境地在乡村受教育、受锻炼，从中造就好的乡村教师，然后去办好的乡村学校。

（四）确立师范教育培养新目标

陶行知对旧师范学校在培养目标上的弊端作了无情的揭露。他指出其中主要有两种不良倾向：一是地主买办资产阶级要求培养为剥削阶级服务、四体不勤、五谷不分、脱离生活实际的书呆子；二是忽视师范性，在培养目标上盲目向普通大学看齐。他认为，上述两种不良倾向都是脱离师范教育实际、脱离社会生活、无视师范特点、抹杀师范学校本质特征的。他强调指出，师范大学学生与普通大学或综合性大学学生在要求德智体全面发展、培养生活能力上是相同的，这是共性、普遍性；但在突出"师范性"方面又与普通大学或综合性大学不同，这是师范学校在培养目标上的个性、特殊性。

因此，陶行知指出，在师范学校培养目标上，首先要全面发展。乡村师范学校应该培养 5 个方面都得到发展的一代新人，这 5 个方面是：(1) 健康的体魄；(2) 农人的身手；(3) 科学的头脑；(4) 艺术的兴味；(5) 改造社会的精神。从以上几点可以看出，陶行知要求培养的师范生，不仅要会劳动，而且要有科学的头脑,有关心社会、改造社会的思想,用科学去指导生产,只有这样的人才能担起改造乡村面貌的重担。他的这一主张符合马列主义关于人的全面发展的学说。其次,陶行知要求师范学校在培养目标上要突出师范性。他曾指出师范生必备的4个要项:"(一)信仰国家教育事业为主要生活。(二)愿为中学教员者对于中学生之能力需要应有彻底之了解……(三)对于将来担任之功课须有充分的准备……(四)各人一举一动,一言一行,都要修养到不愧为人师的地步。"①在这里,陶行知抓住了师范生的本质特点,把握住了师范性的真谛,精当而完整,准确而全面,揭示了师范学校培养目标的特殊要求。

陶行知针对传统师范教育在人才培养上手脑分离、脱离实际的弊端,较明确地提出了全面发展的培养目标,并强调师范教育要突出师范性,这不仅适用于20世纪20年代,而且也适用于我们今天的师范教育改革,具有重要的现实意义。

(五)创新师范教育内容和方法

陶行知在《中国师范教育建设论》中指出:教什么、怎样教、教谁、谁教,这是师范学校的几个基本问题,要想把师范办好,必须把这些问题弄明白。② 这里他提出了一个师范教育内容与方法的问题。

首先,对于师范教育的内容,陶行知主张教什么,就拿什么来训练教师。即"有什么,学什么","要什么,学什么",以大社会、大自然为教材和课堂。他的这种思想是建立在批判以读死书为中心的旧式师范教育的教育内容基础上的。他认为以文字为中心的教育,培养出来的学生是没有生命力和创造力的书呆子。那种"文字之外无教育"和以"讲书、听书、读书"为正统的教育程序必须打破,只有这样才能使师范教育适应社会需要,创造出富有"生命力"的社会改革者。为此,他主张把教材与生活实际联系起来,实际生活需要什么,就要培养学生有什么样的"生活力",就要有与之相应的教科书做指导。他把实际生活本领的训练和书本有机地结合起来。按照上面的主张,上课、实习、参加改造自然和社会的活动和校务等,都是正规的教育内容。在他创办的学校(如著名的晓庄师范学校)里,学生的一切活动都是计划之内的,没有课内外之分。他的这种主张既体现了师范教育的师范性,也纠正了多年来在师范教育中教师"教死书、死教书、教

---

① 陶行知:《女师大与女大问题之讨论》,华中师范学院教育科学研究所《陶行知全集》第2卷,湖南教育出版社,1984年,第576页。

② 陶行知:《中国师范教育建设论》,华中师范学院教育科学研究所《陶行知全集》第2卷,湖南教育出版社,1984年,第645页。

书死"、学生"死读书、读死书、读书死"的脱离生活实际的弊端。

其次，陶行知提出了"教学做合一"的方法。这一方法源于陶行知"生活教育"理论，源于对旧教育中教师讲、学生听的传统方法的批判。陶行知认为："教学做合一有两种涵义：一是方法；二是生活的说明。"在方法方面，他主张："教的法子根据学的法子；学的法子根据做的法子。""事怎样做就怎样学，怎样学就怎样教。""不然便学非所用，用非所学了。"①在生活的说明方面，他主张"在做上教的是先生，在做上学的是学生。从先生对学生的关系说，做便是教；从学生对先生的关系说，做便是学。先生拿做来教，乃是真教；学生拿做来学，乃是真学。不在做上用上下工夫，教不成教，学也不成学。"②那种把教、学、做说成三件事的讲法是没有道理的、完全错误的。在这里，陶行知特别强调了"做"，把"做"摆在比"教"、"学"更为重要的位置。正如他自己所说的："做是学的中心，也就是教的中心"，它是联结人与生活的纽带。他还指出："本校各科教师都为指导员，不称为教员。他们指导学生教学做，他们与学生共教、共学、共做、共生活。"③这样教师便会在教育实践中运用教育理论知识，提高教学效果。

运用"教、学、做合一"的方法办师范教育，是为了培养富有生活力、开创力的人才，让他们去创造新的社会。这个思想对改革传统的师范教育是十分宝贵的。目前，我国的师范教育有了很大的发展，但仍不能适应整个基础教育事业发展的需要，主要问题是师范学校不同程度地存在理论与实践脱离、师范性不突出、实践性不强等弊端。这种不良倾向早为陶行知所批判，他在教育实践探索中指出的"教学做合一"的方法就是为了改变这种弊端。他在教育实践中所取得的经验很值得我们学习。

四、陈鹤琴的师范教育思想

陈鹤琴（1892—1982），浙江省上虞县人，我国现代著名的教育家，五四运动以后新教育运动的创业者、开拓者。1914 年毕业于北京清华学校，同年考取公费赴美留学。1917 年获美国霍普金斯大学文学士学位后，进入哥伦比亚大学师范学院，专攻教育科学。1918 年获教育学硕士学位，次年回国，任南京高等师范学校教育科教授。1929 年，任中华儿童教育社主席。1934 年，赴欧洲 11 国考察教育。1940 年，创办江西省立实验幼稚师范学校。抗战胜利后，主持上海市立

---

① 陶行知：《湘湖教学做讨论会记》（节选），北京市教育局《教育思想学习文选》，中国和平出版社，1991年，第 260 页。
② 陶行知：《教学做合一》，北京市教育局《教育思想学习文选》，中国和平出版社，1991 年，第 258 页。
③ 陶行知：《试验乡村师范学校答客问》（1926 年），华东师范大学教育系《中国现代教育文选》，人民教育出版社，1989 年，第 281 页。

幼稚师范学校（1947年改名女子师范学校）。新中国成立初期，先后任中央大学师范学院和南京师范学院院长。1979年后，任中国教育学会名誉会长、全国幼教研究会名誉理事长、江苏省人大常委会副主任等职。1982年因病逝世，享年90岁。陈鹤琴从事教育工作60多年，大部分时间从事幼儿教育和师范教育的实验研究与办学活动，是中国现代杰出的幼儿教育家和著名的师范教育专家。

（一）推动师范教育实验

在抗日战争期间，面对战时全民总动员对师范教育的要求，陈鹤琴呼吁创设中国化的新型师范教育。他认为："师范教育一定要实验，只有经过实验，才能获得切实的改进。"要求培养"特立独行、多才多艺的国民师资"，"因此对于他的人格、学识、技能、服务种种的修养，确非过去一般师范教育可能完成"。具体有以下4点：

1. 师范教育的实验首先要确定改进目标

师范教育改进的目标是培养优良的新师资。这种新师资必须"富有劳动生产的技能，富有建设组织的能力，不但人格、行为，可做人家的楷模，而且服务、为人，都可做人家的榜样。不但要做一个优良的儿童教师，而且要做一个优良的社会领导者"。

2. 应使师范生和教师们认识到教育是国家的百年大计

师范教育实验要着力于"把师资的意识态度改变过来"，使师范生和教师们认识到教育是国家的百年大计，必须有终生服务教育的坚定信念和创业的精神，不可半途而废或见异思迁。

3. 师范教育实验的关键是建立符合中国国情的师范教育体制

我国过去的师范教育抄袭外国经验，这是不可取的。正确的做法应是吸收欧美教育的长处而去其短处，通过改革，使学制中国化，师范课程也中国化。对于教育方法也不可一味效法欧美，且要发扬我国固有教育方法的优良传统。不但使师范教育适合我国之实际，而且使世界教育思想也受我国的影响。

4. 师范教育实验必须"把现有的师范课程中教育学科的内容扩展起来，把它的职能发挥起来"

切实改进各科的教材教法，培养教育行政素养和各种教学技能，使学生掌握教育研究方法，到了服务时，无论教学何科或编辑何种教材，都能运用自如，无论办理儿童教育或成人教育，都能得心应手。[①]

---

① 陈鹤琴：《师范教育为什么要实验》，北京市教育科学研究所《陈鹤琴教育文集》下卷，北京出版社，1985年，第643－646页。

陈鹤琴不但在理论上深刻阐述了为建立中国化的师范教育必须通过实验改进现有师范教育的道理,而且在江西创办实验幼稚师范学校,亲自实践并不断发展、改进师范教育的理论。1940 年 10 月,实验幼稚师范学校开学后,他带领师生边学习边劳动,用自己的双手建设了简朴、美观的教学和生活用房。在松林遍布的山岭上,进行了中国化幼稚师范教育的实验,提出并实践了他的"活教育"理论,取得了举世瞩目的成绩。

(二) 师范生必须成为生活的主人

陈鹤琴对师范生有一个最基本的要求,即"师范生必须成为生活的主人"。所谓"生活",就是指师范生在校内的吃、住、行、课堂学习、课外活动及社会活动。在一切生活中,师范生都应以主人翁的身份出现,独立地去创造生活,而不是读死书,死读书,依赖老师,依赖家长。师范生只有成为生活的主人,将来才能教儿童成为社会的主人。

1. 自己去创造生活

1940 年,江西省立实验幼稚师范学校成立,陈鹤琴谱写了校歌。歌词突出一个"做"字,老师要在做中教,学生要在做中学。这里的"做",就是"行",是"实践",是自己动手去创造生活。陈鹤琴指出,凡是学生能够自己做的,就应该让他自己去做。

2. 重在能力培养

陈鹤琴指出:"学生在教育上的修养,抽象的知识和原理,固属重要;而实际经验和能力,尤为贵重。实习就是要使知识化为能力,理想化为经验,实为师范教育的焦点。"[1]他提出:幼师学生必须会唱歌,会演奏一种乐器;会编歌谣谜语,会组织幼儿游戏;会讲故事,能讲正确的普通话;会写端正的字,会画画,会做手工,能制作玩具;会栽花种菜,能做点心烧菜;会布置教学环境,能写文章出板报;会体育运动,能带领儿童锻炼体格;等等。

3. 树立为教育服务的坚定信念和创业精神

陈鹤琴主张,师范生从入学的第一天起,就要认识到教育是国家的百年大计,必须树立为教育服务的坚定信念,具有敬业精神,立志永远做一个国民教师。为了培养师范生的敬业和创业精神,陈鹤琴主张加强教育参观和实习,加强平时的教育实践活动。他要求每个师范生都必须认定一个儿童作为联系、观察和实验的对象。通过与儿童的长期接触,培养师范生热爱儿童的思想感情,逐渐形成可贵的敬业精神。关于培养师范生的创业精神,陈鹤琴指出,师范生和教员不能

---

① 北京市教育科学研究所:《陈鹤琴教育文集》下卷,北京出版社,1985 年,第 535 页。

停留在对儿童的观察上。有观察，还要有研究，只有通过实验研究，独立思考和分析，才能为培养创业精神、开拓新的业绩创造基础条件。

（三）把师范教育办成活的教育

1940年，陈鹤琴在江西幼师的师范教育实践中，提出了"活教育"的思想。他在《创办幼师的动机和经过》一文中明确指出："创办幼稚师范，目的就在于实验活教育的理论，使她能成为全国广泛的教育运动。"[1]他认为过去的教育大多是"死教育"培养的是"书呆子"，中国应有适合自己国情的"活教育"。"活教育"，是以儿童为主体的教育，是"活教师"采用"活教材"，运用"教学做合一"的教学方法培养"活学生"的教育。这种"活教育"与外国教育及中国的传统教育不同，是"中国化的新教育"。他的活教育理论主要有如下内容：

1. 以大自然、大社会为活教材

陈鹤琴认为，传统教育采用固定的课程、呆板的教材，不管社会环境的变化、时令的不同及学生的情况，都是照本宣科。这种一切围绕书本的教育是"死教育"，是培养"书呆子"的教育，是落后的教育、害人的教育。他主张以大自然、大社会为"活教材"，实行活的教育。

2. 运用"教学做合一"的活教法

陈鹤琴在《活教育理论与实践》一书中指出："活教育的教学方法也有一个基本的原则。什么原则呢？就是：做中教，做中学，做中求进步"[2]，实现"教学做合一"。

3. 使教学与实习打成一片

陈鹤琴指出，必须对师范教育的教学过程进行根本的改造，把读书与工作统一起来。师范生应该一面学习、一面工作，也就是说，把读书与实习打成一片。按照他的思想，应把实习时间分散安排在师范生三年学习的全过程。他主张每个师范学校都应当附有几个教育机构。主张将所有师范生都分别安排在各个附属教育机构担任学习教师或临时教员，他们学了理论，可随时到实践中去应用，在实习实践中遇到的问题，又可到理论中去找答案。这种办法真正实现了"教学做合一"，理论和实际相结合。它可以让学生学到真知识、活知识，而且既学到知识，又培养能力。

---

[1]　陈鹤琴：《创办幼师的动机和经过》，北京市教育科学研究所《陈鹤琴全集》第5卷，江苏教育出版社，1991年，第51页。

[2]　陈鹤琴：《活教育要怎样实施的》，北京市教育科学研究所《陈鹤琴全集》第4卷，江苏教育出版社，1991年，第366页。

陈鹤琴师范教育思想的内涵十分丰富，且具有独创性。他的师范教育思想从我国的教育实际出发，在总结实践中升华理论，再用于指导师范教育实践，具有鲜明的实践性、科学性和实效性，是一种走在时代潮流前头的先进的教育思想，与当前建立有中国特色的师范教育制度的精神是息息相通的。

第三节　民国中后期师范教育体制的更替

五四运动后我国新教育思想的兴起以及欧美教育变革的影响，引发了对师范教育独立存在的反思，使我国高等师范教育体制产生了重大的变化。1922年9月，北洋政府教育部召开学制会议，对全国教育联合会整理的草案（包括《师范教育说明》在内）作了修订。同年10月，在济南召开的联合会第八次代表大会进行了讨论，最后，教育部于11月1日以大总统的名义公布了《学校系统改革案》，这就是所谓的"壬戌学制"，当时也称为"新学制"。"壬戌学制"受美国教育模式的影响，明确规定"大学院为大学毕业及具有同等程度者进行研究之所，年限不定"，反映了科学技术进步对高等教育的要求，确立了大学的学术研究地位，促进了近代高等教育体制的初步形成，为开展科学技术研究创造了一定的政策环境，有利于凝聚和造就人才，使高等学校科学技术研究得以萌生，某些学科有了一定发展，特别是生物学、地质学，已进入奠基阶段。在一些领域，高等学校涌现出了一批有所建树的学者，建立了一批研究机构和学会，发表了一批论文和专著，国内外学术交流也有所开展。

但鉴于"壬戌学制"的先天不足，在其短短的构建历程中，优势尚未显现，便遭遇了来自教育界的诘难。这一体现着师范教育发展趋势的先进的学制，自诞生始就面临重重阻力，因而也注定了其短命的结局。20世纪30年代起，在战争频仍的社会局势下，以"师范学院"制度为代表的封闭式师范教育的回潮将美国式师范教育推向了坟墓。虽然"师范学院"也最终草草收场，但它的出现至少说明了一点：代表着师范教育发展方向的美国教师教育理论，并不适合当时处于师资"量"的需求为主阶段的中国教育实际。

一、开放式师范教育体制的尝试与努力

1922年《学校系统改革案》的颁布标志着中国师范教育进入了一个崭新的时代——开放式师范教育时代。《学校系统改革案》对我国的师范教育（主要是高等师范教育）体制进行了重大的改革，独立设置的师范教育制度开始瓦解。我国实施了近20年的"定向型"师范教育制度，演变成了既含定向又含非定向的"混合型"高等师范教育制度。"师中合并"是学制案的重点之一，具体方法是将

中等师范教育并入普通中学，其学生与中学生接受同样的教育，并适时安排师范教育理论和技能性课程。这一时期是我国中等师范教育的衰落时期，师范教育规模明显萎缩。据《第二次中国教育年鉴》统计，从 1922 年到 1928 年，师范生从 43 846 人减少到 29 470 人，减少了 32.8%，师范学校下降为 236 所；同期中学由 547 所增至 954 所，学生从 118 658 人增至 188 700 人，增加了 59%。

高等师范教育的改革路径在学制案中论述得最为详细，即在"寓'师范'于大学"办学理念的指导下，高等师范教育被全方位改造。（1932 年，教育部《改革我国教育之倾向及其办法》一文中提出："大学以农工医为主，并将现行师范教育一律取消。"①）改革主要体现在以下几个方面：

第一，北京师范大学校的设置。"壬戌学制"关于师范大学的设置实际上就是对北平师范大学的单独规定。北平师范大学校的李建勋、邓萃英等人的胜利仅仅体现在这一个案上，却以整个高等师范教育体制的转向为目标。1922 年颁布的《学校系统改革案》规定："大学校修业年限四年至六年。（各科得按其性质之繁简，于此限度内斟酌定之。）师范大学校修业年限四年。（依旧制设立之高等师范学校，应于相当时期内提高程度，收受高级中学毕业生，修业年限四年，称为师范大学校。）"而师范大学的设立，则以北京高等师范学校为试点，这是在学制颁布之前就已经决定的。在学制颁布前一个月，国民政府教育部在"训会"中指出："近年以来，国中普通教育程度不无欠缺，自非设法提高，无以应时势之需要；故造师资宜有专设之师范大学。查该校（北京高等师范学校——笔者注）开办较早，并有各种研究科之设置，极应先就该校开始筹备。"1923 年 7 月 1 日，北京高等师范学校正式改名为北京师范大学校。

第二，大学教育院（系、科）的设立。1922 年颁布的《学校系统改革案》整个篇幅只有一处提及大学教育科："为补充初级中学教员之不足，得设二年之师范专修科，附设于大学校教育科。"实际上，在《学校系统改革案》中，对大学设立教育科并无专门规定。学制如此规定似有调和色彩，是否为缓和两派之争，不得而知。但是，在其后的制度中，大学教育科的设置规定则日趋明显。1929 年颁布的《大学规程》对大学教育系科（学院）设置作了规定："大学分为文、理、法、教育、农、工、商、医各学院"，且"大学教育学院或独立学院教育科：分教育原理、教育心理、教育行政、教育方法及其他各学系，大学或独立学院之有文学院或文科而不设教育学院或教育科者，得设教育学于文学院或文科"。1934 年颁布的《二十三年度各大学及独立学院招生办法》也对教育类作了说明："各大学文、法、

①　教育部：《改革我国教育之倾向及其办法》，《大公报》，1932 年 10 月 16 日。

商、教育学院,称甲类学院","任何甲类学院各系所招新生数及转学生之平均数,不得超过乙类(理工农医)"。将教育按照文科混同文科院系招生,实际上降低了师范教育的位置,否定了师范教育的专业特征。

第三,师范专修科的设置。1922年颁布的《学校系统改革案》"为补充初级中学教员之不足,得设二年之师范专修科,附设于大学校教育科,或师范大学校;亦得设于师范学校或高级中学,收受师范学校及高级中学毕业生",将专科类的师范教育分为两块,即附设于大学(包括师范大学)和高级中学,将师范专科如此处置在某种程度上是降低了其办学地位。为修正这一错误,1929年在《大学规程》中对专修科的规定为"大学各学院或独立学院各科得分别附设师范……专修科"。

从"壬戌学制"关于师范教育的各类规定来看,高等师范教育的主体基本确定,即并立的三主体共同构成了中等教师教育的培养培训阵容,它们分别是:师范大学校、大学教育科(学院或者系)、附设于大学(或者师范大学)的两年制专修科。如此,则规定了中等教育师资的培养机构。值得一提的是,1926年陶行知与赵叔愚等以中华教育改进社的名义设立旨在培养乡村师范学校教师的乡村师范学院也是其中不可或缺的一个部分,但是由于种种原因,该校在实际上很少招生。

以《学校系统改革案》颁布为起点,高等师范教育升级运动旋即开始。一些高等师范学校纷纷并入大学。如:国立沈阳高等师范学校于1923年4月在原校址改为东北大学;河北大学拟将河北高等师范学校并入,作为河北大学高等师范院校部;国立南京高等师范学校1923年秋并入国立东南大学;国立武昌高等师范学校1923年升格为武昌师范大学,1924年改为国立武昌大学;国立广东高等师范学校1924年同广东公立法科大学等合并组成国立广东大学;国立成都高等师范学校1927年改为成都师范大学,1931年11月与成都大学等合并成立国立四川大学。6所国立高等师范学校,除了北京高等师范学校升格为国立北京师范大学校外,其余5所悉数成为大学中的一院。至此,高等师范教育的机构体系基本建立,形成了由北京师范大学、各个大学的教育学院、附设于大学和师范大学的师范专修科以及附设于高级中学的师范专修科共同构成的高等师范教育系统。以1931年为例,该年教育类在校学生总数4 231人,占全国专科以上学校学生总数的9.66%,其中大学及独立学院2 575人,专门学校661人,附属大学及大学院者(专修科)1 027人。在大学中,设于文学院中的教育类学生共计675人,哲学系中的教育类学生82人,体育系中5人,教育学院1 845人。在师范类学生结构中,大学教育院系学生占了绝对优势。而参与教师培养的大学教育学院（师范学院）并不止于"高师改大"的院校。20世纪30年代中期，全国公私立大学设教育学院的有中央大学教育学院、山东大学教育学院、暨南大学教育学院、东北大学教育学院、厦门大学教育学院、大夏大学教育学院、沪江大学教育学院、武昌华中大学教育学院、辅仁大学教育学院等。这一时期，许多公立或私立大学于文学院或理学院下设教育学系、心理学系、艺术教育系，如北京大学、清华大学、中山大学、四川大学、浙江大学、河南大学、湖南大学、南开大学、光华大学、复旦大学、广州大学、广东国民大学等数十所院校参与了师资的培养和培训。

二、以"师范学院制度"为代表的封闭式师范教育体制的复兴

开放式师范教育体制是基于中等教育教师质量急需提高、借鉴美国的教师教育体制建立起来的，其设立的主要目的是提高中等教育教师的质量。但是这一教育体制建立后不久，就不得不面对一直以来存在的中等教育对师资数量的需求，且这一需求从未被满足，并持续增加。20世纪20年代以后，中等教育取得了较快发展，师资缺乏的问题日益加剧，师资供求的矛盾越来越大。在此背景下，"美国模式"根本无法满足师资之需，进而被推上了矛盾的风口浪尖。

基于开放式师范教育体制无法满足教育对师资急需的现实，中国教师教育史上的"独立派"、"合并派"论战烽烟再起。值得注意的是，"合并派"在思想上已经更进一步，主张取消师范教育，故称"消解派"。1932年11月发表在《独立评论》上署名叔永（任鸿隽）的《教育改革声中的师范教育问题》一文重新燃起了师范教育办学体制独立与否的争论。叔永在文中从智识本身的训练、教学技术的训练和教育学的研究等三个方面，分析了师范教育本身内容上的问题，断言取消师范大学"不过是历史演进的继续和学制改革的尾声"。① 1932年11月10日，北京师范大学教授向国民政府教育部提交《本校教授为师范大学具有特别任务事呈教育部长文》，提出5点理由：中学师资，非受师大之专业训练不能胜任；教师之教师，尤非受师大之专业训练不能胜任；师大之课程与普通大学之程度相当而性质全异；师大之环境，又与普通大学之环境不同，不能以大学之教育学系代替；师大年限应延长，不能缩短，大学毕业而仅受一年或两年之师范训练，定感不足。② 该文尤为强调师范教育的专业性和无可替代性。但这一有力论争似乎未能打动当局，当年12月，国民党组织委员会向国民党四届三中全会提出一项

---

① 樊洪业，等：《科学救国之梦：任鸿隽文存》，上海科技教育出版社，2002年，第458页。
② 李溪桥：《李蒸纪念文集》，中国社会科学出版社，1996年，第70-74页。

《改革高等教育案》①，提出取消北平师范大学，理由有三：其一，"院系重复"，即"师大内容组织与普通大学并无大异"；其二，"在社会上师大毕业的学生供过于求"；其三，"学潮迭起，内容复杂，每令办学者深感困难"。而真正导致当局下决心取消北平师范大学（停止招生）的是1931年秋国际联盟教育考察团考察中国教育的结论："中国文化中心大学校数太多，应当减少以免浪费。在欧洲各国，中学教师所受的训练，根本与大学教育相同。此种任务应由大学中之文学院与理学院负担之"。② 为了维护师范教育精神，保存师大，北平师范大学发表了《为停止招生事致教育部》的快邮代电，对上述理由一一反驳。在北平师范大学及其他高校的努力下，1932年12月国民党四届三中全会通过了一个《确定教育目标与改革教育制度案》，确定了师范教育的独立性。这场论争的胜利事关师范教育存废，具有重要的历史意义。论争的胜利为重新确立封闭式师范教育体制打下了基础。

作为师范教育独立的前奏，1928年3月，国民政府公布了《中学暂行条例》，规定高级中学设师范科应根据地方情形单独设立，修业年限3年。各省迅速重建师范学校，独立的师范教育体制开始恢复。1929年4月，国民政府颁布《中华民国教育宗旨及其实施方针》，其第五条明确指出："师范教育，为实现三民主义的国民教育之本源，必须以最适宜之科学教育，及最严格之身心训练，养成一般国民道德上学术上最健全之师资为主要之任务，于可能范围内，使其独立设置，并尽量发展乡村师范教育。"③1930年国民政府公布了《师范学校法》。浙江省教育厅于1930年召开会议，讨论改进浙江省师范教育方案，决议师范教育应单独设立，以逐渐实现独立的省办师范教育，并首先创设独立的师范学校和乡村师范学校（1928年6月创办省立萧山乡村师范学校，1931年4月创办省立杭州师范学校，并接收锦堂学校改办为省立师范）。1931年4月，教育部训令，县立初级中学从1931年起应附设或改设"乡村师范科"。1932年国民党第四届中央执行委员会第三次大会对中等师范教育作出了几项决议：第一，中等师范教育机关（简易师范、师范学校等）均由政府办理；第二，师范学校应脱离中学而独立；第三，师范学校不收费，并以政府供给膳、宿、制服为原则等。于是，各省纷纷改弦易辙。江苏省于1932年9月公布了《改进江苏师范教育大纲》，指定镇江、无锡、

---

① 程天放：《确定教育目标与改革教育制度案原文》，黄季陆《革命文献（第55辑）：抗战前教育概况与检讨》，台北"中央文物供应社"，1971年，第109－112页。

② 同①。

③ 民国教育部：《中华民国教育宗旨及其实施方针》（1929年），李桂林《中国现代教育史教学参考资料》，人民教育出版社，1987年，第290页。

太仓、淮阴、东海、如皋等中学以及江苏省立女子中学、徐州女子中学停招中学生，专办师范。江西在1932年春拟订了全省师范分区计划，并令原有中学高中部自下年度起停止招收中学生，改为招收师范生。同时在南昌设立了省立乡村师范学校、私立震亚体育师范学校，在上饶创设了公立信江乡村师范学校。其他各省也进行了类似的改革。根据《第二次中国教育年鉴》统计，1936年，全国的中等师范学校已经达到814所，师范学生达到了87902人，师范毕业生达到了24162人，教职员为10222人，师范教育的岁出经费达到了10851224元。[1] 中等师范教育经过教育界及有关当局重建之后，重新走上了正常发展的道路。然而，恢复后的师范教育制度并不是简单地重复以前的独立师范教育制度。

在高等师范教育层面，贯穿于20世纪20年代至30年代初的师范教育设立之争，随着《确定教育目标与改革教育制度案》以及相关配套制度的出台尘埃落定。1938年7月，《师范学院规程》颁布实施（后于1942年修订）。它和1946年颁布的《改进师范学院办法》等一系列文件共同构成了师范学院制度。高等师范教育的独立设置权在名义上的取得是以1932年12月国民党四届三中全会颁布《确定教育目标与改革教育制度案》为标志的。其中关于师范教育和师资培养作了如下规定："师范大学应脱离大学而单独设立"，"教育部择全国适宜地点，设师范大学两所或三所，各国立大学之教育学院或教育系，概行并入师范大学"，"师范教育机关，分简易师范学校、师范学校、师范大学三种，均由政府办理，私人不得设立。已立案之私立师范，不得再招收新生"，"师范学校及师范大学，学生修业完毕后，由教育部或省教育厅、市教育局指定地点，派往服务，期满始给毕业证书，始得自由应聘或升学。其有规避服务或服务不尽力者，取消资格，并追缴费用"。[2] 师范学院包括了以下组成部分：独立的师范学院、附设于大学的师范学院、女子师范学院。当然，师范学院内不同部分的设置皆包含于内。《师范学院规程》[3]规定："师范学院单独设立，或于大学之中设置之。得分男女两部，并得筹设女子师范学院"，"国立大学未设师范学院者，得于文学院内增设教育学系"。师范学院内部设置如下："师范学院得设第二部，招收大学及其他学院性质相同学系毕业生，授以一年之专业训练"；"师范学院得设职业师资科，招收专科学校毕业生，授以一年之专业训练"，"师范学院得附设专修科，招收高级中学

① 国民政府教育部教育年鉴编撰委员会：《第二次中国教育年鉴》，商务印书馆，1948年，第1433页。

② 程天放：《确定教育目标与改革教育制度原文》，黄季陆《革命文献（第55辑）：抗战前教育概况与检讨》，台北"中央文物供应社"，1971年，第390－392页。

③ 民国教育部：《修正师范学院规程》，中国第二历史档案馆《中华民国史档案资料汇编：教育（一）》，江苏古籍出版社，1998年，第726－734页。

或同等学校毕业生，予以三年之学科及专业训练"；"师范学院得附设师范研究所，招收师范学院毕业，具有研究兴趣，或大学其他院系毕业，有两年以上教学经验之中等学校教员，研究期限二年"；教师在职教育机构"师范学院得附设高级中学教员进修班"，"师范学院得附设初级中学教员进修班"，"师范学院得附设小学教员进修班"。由此可见，师范学院在设置和内部结构问题上考虑极尽全面。从横向构成来看，师范学院制度力图构建职前教育和在职教育的衔接体系。其中在职教育的范围涉及小学、初中和高中教师；从纵向的体系来看，师范学院制度力图构建专科、本科、研究生培养的上下衔接体系，甚至将职业师资的培养也纳入体系。

20 世纪 30 年代后的高等师范教育政策显现出了从严管理的趋势。主要体现为对教师的检定和教师在职学习等方面的严格化与规范化。1944 年国民政府教育部颁布了《中学及师范学校教员检定办法》，对初中、高中、师范学校的教师检定作了详细而又严格的规定，该办法于 1947 年由教育部作了进一步修订。《修订中学规程》对中学教师的规定与教师检定制度进行了对接，关于高级中学的教员的任职资格，该规程规定必须具备以下几个条件之一，这些条件包括："经高级中学教员考试或检定合格者"、"国内外师范大学毕业者"、"国内外大学本科、高等师范本科或专修科毕业，有三年以上之教学经验者"等。初级中学教师任职资格主要包括了类似的条款。可见，对教师的检定实际上实现了各类教育的对接，这一政策的衔接有利于加大检定力度，确保中等教育师资的质量，从而促进中等教育的良性发展，客观上也对高等教育尤其是师范学院教育质量起到了检定和监督作用，它构成了检核师范学院教育的一项隐形指标。

当然，由于战乱频仍等多种因素，封闭式师范教育体制的重构并未取得预期成果。多种因素作用下，至新中国成立前，中国已形成了一个多种体制、多种模式、多种形式并存的师范教育机构体系，即由师范学校、师范学院、大学师范学院、教育学院、师范专科学校共同构成的教师培养体系。

三、战时迁徙中师范教育体制的变化

卢沟桥事变爆发后，日本侵略军迅速占领了北平和天津。由于战争的影响，沦陷区的师范院校纷纷内迁，国统区的师范教育受到严重的摧残。为解决中等学校师资问题，国民政府对师范教育制度进行了调整，并制定了一系列战时师范教育政策。

由于日本侵略军的狂轰滥炸和占领，我国师范教育受到严重摧残。北平、天津、上海、南京等重要城市相继沦陷后，这些城市包括师范院校在内的所有学校都遭到了严重的破坏。校舍毁于兵燹，图书设备散失。据有关文章记载，当时北

大、清华的校舍沦为日本军营。北大文学院地下室成为日军虐待中国人的地狱，清华也变成日军的妓院、酒吧和马房。天津南开大学被日军炸毁，图书、仪器被劫。为了保证各级学校减少损失，教育部指令沿海沿江大中学校迅疾迁移至内地办学。于是，北平师范大学迁往西安，与国立北平大学、国立北洋工学院组成西安临时大学。1938 年春，西安临时大学迁至汉中，改名为国立西北联合大学，北平师范大学改为西北联大教育学院。同年 8 月，西北联合大学教育学院改为师范学院，并于次年改称国立西北师范学院。1940 年，西北师范学院奉命迁往兰州。为减少损失和解决新校址房屋不足的问题，从 1941 年起，老生在城固逐年毕业，新生在兰州招收。至 1944 年，西北师范学院全部搬迁至兰州。

1937 年 10 月，中央大学西迁入川，分为 4 处：（1）重庆沙坪坝校本部；（2）重庆柏溪分校；（3）成都华西坝的医学院和农学院的畜牧兽医系；（4）贵阳的实验学校。学校设置了文学院（3 个系 1 个科：中国文学系、外国语文系、历史学系、俄文专修科）、理学院（7 个系：数学系、物理学系、化学系、生物学系、地质学系、地理学系、心理学系）、法学院（5 个系：政治学系、经济学系、法律系、社会学系、边政系）、师范学院（10 个系 1 个科：国文系、英语系、教育系、公民训育系、数学系、理化系、博物系、史地系、艺术系、体育系、童子军专修科）、农学院（6 个系 1 个科：农艺系、农业经济系、园艺系、森林系、农业化学系、畜牧兽医系、畜牧兽医专修科）、工学院（7 个系：土木系、机械系、电机系、建筑系、化工系、航空系、水利系）和医学院（牙医专科学校）。

上述两校可说是抗日战争中我国师范院校迁徙的代表。北平师范大学在迁徙中并成了综合性大学，中央大学的教育学院在迁徙过程中发展成了师范学院，"将以前教育学院原有的系维持和改隶以外，还添了七系一科"①，成了综合性大学中一个相对独立设置的师范教育体系，共设置了 10 个系 1 个科。1928 年中央大学成立时设置的教育学院只有 1 个系 3 个科，即教育学系、师资科、艺术专修科、体育专修科，中央大学的师范教育是一个开放式的体系。

（一）师范教育制度的调整

由于学校的迁徙、合并，国民党统治区师资奇缺。为解决中等学校师资问题，国民政府对师范教育制度进行了调整，颁布了《总动员时督导教育工作办法纲领》，并制定了一系列战时师范教育政策，积极地采取措施加强师范教育的建设，促进师范教育的发展。1938 年 3 月召开的国民党临时全国代表大会通过了

---

① 罗家伦：《炸弹下长大的中央大学》（节录），左惟，等《大学之道：东南大学的一个世纪》，东南大学出版社，2002 年，第 15 页。

《战时各级教育实施方案纲要》，要求"对师资之训练，应特别重视，而亟谋实施"。随后，教育部制订了具体实施方案，规定"小学师资训练应逐渐集中师范学校，简师应逐渐减少。中等学校师资训练应集中于师范学院内，合格之中小学教师应予以保障，提高其待遇，并予以进修机会"。① 1938 年 5 月，教育部颁布了《确定师范教育设施方案》，规定"小学教员以师范学院及乡村师范学校毕业生为合格，原有各县立简易师范(其年限不足 4 年者)及各种短期师资训练班应分年结束"。"应即划定师范教育区，每区至少设师范学校和乡村师范学校一所。"同时，设立国立师范学校，主要目的是收容沦陷区撤退过来的失学青年和失业教师，为沦陷区的收复作师资的准备。对高等师范教育，1938 年 7 月国民政府教育部颁发了《师范学院章程》，这是我国高等师范教育制度的重大改革。

根据《师范学院规程》，师范学院修业年限为 5 年，"师范学院各专修科，修业年限三年"，"师范学院得设第二部，招收大学其他学院性质相同学系毕业生，授以一年之专业训练"，"师范学院得附设师范研究所，招收师范学校毕业生，具有研究兴趣，或大学其他院系毕业有两年以上教学经验之中等学校教员，研究期限二年"。② 根据各地情形，师范学院可以"单独设立，或于大学中设置"，入学资格和修业年限与大学本科相同，为 5 年，"以养成中等学校之健全师资为目的"。1941 年，教育部公布《设置师范学院办法》，学生修业年限、入学资历和《师范学院规程》相同。1942 年 8 月，教育部公布《修正师范学院规程》，1946 年，再度修正此项规程，取消师范学院的初级部，同时公布《改进师范学院办法》，但学制无变动。

《师范学院规程》颁布后，部分大学的教育学院改成了师范学院，如中央大学和西北联合大学；部分大学的教育系扩成了师范学院，如西南联合大学、浙江大学和中山大学。同时，在湖南蓝田设立了我国第一所独立的国立师范学院，在湖南衡山设立了一所师范学院，在重庆设立了一所国立女子师范学院。四川大学也随后设置了师范学院。到抗日战争结束，国统区有附设于大学的师范学院 6 所，设置教育系的大学 24 所，独立设置的师范学院 11 所、教育学院 3 所、师范专科学校 8 所，附设师范专修科的专科学校 5 所。这一时期，我国师范学院出现快速发展，独立设置的高等师范教育制度又有所恢复。具体院校数和学生数见表 3-1。

---

① 李桂林：《中国现代教育史教学参考资料》，人民教育出版社，1987 年，第 319 页。
② 李桂林：《中国现代教育史》，吉林教育出版社，1991 年，第 253 页。

表 3-1　抗日战争期间我国师范院校基本情况

学年度	学院数（个）	学系数（个）	专(修)科数（个）	学生数(人)			毕业生数(人)		
				共计	本科	专科	共计	本科	专科
1938	6	45		996	996				
1939	6	48		1 591	1 591		44	44	
1940	7	55		2 217	2 217		125	119	6
1941	9	68	37	3 295	2 653	642	153	98	55
1942	9	69	40	5 369	3 604	1 765	848	642	206
1943	10	73	49	6 376	4 017	2 359	1 033	545	488
1944	11	82	55	7 858	4 622	3 236	1 343	803	540
1945	11	55	50	9 062	5 672	3 390	1 386	674	712

《师范学院规程》的颁布是我国师范教育制度的创新，标志着我国高师教育进入了一个新阶段。根据《师范学院规程》建立的师范学院，不仅是培养中等学校师资的机构，也是研究教育科学的最高学府，还是中小学教师进修、提高的场所。师范学院所在地区的中小学校和教育行政机关，由于师范学院的辐射影响，各项工作都有所改进。

（二）国立师范学校的设置

国民政府教育部对师范学校也十分重视，在师范教育机构的具体设置上，将内迁的一些师范学校以及国统区后方一些中学的师范科或师范部从中学脱离出来，改编为国立师范学校。收容沦陷区失学失业青年及各地退至后方之教职员以发挥教育功能，增强抗战力量，使教师学生各得其所，储备沦陷区师资及培养后方之优良小学师资。[①]

这一批国立师范学校共有 14 所，分别是：国立重庆师范学校、国立梓潼师范学校（初在湖北匀县，后迁至四川梓潼）、国立陇东师范学校（由上海迁至甘肃平凉）、国立茶洞师范学校（初在四川秀山，后迁至四川永绥县茶洞镇）、国立江津师范学校、国立荣昌师范学校、国立铅山师范学校（因江西战事频繁，后迁至宁都）、国立劳作师范学校（校址在四川璧山县青木关）、国立幼稚师范学校（因江西战事频繁，先由江西泰和县迁至赣县，后又迁至广昌县）、国立成达师范学校（由北平迁至广西桂林，后又迁至重庆）、国立女子师范学校（校址在四川江北

---

① 国民政府教育部教育年鉴编撰委员会：《第二次中国教育年鉴》，商务印书馆，1948 年，第 940 页。

县)、国立童子军师范学校(初在重庆北碚,后迁至青木关)、国立第一侨民师范学校(初在福建长汀,后迁至漳平县)、国立第二侨民师范学校(初在广东东昌县,后迁至梅县)。

除了上述 14 所国立师范学校外,部分中学还附设了师范分部或分校,云南、青海、甘肃、新疆、宁夏、贵州等省还设立了 11 所国立边疆师范学校。国立师范学校是抗战时期国统区师范教育的一个独特现象,使我国的师范教育在抗日战争中非但没有衰减,反而增强了。

(三) 抗战胜利后国统区的师范教育

抗战胜利后,国民政府教育部颁发了《战区各省市教育复员紧急办理事项》和《教育复员及接收敌伪教育文化机关等紧急处理办法要项》,要求敌占区各类学校"暂维现状,不得停顿";凡在战争中停办的学校,应在半年内恢复;各地都要组织甄审委员会,对教育行政人员和学校教职员进行甄别审查,并经短期培训后任用;国立专科以上学校的学生,应先进行总登记,再经甄别考试及补习班学习有关政策后,才能继续学习。同时,教育部分别在收复地区设立教育复员辅导委员会,具体办理教育复员工作。

1945 年 9 月,教育部召开全国教育善后复员会议,要求各地利用学校复员机会,对各级各类学校的分布进行适当调整,动员战时疏散到边远地区的教职员继续留在那里服务。于是,师范院校也纷纷迁回原地复校。1946 年春,北平师范大学的师生陆续迁回北平,部分教师留在西北,充任西北大学、西北师范学院教师,支持了西北的高等教育事业。同年 11 月,北平师范大学迁回北平的学校开学。

中央大学于 1946 年 11 月在南京四牌楼复校开学。复校后的第一次招生盛况空前,报名者超过万人,录取学生千人。学校院系设置文学院(4 个系 1 个科:中国文学系、外国语文系、历史学系、哲学系、俄文专修科)、理学院(8 个系:数学系、物理系、化学系、地理系、地质系、生物学系、心理学系、气象学系)、法学院(5 个系:法律系、政治学系、经济学系、社会学系、边政学系)、师范学院(3 个系 1 个科:教育学系、体育系、艺术系、体育专修科)、农学院(6 个系:农艺学系、农业经济系、森林学系、园艺学系、农业化学系、畜牧兽医系)、工学院(7 个系:土木工学系、电机工程系、机械工程系、建筑工程系、航空工程系、化学工程系、水利工程系)、医学院。

随着教育的复员,抗战开始后逐步建立的独立的师范教育体制又遭到了拆解。1946 年末颁布的《改进师范学院办法》,把综合性大学中师范学院分设的系(除教育、体育)归并为文理学院,规定在未设师范学院的国立大学增设教育系。

大多数独立设置的师范院校也被归并到大学中。

据统计，至 1947 年，全国共设立师范学院 15 所（其中附设于大学的 4 所，独立设置的 11 所），独立设置的教育学院 3 所、师范专科学校 13 所。附设于大学的 4 所师范学院是：国立中央大学师范学院（南京）、国立中山大学师范学院（广州）、国立浙江大学师范学院（杭州）、国立四川大学师范学院（成都）。独立设置的 11 所师范学院是：国立师范学院（衡山）、国立西北师范学院（兰州）、国立北平师范学院、国立昆明师范学院、国立女子师范学院（重庆）、国立贵阳师范学院、国立南宁师范学院、国立湖北师范学院（江陵）、国立长白师范学院（永吉）、河北省立女子师范学院（天津）、台湾省立师范学院（台北）。独立设置的 3 所教育学院是：国立社会教育学院、江苏省立教育学院、四川省立教育学院。13 所师范专科学校是：国立国术体育师范专科学校、国立边疆学校师范专修科、国立康定师范专科学校、国立体育师范专科学校、国立福建音乐专科学校师范专修科、安徽省立安徽学院师范部、福建省立师范专科学校、陕西省立师范专科学校、江西省立体育师范专科学校、四川省立体育专科学校师范专科、河北省立师范专科学校、山东省立师范专科学校、上海市立幼师师资专修科。除上述师范学院、教育学院以及师范专科学校外，还有 28 所综合性大学也设有教育系或哲学教育系、家事教育系、乡村教育系。它们是：国立中正大学、广西大学、厦门大学、暨南大学、西北大学、南开大学、北京大学、长春大学、河南大学、复旦大学、重庆大学、山西大学、省立新疆学院；私立金陵大学、光华大学、大夏大学、燕京大学、沪江大学、岭南大学、武昌华中大学、广州大学、华西协会大学、福建协和大学、圣约翰大学、之江大学、中国学院、华南女子文理学院、乡村建设学院。

第四节 日伪统治区的师范教育

从 19 世纪 70 年代开始，日本当局者就把侵略中国作为基本国策。日伪统治区的师范教育制度，是伴随日本对我国展开军事侵略进而在占领区开展奴化教育而建立的。

一、东北地区的师范教育

1905 年俄国在日俄战争中失败后，旅大地区（沙俄称为关东州）的租借权落到了日本手中。原由俄国控制的南满铁路沿线，即长春到大连的铁路及其支线两侧各 15 公里的区域，当时称为"满铁附属地"，也被日本接管。通过满铁附属地，日本控制了东北一大半地区的政治、经济和文化命脉。

1908 年 6 月和 1909 年 5 月，日本统治者分别在旅顺公学堂和公学堂南金书院附设了学制为 1 年的师范科和补习师范科,1914 年改为速成科师范部,学制 2 年。1916 年 3 月,关东都督府决定成立旅顺高等学堂。1916 年和 1917 年,旅顺公学堂师范科和公学堂南金书院速成科师范部并入,设师范科,学制 3 年。1918 年 4 月,旅顺高等学堂撤销,师范科改建为旅顺师范学堂,设本科,学制 3 年;讲习科,时间 3 个月,选拔普通学堂在职教员入学。1920 年 4 月设女子部,学制 2 年。1924 年男子部修业年限改为 4 年,女子部改为 3 年。1928 年女子部改为 4 年。旅顺师范学堂还为满铁附属地公学堂代培中国教员。旅顺师范学堂实行公费制,学生毕业后按师范本科履行服务义务。到 1931 年,旅顺师范学堂本科毕业生共有 1 141 名,旅顺师范学堂成为满铁地区培养教师的中心。

1932 年 4 月,旅顺师范学堂和旅顺第二中学合并组成旅顺高等公学校,设师范部。《旅顺高等公学校规则》规定:"师范部以培养中国人的普通学堂教职员为目的。"学制 4 年,招收公学堂高等科毕业或具有同等学力者入学。另设半年制的师范讲习科。1932 年,本科男子部学生 91 人,女子部学生 42 人。1942 年,本科男子部和女子部学生分别为 230 人和 104 人。1944 年 4 月,根据《关东州人教育令》,旅顺高等公学校师范部独立为旅顺师范公学校,设男子部和女子部。当时,还有一所日本人旅顺师范学校,招生对象是中学校、高等女学校毕业生。毕业后,中国教员在职称、待遇上普遍低于日本教员。

二、华北、华东和华中地区的师范教育

抗日战争爆发后,日本侵略军凭借其军事上的优势,相继占领了我国华北、华东和华中的广大地区。在占领区,师范学校基本上被日本侵略军侵占。1937 年 12 月 14 日,华北日军在北平建立了"中华民国临时政府";1938 年 3 月 28 日,华东日军又在南京建立了"中华民国临时政府"。在用炮火肆意轰炸上述两地教育设施的基础上,日伪政权有计划、有目的地开展了奴化教育。为使奴化教育顺利开展,日伪政权十分重视师范教育。当时的华北和华东主要有以下 3 类师范教育:

(一) 中等师范学校

在华北、华东和华中,日伪设立了一批中等师范学校。在北平,设有市立师范学院;在河北,伪省公署在原有 8 所师范学校的基础上,陆续增设了一些师范学校;在上海,设有第一、第二师范学校;在江苏,设有国立师范学校;在山东,设有 5 所师范学校;在湖北,设有省立武昌师范学校。日伪还在一些中学设立师范科。如在青岛,日伪 1938 年在市立中学内设立了特别师范科,学制 1 年;1941 年又设立市立师范学校,设日语专修科、简易师范科、师范本科,并附设小学。这一时期,一部分日语学校也承担中等师范教育任务,如杭州的日语专门学校、东亚日语学校等。

（二）高等师范学校

在北平，日伪设立了北平师范学院、北平女子师范学院和河北省省立女子师范学院。1941年，伪华北政务委员会颁布《国立北平师范大学组织大纲》，将北平师范学院、北平女子师范学院合并组成北平师范大学，设文、理、教育3个学院，共有14个系。一些日语专科学校也承担培养日语教师的任务。在华东，1943年3月，汪精卫叛国投敌。4月，伪行政院通过在南京设立中央大学案，恢复中央大学。校址初设于南京建邺路红纸廊原中央政治学校内，1942年8月迁至天津路2号原金陵大学旧址（即今汉口路南京大学校址）。学校院系设置文学院（3个系：中国文学系、历史系、外国语文系）、法商学院（3个系：政经系、法律系、商学系）、教育学院（1个系2个科：教育学系、师范专修科、艺术专修科）、理工学院（4个系：土木系、化工系、数理系、机械工程系）、农学院（4个系：农艺系、园艺系、生物系、农业经济系）、医学院。

（三）短期培训机构

在北平，当时设有"中等教育师资讲肄馆"，专门培训大学毕业生，每期招收100人左右，初期培训3个月。修业期满后，选出2/3的人去日本参观、考察，然后再选出优秀者，保送到日本东京高等师范学校学习2至3年，毕业后分配到河北、河南、山东等地县级中小学任校长。后来，"中等教育师资讲肄馆"改为"师资讲肄馆"，初期培训由3个月改为1年。

在保定，设有师资讲习所；在开封，设有教育教员讲习会；在察哈尔，设有教师训练班；在山东、山西、绥远，均办过同类训练班；在南京，设有教职员养成所，学员毕业后先去日本考察，再回国任教；在杭州，设有日语师资训练所；在武汉，举办过教员训练所；在广州，举办过教员登记，对登记者施以2个月的训练。

在上述3类师范教育的实施过程中，教育实权都掌握在日本侵略者手中，各类师范教育机构都有严格的规章制度，学习费用统一供给，课程设置强化日语教学，向学生灌输奴化教育思想，推行严厉的毕业生服务方法，严格限制师范服务年限和自由升学或改就他业。

第五节　私立师范教育和教会师范教育的发展

民国初期，虽然法律明确规定允许私立师范学校的存在，但仅限于中等师范教育层次。《师范教育令》（1912年）第二条规定："私人或私法人依本令之规定,经省行政长官报告教育总长许可,得设立师范学校为私立师范学校。"①但不许私人涉足高等师范教育,规定高等师范学校是国立并独立设置。私立师范学校经费不得由地方国库补贴。这极大地限制了私立师范教育的发展。1918年共有148所师范学校,其中只有6所为私立。到20世纪二三十年代,国家在法律上对私立师范教育适用范围的扩大和管理的明确,使私立师范教育进入一个短暂的繁荣期。到1933年,全国培养师资的高等院校中国立5所、省立6所、私立5所。

一、私立师范从中等发展到高等层次

20世纪20年代初,新文化运动的洗礼,留美学生的学成归国和对西方学制及教育思想的深入介绍,新型知识分子的增加及新式教育的经验积累,中国近代工业的发展和民众对普及教育的企求,均成为学制改革的新动力。1922年新学制颁布后,私立师范教育发生了巨大变化,首先是高等私立师范教育得以存在和发展。《大学组织法》(1929年)规定:"由私人或私法人设立者,为私立大学","大学分文、理、法、教育、农、工、商、医各学院"。② 私立大学可以设立教育学院,打破了民国初年私人不得开办私立高等师范学校的规定。其次,对中等私立师范学校的规定和管理更明确,《中学暂行条例》(1928年)规定:"高级中学分设普通师范、农业、工业、商业、家事各科","私人或团体得设立中学称为私立中学","私立中学适应本条例"。③ 再次,随着国家对整个私立教育管理的进一步加强,国家对私立师范教育的管理也更明确。国民政府在1929年颁布了《私立学校规程》。《大学规程》(1929年)附则中规定:"私立大学或私立独立学院,除适用本规程外,并须遵照私立学校规程办理。"④1933年又公布《修正私立学校规程》,对于各种私立学校的设立、管理、监督等作了更明确详细的规定,如"第一条:私人或团体设立之学校为私立学校,外国人设立之学校亦属之","第二条:私立学校之开办、变更及停办,须经主管教育行政机构之核准"。⑤

国民政府于1928年形式上统一了中国政府,以"三民主义教育"为教育宗

---

① 民国教育部:《教育部公布师范教育令》(1912年),璩鑫圭、唐良炎《中国近代教育史资料汇编》,上海教育出版社,1991年,第660页。

② 《国民政府颁布大学组织法》(1929年),王学珍、郭建荣《北京大学史料》第2卷,北京大学出版社,2000年,第107页。

③ (民国)大学院:《大学院订定之中学暂行条例》(1928年),中国蔡元培研究会《蔡元培全集》第18卷,浙江教育出版社,1998年,第468页。

④ 同②,第108页。

⑤ 民国教育部:《私立学校规程》(1933年),国家教育委员会政策法规司《部分国家和地区私立学校法规选编》,北京师范大学出版社,1993年,第20页。

旨，开始逐步加强对师范教育的控制。1932 年，私立中等师范教育达到最高峰，共有学校 36 所，学生 7 618 人，其后虽有减少，但到 1936 年，仍有学校 27 所，学生 6 292 人。但是，后来允许私人办师范的法令开始动摇，1932 年 12 月国民党四届三中全会通过《确定教育目标与改革教育制度案》，提出"师范教育机构，分简易师范学校、师范学校、师范大学三种，均由政府办理，私人不得设立"①，进一步明确了私人或私法人不得设立师范院校。自此私立师范院校的规定不再见诸法律文件。于是，私立中等师范教育大为萎缩，到 1945 年，学校仅剩 10 所，学生仅有 1 736 人。而私立高等师范教育由于属于高等教育的范畴，主要受《大学规程》(1929 年)和《大学组织法》(1929 年)相对开放的体制的影响，到抗战结束后，仍有 15 所私立大学和学院设有教育系。

二、教会所办的师范教育

教会办的师范教育在民国期间走过了完全不同于国人所建的私立师范教育的发展之路。在收回教育权运动前，中国政府对于教会所办的学校不过问或无权过问，教会是否开办师范教育和如何开办师范教育也均是教会内部之事。1919 年，华西基督教教育联合会建立了完整的师范教育系统，其中包括成都大学教育科、初等师范学校、成都大学中等师范科、暑期学校及初等小学教员应习之课程(班)、师范讲习会等。由于教派繁多，教会所办师范教育并未形成全国统一的系统。教会所办的中等师范教育的主要形式有师范学校、乡村师范学校、简易师范学校、女子师范学校、幼稚师范学校、幼稚师范科等，1920—1921 年天主教会所属师范学校 16 所，学生 612 人。随着 1932 年《师范学校法》颁布，中国政府收回教育权，使教会原有师范学校除福州协和幼稚师范学校等极少数外，大多数奉令停止招生或改为普通中学，教会办的中等师范教育基本消失。教会办高等师范教育是通过教会大学中文学院教育系或教育学院及其他院系进行的，有的还通过派遣学生出国留学的途径培养学生，因而较少受关于私立师范教育的法律规定的管理和制约。20 世纪 30 年代，教会高校中有 3 所设立教育学院，10 所设立教育学系或教育心理学系和专修科。较有名的如沪江大学教育学院、华中大学教育学院、辅仁大学教育学院等。

---

① 宋嗣廉，韩力学：《中国师范教育通览》中卷，东北师范大学出版社，1998 年，第 127 页。

第四章 "以俄为师"与新中国师范教育体制的建立

从根源上看,社会主义新中国的师范教育肇始于中华苏维埃政府师范教育和革命根据地师范教育,完善于新中国成立后。与苏联在卫国战争期间的师范教育类似,中华苏维埃政府的师范教育和革命根据地的师范教育具有一定意义上的临时性质和为战争服务的性质。当然,由于条件所限,加上当时的苏区以及革命根据地并未能形成完整的基础教育体系,在客观上也不需要与之对应的完整的师范教育体系,因此中华苏维埃政府和革命根据地始终未能形成完整的师范教育体系。当然,中华苏维埃政府和革命根据地的师范教育建设经验,也为新中国成立后接收旧的师范教育体系,并在此基础上重建新中国师范教育提供了智力支持。作为这一建设的延续和发展,新中国成立后,在"以俄为师"学习和借鉴苏联师范教育理论和经验的基础上,在苏联教育家的帮助下,我国逐步建立起了独立的师范教育体系。这一师范教育体系在其后的不断修正和调节下,展示出了强大的生命力,培养出了大批各级各类师资力量,有力地支持了中国教育的发展。

中华苏维埃政府师范教育和革命根据地师范教育是新中国师范教育的前奏,是新民主主义师范教育的探索,与社会主义新中国师范教育具有前后相承的关系。鉴于这一特点,本书将其划归同一阶段。

第一节 中共中央苏区的师范教育尝试

1931 年 9 月,在粉碎国民党第三次围剿后,赣南、闽西两块根据地连成一片,拥有人口 300 万。而其他革命根据地红军在粉碎了敌人的围攻之后,也得到了迅速的恢复和发展。同年 11 月 7 日至 20 日,在江西瑞金召开了第一次全国苏维埃代表大会,宣布成立中华苏维埃共和国临时中央政府。

一、中华苏维埃文化教育总方针的确立

中华苏维埃共和国政府和其他农村革命根据地建立后,国民党政府对其发动了两方面的围剿:一方面是军事围剿,一方面是文化围剿。在中国共产党和中华苏维埃政府的领导下,全苏区人民艰苦奋斗,使国民党两方面的围剿变成了两种革命的深入,即农村革命的深入和文化革命的深入。

1931年第二次中华苏维埃代表大会通过了《中华苏维埃共和国宪法大纲》,其中的第12条规定:"中国苏维埃政权以保证工农劳苦民众有受教育的权利为目的,在进行阶级战争许可的范围内,应开始施行完全免费的普及教育,首先应在青年劳动群众中施行,并保障青年劳动群众的一切权利,积极地引导他们参加政治的和文化的革命生活,以发展新的社会力量。"1934年1月,毛泽东在第二次中华苏维埃代表大会上所作的报告中,明确提出了中华苏维埃文化教育的总方针和中华苏维埃文化建设的中心任务。中华苏维埃文化教育的总方针是:"在于以共产主义的精神来教育广大的劳苦民众,在于使文化教育为革命战争与阶级斗争服务,在于使教育与劳动联系起来,在于使广大中国民众都成为享受文明幸福的人。"中华苏维埃文化建设的中心任务是:"厉行全部的义务教育,是发展广泛的社会教育,是努力扫除文盲,是创造大批领导斗争的高级干部。"①

二、苏区各级各类师范学校的创设

中华苏维埃政府为了巩固、发展国民教育,提高教育质量,对文教干部、新师资的培养与在职干部和在职教师的提高非常重视,先后设立了中央教育干部学校、中央列宁师范学校和师资训练班等,以培养急需的教育干部和师资。

无产阶级革命家、人民教育家徐特立对苏区的教育事业作出了重要的贡献。1930年,徐特立任江西苏区教育部长。徐特立任职期间,为了快速解决苏区的文教工作干部与各级学校师资缺乏的问题,亲自抓了苏区师范学校的建设。1932年3月,在瑞金天后宫创办了闽瑞师范学校。这是一所师资训练班性质的学校。共调训小学教师200余人,学习期限为1年,开设的科目有政治、理化、算术、常识、体操、劳作和游戏等。教学多采用上大课的方式。徐特立主讲主要课程,很受学员欢迎。学员毕业后,被分派到各县去创办列宁小学。同年10月,中华苏维埃政府又在瑞金成立了中央列宁师范学校,徐特立自任校长。课程设有语文、算术、历史、地理、政治、图画、唱歌、生理、体操、游戏、劳作等。徐特立亲自讲授政治课,林伯渠、瞿秋白等也常到学校讲课或作政治报告。学生多是各级苏维埃政府保送的小学教师,他们多是贫苦农民的子弟。学习时间为3个月或6

---

① 人民教育出版社:《毛泽东同志论教育工作》,人民教育出版社,1992年,第15页。

个月。学校师生还经常参加生产劳动。为了培养文化教育方面的领导干部，1933 年中华苏维埃政权还成立了中央教育干部学校（类似现在的教育行政学院）。此外各县苏维埃还设有短期教育干部训练班，培养县、区教育行政工作人员和小学的教师；开设在职教师轮训班和寒暑假讲习会等，对在职教师的提高起了很大的作用。例如 1932 年 1 月瑞金举办的劳动小学教师训练班，在 1 年的时间内就为各区县培训了小学教师 1 500 人。1932 年 2 月各乡的劳动小学师资就配备起来了。

1934 年初，中央教育人民委员部总结了过去师范教育的经验，制定了培养教育工作干部和师资的师范教育制度，规定师范学校分为 4 类：高级师范学校、初级师范学校、短期师范学校和小学教员训练班。

《高级师范学校简章》规定这一级师范学校的任务是："一、培养目前实际上急需的初级短期师范学校教员、训练班教员及社会教育与普通教育的高级干部；二、用马克思主义唯物辩证法的教育方法，来批评传统的教育理论与实际，培养中小学的教员，以建立苏维埃教育的真实基础；三、利用附属小学与成人补习学校，进行实习，以实验我们苏维埃新的教育方法。"[1]高级师范学校的学科，大致分为教育学、教育行政、社会政治科学、自然科学及国文文法等教育文化科学的专门知识。教学时间的比例由修业的年限和战争环境的需要来决定。但政治工作、教育实习和科学实验在任何条件之下都不可放松。修业年限以 1 年为标准，但可以根据战争环境的需要灵活调整，而最低限度不得少于 6 个月。

《初级师范学校简章》规定："初级师范以养成能用新的方法，从事实际的儿童教育及社会教育的干部为任务。"[2]学习小学 5 年课程的教授法、小学组织与设备、社会教育问题、教授方法总论、教育行政概论、政治常识和自然科学的常识等，特别注重实际问题的研究与教学的实习工作。修业时间以 6 个月为标准，但不得少于 3 个月。

短期师范学校的任务是"迅速培养教育干部及小学教员"。课程以小学 5 年课程为教授原则，内容以小学管理法、社会教育问题为主，此外学员还必须学习教育行政略论、政治常识及科学常识，尤其注意小学教学的实习，修业时间以 3 个月为标准，不得少于 2 个月。

---

[1] 《高等师范学校简章》(1934 年)，陈元晖，等《老解放区教育资料（一）：土地革命战争时期》，教育科学出版社，1981 年，第 239 页。

[2] 《初级师范学校简章》(1934 年)，陈元晖，等《老解放区教育资料（一）：土地革命战争时期》，教育科学出版社，1981 年，第 241 页。

小学教员训练班以只在寒暑假期间开办为原则,专收现任或将任列宁小学教员者为学生。

苏区的各级师范学校除了各自不同任务以外,还有许多共性:第一,为适应革命战争和教育建设的需要,学习年限均有很大的灵活性。第二,各级师范学校都重视用马克思主义唯物辩证法来研究教育科学,特别注意教育实习和科学实验。第三,各级师范学校学生的入学资格均重视有一定文化的工农分子,其中尤重视劳动妇女,她们可不受文化程度的限制,入学后另设预科培养。对旧知识分子,确有知识技能,并愿为苏维埃服务,亦得收纳。第四,各级师范学校全体工作人员及学生,均得加入赤卫队,进行经常的军事训练。第五,各级师范学校均成立"学生公社",管理学生的日常生活和开展社会工作,以培养学生自治的能力。这些共性形成了新型的苏维埃师范教育的体系、制度、教育内容和教育方法。

第二节　革命根据地的师范教育

中国共产党领导人民进行革命斗争的同时,在革命根据地先后创立了许多干部学校,其中有苏区时期的中央列宁师范学校、抗日战争时期的鲁迅师范学校等,培养了大批教师,有力地支持了革命事业。

一、革命根据地师范教育概况

中国共产党历来把教育工作看做革命战线的一个重要方面,一个不可缺少的组成部分,对师范教育尤为重视。在江西苏区,党和中华苏维埃政府为了巩固、发展国民教育,提高教育质量,就曾制定培养教育工作干部和师资的师范教育制度,先后设立了中央教育干部学校、中央列宁师范学校和师资训练班等,形成了新型的中华苏维埃师范教育的体系、制度、教育内容和方法。

陕甘宁边区是抗日战争时期的战略大后方,在这块土地上,中国共产党创造了政治上、经济上和军事上的奇迹,同时在我国现代教育史上也写下了光辉的一页。在师范教育方面,创造和积累了丰富的宝贵经验,至今对我们在新的历史时期发展师范教育仍具有十分重要的借鉴意义。陕甘宁边区的师范教育继承了第二次国内革命战争时期苏区师范教育的经验,在此基础上,根据抗战时期革命中心工作之需要和陕甘宁边区的经济文化状况,形成和发展了为抗战服务的师范教育的方针、制度和体系。

1937年8月,中国共产党在《抗日救国十大纲领》中就教育问题提出:"改变教育的旧制度、旧课程,实行以抗日救国为目标的新制度、新课程。"①这是抗日根据地实施各项教育政策的总方针。1939 年 1 月陕甘宁边区政府进一步指出:"边区实行国防教育的目的,在于提高人民文化政治水平,加强人民的民族自信心和自尊心,使人民自愿地、积极地为抗战建国事业而奋斗;培养抗战干部,供给抗战各方面的需要;教育后代,使其成为将来新中国的优良建设者。"②抗战需要大量的能满足各个层次需要的有知识、有文化的人才,没有足够数量的高质量的教师,实施国防教育只能是一句空话。为此,边区政府把发展师范教育作为发展教育的重点。1937 年 3 月,边区政府建起了第一所中等师范学校——鲁迅师范学校(简称鲁师)。1939 年,鲁师与边区中学合并成立边区师范学校,后相继建立起关中师范、三边师范,建立陇东中学并开设师范班,接着又接收绥德师范。1941 年成立富县师范。到1941 年底,全边区共设 5 所中等师范学校外加陇中师范班,成为边区中等师范教育的主体。陕甘宁边区没有专门的高等师范学校,但是,抗大、陕北公学、鲁迅艺术学院、中国女子大学、泽东青年干部学校、行政学院及以后的延安大学(简称延大)等高等干部教育学校除了培养为抗战服务的政治、军事高级干部之外,也为边区各中学及中等师范学校培养和培训部分教师,像"鲁师的教职员很多是在抗大和陕公受过训练的"。③ 成立于 1937 年的陕北公学本身就承担培养教育文化干部的任务,曾设有国防教育系、师范部。1941年成立的延安大学设有教育系,其中暂设中等教育及国民教育行政两个班,中等教育班则以培养中学师资为重要目的,招收高中毕业或同等学力者。到 1943 年2 月,延大大学部 5 个系并为 3 个学院,教育学院即为其中之一。1941 年成立的行政学院内设专门训练班,如曾举办过教育干部训练班,后经改组成立行政、司法、财经、教育 4 系。到 1944 年 5 月延大与行政学院分开后,在延大又设行政学院,继续开办教育系。由此可见,抗大、延大等高等学校实际上在当时承担着部分中等教育师资的培养和培训工作。另外,边区政府还充分利用寒假等业余时间,对在职教师进行短期业余培训。在当时条件下,已形成了以中等师范学校为主体、业余与脱产培训并举、提高与普及结合的高、中等师范教育体系。

---

① 《中国共产党抗日救国十大纲领》(1937 年),西北五省区编纂领导小组《陕甘宁边区抗日民主根据地文献》上卷,中共党史资料出版社,1990 年,第 211 页。
② 林伯渠:《一九三九年陕甘宁边区政府对边区第一届参议会的工作报告》(1939 年),陕甘宁革命根据地工商税收史编写组《陕甘宁革命根据地工商税收史料选编》第 1 册,陕西人民出版社,1985 年,第214 页。
③ 华东师范大学教育系教科所:《中国现代教育史》,华东师范大学出版社,1983 年,第 312 页。

二、革命根据地师范教育的发展阶段

由于边区建设需要大量中等文化程度的干部,因此,中等师范教育成为陕甘宁边区师范教育的主体,其发展比较迅速,大致经历了三个阶段。

(一)初创时期

1937 年 3 月在延安成立的鲁师,是由边区政府建立的第一所培养文教工作干部和小学师资的中等学校。鲁师采用为抗战需要服务的新的办学方针,以"争取国防教育之模范"为一切行动之目标。成立之初,正值边区经济条件异常艰苦,"没有花一文开办费,而教室和自习室的桌凳由学生从河沟弄来的石板做的"。学生上课,没有正式教室,不在三面有墙的房子里,就在大树下或天井里,住的窑洞都是学生自己动手打的。刚开办时,仅有 20 多个学生,一个教学班。当时所收学生有机关部队上的勤务、伙夫、马夫、退伍的红军、红军家属、残废军人等。后来边区政府通令边属各县组织保送生,该年 7 月人数很快增加到 150 人,年底增至 360 人,共设 8 个教学班。

鲁师当时的学生带有很大流动性,随到随考,入学资格不限,教职工大多数都在抗大和陕公受过训练。教学科目和教材根据抗战需要的原则决定,模仿高级干部学校偏重政治教育,且课程不甚固定,实际上属短期训练班性质,学制为半年或一两个月。到 1938 年初边区教育厅强调提高教学质量,对鲁师的办学宗旨、课程、学制、教学方法等作了规定:"学校设师范班(高小毕业生)和预备班(程度低者),师范班修业期限半年至一年,预备班修业一至两年,在课程设置上政治、军事、教育和普通文化课的比例调整为 3∶1∶3∶4。"[1]

抗大和陕公的校风给鲁师以很大的影响,鲁师在教学上采用最经济的教学法——演讲法,同时以小组讨论来补充,提倡讨论研究。学校实行民主管理,学生校外活动密切配合当地党政军工作,广泛开展民众教育,帮助群众建立夜校、冬学,组织民众识字,办黑板报等,宣传抗日救国的道理。1938 年底学校又增设高级班,以造就高小教员及教育行政干部。从 1937 年 3 月成立到 1939 年 7 月与边中合并,鲁师共为边区教育战线输送了近 500 名优秀干部,大部分学生到各县当小学教师,成为边区教育工作中的主力。

(二)正规化时期

1939 年 7 月鲁师与边中合并改称陕甘宁边区第一师范学校(又称边区师范、边师),随之,1940 年春在关中分区成立第二师范学校(又称关中师范),1940 年 5 月在三边分区成立第三师范(又称三边师范),"边区三个师范的成立标志

---

[1] 华东师范大学教育系教科所:《中国现代教育史》,华东师范大学出版社,1983 年,第 312 页。

着边区师范教育走向正规发展阶段"。这 3 所师范以培养边区地方文化师资、训练和提高边区小学师资、培养边区基层文化干部为任务,主要接收边区本地完小毕业生。此时各学校的校址基本固定,学习期限逐渐延长(1 年到 2 年),课程逐渐完备。1940 年夏在甘肃庆阳成立了陇东中学,其中设两年制师范班 1 个;同年 5 月接收了有较长校史的绥德师范,对其基本上保持原来的学制和课程;1941 年又成立了富县师范。这样,从 1939 年 7 月到 1941 年 9 月,边区的中等师范教育迅速发展,共设 5 所师范学校,陇东中学并附设师范班,规模大为扩大。全边区共 29 个县市,划分为 6 个学区,平均每个学区都有了 1 所师范学校,在校学生总数 1 000 余人,这在当时条件下确实是空前的。1940 年下半年,边区政府颁布了《陕甘宁边区师范学校暂行规程(草案)》,该规程是边区政府颁布的第一个比较正规的师范学校办学章程,对师范学校的宗旨、名称、学制、课程、学校组织及教职员、入学待遇、毕业及工作等项都作了明确规定。据此,各师范学校加强整顿,注意提高质量:边师就曾提出以学校正规化、创造出一套新的师范教育制度、培养出新的师资为基本方向的工作方针和"学习第一,一切从学生出发"的教导实施原则,各师范除绥师为四年制简易师范外,其余均为两年制简易师范,均设立高级、初级两部和速成班、预备班。在教学内容上,提高了文化学习的比重,如边师 1941 年制订的教学计划中,对两年制师范的课程内容规定:第一学年,各门课程所占比例分别为:文化基础课 61.34%,政治教育 5.25%,科学教育 22.1%,健康教育 11.04%;第二学年,各门课程所占比例分别为:文化基础课 35.42%,政治教育 6%,科学教育 14.3%,健康教育 14.5%,师范教育 26.8%。各地尽量动员高小毕业生入师范学习,政府明令不得抽他们去做其他工作。1942 年 8 月边区教育厅又颁布了《陕甘宁边区暂行师范学校规程(草案)》,规定师范学制初级 3 年,高级 2 年,强调多方面改进学校质量,统一课程和学制,学校设备都有改善,教师也实行薪金制(此前为供给制),大大提高了待遇。这一阶段边区的师范教育本着提高质量、建立正规教育的目标进行了全面系统的整顿,对于革除师范教育初创时期的粗糙简略、游击作风,克服师范教育乃至整个教育的急躁、盲目,突击而不重质量的做法有一定的作用。但是,又有些旧型正规化的偏向,趋于恢复战前师范学制和课程的做法,不恰当地抄袭了某些旧教育制度和办法,严重地脱离了边区的政治、经济和文化发展状况,忽视对边区地方知识分子的培养。1943 年边区召开中等教育会议,批评和纠正了这种旧型正规化偏向,师范教育才走上健康发展的道路。

(三) 改革发展时期

1943 年,边区政府专门召开中等教育会议,检查了不切实际的办学思想和工作中存在的缺点与错误,之后,提出了7条中等学校的改革原则。明确规定边区师范同其他中等学校一样是培养边区地方干部的学校,一方面接收小学毕业生,另一方面接收现任区乡干部、小学教师、其他工作干部分别教育,各学校学制应照顾学校任务及地方具体情况作出适当的规定,不必强求一致,教育内容以文化教育为主,同时须从思想上确立学生的革命观点、群众观点、劳动观点。

根据边区中等教育会议精神,首先,各师范学校在学制上把更多的注意力放在干部教育上,担负"提高现任干部和培养未来干部"的双重任务。三边师范率先办起行政人员训练班,其他师范学校积极推广,普遍施行。各师范除设普通班、师范班之外又设"地干班",重在培养当前急需的地方干部,到1944年"地干班"由1943年上半年的32人增至320人。其次,在课程设置上"以根据地概况或根据地建设一类课程为全部课程表和全部学习过程的灵魂"。课程内容精简、集中、灵活、密切联系解放区的建设实际,使学生有更多的时间进行课外研究和课外活动,这在当时来讲是符合实际的,有利于充分发挥边区各师范学校在抗战和边区建设中的重要作用。

三、革命根据地师范教育的制度创新

陕甘宁边区政府在大力发展师范学校的同时,在教师培养制度方面进行了创新,以各种形式进行现任教师的业余培训和脱产进修工作,逐渐发展形成了灵活多样、较为完备的教师进修制度和体系。边区教师的业余培训和脱产进修形式大体有三种:一是短期训练,一般利用寒暑假集中训练。边区政府教育厅在1938年就把"寒暑假或其他时间,开设短期训练班,在短时间内提高教员以及教育行政人员的政治水平和教育技能"①作为边区国防教育的实施原则提出,把假期训练当做一个短期师范班进行。训练内容可分三个方面:(1)政治教育:主要根据政治形势需要,通过组织教师学习党的政策方针,旨在提高教师的思想政治觉悟和政策水平,宣传抗日救国的大政方针,其对象有在旧学校任过小学教师现继续在任的旧知识分子或中学程度的现任教师,也有经过边区师范培养的现任教师和教育行政人员。(2)业务提高:从教师本身的程度与弱点出发,提高教学专业能力和文化水平,有针对性地给以必要的补充和提高。(3)特殊培训:根据实际需要确定训练内容。如军事常识培训、新文字推广培训等。

边区师资培训的形式有三种。一是短期培训。短期培训是边区师资培训提高的一种重要形式。仅在1938年一年中,边区教育厅就连续开办了两届小学教

---

① 《边区国防教育的方针与实施办法(报告提纲)》,韩作黎、欧阳代娜《延安教育研究》,文心出版社,2003年,第48页。

员训练班,轮训全部在职教师。在寒假受训的教师约占一半以上,在暑假国防教育研究班学习的教师有 620 人,占教师总数的 2/3 以上。训练班的课程有政治常识、国防教育、民众运动和教学法等。二是自学辅导:大体类似于现在的函授教育,提倡教师在职自学。一方面由政府有关方面给教师提供书报,并出版《边区教育》刊物,让教员们有组织地进行个人或集体联系的学习;另一方面实行通讯辅导,凡是教员在教学管理、社会活动与理论学习中所遇到的问题都可函请边区政府教育厅主管各县、市属学校教育的部门或直接请教育厅指导和解答。三是保送学习,对于现任教员中服务已久、工作积极、富有上进心的教师,有计划地调动、保送到陕公师范部或边师添设高级部去学习。1941 年边区教育厅提出:"对工作二年以上、工作积极、成绩优良、学习进步者,由县遣送来厅学习。"1942 年边区教育厅又作出布置:"本厅继续在行政学院设教育干部训练班","从本年暑假起,抽调 150～200 名小学教师学习以资深造"。边区政府的重视和灵活多样的培训制度,使边区教师的在职进修得到普及。

四、革命根据地师范教育发展的意义

陕甘宁边区的师范教育是抗战时期边区教育体系中的一个重要组成部分,为抗战胜利培养了大量的优秀人才。

(一) 为抗日战争、解放战争胜利提供了智力支持

在中国共产党的领导下,陕甘宁边区师范教育继承了苏区师范教育的光荣传统,贯彻党的教育方针,坚持为抗日战争服务,以战时国防教育的总方针作指导,以培养从事战时小学教育、社会教育的健全师资为宗旨,培养了大批抗战急需的各个层次的人才。首先,边区师范学校成为培养抗战干部的重要基地。当时边区共有 7 所中等学校,其中 5 所是师范学校,大量的中等程度干部的培养培训任务都由师范学校来承担。在整个抗战期间,师范学校为边区乃至全国输送各类干部数千人。特别是 1943 年边区中等教育整风会议之后,更加明确了中等师范属于中级干部教育的性质,担负提高现任干部与培养未来干部的双重任务。各校大量增设地干班,为抗战源源不断地输送了大批优秀干部。其次,边区师范教育实行以抗日救国为目标的新制度、新课程,废除旧制度、旧课程和不急需、不必要的课程,根据战时需要实行弹性学制,修业时限为几个月、一年、两年不等。建立以"提高和普及人民大众的抗日知识技能和民族自尊心为中心"的教育内容。一切课程内容都与抗战和边区建设实际相联系。再次,边区的师范教育积极参与社会教育,发展民众教育,动员广大群众参加抗日救国工作。师范学生利用寒暑假期和其他业余时间帮助边区群众办夜校、冬学、识学组、读报组以及办墙报、搞演讲等广泛向各界群众宣传抗日道理,发动群众,组织群众,团结群众,扩大和巩固民族抗日统一战线,为抗战胜利作出了积极贡献。

(二)为我国师范教育的发展积累了宝贵经验

师范学校是边区政府建立得最早的学校,1937年3月建立的鲁迅师范学校在当时不但是边区政府为发展边区文化与教育而建立的第一所师范学校,而且也成为边区政府建立中等学校的发端。1940年,中央宣传部作出指示:"关于提高师资与师范教育,这是整个边区国民教育的头等重要问题。"[1]边区政府教育厅也把培养师资当做提高学校质量的中心环节予以高度重视,充分肯定师范教育在整个教育体系中的地位和作用。

边区的师范教育把培养学生坚定正确的政治方向和艰苦奋斗的精神放在首位。1940年《陕甘宁边区师范学校暂行规程(草案)》里,提出对入学青年施行的训练内容首要一条就是,"把握新民主主义的政治方向"。[2]各师范学校受抗大和陕北公学的影响,本着一切为了抗战的方针,利用政治、社会科学、历史等科目及实际抗战活动,以提高学生的政治觉悟,引导青年学生向远大的革命理想迈进,立志建立新民主主义的新中国,政治课、业余政治学习以马克思主义理论、毛泽东的新民主主义理论为主要内容,培养学生坚定正确的政治方向和科学的世界观。各师范学校学生在学习革命理论、研究抗日救国的道理和方针的同时,参加开荒种地、打窑洞、喂猪、喂鸡等各项生产劳动,投身边区大生产运动,走与工农相结合的道路,培养学生吃苦耐劳、艰苦奋斗的作风。没有窑洞自己打;没有教室,就在大树下、天井里上课;没有桌椅,搬来河边的石头来充当。鲁师的学生主动放弃政府优待的伙食条件,俭省节约,把节俭的伙食费的一部分捐助给前线的八路军。面对艰苦的环境,学生不叫苦、不叫累,以苦为乐,充满了革命的活力和热情。

根据师范教育的特性,边区教育厅强调师范学校教师要与学生共生活、同甘苦,以身作则,做学生的楷模,"因为他所教的对象是将来的教师,而他又是教师的教师,所以,他对于这种要做教师的人不能只负有传授知识、技能的责任,他在把功课教好之外,还须诱发师范生做教师的兴趣,指导他教育的理想、做教师的态度,等等"。[3]对于师范学生,边区政府认为:"师范教育的生活指导应养成师

---

[1] 中央宣传部:《关于提高陕甘宁边区国民教育给边区党委及边区政府的信》(1940年),中央教育科学研究所《老解放区教育资料(二):抗日战争时期》下册,教育科学出版社,1986年,第320页。

[2] 《陕甘宁边区师范学校暂行规程(草案)》(1940年),陕西师范大学教育研究所《陕甘宁边区教育资料:中等教育》,教育科学出版社,1981年,第18页。

[3] 汤毅若:《边区师范教育改革刍议》(1942年),陕西师范大学教育研究所《陕甘宁边区教育资料:中等教育》,教育科学出版社,1981年,第54页。

范生以身作则的精神，以便将来做学生的模范。"在边区政府的指导下，各师范学校普遍注重提高教师的师德修养，培养学生良好的职业道德素养和敬业精神。边师就曾确立师范教育的课程的宗旨就是"培养学生终身服务教育的精神和使他们具备初步的教育理论和技术"。①

边区的师范教育彻底打破了旧日师范教育的一切陈规，从鲁师开始，建立起了一种新的教育制度雏形，创造和实践了一套新型的教育科学原则与方法：倡导实事求是、一切从实际出发、理论联系实际的教学原则和学习原则，学生除课堂教学外，采用学生自己研究与集体讨论的方法，注重社会实践，参与抗日与生产劳动活动，研究边区政治和建设方面的实际问题，在学习方法上坚决排除学与用分离的旧的残余，对脱离实际的旧型正规化偏向及时予以纠正。在教学中，提倡运用启发式，反对注入式，重视学生分析和解决问题能力的培养。边区各师范学校还重视教育实习实验，各学校均设有附属小学或定点实习小学。边师就曾建立乡村实习场所，与延安县政府合作划南区为教育实验区。在教育科学的学习方面，精简内容，突出重点，加强教法和教育实施的教学，并和试教、参观等密切联系起来。在学校管理中实行民主管理，以民主精神和自我教育为原则，对学生进行民主生活训练。如鲁师就提倡学生集团地讨论和议决各种生活规约、集团地执行、集团地进行批评自我批评与制裁，培养和提高了学生遵守纪律的自觉性。

另外，边区的师范教育形式多样，切合实际，许多形式至今仍在我们培养、培训师资工作中发挥着有效的作用。

（三）提高了教师的地位和待遇

边区政府鼓励动员青年知识分子或旧知识分子尤其是过去任过小学教员的人担任小学教员，动员高小毕业生和同等程度的青年尽量到师范去进修。"党应动员一批党员知识分子终身从事于国民教育事业，把这种事业当作一个党员的光荣任务。"②对师范学校学生一般都免费供给住宿和膳食，伙食标准较优。1943 年时每人每月粮 35 斤 10 两，油盐各 15 两，肉 1 斤半，给学生每年发一套单衣，给家庭贫寒和家在沦陷区的学生提供全年服装，并发放学习文具。

在陕甘宁边区提倡尊重爱护教师。政府认为"凡百事业人才为贵"，"小学

---

① 《边师一九四〇年九月至四一年八月情况》(1943 年)，陕西师范大学教育研究所《陕甘宁边区教育资料：中等教育》，教育科学出版社，1981 年，第 177 页。
② 《中共山东分局关于宣教工作的指示》(1940 年)，中共山东省委宣传部《中共山东宣传史料：宣传工作文件选编》，山东人民出版社，1988 年，第 48 页。

教员身兼师保任务巨大生活至苦","中小学教师担负了为边区培育人才的重要职责,他们应该受到应有的尊重"①,教育民众尊重和优待教师。边区政府注重提高教师的社会地位和生活待遇。在政治上,经常耐心教育、引导、帮助教师进步,给教师以信仰自由、民生自治的权利,动员鼓励教师参与政权,组织成立教师联合会,选拔优秀教师任教育行政干部,乡、市可选举小学教师当议员或乡长,定期奖励教师中的优秀分子。在物质生活上,政府提出:保证教师生活不得低于一般群众,改善小学教员及师范生的待遇,规定教师的待遇最低要使一个人所得能维持两个人的生活。为保证教师的生活待遇,1942年秋,逐步改教师供给制为薪金制,之后,教员较一般公务人员生活更优裕。1943年,绥师采用薪金制,以小米计算,一般职员平均每人每月可得4斗2升,教员照上课钟点计算,平均每月有6斗米。政府发给教师必要的医药费,小学教员服务在10年以上,而年老或有病不能工作者,政府给予养老金或休养费。当地教员家无劳力者实行代耕,对教师免除兵役等。在学习上、工作上,注重调动和保护其积极性,对他们进行必要的培养训练;对现任教员中服务已久、工作积极、富有上进心的人,有计划地保送到陕公师范部或边师添设的高级部深造。

陕甘宁边区的师范教育事业是在遵循党的教育方针和政策过程中,在艰苦的环境下不断总结经验、纠正缺点而获得发展的。它所具有的师范教育性质任务明确、讲求实效、形式灵活多样等方面的优良传统,是我国师范教育史上多彩的篇章,值得学习和借鉴。

第三节 "以俄为师"与新中国师范教育体制的确立

随着新中国的成立,全面建立新教育体系的繁重艰巨任务成为新政权面临的重大挑战。如何将对旧师范教育体系的改造与新中国师范教育体制的构建结合起来,对于新建立的人民政权来说是一个巨大的考验。在浩大的教育改造和新建工程面前,在革命根据地积累下来的教育建设经验是无法应付的。因此,师法国外的成功经验是避免社会主义教育事业少走弯路的必然选择。当然,之所以学习苏联,也有着深刻的历史背景。"如果不是冷战和朝鲜战争等国际大气候促使新一届共产党领导人与苏联建立起一种亲密关系的话,从国际经验来看,也

① 《陕甘宁边区文教大会关于边区教育方针的决议草案》(1944年),陕西师范大学教育研究所《陕甘宁边区教育资料:教育方针政策》(下),教育科学出版社,1981年,第440—446页。

许会有更多样的、更有选择余地的因素融合进中国人的视野。"①"在教育方面最明显的表现就是，大批苏联专家担任着国家各个部委的顾问，并从事着学校的具体教学工作及有关研究工作。在他们的帮助下，中国教育体系的改革方针从'自力更生、稳步前进'转变成了全面仿效苏联的教育模式及其实践。"②

一、必然与偶然："以俄为师"与新中国教育思想

新中国在学习取向上，实施"以俄为师"，学习苏联的师范教育理论、经验，是历史的选择，其中既有时代背景导致的偶然性，也有内在需求的必然性。应该说是一个偶然和必然相结合的历史选择。

（一）苏联师范教育概要——值得借鉴的理论和经验

"十月革命"前，俄国的师范教育十分落后。苏维埃社会主义联邦建立初期，走在师范教育机构前列的是综合性大学，这一师范教育体制是由沙皇俄国遗留下来的。"十月革命"后，苏俄政府积极对沙俄遗留下的师范教育开展社会主义改造，并采取措施大力建设新的师范院校。到卫国战争前夕，苏联已形成以师范院校培训师资为主的师范教育体系：以培养中学师资为主的四年制的师范学院；培养五至七年级教师的两年制师范专科学校（从 20 世纪 30 年代开始建立）；培养小学教师的中等师范学校。卫国战争期间，苏联师范院校遭到严重的破坏。卫国战争后政府积极恢复师范教育。1945 年发布的《关于改进师资培养工作》决议中，明确规定师范教育的办学和管理。在此之后，苏联的师范教育得到了较快发展。20 世纪 50 年代后，苏联积极推进师范教育改革，逐步取消师范专科，走向两级师范教育体系。卫国战争期间，苏联师范院校遭到严重的破坏。总的来看，苏联师范教育的建设经历了多次被战争破坏又迅速重建的过程，其中积累了丰富的经验和教训。主要有以下几个阶段的经验值得借鉴和学习。

1. 列宁时期师范教育的重建

"十月革命"后，苏俄教育满目疮痍，其中最为紧迫的任务就是消除居民中文盲遍地的现象。因此，建立统一的劳动综合技术普通学校、进行教学和教育的改革是必需的。但这些教育活动都遇到教师缺乏的尴尬，其中最为主要的是小学教师缺乏的困难。年轻苏维埃国家的国民教育行政机构立即采取了尽最大可能开展师资培养和再培养工作以及发展师范教育的方针。1919—1920 年，苏俄只有 10.8 万名教师。为了推动师范教育的发展，苏联采取了鼓励学生进入师范院

---

① ［加］许美德，等：《中国大学：1895—1995 一个文化冲突的世纪》，许洁英译，教育科学出版社，2000年，第 104 页。
② 同①，第 107 页。

校学习和从教,进而扩充教师来源的方法,辅以提高教师待遇的方法,在大量建设师范院校的前提下,通过思想政治工作,加强党组织对师范教育的引导和管理,逐步推动了师范教育的发展。在大量兴办师范教育的推动下,通过短期培训和常规教育并举的方法,助推了师范教育的快速发展。苏维埃政权建立的头10年内,师范教育系统培养的教师数以万计。1930年苏联全国在职教师人数为47.1万人。应该承认,从10.8万到47.1万的发展仅仅用了10年,成就显著,确实值得借鉴。

2.卫国战争中及战后苏联师范教育的建设与发展

卫国战争中和战争胜利后,苏联一直坚持推动师范教育发展。确切地说,苏联经历了战争中遭受破坏但同时恢复、建设阶段和战后建设阶段两个师范教育阶段。战争给苏联的国民教育造成了巨大的损失,1941年初苏联全国共有396所培养教育干部的师范院校,到1942年底就只剩203所了。师范学院学生,特别是高年级学生的数量减少了一半以上。为弥补战争导致的损失,保证整个教育体系的运转,苏联在非战争地区大量兴办师范教育,同时也将师范院校向非战区迁移。战争时期在西伯利亚、哈萨克斯坦和中亚一些共和国开办了新的师范院校。例如:1941年创办了阿拉木图外语师范学院,1944年创办了哈萨克女子师范学院。很多战区师范学院改到非战区继续开课。同时,苏联根据战时特殊情况,调整了师范的学制、大纲等。此外,大量兴办短期师范教育、兴办函授师范教育等教育形式,有力地保证了师范教育的恢复和发展。卫国战争胜利后,苏联在师资培养和再培养方面制定并实施了一系列措施,对恢复师范院校在校生规模起到了重要保证作用。1947—1948年,师范学院采用了经加盟共和国教育部审查和苏联高等教育部批准的新订或修订的教学计划和教学大纲。新的教学文件中采取的方针是培养专业面宽的教师(禁止把设有两种专业的系划分开)。1946年12月31日俄罗斯联邦部长会议决定,师范学校改为四年制修业期。其他加盟共和国政府也作了同样的决定。实施这一措施的目的在于改善小学教师的培养质量,延长修业年限是在两年期间逐步实行的。师范学校有了新的教学计划、教学大纲和教科馆。苏联对师范学校章程作了必要的修订。章程规定,师范学校毕业生通过国家考试之后,得到的不是中等教育证书,而只有授予小学教师职称的毕业文凭。为了更快地解决学校师资的补充问题,战后头几年苏联许多中学增设了培养小学教师的十一年级师范班,还开展了少先队辅导员—教育者的培养工作。稍后出现了以十年制学校为基础的两年制师范学校。高等和中等函授师范教育体系得到改善。恢复或新设了函授部,扩大了教师—函授生的辅导站网;1951年在莫斯科开办了国立函授师范学院。教师—函授生享有许多补充规定的优待。普通学校、学前和校外教育机关在第四个五年计划期间得到了 60 多万高级和中级专门人才。第五个五年计划期间，师范院校的学生和毕业生规模得到更大增长。1940—1941 学年苏联全国有教师 123.7 万人，总量得到大幅度增长。此外，师范院校的教育科研水平、师范与基础教育的对接程度都得到了大幅提高，推动了苏联师范教育全面和高质量的发展。

应该承认，苏联的两次师范教育体系的快速重建和发展，在世界师范教育发展史上是绝无仅有的，其中的探索开拓精神、坚忍不拔精神以及积累下来的丰富的经验，对于面临着战后重建师范教育任务的新中国来说，具有重大的借鉴意义。

（二）新中国成立之初急需能够指导教育建设的行之有效的理论和经验

在实践中，新中国仅仅经过了三年的新民主主义建设，便开始了社会主义革命，向社会主义社会过渡。在如此短的时间内，要根据马克思主义的基本原理，结合中国的具体国情，建立起中国式的社会主义革命理论是困难的。当时，苏联在苏联共产党领导下成功地在经济落后的社会中完成了国家的工业化和农业集体化，为中国建设社会主义提供了唯一的历史模式。这正如毛泽东在《论人民民主专政》中所说的那样："苏联共产党胜利了，在列宁和斯大林的领导之下，他不但会革命，也会建设，他们已经建立了一个伟大的光辉灿烂的社会主义国家。苏联共产党就是我们最好的先生，我们必须向他们学习。"① 此外，由于缺乏在全国范围内构建教育体系的经验，因而学习教育先进国家就成为必须。新中国成立之前，如中央苏区、陕甘宁边区中也积累了组织和领导教育的经验，但这种教育更多是带有非正规性质的干部培训和群众性扫盲，因此缺少领导从学前教育到高等教育的庞大的正规教育体系的经验。显然，在这样的基础上，在夺取政权之后要迅速将一个半殖民地半封建性质的正规教育体系改变为民族的、科学的、大众的教育体系，从而形成社会主义教育体系是十分困难的。战后的教育重建是推动国家重建的关键环节。苏联在战后教育重建上有着丰富的经验。苏联的师范教育重建对新中国的师范教育重建具有十分重要的借鉴意义，也成为新中国"向外以求"的重要备选甚至是唯一备选。

（三）历史条件使"以俄为师"成为中国唯一可选方案

中国革命的胜利，极大地加强了社会主义阵营的力量，加剧了两大阵营之间的冷战。很快，代表着两大阵营力量较量的热战也在朝鲜爆发，直接威胁着刚刚

---

① 毛泽东：《论人民民主专政》(1949 年)，中共中央政策研究室党建组《毛泽东、邓小平论中国国情》，中共中央党校出版社，1992 年，第 360 页。

建立的新中国。美国还宣布对中国实行军事和经济封锁,出兵台湾和台湾海峡。中国在这样一个充满敌意的环境中,不得不与苏联结成政治上的同盟。除了当时的国际政治格局使中国必须"以俄为师"之外,经济因素同样也是不可忽视的,一定的外来援助对中国现代工业的起步和发展是必需的。苏联强大的经济和军事实力,使刚刚成立的社会主义中国不可避免地带上"以俄为师"的特征。学习苏联的必然性还在于学习对象选择的局限。新中国成立后,美国杜鲁门政府凭借其经济实力和军事优势,采取了"通过孤立进行遏制"的对华政策。1950年12月,美国政府以中国人民志愿军赴朝作战为借口,宣布对中国实行全面封锁和禁运。同时,美国政府挟制联合国以售其奸。1951年5月18日,联合国大会通过了对中国实施全面封锁禁运的决议。这些情况迫使中国将"以俄为师"作为唯一可选方案。

早在1945年,毛泽东在《论联合政府》中就明确指出:"一边倒是孙中山的四十年经验和共产党二十八年经验教给我们的,深知欲达到胜利和巩固胜利,必须一边倒。"[1]他特别指出:"苏联创造的新文化,应当成为我们建设人民新文化的范例。"[2]毛泽东根据当时国际国内的形势提出"一边倒"的方针,即倒向社会主义苏联一边,成为新中国成立初期高等教育发展的既定方针。在以苏联为首的社会主义阵营支援新中国的情形下,学习苏联就成为可行而且必须。1950年2月14日《中苏友好同盟互助条约》签订时,周恩来说:"中国要向老大哥学习。""以俄为师"也为新中国的高等教育发展指明了方向。

二、"以俄为师"与新中国师范教育体制的初建

1949年11月1日,新中国成立后一个月,教育部成立,隶属于中央人民政府政务院。教育部下设师范教育司。为了迅速恢复和建立师范院校正常的教学秩序,各地政府纷纷派出领导干部参与师范院校的管理。为了进一步发展师范教育,规范高师院校的办学目标和办学行为,教育部陆续出台了一系列关于师范教育的政策规定。

(一)确立师范教育发展的方针和任务

旧中国遗留下来的师范教育存在诸多弊病,如:数量贫乏可怜,结构系统紊乱;地区布局失调,学校设备简陋;教学脱离实际,专业思想淡薄;课程设置庞杂;教材内容陈旧。据统计,新中国成立前夕,我国独立设置的高等师范院校仅12所,在校生12 039人。附设于大学的师范学院3所,在校生4 363人;中等师范

[1] 毛泽东:《毛泽东选集》第4卷,人民出版社,1991年,第1472页。
[2] 毛泽东:《毛泽东选集》(一卷本),人民出版社,1964年,第984页。

学校 610 所,在校生 151 750 人。

1949 年 2 月,北平解放。9 月,北平改称北京,北平师范大学也相应改为北京师范大学。1949 年 12 月 23 日至 31 日,教育部召开第一次全国教育工作会议。会议确定了改革旧教育的方针、步骤和发展新教育的方向,提出:"以老解放区教育经验为基础,吸收旧教育有用的经验,要借助苏联经验,建设新民主主义的教育。"①会议将师范教育列为重要议题,对师范教育进行了专题讨论,提出了改革北京师范大学和各地区大学中的师范学院或教育学院的任务。1950 年 1 月 17 日,教育部作出《关于改革北京师范大学的决定》,指出北京师范大学的办学目标主要是培养新中国中等学校的师资,其次是培养和训练教育行政干部。管理体制实行校长负责制,在校长的领导下,设置校务委员会。原有院制予以取消,调整设置教育、政治、中文等 13 个系,添置专修科。

同年 5 月,教育部颁布了中华人民共和国成立后第一个有关高等师范教育的法令性文件——《北京师范大学暂行规程》。《规程》分总纲、教学原则、学生、教学组织、行政组织、附则等 6 章。其中规定北京师范大学的主要任务与目标是培养中等学校师资(包括普通中学、工农速成中学、师范学校的教员,中等技术学校的政治、文化教员),其次是培养和训练教育行政干部与社会教育干部。学生必须具有为人民教育服务的专业精神,能够掌握马列主义、毛泽东思想的基本内容,进步的教育科学、教育技术,以及有关的专门知识。本科暂设教育、政治、中国语文、外国语(主要是俄语)、历史、地理(包括地质)、数学、物理、化学生物、保育、体育卫生、美术工艺、音乐戏剧等系。各系修学年限本科为 3 至 4 年,专科为半年至 2 年。教学原则是理论与实际一致。政治课为本科各系共同必修课,有辩证唯物论与历史唯物论、新民主主义论、政治经济学、文教政策与法令等课程,约占全部课程的 15%。还有体育、教育心理学、教育学、逻辑学及中等学校教材教法,也是本科各系的共同必修课,教学时数合计不超过总课时数的 15%。实习参观等约占总课时数的 15%。《规程》还规定了本科、专科学生的入学条件、助学金待遇,以及毕业后由教育部统一分配。为加强教学理论与实际的联系,学校设附属中学、师范学校和小学。《规程》为新中国高等师范教育制度的建立规划了框架,为高等师范院校的建设确立了样板。

(二) "以俄为师",构建独立的师范教育体系

1945 年毛泽东就指出:"苏联所创造的新文化,应当成为我们建设人民新文

---

① 毛泽东:《为争取国家财政经济状况的基本好转而斗争》,张静如《毛泽东研究全书》第 2 卷,长春出版社,1997 年,第 2002 页。

化的范例。"①1949年6月,毛泽东在《论人民民主专政》中又提出要向苏联学习。新中国成立后,刘少奇也指出:中国人民的革命,过去是"以俄为师",今后建国同样也必须"以俄为师"。"苏联有许多世界上都没有的完全新的科学知识,我们只有从苏联才能学到这些知识,例如经济学、银行学、财政学、商业学、教育学等。"②因此,"我们要真诚地、老老实实地学习苏联教育经验,学习苏联高等师范教育的经验"。③

1949年11月,《人民日报》连载介绍了苏联凯洛夫主编的《教育学》部分章节内容。当时教育界普遍认为:学习苏联的教育理论是建设新中国教育的方向,苏联的整个教育体系,从思想体系到教育制度、教学内容、教学方法、教学组织都是世界上最优秀的。在这样的舆论氛围中,师范教育理所当然地根据中央关于改革旧教育和学习苏联的精神,学习苏联办学模式,开展了一系列改革。

1949年底,北京大学和南开大学教育系同时并入北京师范大学。在1950年6月教育部召开的第一次全国高等教育会议上,提出了院系调整的思想:"要在统一的方针下,按照必要和可能,初步地调整全国公私立高等学校或其某些院系,以便更好地配合国家建设的需要。"④同年10月29日,山东师范学院在华东大学教育学院的基础上成立;1951年10月16日,华东师范大学在大夏大学、光华大学的基础上成立。

1951年8月27日至9月11日,第一次全国初等教育和师范教育会议在北京召开,会议提出把正规的师范教育与大量短期训练结合起来,对高等师范院校调整的原则和设置的原则进行了规定。会议认为,由于当时全国各级师范院校的教育方针、任务、学制、教学计划及行政制度等多不一致,远不能适应新中国教育发展培养大批中等学校教师的实际需要。当前师范教育的工作方针是:"正规师范教育与大量短期训练相结合。一方面要办好正规师范学校,树立师范教育必要的标准;另一方面必须开办各种短期师资班以及采用其他各种培养师资的办法,以期迅速有效地供应大量师资。"会议原则通过了《关于高等师范学校的规定(草案)》,1952年7月由教育部颁发试行,草案对全国高等师范学校办学的目标、方针和任务作了统一规定:"根据新民主主义教育方针,以理论与实际一致

---

① 毛泽东:《毛泽东选集》(一卷本),人民出版社,1964年,第984页。

② 刘少奇:《在中苏友好协会总会成立大会上的报告》,《人民日报》,1949年10月8日。

③ 柳湜:《关于高等师范学校教学改革的报告提纲》(1953年),《当代中国》丛书教育卷编辑室《当代中国高等师范教育资料选》(上),华东师范大学出版社,1986年,第40页。

④ 马叙伦:《在第一次全国高等教育会议上的开幕词》,高等教育部办公厅《高等教育文献法令汇编(1949—1952)》,1952年,第14页。

的方法,培养具有马克思列宁主义与中国革命实际相结合的毛泽东思想的基础、高级文化与科学水平和教育的专业知识与技能、全心全意为人民教育事业服务的中等学校师资。师范学院培养高级中学及同等程度的中等学校师资,师范专科学校培养初级中学及同等程度的中等学校师资。"①

会议对高等师范院校调整的原则和设置的原则进行了规定:每一大行政区至少建立一所健全的师范学院,由大行政区教育部直接领导,以培养高级中等学校师资为主要任务。各省和大城市原则上应各设立健全的师范专科学校一所,由省(市)教育厅(局)直接领导,以培养初级中等学校的师资为任务。如有条件,也可设立师范学院;原独立设置的师范学院应加以整顿巩固,没有文理方面的各系科的,要逐步添设,充实其设备;设在综合性大学内的师范学院(教育学院),应逐渐独立设置,并设置文理方面的系科。大学文学院中的教育系,如语文教育系、社会教育系等均应明确地规定具体任务,加以调整或归并;规定师范学院教育系的主要任务为培养师范学校的教育学、心理学等科目的教师。根据需要和条件,以个别大学的文理学院为基础,改组成为独立的师范学院;将有条件的学校改设一两所幼儿师范专科学校。

会议原则通过的草案对高等师范学校体制作了具体规定。(1)高等师范学校的类型:"高等师范学校分师范学院及师范专科学校两类。"(2)高等师范学校的任务:"师范学院培养高级中学及同等程度的中等学校师资,师范专科学校培养初级中学及同等程度的中等学校师资。"(3)高等师范学校的修业年限:"师范学院修业年限为四年,师范专科学校修业年限定为两年。"(4)高等师范学校的管理体制:"高等师范学校的设置、变更,由中央人民政府教育部统筹决定";"大行政区设立的师范学院由大行政区教育部(文教部)直接领导,省(市)设立的师范学院及师范专科学校由省(市)教育厅(局)直接领导"。(5)高等师范学校的课程设置:"各系科的教学计划及各科目教学大纲另定之";"参观与实习为师范学院、师范专科学校各系科教学计划中重要的组成部分"。(6)高等师范学校的招生:"高等师范学校招收高级中学及师范学校(须服务期满)毕业生或具有同等学力者";"师范学院、师范专科学校得免试收录由教育行政部门保送的高级中学、中等师范学校毕业生"。(7)高等师范学校学生的待遇:"一律享受人民助学金。"(8)高等师范学校学生的分配:"由人民政府教育部门分配

---

① 《关于高等师范学校的规定(草案)》(1952年),瞿葆奎《中国教育改革》,人民教育出版社,1991年,第112页。

工作。"①这次会议为新中国高等师范教育制度奠定了基础。

（三）独立师范教育体系的形成

当时，我国完全仿照苏联的高等教育和科学技术体制模式，在进行院系调整的同时，建立了一大批独立的科学技术研究机构。高等学校中的一些骨干力量被抽调到独立研究机构工作。科学技术工作的重心是与企业、高等学校分离的。高等学校的研究工作也没有放到国家科技体系应有的位置。

1952年10月1日，中央人民政府政务院正式颁布《关于学制改革的决定》。其中对师范教育制度作了规定：师范学校分幼儿师范学校、初级师范学校、中等师范学校、师范专科学校、师范学院或师范大学几级设立，勾画了新中国成立后50年的师范教育格局。1952年11月15日，教育部分设为教育部、高等教育部，高等教育部也下设高等师范教育司。随后，全国高校开始了院系调整。高等师范教育体制也因此开始由"混合型"向"定向型"回归。

院系调整前，我国有29个高等师范教育机构，其中独立设置的高等师范院校17所，其余的是隶属于普通大学的教育学院或师范学院。此外，一些大学的文学院中，设教育系的有32个。当时全国各级学校普遍感到师资缺乏。当时估计，全国5年内至少需要增加中等学校教师13万人。而当时的高等师范院校的培养规模远远不能满足现实的需求。同时，由于新中国刚刚成立，要求所有教师必须进行思想、政治和业务的训练以适应社会主义建设，这就更加重了高等师范学校的培养任务。为了有利于集中人力物力，发挥学校潜力，使学校目标明确、任务专一，我国借鉴苏联独立设置师范院校的经验，根据《关于高等师范学校的规定（草案）》确定的原则，从1952年下半年开始对高等师范学校的院系进行调整。

以北京师范大学为例：北京市体育专科学校、中国大学理学院、燕京大学教育系、中国人民大学教育研究室和教育专修班以及辅仁大学先后并入北京师范大学。这一调整使北京师范大学的规模有了较大发展，教师增至340余人，在校生达2 300余人，校舍面积增加近一倍。原和平门外新华街旧址称南校，定阜大街辅仁大学校址称北校，并在海淀区北太平庄建新校舍，占地82万平方米。

与此同时，圣约翰大学、震旦大学、震旦女子文理学院、交通大学、大同大学和浙江大学的部分系科和教师并入华东师范大学；武昌私立中华大学、广西大学的部分系科以及湖北教育学院并入华中师范学院；重庆大学、重庆艺术专科学

---

① 《关于高等师范学校的规定（草案）》（1952年），瞿葆奎《中国教育改革》，人民教育出版社，1991年，第112－113页。

校、川东教育学院、四川大学、华西大学、昆明师范学院的部分系科并入西南师范学院。

1953 年 7 月，在继续对 1952 年院系调整中遗留问题进行清理的同时，又对高等师范院校教育、英语、体育、政治等系科的设置作了调整。经过 1952 年、1953 年的院系调整，我国高等、中等师范教育机构全部改为独立设置。全国建立了定向的师范教育体系，定向型师范教育制度正式形成。在我国普及教育任务十分艰巨、教师严重不足、师范教育很不发达的情况下，师范院校（尤其是高等师范院校）独立设置，虽然是仿照了苏联的师范教育模式，但也基本符合当时我国的国情。独立设置的师范教育体系确保了我国师范教育规模的稳步发展。在一定时期内，根据我国的教育、经济发展水平，以及中等教育师资达标率低的实际情况，由政府主导建立定向型的师范教育模式无疑是有积极意义的，为各地区的师资需求和基础教育提供了有力的保障。如不由政府主导，而靠市场自然形成、调节，花费的时间会更长，机会成本也就更高。

虽然院系调整对我国综合性大学的发展而言是一次重创，但对高等师范教育而言倒是一种推动。经过院系调整，我国高等师范教育取得了迅速的发展。高等师范院校的领导和管理得到了加强，基建投资得到了增加，师资队伍得到了改善，仪器设备得到了充实。据 1953 年 10 月统计，当时全国共有独立设置的高等师范院校 31 所。其中师范学院（含师范大学）26 所，师范专科学校 5 所。它们是：北京师范大学、河北师范专科学校、河北师范学院、天津师范学院、山西师范学院、绥远师范专科学校、东北师范大学、沈阳师范学院、哈尔滨师范专科学校、大连师范专科学校、华东师范大学、南京师范学院、浙江师范学院、山东师范学院、江苏师范学院、安徽师范学院、福建师范学院、苏北师范专科学校、华中师范学院、华南师范学院、湖南师范学院、广西师范学院、河南师范学院、江西师范学院、西南师范学院、四川师范学院、贵阳师范学院、昆明师范学院、西安师范学院、西北师范学院、内蒙古师范学院。全国高师在校学生数也逐年增加，1953 年为 40 560 人，比 1949 年增加了 234.73%，和国民党统治时期高等师范院校在校生数最高的 1946 年的数字比较，则增加了 94.57%。

（四）中等师范教育的发展

新中国成立后，党和政府接管了全国的师范学校，恢复了师范学校正常的教学秩序。当时全国共有中等师范学校 610 所，学生 15.2 万人。随着初等教育和幼儿教育事业的发展，中等师范教育也得到了相应的发展。

1951 年，第一次全国初等教育和师范教育会议召开，制定并颁布了《师范学校暂行规程（草案）》和师范学校、幼儿师范学校、初级师范学校、师范速成班教

学计划等文件。《师范学校暂行规程(草案)》对师范教育体制方面的规定主要有以下几个方面:

(1)师范学校的任务是培养具有马列主义、毛泽东思想的初步基础,中等文化水平和教育专业的知识、技能,全心全意为人民教育事业服务的初等教育和幼儿教育的师资。

(2)学制3年,招收初级中学毕业生或具有同等学力者。师范学校还举办速成班,学制1年。还可设函授部。

(3)办学体制方面规定,师范学校除了师范学院附设的师范学校外,均由省、市、县人民政府设立,并接受省教育厅、市教育局统一领导,私人或私人团体不得设立师范学校或任何师资训练机关。

(4)课程管理方面,规定了课程计划等,还具体规定了学生学习成绩的考查、升留级、转学、毕业等事项。

(5)对学生在校的待遇实行人民助学金制度,毕业后由教育行政部门分配工作,但学生毕业后至少在教育部门服务3年,在此期间不得升学或担任其他职务。

(6)学校内部管理体制方面,规定实行校长负责制,必要时设副校长。校长、副校长由省、市人民政府任命。设教务处、总务处。每班原则上40名学生,每班设班主任1人,教员2.5人至3人,各学科设教研组,有条件的设研究室,学校实行聘任制。学校内设校务会议制度,校长(副校长)、教导主任(副教导主任)、总务主任、班主任、各学科教学研究组长(研究室主任、实习主任)、教职工工会代表和附属学校校长出席,青年团、学生会代表列席,以校长为主席,讨论与决定学校教育实施计划,布置与总结教育工作,审查学校预算决算及解决其他重大问题,每月举行一次,还可以召开临时会议。另外,还设有各科教学会议。

(7)师范教育的投资体制方面,规定省市设师范学校经费开支标准,由省教育厅、市教育局规定,报请大区教育部备案,并转中央教育部备查。

这些规定标志着中国独立的中等师范教育体制的建立。

第四节 师范教育制度的调整和发展

经过新中国成立初期的建设,尤其是院系调整,我国初步建立了师范教育制度,独立设置的师范教育体系基本形成,师范院校进一步明确了办学目标,为师范教育的发展奠定了坚实的基础。

一、"以俄为师"背景下师范教育的修正与发展

1953 年 9 月 28 日至 10 月 13 日，教育部在北京召开新中国成立后的第一次全国高等师范教育会议，讨论高等师范教育面临的任务和存在的问题，以及发展的方向、改革的措施，明确要系统学习苏联的先进教育经验。会议通过了《政务院对改进与发展高等师范教育的指示》，由政务院于 12 月 11 日正式公布。

《指示》分析了当时全国高等师范教育的基本情况，指出："今天的高等师范学校，无论在数量上或质量上，都还远远不能适应中等学校的要求。"①今后高等师范教育发展的方针是："在整顿巩固现有高等师范教育的基础上，根据需要与可能，有计划、有准备地予以大力发展。"②《指示》对高等师范教育制度改进、建设和发展问题作了政策性规定："今后若干年内高等师范学校的发展，主要是扩充现有学校，其次才是有准备地建立新校。"③鉴于今后几年中等学校师资大量缺乏的情况，"除按照现行高等师范学校学制，继续办好四年制本科、两年制专修科和两年制师范专科学校外，在保证一定质量的原则下，还必须着重采取多种临时过渡的办法，如本科生提前一年毕业，选拔一部分专修科毕业生充任高级中等学校教师，选调初中教师、小学教师予以短期训练培养成为高中和初中教师等等"。《指示》对高等师范教育的管理也作了具体规定。从办学体制上，提出："高等学校应根据统一领导、分层管理的原则，由中央统一领导、地方直接管理。中央教育部对全国高等师范学校的统一领导，主要是掌握其方针、政策、计划、教育业务知识和解决教材问题。地方对高等师范学校实行直接管理的方式可由大区根据当地的情况决定，或由大区行政委员会统一管理，或在大区统一计划与督导下，由省（市）人民政府直接管理"，"今后各地应在国家统一计划下，积极办好本地区的高等师范学校，逐步做到中等学校的师资由各地区自给自足"。④ 根据需要与可能，有计划、有准备地对高等师范教育予以大力发展，并提出了"综合性大学也有培养中等学校师资的任务"，"体育学院和艺术学院亦有培养一定数量的中等学校的体育、音乐和美术师资的任务"。⑤ 在课程管理方面，提出了应根据本校的实际，按照教育部颁布的教学计划制订本校的教学计划，送中央教育部

---

① 中央人民政府政务院：《关于改进和发展高等师范教育的指示》，中共中央文献研究室《建国以来重要文献选编》第 4 册，中央文献出版社，1993 年，第 593 页。

② 《加强高等师范教育的领导》（1953 年），李道刚《李之钦纪念文集》，甘肃人民出版社，1998 年，第 335 页。

③ 同①。

④ 同①，第 596 页。

⑤ 同①。

审核批准,教育部组织编写教学大纲和教科书。

1953 年至 1957 年,为适应初等教育的稳步发展和提高教育质量的需要,为了给小学培养较多的合格教师,根据"整顿巩固、重点发展、提高质量、稳步前进"的文教政策,从 1953 年开始对师范学校的发展进行了调整,并在政策上规定了师范学校应根据初等教育的发展有计划地发展。1956 年前后,教育部在总结以往办学经验的基础上,先后制定和颁布试行了《师范学校规程》、《师范学校附属小学条例》和《师范学校教育实习办法》,编写出版了师范学校各科教学大纲和教材。至此,中等师范教育已经有了明确的办学方针。

1956 年 3 月,教育部召开第二次全国高等师范教育会议,讨论高等师范教育发展的方向、任务、规格、质量以及 12 年规划,进一步明确要系统学习苏联的先进教育经验。会议提出,高等师范教育必须充分满足中等学校师资的需要,要克服高等师范教育在数量和质量上与中等学校的要求不相适应的严重状态。由于中等教育是地方事业,因此高等师范教育就具有极强的地方性,发展高等师范教育必须依靠地方的力量。总的方向是各省、市、自治区要根据自力更生的原则担负起培养本地区中学师资的任务,逐步做到中等学校师资由地方自给自足。教育部今后只直接领导三所师范大学,其余的高等师范学校全部划归所在地的省、市、自治区直接领导。教育部对全国高等师范学校的领导,主要是统一掌握有关高等师范教育的方针政策、事业规划、师资培养以及教学方面的重大措施。各省(市、自治区)教育厅(局),根据高等师范教育的方针政策、教育部颁发的法令指示和高等教育部颁发的有关一般高等学校的统一规章制度,实现对本地区高等师范学校的直接领导。各地区既要扩大和发展现有高等师范学校,还要为建立新校做好必要的干部和师资准备。会议印发的文件《高等师范教育的基本状况和今后的任务》还提出,要大力发展高等师范的业余教育(主要是函授教育),并确定北京师范大学和华东师范大学两校全面学习苏联举办完全按照师院教学计划的五年制的正规的函授教育,以期积累经验,为今后各院校举办正规函授教育打下基础。其他各校,可先办三年制专科,暂按教育部过去颁发的教学科目表进行教学。这些措施使我国高等师范教育在规模和质量上都有了显著发展。会议强调围绕教学活动开展科研工作,以各种教材编写为重点,鼓励全体教师积极参加教育研究,使每一位教师既是教学工作者,又是科研工作者。同时,在高年级学生中广泛建立科研小组,以培养其独立研究的能力。

到 1957 年,全国高等师范院校有 58 所,在校生达到 11.5 万人,独立设置的高师教育体制得到了巩固。由于受到"左"的思想影响,也出现了一些违背教育规律的做法。但总体上说,这段时期我国的师范教育还是在复杂和曲折的道路中得到了提高和发展。

二、对"以俄为师"的反思与师范教育"大跃进"

20世纪50年代后期，随着中苏关系的恶化，国内掀起了反对教条主义、提倡自力更生运动。由于教育领域"以俄为师"的程度极深，存在一定程度上的教条倾向，以至于产生了较多的不适宜中国教育实际的情况。鉴于此，毛泽东对教育领域学习苏联过程中的教条主义倾向非常生气，以至于在1957年3月7日全国宣传工作会议上与7个省（市）教育厅（局）长谈话时，公开质问"教育部是苏联教育部还是中国教育部"。这一背景下，教育界全面对苏联教育模式进行反思，并在实践层面开始调整，在建立自己的、适合中国实际的教育体制方面开始探索。由此产生了"教育革命"。虽然这一时期中国教育发展实际并未从根本上放弃苏联模式，但却在教育实践领域作了一系列尝试。但由于整个国民经济建设和社会建设恰逢"大跃进"，受其影响，教育领域也出现了"一哄而上"和"大跃进"的现象，阻碍了教育自主化发展进程。

1958年5月，中共八届二次会议制定了"鼓足干劲，力争上游，多快好省地建设社会主义"的总路线。[①] 毛泽东号召要破除迷信，解放思想。他通过分析世界先进国家的发展道路，深刻体会到中国加快发展科学技术的必要性，在一些讲话中表露了这种紧迫感。1959年底至1960年初，在集中阅读苏联《政治经济学教科书》后的谈话中，毛泽东强调："资本主义各国、苏联，都是靠采用最先进的技术，来赶上最先进的国家的，我国也要这样。"[②]

强烈的紧迫感加上不高的科学素养，使得违背科学的"大跃进"运动在全国掀起。各种媒体也大力宣传主观能动性，批判"条件论"。高指标、浮夸风、瞎指挥等不良思潮迅速蔓延。有人评价这段历史时指出："由于它是在不断地批判反冒进的过程中形成的，是在'左'倾错误思想指导下制定的，因而当时只讲力争上游，不提稳步前进，片面强调总路线的基本精神是'用最高的速度来发展我国的生产力'，'速度是总路线的灵魂'；只讲多快好省，不提综合平衡；片面强调经济建设的发展速度，过分夸大人的主观能动作用，忽视了经济建设必须严格遵循的客观经济规律。"[③]

在"大跃进"形势的影响下，中小学发展迅猛，需要大量的师资。各地为解决师资问题，采取了两种应急措施：一是"升格"的办法，即中师"戴帽子"变成师

---

① 李涛：《借鉴与发展：中苏教育关系研究（1949—1976）》，浙江教育出版社，2006年，第247-248页。
② 毛泽东：《毛泽东文集》第8卷，人民出版社，1999年，第126页。
③ 崔相录：《东方教育的崛起——毛泽东教育思想与中国教育70年》，河南教育出版社，1993年，第214页。

专,师专"戴帽子"变成师范学院;二是改变培养目标,即高师培养高等学校师资和科学研究人员,师专培养高中师资,中师培养初中师资。其结果,一是改变了师范院校原定的培养目标,造成了一度的混乱。当时各学校都进行"教育革命",大砍基础课程,大搞现场教学,忽视课堂教学,师生经常参加生产劳动和社会活动,扰乱了教学秩序。二是高等师范教育盲目发展,学校数量急剧膨胀,普遍存在学校规模小、办学条件差、布局不合理的现象。1957年到1958年一年内,高等师范院校猛增了113所,许多新建的师范院校因师资和设备不足而导致教学质量低下,或者基本上就是名存实亡,完全是出于追求高指标而立个校名、挂个校牌,几乎没有实际内容。到1960年,高等师范院校达227所,比1957年增加了3.9倍,在校学生数达204 498人,比1957年增加了55%。中等师范学校的数目增长更快,由1957年的592所激增到1960年的1 964所,比1957年增长了3.3倍。学生数增长了2.8倍,增长到83万人。

1960年4月,教育部在全国二届人大二次会议上提出:"在改革中小学教育的同时,要相应地改革师范教育。高等和中等师范学校文化科学知识水平应该适当地提高,使其分别相当于综合大学和普通中学程度,教育学科要切合实际,精简集中。"①国务院副总理陆定一也在会上作了发言,认为当时的教学中存在严重的"少、慢、差、费"现象,必须进行教学改革。要想提高师资水平,必须相应地改革师范教育,批判资产阶级教育学。

在上述背景下,1960年4月23日至5月2日,教育部在河南新乡市召开师范教育改革座谈会,就1953年以来师范教育中存在的问题及改革的方向、原则交流了情况和意见,并拟定了各级师范学校教学改革的意见。在讨论中大家认为,高等师范学校的任务是培养中等学校的师资,但作为一个中等学校的教师应不仅能够胜任教学工作,还能够做些科研工作;高等师范院校的学术水平应相当于综合性大学,要大力开展科研工作,加强基础理论研究,以利于提高学术水平;要强化专业课程,精简教育学科课程,教育学科课程本着"精简集中,切合实用"的原则,以教育学为主,把心理学、教学法和教育学结合起来进行教学;取消教育实习,把时间用于提高文化科学水平方面,本科生要写毕业论文。会议对师范教育的教学改革提出了新的要求。如:各级师范院校要大大提高文化科学知识程度,彻底改变课程庞杂及教材重复、陈旧、不切实用等状况,增加现代科学的最新成就,努力使中等和高等师范学校的文化科学知识水平分别相当于普通高中和综合性大学的程度。应该说,这些教学改革要求在一定程度上是符合实际的,对

① 李友芝:《中国近代现代师范教育史资料》,北京师范学院内部交流版,1983年,第1666页。

促进高等师范教育的进一步教学改革具有一定的积极意义。但是，由于当时仍未摆脱"大跃进"中"左"的思想影响，一些正确的教学改革要求并未很好地得到落实，而且开始出现了不够重视高师教育的特点的倾向。有人甚至认为"师范性"就是"落后性"，高师是阻碍"办好高等学校的一个毒瘤"，建议取消师范教育，停办师范院校。

这次会议的意见实际上是高等师范院校学术性与师范性之争在政策方面的反映，而加强学术性则是这次会议的主要声音。与会者的一些发言将师范教育的问题归咎于独立设置的体制，否定师范教育应有的师范性，否定教育理论、教育实践对培养教师的作用，带有一定的片面性。会后印发了三个文件，即《关于师范教育教学改革的初步意见（草稿）》、《关于改革高等师范教育的初步意见（草稿）》、《关于迅速提高在职教师政治文化业务水平的初步意见（草稿）》。文件认为：各级师范院校课程设置门类过多，主次不分，教育课程所占比重过大，而文化科学知识学得过少。例如，课程设置中中师教育类课程占总学时的30%，高师教育类课程也占到了15%；各级师范学院的文化科学水平都低于同级学校的水平，有些课程内容陈腐、繁杂、脱离政治、脱离生产、脱离实际，很少反映现代科学技术的新成就。会议提出改革建议，要求改革课程庞杂及教材重复、繁琐、落后、脱离实际的状况，提高课程的文化科学知识程度，反映现代科学的最新成就。高等师范院校要大力开展科学研究工作，努力向综合性大学看齐；中等师范要相当于普通高中程度，要本着精简集中的原则，减少教育课程，改革教育课程内容，增加毛泽东教育思想、党的教育方针、中国先进教育经验等内容。高等师范院校应把教育学、心理学、教学法三科合一，教育实习也可取消，把省下来的时间用于提高文化科学水平。会后，有些基础较好的师范学院改成了综合性大学，有的师范院校虽保留了师范的名称，但在实际办学中倾向于朝着综合性大学方向发展。

三、师范教育的理性回归

1961年1月，中国共产党八届九中全会确定了国民经济实行"调整、巩固、充实、提高"的方针。政治思想、文化教育领域的政策也得到了调整。1961年7月和12月，教育部两次召开全国高等学校调整工作会议，讨论了高等学校和中等专业学校缩短战线、压缩规模、合理布局及提高教学质量的问题。从1961年到1965年，各省对各类师范院校，尤其是师范专科学校和师范学校采取了停办、合并等措施，逐步进行了调整。高等师范院校从1960年的227所减至1964年的 59 所,中等师范学校到 1965 年减至 394 所。① 1961 年 10 月底,教育部在北京召开全国师范教育会议。会议初步总结了 1952 年以来,特别是 1958 年以后师范教育的经验教训,就高等师范教育的一系列方针性、原则性问题进行了讨论。会议认为,1958 年以来,由于教育事业的大发展,多数师范学校毕业生分配为初中教师,师范专科毕业生分配为高中教师,师范学院毕业生分配为高等学校教师,这样不仅降低了师资队伍的水平,而且使高等师范教育和中等师范教育的培养目标产生了界线不清的毛病。

会议指出,前一段时间曾提出过高等师范院校应该"相当于综合性大学水平"的要求,这个要求针对当时师范院校文化科学水平较低的缺点,是需要的、正确的;但是由于缺乏具体措施,有些学校又理解得不够正确,不适当地压缩了各科基础知识课程和基本技能训练的时间,有些学校还取消了教育课程,甚至产生了改变学校性质、停办师范院校的思想。高等师范教育不是要不要办的问题,而是如何办好的问题,师范院校是不能取消的。师范院校的任务是培养合乎要求的教师,这就是师范的特点。师范院校不培养医师、工程师,而是培养灵魂工程师,培养适合我国中小学需要的师资。教师是培养社会主义新人的人,所以对高等师范院校毕业生要在政治思想品德方面要求更高一些,要求文化科学基础知识更宽些、厚些、博些,相当于综合性大学同科水平,此外还应掌握专门的教育理论知识和技能技巧。

会议重申,高等师范教育的主要任务是培养合格的中学教师。具体地说,师范大学、师范学院培养中等学校师资,师范专科学校培养初中师资。高等师范学校学生培养目标的具体要求是:(1)在政治思想方面,除了应按一般高等学校对学生的思想政治要求进行教育以外,还必须特别加强共产主义道德品质和思想修养的教育,培养学生热爱社会主义教育事业,并且能以自己的模范行为做学生的表率。(2)在业务方面,要求学生必须扎扎实实地打好文化科学的基础,学好基本理论、基础知识,受到切实的教育基本技能的训练。师范大学和师范学院的学生必须尽可能了解本专业范围内科学的新发展,具有初步的科学研究的能力和指导中学生科技活动的能力;还要理解马克思主义的教育理论和党的教育方针政策,了解中学教育和中学教材,能够掌握一般教育原则和教学方法,并具有对中学生进行教育、组织活动的初步能力。(3)在体育方面,要具有健全的体魄、良好的生活习惯和卫生习惯。

会议就是否需要办高师的问题展开了大讨论。会上有两种观点:

---

① 《中国教育年鉴》编辑部:《中国教育年鉴(1949—1981)》,中国大百科全书出版社,1984 年,第 981 页。

一是主张取消高师。其理由是：首先，与工、农、医等专门院校相比，高师与综合性大学学科性质相近，其不同是高师开设了教育类课程，但所占比重很小。其次，高师与综合性大学的毕业生同去中学教书，开始时高师毕业生优于综合性大学毕业生，但两年以后，则往往后者优于前者。再次，世界上部分国家培养中学教师并不一定通过高师，况且我国有些中学采用师傅带徒弟的方式培养高中毕业生当教师，效果也很好。

二是主张办好高师。其理由是：首先，高师与综合性大学的培养任务不同，高师主要培养中学师资和教育科学研究人员，而综合性大学主要培养理论研究人员和科学技术人员，即使有少数人去当中学教师，其在培养规格上也有别于高师。其次，高师毕业生与综合性大学毕业生相比后劲不足的论点，没有全面的统计资料作为根据，况且专业水平的高低不是当教师的唯一条件，还需要有热爱学生、热爱教育事业的思想和感情等。再次，有些国家虽不独立设置高师院校，但却很重视师资的专业培养，而对于有一两亿人需要接受教育的我国而言，加强师范教育无可厚非。

经过讨论，大家达成了共识：高等师范不是办不办的问题，而是如何办好的问题。师范教育办得好不好，对于培养我们的下一代有深远影响。时任教育部副部长周荣鑫在大会总结报告中指出：各类学校的任务有所分工，师范是不能取消的。师范是培养师资的重要阵地，这个阵地要坚持。在讨论如何办好师范教育时，会议代表指出了前一阶段师范教育中存在的问题，如由于受"大跃进"的影响，学校数目急剧增加，师资短缺，当时为了缓解这一矛盾，采取了不科学的做法，即改变培养目标（高师培养高校师资和科研人才，师专培养高中师资，中师培养初中师资，更有甚者，盲目地将中师升格为师院），造成师资质量难以保证。另外，师范院校课程设置不够合理，劳动、科研等活动过多，没有很好地贯彻"以教学为主"的原则，影响了教学质量。

针对上述问题，会议进一步明确了师范教育的主要任务是培养中小学师资：师大师院培养中等学校师资，师专培养初中师资，中师培养小学师资。师范生要具备良好的政治思想品德、扎实的文化科学基础知识和熟练的教学技能技巧。高师学生还必须尽可能了解本专业范围内科学的新发展，具有初步的科学研究能力和指导中学生科技活动的能力。会议认为高师院校必须进行科学研究，并应以教育科学研究为自己责无旁贷的重要任务。会议还肯定了教育类课程在高师课程中的地位，学时以占总学时数的 5% ~6% 为宜。

此次会议虽然提出了一些解决师范教育问题的良好建议和具体方法，但在以后的实践中这些建议和方法却未得到很好的贯彻实施。

1962 年开始,高等学校的科学技术研究纳入了国家计划,从而进入了新中国成立以后第一个最好的发展时期。优秀新生力量不断涌现,高水平创新成果捷报频传。高等学校科技力量迅速崛起,成为我国科技事业一支重要方面军。

由于我国面临苏美霸权主义的打压,处在国际反华反社会主义势力的敌视下,1963 年 9 月,毛泽东强调:"如果不在今后几十年内,争取彻底改变我国经济和技术远远落后于帝国主义国家的状态,挨打是不可避免的。""我们应当以有可能挨打为出发点来部署我们的工作,力求在一个不太长的时间内改变我国社会经济、技术方面的落后状态,否则我们就要犯错误。"[①]1963 年 12 月,毛泽东在听取聂荣臻和中央科学小组汇报科技工作十年规划时,更加明确地指出:"科学技术这一仗,一定要打,而且必须打好。过去我们打的是上层建筑的仗,是建立人民政权、人民军队。建立这些上层建筑干什么呢?就是要搞生产。搞上层建筑、搞生产关系的目的就是解放生产力。现在生产关系是改变了,就要提高生产力。不搞科学技术,生产力无法提高。"[②]1964 年以后,毛泽东对教育问题作了一系列指示,如《在春节座谈会上谈话要点》、《关于学校课程和讲授、考试方法问题的批示》等,强调精简课程,实行启发式,要把精力集中在培养分析和解决问题的能力上,以利于青年在德智体诸方面生动活泼地主动地得到发展等。应该说,这些意见对指导包括师范教育在内的教学改革是有积极意义的,但毛泽东同时又强调"阶级斗争是一门主课",为"文化大革命"埋下了伏笔,使一度有所恢复的教学秩序很快又受到冲击,真正有意义的教学改革并没有得到开展。

四、新中国成立 17 年师范教育发展的教训

1949 年到 1966 年,我国师范教育发展迅速,取得了巨大成绩。但是,由于受到"左"倾思想干扰,尤其是在 1958 年到 1960 年"大跃进"的推动以及随之而来的"教育大革命"的影响下,师范教育的发展一度超越了经济基础和学校实际的可能,表现为大起大落,教育质量得不到保证,留下了至今仍应重视的教训。具体有以下几点:

(一)师范教育的规模发展过快,教育效果不理想

1958 年 5 月,中共八大二次会议提出了"鼓足干劲,力争上游,多快好省地建设社会主义"的总路线。各行各业都提出了一系列过高、过急的发展指标。1958 年 9 月,中共中央、国务院印发的《关于教育工作的指示》提出:"全国应在

---

① 毛泽东著,中共中央文献编辑委员会编:《毛泽东著作选读》下卷,人民出版社,1983 年,第 848 页。
② 毛泽东:《不搞科学技术生产力无法提高》(1963 年),毛泽东著,中共中央文献研究室编《毛泽东文集》第 8 卷,人民出版社,1999 年,第 351 页。

三年到五年时间内，基本上完成扫除文盲，普及小学教育，农业合作社社社有中学和使学龄前儿童大多数都能入托儿所和幼儿园的任务；应当大力发展中等教育和高等教育，以争取在 15 年左右时间内，基本上做到全国青年和成年，凡是有条件和自愿，都可以受到高等教育。我们将以 15 年左右的时间来普及高等教育，然后以 15 年左右时间来从事提高工作。"①于是，教育领域提出了"第二个五年计划期间普及小学教育，第三个五年计划期间普及初中教育，15 年左右普及高等教育"的奋斗目标。在这种急于求成的教育发展目标的指引下，教育主管部门几乎不考虑人力、物力和财力的可能性，盲目发展，中小学数量猛增，各级各类学校也纷纷开张，导致中小学和其他师资的严重缺乏。于是又要求师范教育领域要克服右倾保守思想，"多快好省"地大力发展。这种只讲数量忽视质量的增长方式违背了教育发展的规律。

1961 年，中央提出了"调整、巩固、充实、提高"的方针，开始纠正"左"的做法，以降低其所带来的危害。1965 年，师范学校减少到 394 所，学生数减少到 15 万人，教学质量得到了提高。

（二）忽视师范教育的专业化，教育科学发展受阻

由于受到"大跃进"的影响，1958 年开始的"教育大革命"使部分师范院校在如何改进师范院校的教育专业训练方面出现了偏差，教育学、心理学学科建设受到了冲击。从 1958 年 8 月开始，各地院校相继开展对心理学教学中"资产阶级方向"的批判，结果把心理学说成是"伪科学"，几乎使它成了禁区。同时，也对苏联的凯洛夫教育理论进行了批判。到 1960 年春，为克服教学工作中的所谓"少慢差费"现象，又有所指地批判"量力性"、"教学系统性"等教育思想。1960 年教育部在河南新乡市召开师范教育改革座谈会后，认为师范教育"仍然不能适应国家社会主义建设高速发展的需要，不仅数量上不足，而且质量上也不够高，还存在着严重的少慢差费情况"，具体表现在：师范院校教学计划中课程设置门类过多，主次不分；课程内容有不少部分陈腐、落后、繁琐、脱离政治、脱离生产、脱离实际；教育课程所占的比重过大，文化科学知识学得过少，大大削弱了文化科学知识的学习。于是，教育课程的学时数在师范院校中锐减，有的院校教育课程只占总学时数的 2% ~3%。由于在对心理学和教育学的这些批判中存在严重的片面性和错误，给师范院校的教育学科教学及整个教育科学的研究带来了极大的混乱和困难，波及师范院校教育学科的教学时数和实习安排。师范院校的

---

① 《中共中央国务院关于教育工作的指示》（1958 年），中华人民共和国教育部办公厅《教育文献法令汇编》，内部发行，1959 年，第 9 页。

教育实习可以不必局限于原来的规定,各校可大胆创造,实际上有的学校的教育实习被取消了。心理学课程停开,教育学课程原有教材停用,改授"毛泽东教育思想"、"党的教育方针"、"中国的先进教育经验"。教育学课变成了教育方针、政策课。

(三)试图纠正苏联模式的偏差,教学改革走向极端

由于苏联模式存在培养渠道比较狭窄、忽视生产劳动教育、教学内容相对陈旧、教学方法偏重灌输等明显缺陷,师范教育领域出现了试图突破苏联模式局限的思想;中共中央、国务院《关于教育工作的指示》中提出党的教育方针是教育为无产阶级政治服务,教育与生产劳动结合。在当时,这些思想和方针是正确的,对于培养德智体几方面都得到发展的社会主义事业的建设者和接班人、加强教育与社会实践的结合具有重要的指导意义,但在实际贯彻中,在勤工俭学、半工半读及学校办工厂、农场等的具体号召下,各级学校出现了偏差。一些高校提出了"教学、生产劳动、科学研究三结合"的方针,即学校、研究机关和工厂相结合,学生、研究人员和工人相结合,教育工作、研究工作和生产实际相结合。高等师范院校在教学计划调整和改革中,也将生产劳动列入教学计划作为正课。师生也下厂、下乡进行"现场教学","以任务带教学",或"按生产过程组织各门课程的综合教学"。这些"左"的做法使师范院校把生产劳动放到了不恰当的位置,安排参加生产劳动的时间过多,结果扰乱了教学秩序。有的师范院校教学工作基本处于停顿状态。有些学校安排的劳动时间占总学时数的35%左右,同时压缩了专业课和文化课。有些高师院校的专业课教学时数实际上从原来占总学时数的70%减少为45%左右,大幅度减少公共课的比重,主要是压缩教育类课程。随着"教育大革命"的发展,各校都对原教学计划进行了所谓"革命性的大变革",一般都停止使用原有的高师教育教材,有的自编了一些教材,有的则对原有教材大裁大减。教育模式还没有基本形成就急于改革,使得高等师范院校的教学处于无序状态,教学质量严重下降。

第五章　中国特色师范教育体制建设

如果说20世纪50年代末对教育学习苏联进行的"思想上的反动"只是"批判的武器"的话,那么"文革"期间对模仿苏联建立起来的师范教育体制的消解则可以视为"武器的批判"。"文革"在实体形态上消解了经过近20年努力建立起来的师范教育体制,使得中国的师范教育发展遭受了空前的灾难。"文革"后,我国教育工作者不断探索、大胆尝试,有力地推动了具有中国特色的师范教育体制建设,并有力地支撑了中国教育的快速发展。

第一节　"文革"时期的师范教育

从1966年5月至1976年10月,我国经历了10年"文化大革命"。教育领域是"文化大革命"的重灾区,师范教育也不可避免地受到了极大的破坏。

一、师范教育发展的中断

1967年3月,中央文革小组组长陈伯达就在北京大学师生座谈会上胡说:"我们的教育制度是从清朝末年演变来的,后来又接受苏修一套东西。教育制度、教学内容、教学方法基本上是资本主义的……我们一定要大破大立。"[①]同年5月,他在北京师范大学的座谈会上又说:"师范学校是资本主义制度下产生的,师范大学要不要办,可以讨论。"在"文革"前期,原先确定的有关高等师范教育建设的方针和措施根本没有继续贯彻执行的可能,所有师范院校和其他高校一样"停课闹革命",随后又开始"并、迁、改、停",大量高等师范院校被取消。结果,1965—1971年,高师院校从110所减至44所,在校生从94 268人减至

---

① 中央教育科学研究所:《中华人民共和国教育大事记(1949—1982)》,教育科学出版社,1984年,第412页。

16 940 人。剩下的师范院校也和其他高校一样,在 1967—1970 年停止招生达 4 年之久,校舍被占,大量图书资料和仪器设备被毁坏和流失。① 教师进修院校和高等师范院校的函授部则几乎都被砍光。中等师范学校 1967—1969 年也基本停止招生,在校生从 15.5 万人减少到 1969 年的 1.5 万人。大部分学校被迫停办、合并、搬迁,校舍被占,仪器、图书失散。② 但"文革"10 年,在校中学生数却因人口的剧增而剧增。到 1977 年,普通中学在校生数由 1965 年的 933.8 万人猛增为 6 779.9 万人,增加 6.3 倍,其中初中增加 5.2 倍,高中增加 13.8 倍。③ 这一现状又迫切需要教师也随之增加,只得让社会上大量没有接受过师范专业教育的人员充当教师。中学教师队伍的文化、业务素质大幅度下降。据 1978 年的统计,全国高中教师中,中等学校毕业及以下程度的占 46.8%;初中教师中,中等学校毕业及以下程度的占 90.2%。④ 这一时期师资队伍严重不合格,专业化水平非常低下,是新中国成立以来教师专业化水平最低的时期。

二、师范教育秩序遭到破坏

在林彪、"四人帮"的破坏下,大学变成了"大家学",高等师范教育制度也被随意变更。1971 年,师范院校和其他高校一样开始招生,取消了文化考试,采取推荐与选拔相结合的办法招收工农兵学员,实际录取的学生中虽然也有一些优秀的高中毕业生,但大多数人的文化程度只相当于初中甚至还达不到初中文化程度。本科师范院校的学制缩短为 2~3 年,中等师范学校的学制一律改为 2 年。系科被随意裁并,如:政教系和历史系合并,称为政史系,实际上取消了历史系;生物系和地理系合并,称为农基系,实际上取消了地理系。表面上是系科合并,有利于教学,实际上是撤销系科,破坏教学。在高等师范院校的课程设置上,有的高等师范学校只设 4 门课程,即毛泽东思想课、军事体育课、农业基础课、专业课。专业课设置也并没有说明,只是强调专业课要向农业课靠拢。各系都设有农业基础课,重点放在农业上。高等师范学校演变成了高等农业学校。教学计划也被彻底搁置,教育学、心理学、教学法等课程被取消,教育实习也变得可有可无。"在教学模式上,文科按战斗任务来组织教学,理科结合典型工程进行教学,致使学生不能系统掌握科学知识。"

---

① 刘捷,谢维和:《栅栏内外:中国高等师范教育百年省思》,北京大学出版社,2002 年,第 138 页。
② 《中国教育年鉴》编辑部:《中国教育年鉴(1949—1981)》,中国大百科全书出版社,1984 年,第 981 页。
③ 刘英杰:《中国教育大事典(1949—1990)》,浙江教育出版社,1993 年,第 336 页。
④ 教育部计划财务司:《中国教育成就统计资料(1949—1983)》,人民教育出版社,1984 年,第 195 页。

三、师范教育培养目标遭到扭曲

在高师院校中，部分院校制订了十年规划，明确提出学校的培养目标是"四大员"，即"毛泽东思想宣传员，阶级斗争的战斗员，农业学大寨的好社员，忠诚党的教育事业的好教员"。[①] 师范院校的培养目标被扭曲得含混不清。学生入学后培养无标准，教学无计划，上课无教材，在校的主要任务也和其他高校一样，不是学习，而是"上、管、改"，即"上大学、管大学、用毛泽东思想改造大学"。同时，简单、片面理解"开门办学"，号召师生走出校门参加工农业生产劳动，放弃基础理论教学，"以至于高师两年制的文科学生真正在校学习时间不到 8～9 个月，三年毕业的理科学生真正在校学习时间不到 12～13 个月"。[②] 这样短的时间，根本无法培养出合格的中等学校教师。

四、师范教育师资遭到损害

"文革"期间，教师被当做"臭老九"、资产阶级在学校的代理人，被当做改造的对象，积极性被严重挫伤。遭到"并、迁、改、停"的师范院校，教师队伍被拆散；由于研究生制度被取消，仍在办学的师范院校师资也得不到补充；由于"政治挂帅"，批"白专道路"，师范院校教师不敢也无法钻研业务；由于"教师进修，越进越修"、"知识越多越反动"的奇谈怪论盛行，师范院校教师专业素质和专业能力大大下降。教师的文化、业务进修工作完全中断。"文革"10 年，使我国的教育事业惨遭摧残，损失无法估量。

第二节　改革开放与中国特色师范教育的探索

改革开放以后，教育可谓百废待兴。"文革"期间，师范教育受损最为严重，因而改革开放之初的师范教育重建任务更为紧迫和繁重。在改革开放大旗的引领下，中国教育界思想更为解放、改革更为大胆。通过 20 余年的努力和探索，我国师范教育实现了在改革中发展，并有力地支持了改革开放事业，为中国教育输送了一批批合格的教师，有力地满足了教育发展的需求。与此同时，师范教育在改革中形成了鲜明的"中国特色"。

一、师范教育制度的恢复

1978 年 12 月，党的十一届三中全会召开。这是新中国成立以来党的历史上具有深远意义的重要会议，它从根本上冲破了长期"左"倾错误的严重束缚，端

---

① 刘问岫：《当代中国师范教育》，教育科学出版社，1993 年，第 47 页。
② 马啸风：《中国师范教育史》，首都师范大学出版社，2003 年，第 52 页。

正了党的指导思想,重新确立了党的马克思主义的正确路线。会议在拨乱反正、提出改革任务、推动农村改革方面发挥了伟大的历史作用。我国师范教育也经过拨乱反正和调整、改革、整顿、提高,进入了发展的新时期。

20世纪70年代末至80年代初,是我国师范教育制度的拨乱反正时期。1977年邓小平同志复出后,自告奋勇管科教方面的工作。他首先推翻了"两个估计"(1971年4月15日—7月31日,国务院在北京召开全国教育工作会议。在会议通过的《全国教育工作会议纪要》中全面否定新中国成立后17年的教育工作。提出了"两个估计",即:教育战线是资产阶级专了无产阶级的政,是"黑线专政";知识分子的大多数世界观基本上是资产阶级的,是资产阶级知识分子),作为教育界拨乱反正和思想解放的突破口。在提倡尊师重教的基础上,邓小平十分重视办好师范院校,使我国师范教育的规模和水平很快恢复到了60年代的最佳程度。

是否具有良好思想素质、业务素质的教师队伍,不仅直接决定我国教育事业能否健康快速发展,而且关系到社会主义现代化建设事业的成败和中华民族的兴衰。为此,邓小平指出:"一个学校能不能为社会主义建设培养合格的人才,培养德智体全面发展、有社会主义觉悟的有文化的劳动者,关键在教师。"①由于"文化大革命"的影响,教师队伍严重缺乏。为了保证教师具有相对稳定的来源,邓小平认为,"师范大学要办好。省、市管的师范院校,教育部也要经常派人去检查。不办好师范教育,教师就没有来源"。② 这些谈话精神为师范教育愈合创伤、恢复元气、拨乱反正、走上正轨奠定了思想基础。

1977年下半年,邓小平亲自过问恢复国家高考制度,作为高等教育的一部分,各类高等师范教育院校通过全国统一文化考试招收到了新生。1978年,国务院批准恢复和新建高等师范学校102所,是我国历史上开设高等师范学校最多的一年。这一年全国高等师范院校达157所,招生123 996人,在校生249 940人。中等师范学校最初也招收参加高考的学生,后来陆续恢复招收初中毕业生,培养小学师资。

1978年10月,教育部颁布了《关于加强和发展师范教育的意见》,明确提出,大力发展和办好师范教育,建设一支又红又专的教师队伍,是发展教育事业、提高教育质量的百年大计,要求师范院校根据"调整、改革、整顿、提高"方针加快恢复和发展,探索师范教育的新路。会议下发了高师院校各专业教学计划,并

---

① 邓小平著,中共中央文献研究室编:《邓小平论教育》,人民教育出版社,1995年,第72页。
② 同①,第55页。

要求各地一定要努力办好中等师范教育，使我国师范教育进入了迅速发展的快车道。1980年，全国共有高等师范院校172所，在校生33.8万人（由于部分省市专科是三年制，统计时1977届学生还未毕业，故人数比1981年还多）。1979年，全国中等师范学校达到了1 053所，在校生达到48.4万人。到1980年6月，全国中等师范学校1 069所，在校生48.2万人，教学质量逐渐提高。

1980年，教育部通过了《关于办好中等师范教育的意见》、《中等师范学校规程（试行草案）》、《中等师范学校教学计划（试行草案）》、《幼儿师范学校教学计划（试行草案）》，下发全国各省、市、自治区教育行政部门参照执行。中等师范教育开始走上了健康发展的道路。《关于办好中等师范教育的意见》进一步明确了中等师范教育的任务是培养小学、幼儿园师资，学制为3年或4年；招生方面增加了民办教师报考师范学校，学制为2年；课程管理方面，加强文化基础知识和基本技能的教学，加强教育学、心理学、小学教材教法等课程的教学和教学基本技能的训练；领导和管理体制方面，要求各省、市、自治区教育行政部门规划好本地的中等师范教育，各地市办好几所师范学校。

1980年6月，第四次全国师范教育工作会议召开。会议认真总结了新中国成立30年来师范教育的历史经验，分析了当前师范教育面临的形势，确立了师范教育在整个教育事业中的"工作母机"地位，明确了要把发展师范教育作为发展整个教育的基本建设首先抓好的战略思想。会议重申了各级各类师范院校的基本任务是培养合格的教师的办学宗旨：高等师范院校本科主要是培养中等学校师资，师范专科学校培养初级中等学校师资，中等师范学校培养小学师资，幼儿师范学校培养幼儿园师资。会议还提出了高等师范院校要进行教学改革和加强教育科学研究的具体要求，为新时期我国师范教育的发展指明了方向。会议同时提出，教师都应经过师范学校或其他学校的严格训练，并决定从当年开始，部属、省属重点师范大学或师范学院和全国重点高等学校一样，参加第一批高考新生录取。会议强调，高等师范院校要特别注意加强教育科学研究，把它作为一项重要任务，尽快搞出成果来。

会议之后，教育部还陆续颁发了一系列的配套文件和指令性条例，使我国师范教育进入了一个前所未有的蓬勃发展时期。1981年，高等师范学校发展到了186所，在校生32.2万人。1980年，教育部针对中等师范教育先后颁发了3个重要文件：《关于办好中等师范教育的意见》、《中等师范学校规程（试行草案）》和《教育部印发〈中等师范学校教学计划试行草案〉的通知》，对中等师范教育的恢复和发展进行宏观指导。其中的《中等师范学校规程（试行草案）》按照1978年教育工作会议的精神，根据党的教育方针，结合师范教育的特点，对办好师范学校的方针、政策和规章制度都作了原则上的规定,在一定意义上有法规的作用。①

1980 年颁布的《中等师范学校规程(试行草案)》和以往的规定大致相同。中等师范学校的任务是培养小学教师和幼儿园教师;学制为 3 年或 4 年两种;中等师范学校的设立、变更与停办,由省、市、自治区人民政府决定,并报教育部备案;中等师范学校由省(市、自治区)教育厅(局)实行统一领导,省地两级教育行政部门分级管理,省属的由省教育厅(局)直接管理,其余的由地市教育行政部门管理;课程方面有一般的文化基础课程、教育专业课程和教育实习等,课堂教学是教学的主要组织形式;学校内部管理体制主要有学校领导制度、校务会议制度、党组织保证监督制度等。

二、中国特色师范教育制度的建立

20 世纪 80 年代初,我国建立了学位制度,调整了科技方针,使高等教育和科学技术事业朝着更高水平和面向经济建设的方向大步前进。高等学校的科学技术研究工作也开始发生重大转折,进入了一个新的发展阶段。1983 年,邓小平为北京景山学校作了"教育要面向现代化,面向世界,面向未来"的题词,体现了有中国特色社会主义现代化建设对教育的总体要求,为我国新时期教育的改革发展提供了战略要求,推动了教育现代化理念在我国的确立。1985 年 1 月 21 日,"为进一步提高人民教师的政治地位和社会地位,逐步使教师工作真正成为社会上最受人尊敬、最值得羡慕的职业之一,形成尊师重教、尊重知识、尊重人才的社会风尚"②,第六届全国人大常委会第九次会议通过了国务院关于设立"教师节"的提议,确定每年的 9 月 10 日为教师节。

(一)教育体制改革

1985 年 5 月 15 日至 19 日,也就是全国科技工作会议闭幕两个多月后,中共中央、国务院在北京召开了改革开放以来第一次全国教育工作会议,邓小平在闭幕式上发表了重要讲话。5 月 29 日,《中共中央关于教育体制改革的决定》正式颁布,指出:"建立一支有足够数量的、合格的、稳定的师资队伍,是实行义务教育、提高基础教育水平的根本大计。为此,要采取特定的措施提高中小学教师和幼儿教师的社会地位和生活待遇,鼓励他们终身从事教育事业。与此同时,必须对现有的教师进行认真的培训和考核,把发展师范教育和培训在职教师作为发展教育事业的战略措施。""从幼儿师范到高等师范的各级师范教育,都必须大

---

① 宋嗣廉,等:《中国师范教育通览》中卷,东北师范大学出版社,1998 年,第 555 页。
② 宋嗣廉,等:《中国师范教育通览》上卷,东北师范大学出版社,1998 年,第 621 页。

力加强。师范院校要坚持为初等和中等教育服务的办学思想，毕业生都要分配到学校任教，其他高等学校毕业生也应有一部分分配到学校任教。任何机关、单位不得抽调中小学合格教师改任其他工作。"《决定》进一步明确了师范教育的重要性，强化了独立定向的教师教育体制，由此也揭开了我国师范教育全面改革探索的序幕。

中共中央先后作出的关于科技体制改革、教育体制改革的决定，使我国科技、教育事业的发展格局发生了重大变革。这是具有里程碑意义的大事。它冲破了集中计划经济体制下形成的科技、教育体制模式，开创了新的体制格局，进一步明确了高等学校科技工作的地位。上述决定的贯彻和若干重大举措的实施，使高等学校的科技优势与潜力得以发挥，使高等学校真正成为名副其实的科技重要方面军。

为了落实全国教育工作会议和《中共中央关于教育体制改革的决定》的精神，国家教委于 1985 年 11 月召开了全国中小学师资工作会议。会议的主题是"为建设一支数量足够、质量合格的中小学师资队伍而奋斗"，旨在进一步提高全社会对师资队伍建设重要性的认识，确定师资队伍建设的目标、方针、步骤，明确各级师范院校的办学思想，研究改革与加强师范教育的措施及政策，部署教师职后培训工作。会议指出："当前师范教育本身有两个值得注意的倾向：一是各级师范院校盲目升格；一是高等师范院校不适当地向综合大学看齐。中国的国情决定不可能所有的初中教师都由大学培养。各级师范院校应该采取有力措施，沿着为基础教育服务的方向健康地发展。"会议制定形成的《关于加强和发展师范教育的意见》于 1986 年 3 月发布，要求对师范教育进行系统改革。同年颁布的《中华人民共和国义务教育法（草案）》也提出：实施义务教育的关键是"建立一支数量足够、质量合格、结构合理并相对稳定的教师队伍"。

1986 年 4 月《义务教育法》规定："国家采取措施加强和发展师范教育，加速培养、培训师资。"1987 年 3 月，国家教委师范司召开座谈会，柳斌副主任在讲话中指出："能不能更好地为普及九年义务制教育服务，为提高基础教育质量服务，这是检验师范教育改革的效果和评价各级师范院校的一个根本标准。"①座谈会要求高等师范院校从端正教育思想开始，按照"为基础教育服务"的指导思想进行改革。会议进一步明确，高等师范院校建设的基本方针是：坚持又红又专的方向，加强思想政治工作，抓好对学生的马列主义基本理论教育、四项基本原则教育、革命理想教育和共产主义道德品质教育以及专业思想教育；努力提高教学质

---

① 宋嗣廉，等：《中国师范教育通览》中卷，东北师范大学出版社，1998 年，第 450 页。

量,开展科学研究工作,正确处理教学和科研的关系;继续贯彻落实党的知识分子政策,充分调动广大教师的积极性,使教师真正能够体会到教育事业的高尚和重要。同时,教育部加强了对所属 6 所高等师范院校的领导,使其毕业生在中等学校教师队伍中发挥骨干作用,并通过多种形式,为其他师范院校培养师资。全国各省、自治区都把"集中力量重点办好一所师范院校、一所教育学院(教师进修学院)、一所师专"作为发展高师教育的重要工作之一,使它们在各级各类师范院校中起示范作用。①

由于党中央、国务院的重视,我国师范教育的改革和发展跃上了一个新的台阶。1985 年,高等师范院校总数达到 257 所,在校生总数达到 48 万人。1987年,全国高等师范学校达到 260 所,招生 189 454 人,在校生 507 963 人,创历史新高。② 此外,还有教育学院 166 所③,在校生 234 735 人④。我国师范教育的改革和发展走上了正规化、制度化的轨道。

(二) 教育学院制度的改革和发展

新中国成立后,我国师范教育体系中有一个相对独立的分支机构,这就是教育学院和教师进修学校。教育学院有省级教育学院和地市级教育学院。教师进修学校一般都属于县(市或区)级。就其办学性质来看,教育学院并不是发达国家设在综合性大学或其他类型大学内的教育学院,而是一个相对独立的办学机构。它既相对独立于普通高等院校,也独立于普通高等师范院校。教师进修学校也独立于普通的中等学校、师范学校和中等专业学校。就其办学层次来看,教育学院有省属的本科层次的教育学院、地市所属的专科层次的教育学院,教师进修学校为县市所属;就其管理体制来看,教育学院和教师进修学校接受各自的政府主管部门领导和管理;就其办学目标来看,省属教育学院是对高中教师进行培训,地市教育学院是对初中教师进行培训,县市所属教师进修学校则是对小学教师、幼儿园教师进行培训。

教育学院肇始于 20 世纪 50 年代初。1953 年,教育部发出了在各大行政区"开始筹办教师进修学院"的指示,到 1966 年,基本形成了省、自治区、直辖市均设有教育学院的格局,全国共有省级教育学院 28 所,地市、县市一级也分别成立了教育学院和教师进修学校。"文化大革命"开始后,教育学院和教师进修学校

---

① 刘英杰:《中国教育大事典(1949—1990)》,浙江教育出版社,1993 年,第 810 页。

② 同①,第 800 页。

③ 教育部发展规划司:《中国教育统计年鉴(1999)》,人民教育出版社,2000 年,第 134 页。

④ 同③,第 298 页。

基本上全部解散，直到 1979 年才开始恢复。

1980 年，全国师范教育工作会议对教师进修院校进行了讨论，《教育部关于师范教育的几个问题的请示报告》中对恢复教育学院和教师进修学校提出了明确的意见："各级教师进修院校是培训中小学在职教师和学校行政管理干部的基地，是我国师范教育体系中的有机组成部分。凡是按照规定手续批准建立的省级教育学院或教师进修学院相当于师范学院，地（市）级教育学院或教师进修学院相当于师范专科学校（有些省辖市的教师进修学院，担负培训高中教师任务的，亦可相当于师范学院），县级教师进修学校相当于中等师范学校，应该分别享有同等的地位和待遇。"报告还对教育学院和教师进修学校的人员编制、经费保证、办学形式等作了规定，为教育学院和教师进修学校的发展创造了政策环境。

1983 年，全国各级教育学院数量猛升到 304 所；后经调整，到 1995 年，共有教育学院 242 所，在校生有 21.4 万人；1997 年，共有教育学院 229 所，在校生为 22.8 万人；1997 年，全国共有教师进修学校 2 142 所，在校生为 44.4 万人。教育学院和教师进修学校成为我国教师教育体制中不可分割的重要组成部分，为挽回"文化大革命"所造成的中小学师资损失作出了贡献。

根据教育部的规定，教育学院和教师进修学校主要是对在职中小学和幼儿教师进行培训。但我国当时中小学教师学历合格率很低，其中有很大一部分是民办教师，不具备国家规定的学历要求，存在着不少中师毕业生、高中毕业生教初中、高中，初中毕业生教小学的现象，而普通高等学校的培养规模又不能满足中小学的师资需求。因此，省级教育学院便承担起了高中教师的学历"补课"任务，也就是招收专科毕业的或相当于专科毕业水平的教师，经过两年的教育授予其本科文凭；各地市教育学院主要招收的是具有中等师范学校毕业或高中毕业文凭的教师，经过两年的教育授予其大学专科毕业文凭。同时，教育学院还承担了全日制本专科师范生的培养任务。教师进修学校主要是对不具有中等师范学校毕业文凭或高中毕业文凭的小学教师进行"学历补偿教育"。这成为教育学院和教师进修学校自 1979 年恢复后的主要工作。由于教育学院承担的任务和师范院校所承担的任务类似，这种现象在 20 世纪 90 年代末开始发生变化。省属教育学院的主要任务向继续教育方向转变，同时开办本、专科的成人教育。地市所属教育学院或和师范专科学校合并成立师范学院，或被合并到当地的高校中。教师进修学校的主要任务转向了小学校长和小学教师的继续教育。

三、中国特色师范教育体系的形成

1992 年，中共中央确立了社会主义市场经济体制的改革方向。1993 年，党中央、国务院颁布了《中国教育改革和发展纲要》。《中国教育改革和发展纲要》

强调:"师范教育是培养中小学教师的工作母机,各级政府要努力增加投入,大力办好师范教育。""进一步扩大师范院校定向招生的比例,建立师范毕业生服务期制度,保证毕业生到中小学任教。其他高等院校也要积极承担培养中小学和职业技术学校师资的任务。"明确提出了其他高等院校也可以参与教师的培养工作。1993年颁布的《教师法》又对师范教育作了专门的规定:"各级人民政府和有关部门应当办好师范教育,并采取措施,鼓励优秀青年进入各级师范学习。"

(一) 以改革促发展:师范教育制度改革

1995年,《教育法》颁布,其中第十四条明确规定:"国务院和地方各级人民政府根据分级管理、分工负责的原则,领导和管理教育工作。中等及中等以下教育在国务院领导下,由地方人民政府管理。高等教育由国务院和省、自治区、直辖市人民政府管理。"这一法律虽然对政府管理教育仍然很严格,但已经迈出了由直接管理向依法宏观管理的脚步。

1996年教师节期间召开的第五次全国师范教育工作会议指出:"必须把师范教育作为发展教育事业的战略措施,优先发展,适度超前";"使庞大的中小学教育新师资的培养和在职教师的培训有稳定的基地"。① 会议总结交流了我国师范教育发展的经验,进一步明确了我国跨世纪师范教育发展的目标和任务。

随着师范教育改革的不断深入,20世纪90年代中期以后,我国师范教育发展态势逐渐由外延增长转向内涵提高。1998年,《高等教育法》颁发,其中第十一条明确规定:"高等学校应当面向社会,依法自主办学,实行民主管理";第十三条规定:"国务院统一领导和管理全国高等教育事业。省、自治区、直辖市人民政府统筹协调本行政区域内的高等教育事业,管理主要为地方培养人才和国务院授权管理的高等学校";第十四条规定:"国务院教育行政部门主管全国高等教育工作,管理由国务院确定的主要为全国培养人才的高等学校。国务院其他有关部门在国务院规定的职责范围内,负责有关的高等教育工作"。《高等教育法》还规定了高等学校在招生、专业设置、人事、财政等方面的权限,规定了国家举办的高等学校实行中国共产党高等学校基层委员会领导下的校长负责制。这些政策和法规也同样适用于高等师范院校。

20世纪90年代以前,我国师范教育是一个与计划经济体制相适应的、有完整体系的定向型教师培养模式。到1988年,独立设置的高等师范院校达到262所。20世纪80年代中期开始,我国教育体制不断发生变化,到1998年我国高等

---

① 《全国师范教育工作会议报导》,《中国教育报》,1996年9月10日。

师范院校不但没有增加，反而下降到 229 所，中等师范学校数量也在迅速减少。① 尽管教育部明确表示我国仍将保持原有独立设置的师范教育制度，但事实上进入 20 世纪 90 年代以后，定向型高等师范院校体系已开始瓦解。一方面，师范院校增加非师范类专业，逐渐向多科性、综合性方向发展。尤其是 1998 年教育部新公布的高等学校本科专业目录，将原来的师范教育专业名称与非师范教育专业的名称进行了归并，客观上打通了师范教育和非师范教育在专业和课程上的关系。一些师范院校也从 90 年代开始，在培养师范类学生的同时招收非师范类学生。到 2000 年，北京师范大学和华东师范大学等师范大学的非师范类学生所占比例已超过了师范类学生。另一方面，一些独立设置的高等师范院校参与合并办学，有的升格为地方综合性大学，使我国高等师范院校的数量以平均每年 10 所左右的速度减少。中等师范学校也出现了类似情况：1997 年，中等师范学校 892 所，在校生 910 927 人②；1999 年，中等师范学校 815 所，在校生 905 216 人。③ 从这些数字中可以看出，中等师范学校数和在校生数趋于减少。虽然独立设置的师范院校数量有所减少，但中小学师资总体培养规模却仍在不断扩大。1999 年，全国有高等师范学校 227 所，在校生 84.5 万人，各级师范院校 1999 年一年新教师培养量达 50.1 万人，为我国各级各类学校的改革和发展立下了赫赫战功。④

1998 年教育部制定的《面向 21 世纪教育振兴行动计划》提出："2010 年前后，具备条件的地区力争使小学和初中专任教师的学历提升到专科和本科层次，经济发达地区高中教师和校长获得硕士学位者应达到一定比例。"为此，1999 年 3 月 16 日教育部印发的《关于师范院校布局结构调整的几点意见》提出："我国要坚持独立设置师范院校制度，同时进一步拓宽中小学教师来源渠道，鼓励一批高水平综合大学参与培养中小学教师。"《意见》提出：要对我国师范教育结构进行调整，从城市向农村、从沿海向内地逐步推行，实现三级师范教育向二级师范教育的过渡；办好一批层次高、规模大、综合实力强的师范大学；积极稳妥地进行中等师范学校调整工作，把部分中等师范学校合并到高等师范院校；少数条件好、质量高的中师可通过联合、合并、充实、提高组建成师范专科学校，其余的中师可改为教师培训机构或其他中等学校；在经济欠发达地区，继续办好一批师范

---

① 时伟：《综合性大学参与教师教育体系的思考》，《高等师范教育研究》，2001 年第 2 期。

② 马立：《抓住机遇，迎接挑战，深化改革，开拓前进》，《高等师范教育研究》，1998 年第 1 期。

③ 教育部发展规划司：《中国教育统计年鉴(1999)》，人民教育出版社，2000 年，第 134 页。

④ 尹鸿祝，沈路：《教育部门积极吸引优秀人才加入教师行列》，http://www.people.com.cn/GB/channel1/12/20000913/231175.html.

学校;教育学院系统,各省重点办好一所省级教育学院;没有高等师范院校的地区,要继续办好市(地)教育学院;每县要办好一所教师进修学校。于是,一些有条件的师范学院升格为师范大学,师范专科学校或者和地市所属的教育学院合并组建师范学院,或者被合并到当地高校,促进当地高校承担师范教育任务。中等师范学校有的也并入了当地的师范院校,有的则升格为师范学院。我国师范教育的地域结构布局和层次结构布局得到了调整,职前教育层次重心开始上移,本科师范院校有较大发展,中等师范学校的办学规模合理收缩。

(二)中国特色的师范教育体系的形成

改革开放以来,我国对师范教育地位和作用的认识逐渐深化,把师范教育看成是"教育事业的工作母机",是教育发展"充满生机和活力的源泉所在",使这一时期成为中国高等师范教育史上发展最快、最好、成绩最大的时期。

经过近30年的改革发展,我国师范教育制度在半个世纪的发展中逐渐成形,基本形成了符合中国国情的、与中国教育改革与发展相适应的高等师范教育和基础教育师资培养培训体系,形成了独特的师范教育制度:办学体制上属于国家办学;管理体制上属于政府管制;办学模式上属于独立定向;体系则分为四级两类。"四级"是中等师范教育、高等师范专科教育、高等师范本科教育和教育硕士专业学位教育;"两类"是师范院校和教育院校(含教师进修学校)。这一庞大的师范教育体制为我国基础教育源源不断地提供了数以百万计的合格师资,是我国教育事业得以健康发展的根本保障,提高了中小学教师队伍的整体素质,进而保证和提高了基础教育的质量,为我国的社会主义现代化建设作出了重大贡献。截至1997年,全国高等师范院校232所(本科76所,专科156所),在校生642 534人;中等师范学校892所,在校生910 927人;教育学院229所,在校生228 356人;教师进修学校2 142所,在校生443 572人。具体情况见表5-1。[①]

表5-1　1997年我国师范教育机构基本情况

学校类别	学校数(所)	招生数(人)	在校生数(人)	毕业生数(人)	专任教师(人)	校均生数(人)	生师比(%)
高师院校	232	229 214	642 534	189 599	75 360	2 770	8.5
中师学校	892	325 415	910 927	293 838	63 863	1 021	14.3

① 中国教育和科研计算机网:《1997年教育统计数据之高等教育、中等教育等》,http://www.edu.cn/1997_9373.

学校类别	学校数（所）	招生数（人）	在校生数（人）	毕业生数（人）	专任教师（人）	校均生数（人）	生师比（%）
教育学院	229	86 516	228 359	74 188	21 729	997	10.5
进修学校	2142	164 433	443 572	165 020	47 039	207	9.4
合　计	3 488	806 678	2 225 392	722 645	208 045	638	10.7

1998 年，我国召开了"面向 21 世纪高等师范教育国际研讨会"，与会专家学者一致认为，无论是高等师范教育的课程体系、教学内容、方法手段的改革，还是高等师范教育体制的改革，其目的都是提高教师的素质。1999 年，第三次全国教育工作会议在北京召开。会议提出，允许综合性大学或非师范类高校参与教师培养工作。同年 6 月，中共中央、国务院发布《关于深化教育改革全面推进素质教育的决定》，就"优化结构，建设全面推进素质教育的高质量的教师队伍"进行了全面部署，"把提高教师实施素质教育的能力和水平作为师资培养、培训的重点"；提出"在大中小学培养一批高水平的学科带头人和有较大影响的教书育人专家，造就一支符合时代要求、能发挥示范作用的骨干教师队伍"。[①]《决定》对师范教育提出了新的更高的要求。《决定》明确提出："调整师范院校的层次和布局，鼓励综合性高等学校和非师范类高等学校参与培养、培训中小学教师的工作，探索在有条件的综合性高等学校中试办师范学院。"由此开始，我国教师培养由师范院校单独承担的局面得到改善，教师教育由单一封闭走向多元开放格局的进程步入实质性阶段。

第三节　中国特色师范教育体制建设的思考

教育思想和教育体制的创新是以先进的教育理论成果为依托的，教师是教育创新活动中最活跃的因素，在教育创新中承担着重要的使命。努力培养和培训具有实施素质教育的创新精神和实践能力的人民教师，是推进教育创新的重要前提。因此，教师教育的创新在全面的教育创新中也应该领先一步。通过什么样的途径来培养合格的教师，采取什么方式来保证教师的合格，一直是教师教育界研究探讨的问题。随着社会主义市场经济体制的不断完善，为应对经济全球化、教育国际化的形势，我国的师范教育必须加快改革，按照国际先进经验，结

[①]　杨东龙，宝利嘉：《深化教育改革全面推进素质教育》，高等教育出版社，1999 年，第 9－10 页。

合自身实际情况,大胆开展制度创新,构建高水平、有活力、开放性的师范教育制度。

一、教育发展理论与师范教育

第二次世界大战以后,发展问题一直是世界各国普遍关注的问题。走什么样的发展道路,成为国际社会众说纷纭的热门话题。发展研究因此也逐渐成为一门独立的学科。"狭义的发展研究,是以相对贫穷落后的第三世界发展中国家政治、经济、社会、文化的发展问题为对象,主要探讨关于这些国家现代化的理论、模式、战略方针乃至具体政策;广义的发展研究,则是探究社会变迁的一般规律,从全球背景上阐明各地区和各国社会经济发展的历史与现状。"①教育发展理论是发展研究的一个分支。

(一)教育发展的概念分析

教育发展是一种适应社会和个人需要、系统结构优化、有较高的投入产出效益和效率、符合教育目标的有质量的数量的增长。教育发展的概念可从以下几方面进行考察:

从哲学意义上来看,教育发展是事物的常态,任何事物都有一个从低级到高级的运动过程。教育的发展是指教育从一个较低的水平或地位提高到较高的水平或地位的变化过程。"严格来说,教育发展包含数量扩张、结构转换、质量提高、速度加快、效益增高、条件改善、成效扩大、平等和稳定程度提高等。"②

从经济学意义上来看,"教育发展是指教育结构的演进以及国民教育水平的提高"③,并借此利用高校教师与教职工与在校生的比例来反映教育结构,用教育费用占国民收入的百分比、国民人均教育费用、每万人中大学生数、居民文化程度构成等指标来反映国民教育水平。

从系统论意义上来看,教育发展应是一个综合的、系统的、全面的发展,包括教育规模的扩大、人均所受教育程度比重的提高、教育科学化水平的提高、教育体制的进步、教育结构的合理化、教育质量的提高、教育系统后劲的增强 7 个方面。

从人文意义上来看,教育发展有 6 个方面的指标:教育事业的规模和居民普及教育程度、教育结构的协调和优化、教育质量和水平的提高、教育制度的改进、办学条件的改善、教育理论的创新。

---

① [英]安德鲁·韦伯斯特:《发展社会学》,陈一筠译,华夏出版社,1987 年,第 1-2 页。
② 杨明:《教育发展的本质新探》,《教育评论》,1996 年第 1 期。
③ 张长元:《教育发展辨析》,《教育与经济》,1994 年第 2 期。

从教育功能意义上来看，教育发展的过程也是教育功能不断扩大的过程。教育自产生以来，就一直依靠改变自己的形式和职能来适应当时当地的社会、政治、经济的环境，保持自己的发展。随着社会的发展，教育的功能也在不断扩大。例如高等教育的最初功能是传授知识，但"由于知识的爆炸，及社会各业的发展对知识之依赖和需要，大学已成为社会的服务站"。①

（二）教育发展的内涵

教育发展主要包括规模扩大、质量提高、结构优化、效率充分、适应性增强等几个存在着递进关系的内涵或基本指标。

1. 规模扩大

规模扩大是教育发展的一项重要指标。没有规模的扩大，发展就无从谈起。美国学者马丁·特罗总结了发达国家高等教育的发展模式，提出了高等教育发展的三个阶段：精英阶段、大众化阶段和普及阶段。他从 11 个维度分析了三个阶段的基本特征，其中第一个维度是高等教育规模或入学率。② 现在人们一提到高等教育的发展阶段，首先想到的就是小于 15%（精英阶段）、15% ~ 50%（大众化阶段）、大于 50%（普及阶段）这种特罗的数量指标划分。

第二次世界大战以后各国高等教育的发展突出表现在数量的增长上。以美国为例，1910 年有高等院校 951 所，入学人数 355 000 人，占 18 ~ 21 岁人口的5.12%；到 1940 年，高等院校发展到了 1 708 所，入学人数 1 494 000 人，占 18 ~ 21岁人口的 15.68%；1980 年，高等院校发展到了 3 152 所，入学人数 11 596 900 人，占 18 ~ 21 岁人口的 59.5%。③ 从精英阶段到普及阶段，用了 70 年时间。

2. 质量提高

教育发展不仅要有规模的扩大，更要有质量的提高。二战以后的很长一段时间内，增加教育机会成了发达国家的主要政策目标，从而推动了教育的大众化和民主化。但这种规模的扩大在一定程度上是以忽视质量为代价的。进入 20世纪 70 年代以后，教育质量问题日益突出，人们把经济衰退、失业率上升和劳动力素质下降同教育质量问题联系起来，加上人口增长速度减缓使教育规模增长的压力减轻，这些因素促使发达国家把教育发展的重点转移到提高质量上来。历史的经验告诉我们，教育规模的扩大必须由质量加以保证，教育的发展必须重

---

① ［美］克拉克·科尔：《大学的功用》，陈学飞，等译，江西教育出版社，1993 年，第 3 页。
② Martin Trow. *Problems in the Transition from Elite to Mass Higher Education*. OECD，1974.
③ Jellison，Holly，Ed. *Community，Technical and Junior College Directory*. American Association of Community & Junior Colleges，1983：18.

视质量的提高。

3. 结构优化

教育结构也是教育发展的一个重要问题。如果结构不合理,即使规模扩大了,某方面的质量提高了,也并不能达到预期的效果,取得应有的效益,有时甚至会造成了教育资源浪费和人才积压问题。系统论的一个重要贡献,就是提出了"结构"和"功能"等概念,指出事物的结构决定事物的功能。也就是说,研究一个事物,不仅要研究它的质和量,还要研究它的结构,研究事物的结构就是在更深的层次上认识事物的本质,把握事物的发展规律。

教育结构主要包括:第一,层次结构。结构层次不合理,就有可能导致高才低用,也即所谓"过度教育"。"过度教育"既造成了教育投资的浪费,又压抑了人才的积极性和创造性的发挥。第二,科类结构。不合理的科类专业结构,产生的结果就是学非所用、用非所学,有些行业人才堆积,有些行业人才奇缺,容易造成结构性失业。第三,形式结构。既要提高现有高校的办学质量和效益,也要发挥成人高校、民办高校的重要作用,使教育多样化、多渠道发展。教育发展要求规模、质量和结构相互协调,相互促进。

4. 效率充分

效率充分就是将在一定时期内创造的教育成果(培养人才和科研成果的质量和数量)和劳动消耗加以比较,使一定的教育成果所花费的活劳动和物化劳动尽量减少,提高教育资源的利用效率,也就是提高办学效益。

办学效益可分为规模效益和结构效益。规模效益是规模经济理论在教育经济学中的运用。教育经济学研究认为,一所学校应有适度的规模。规模太小了会导致资源利用效率不高,但规模太大也会导致行政管理僵化和人际关系疏远等问题,规模太小、太大都会使办学效益下降。而这个度又依据学校的性质、类型和地区分布有所不同。学校追求规模适度,就是要使学校拥有恰好使资源获得"充分"的运用、又不至于产生行政管理僵化和人际关系疏远等弊端的"适当"的在校学生人数。"充分"是指在不影响教育功能的情况下,使规模不断扩大,使教育资源获得趋于 100% 的使用率;"适当"是指资源按功能特性用在相当的需要场所。盘活教育资源的存量,使之变为教育发展的增量,是教育内涵发展的重要途径。结构效益的关键是结构优化和类型配置。社会所需的人才是多方面的,教育就要根据社会的需要,培养多层次、多类型的人才,努力避免过度教育、学非所用和用非所学现象的产生。否则,就会出现教育资源浪费、青年学业荒废、经济发展受阻的局面。

（三）教育发展的本质特征

教育发展的本质特征是它的适应性、开放性和多样性。三者相辅相成、互相作用。

1. 适应性是教育发展的基本特征

适应性是指教育的规模、质量、效益、结构、功能要与经济社会发展相适应。面对不断发展变化的社会需求，面对未来各行各业的竞争局面，教育的发展必须依托其对社会的适应性。如果教育的增长是高质量、高效益的，而存在着教育与社会需求相脱离的状况，即不是"适销对路"，则教育的发展就会失去基础，成为无本之木，最终也就不能促进经济社会的发展。当今世界，全球经济一体化的趋势日渐明朗，社会需求和各种挑战也日新月异，教育的发展轨迹应该紧贴社会，不断满足社会的需求。正如有的专家所指出的，"教育的社会价值并不通过自身得到证明，它只能通过满足社会的需求、推动社会的发展才能得到证实。因而，正确反映社会对教育的需要，按照社会的需要办好教育，是促进教育发展的唯一正确的道路"。[①] 江泽民同志在北京大学百年校庆大会上指出："教育应与经济社会发展紧密结合，为现代化建设提供各类人才支持和知识贡献。这是面向21世纪教育改革和发展的方向。"

2. 开放性是教育发展的根本保证

开放性是指教育本身必须建立开放的态势。自我封闭、建立在象牙塔内的经院式教学和现代教育是格格不入的。开放系统组织具有两个特性：一是组织内部各个系统间的统一协调性和相互依赖性，即内部适应性或自适应性；二是组织必须具有高度的外部适应性，以应付系统环境中许多无法预料和控制的突发事件及情况。现代教育系统已经发展成为一个巨型结构，加工程序也日益复杂，这种情况加强了对办学的内部控制，提供了抵抗环境混乱的坚强堡垒。随着社会主义市场经济体制的逐步建立，随着改革开放的不断深入和社会主义现代化建设的不断进步，我们的教育体制也将不断地改革。改革是为了适应，适应的结果是得到发展。面对不断变化的客观环境，自我封闭是没有出路的，采取回避态度是不负责任的表现，只有勇敢面对、主动适应，我们的教育才能获得新的发展。只有采取开放的态势，才能使教育的应变能力不断增强、发展前景更为广阔，教育的独立性最终也就更加巩固。

3. 多样性是教育发展的不竭动力

多样性是指教育的发展必须以自己的多样性来适应社会的多种需求。美国

---

① 陈玉琨：《中国高等教育评价论》，广东高等教育出版社，1993年，第40页。

通过市场竞争体制促成了高等教育多样化体制的建立,高等学校在相互竞争中形成了不同的种类和层次,从而满足了社会经济发展对不同层次和不同规格人才的需求。哈佛大学、斯坦福大学是公认的一流大学,而主要培养本科生的非研究型大学也同样得到社会的承认,规模宏大的州立大学则以其低廉的学费、不断提高的教学质量吸引了大批学生,两年制社区学院的在校生也占了全美大学生的1/3。在美国,任何可以吸引足够学生以支付开支的院校都可以办下去。当然,它们也需要符合认可联合会制定的最低限度质量标准。但由于认可联合会是由高等院校自愿参加的民间自律性组织,因而对入会的质量较差的院校比较宽容。在美国3 000多所院校中,起码有数以百计的院校质量很差,这些院校在欧洲是不会被看做真正的高等院校的。在教学内容上,美国也没有全国统一的教材,大中小学课本五花八门。多样化的高等教育形式和教学内容,满足了青年学生广泛的学习要求,满足了社会对各种人才的需要,也使教育本身获得了勃勃的生机。

(四)教育发展理论对师范教育创新的启示

教育发展理论给我们这样的启示:师范教育必须建立具有适应性、开放性、多样性的可持续发展机制。

1. 师范教育发展必须适应社会发展的需要

师范教育是社会生产力发展到一定水平的产物,同时随着社会生产力的发展而进一步发展。生产力是社会发展的物质基础和直接动力,所有的社会活动和社会现象都与生产力有着直接或间接的关系,都要受生产力的制约。师范教育作为一种社会现象,其发展变化也总是以一定的生产力的发展状况为物质基础和决定因素的。教育作为一种社会现象,和人类共同产生,而师范教育之所以姗姗来迟产生于近代,其主要原因是生产力的发展水平。

纵观世界教育发展史,世界各国的师范教育都是在工业革命以后创立的。德国第一所正式的师范学校创立于1696年,英国的师范教育产生于17世纪中期,美国的第一所公立师范学校成立于1839年,我国的正规师范教育产生于1897年。由于当时生产力水平的制约,师范教育机构仅仅是培养小学教师、为普及小学教育服务的中等师范学校。随着社会的发展和生产力水平的提高,从19世纪末20世纪初开始,欧美许多国家开始发展中等教育,师范教育也从以中等师范教育为主转向以高等师范教育为重点,高等师范教育迅速发展。以美国为例,1919年有师范学院40所,1930年则达到144所,1941年达到185所。而中等师范学校1920年为137所,1930年则降到了66所。到20世纪中期,社会生产力进一步提高,科技的发展对劳动者的智力和知识水平提出了更高的要求,在以美国为代表的西方发达国家，高等师范教育逐步取代了中等师范教育，而且师范教育机构设置也由独立设置师范院校逐步转变为在综合性大学或理工院校中设置相关院系。同时，社会对师范教育也提出了新的要求：对教师智能提出了更高要求，要求师范教育提高学术水平；对教师的技能提出了更高要求，要求师范教育加强教育专业训练；对师范教育机构提出了更高要求，要求师范教育一体化和多元开放。由此我们可以看到，师范教育的发展过程，就是一个不断适应社会发展需要的过程。

我国正在逐步建立社会主义市场经济体制。市场经济的本质就是在所有经济领域允许一切经济成分展开公开、公平、公正的竞争。师范教育的发展要适应社会主义市场经济体制，也必须对现有的与计划经济体制相适应的办学体制进行改革，引入竞争机制，优化资源配置，提高教育质量。

2. 师范教育发展必须适应教育发展的需要

师范教育是为教育发展服务的，师范教育的发展规模和速度取决于教育的发展规模和速度。也就是说，教育的发展速度制约着师范教育的发展速度。教育的规模小，发展速度慢，对师资的需求量就小，师范教育的发展规模也必然就小，速度也必然就慢；反之教育的规模大，发展速度快，对师资的需求量就大，师范教育的发展规模也必然就大，速度也必然就快。如果师范教育的发展和教育的发展不相适应，有的时期就有可能出现师资短缺现象，有的时期又可能出现师资过剩情况，无论是出现"短缺现象"还是"过剩情况"，都会导致教育资源浪费，阻碍教育发展。

提出师范教育的发展规模和速度要与教育的发展规模和速度相适应时，也要注意师范教育的超前性。事实上，师范教育的发展规模和速度与教育的发展规模和速度是不同步的。随着教育的发展规模的扩大和发展速度的加快，师范教育的需求才会旺盛。因此师范教育的发展规模在教育的发展规模扩大之前就应该扩大；同理，师范教育的发展速度在教育发展速度加快前就应该加快。师范教育要以自己的超前性来实现与教育发展相适应。

3. 师范教育发展必须建立可持续发展模式

可持续发展是20世纪80年代以来国际上逐渐形成的一种新的发展观，起源于1972年联合国在瑞典首都斯德哥尔摩召开人类环境会议。20世纪80年代开始，可持续发展领域出现了一系列更为深刻的思想。1992年，联合国在巴西的里约热内卢召开环境与发展大会，把可持续发展作为人类社会发展的新战略。会议通过了《里约环境与发展宣言》和《全球21世纪议程》等一系列文件，以可持续发展理论为指导，从政治平等、消除贫困、环境保护、资源管理、生产和消费方式、科学技术、立法等方面进行了讨论,使可持续发展由理论和概念变成了行动。此后,可持续发展一直是联合国有关发展问题一系列专题国际会议的指导思想。

我国是一个发展中国家。可持续发展是我国现代化建设的必然选择。1992年里约会议以后,中国政府作出了履行《21世纪议程》等会议文件的承诺。会议结束不到一个月,国务院环境保护委员会就组成了有52个部门300多名专家参加的工作机构,编制《中国21世纪议程——中国21世纪人口、环境与发展白皮书》。经过5次修改,该议程于1994年3月在国务院常务会议上正式通过。这是世界上第一个由国家编制的本国21世纪议程行动方案,也是我国正式实施可持续发展战略的标志。我国的"九五"计划和2010年远景目标纲要,明确地将可持续发展和科教兴国作为国家两大跨世纪战略。1995年10月,国家科委召开全国社会发展科技工作会议,正式提出了贯彻可持续发展战略的社会发展科技计划。1996年以来我国又在国家可持续发展战略的总框架下,制订了环境保护、计划生育、教育、科技和卫生等领域贯彻实施可持续发展战略的目标和行动方案。尤其是1997年6月,以宋健为团长的中国代表团参加了联合国可持续发展特别会议,并代表我国向会议提交了《中国可持续发展国家报告》。报告从我国国情出发,阐明了我国对可持续发展的认识与理解,回顾了1992年里约会议以来我国实施可持续发展战略在重要领域和能力建设方面取得的进展,提出了我国政府在今后15年间继续贯彻实施可持续发展战略的总体设想与政策措施,表明了我国对国际社会环境与发展的重要问题的原则立场,受到了国际社会的赞扬与肯定。

教育是可持续发展的一个关键因素,是成功实现可持续发展的必要条件。同时,教育自身也有一个可持续发展问题。只有实现了自身的可持续发展,教育才能承担起促进整个社会可持续发展的使命。

教育发展观经历了三个阶段,即传统发展观阶段、整体性发展观阶段和可持续发展观阶段。传统发展观指的是教育在数量指标上的增长。整体性发展观指的是教育在保证质量、效益前提下的数量的增长,除了数量型扩张外,还应包括教育结构的转换、质量的提高、效益增强以及稳定程度提高等方面,也就是有质量效益保证的数量增长。可持续发展观的基本原则有三条:一是强调发展的持续性,主张把当代的发展与未来的发展有机地结合起来,要把未来发展的可能性作为制定当代发展战略的前提;二是强调发展的整体性,认为教育是一个系统,任何一个环节落后,结果都将涉及整体;三是强调发展的协调性,指出教育应当与整个社会的政治、经济、文化协调。

师范教育是为教育乃至经济、文化和社会的可持续发展服务的，因此，师范教育本身也必须实现可持续发展。只有师范教育自身具有强大的可持续发展动力，整个教育才能健康、蓬勃发展。1999 年，我国第三次全国教育工作会议提出要鼓励综合性大学或非师范类高校参与教师培养。同年 6 月，中共中央、国务院发布《关于深化教育改革全面推进素质教育的决定》，明确提出要"调整师范大学的层次与结构，鼓励综合性高等学校和非师范类高等学校参与培养、培训中小学教师的工作，探索在有条件的综合性高等学校中试办师范学院"。2001 年 6 月，全国基础教育工作会议召开后，公布了《国务院关于基础教育改革与发展的决定》，其中提到要"完善教师教育体系，深化人事制度改革，大力加强中小学教师队伍建设"，正式提出了"教师教育"这个概念。这是在终身教育理念指导下对教师职前培养、任职培训和在职进修的综合构想，是对我国教师培养由师范院校单独承担转向多元开放格局后确保教师质量的整体设计；是对促进教师专业化发展、不断提高教师素质的宏观规划；"是对教师专业发展系统性、专业性、连续性、终身性的国家认可"。[①] 师范教育要向教师教育转型，必须坚持制度创新，革新师范教育课程体系，提高师范教育办学层次，拓宽师范教育培养渠道，在科学发展观指导下实现持续发展。

二、教师教育办学层次提高

从世界教师教育的发展历史看，教师教育的办学层次经历了一个"单层次—多层次—单层次—多层次"的过程。整个过程是一个循环往复、由低级到高级的过程。这一过程中的两种层次，也可以说是两种教师教育模式发展的两个阶段。我国教师教育和西方发达国家相比，还处在第一阶段的多层次状态中，目前虽然也出现了第二阶段的多层次状态中才有的教育硕士专业学位，但和实际需求相比，还属杯水车薪。可以说，提高教师教育的办学层次已到了刻不容缓的地步。

（一）单层次教师教育

单层次教师教育指的是由一个层次的教师教育来培养师资的制度。这一模式在教师教育发展的第一阶段即由中等师范学校来培养师资，在第二阶段即由高等师范院校来培养师资。

1. 第一阶段的单层模式

由中等师范学校来培养师资，是教师教育发展初期的状况，也是所有国家的教师教育发展过程中都经历的。德国的教师教育产生于 17 世纪末，最早的师范学校建于 1696 年，主要任务是为国民学校培养教师，学制 6 年。美国于 1823 年

---

① 刘捷：《专业化：挑战 21 世纪的教师》，教育科学出版社，2002 年，第 42 页。

创立了第一个三年制中等师范班,用于培养小学教师;1827 创立了第二所中等师范学校。这两所教师教育机构都是私立的。第一批公立的师范学校创立于1839—1840 年,招收八年制小学毕业生,学制 1～4 年不等,一般为两年制,培养小学教师。英国的第一所师范学校是创办于 1840 年的巴特西教师训练学院。这是一所以裴斯泰洛齐的经验为基础、以普鲁士师范学校为蓝本、结合英国国情而创立的实验性师范学校。学院属中等师范教育性质,采用寄宿制,培养小学教师。到 1850 年,类似的教师训练学院发展到了 30 多所。由中等师范教育来培养小学教师,是因为受当时社会生产力发展水平的局限。

2. 第二阶段的单层模式

随着社会的迅速发展,中等教育的需求量日益扩大,中学教师需求量增大,大学和文理学院已不能满足社会发展的需要。第一次世界大战后,美国政治界、经济界和教育界纷纷提出意见和建议,主张教师教育应与文、理、工、农、医等专业一样进入高等教育的行列,成为高等教育不可缺少的组成部分,使小学教师受到与中学教师同等的教育待遇,达到同等的教育水平。于是,美国出现了由专门的高等师范学院来代替中等师范学校的趋势,许多师范学校或者升格为师范学院,或者并入综合性大学或文理学院,招收高中生,学制 4 年,担负培养中学与小学师资的双重任务。20 世纪 30 年代,美国的高等师范教育体系已逐步形成,接受四年制高等教育已成为中小学教师的资格要求。英国的教师教育真正成为高等教育的一个组成部分始于 1975 年的教师教育改组运动。这一年,英国的地区性师资培训组织被取消,100 多所师范学院被调整,有的并入综合性大学,有的并入多科性技术学院,有的停办,从而形成了由多种高等教育机构共同培养中小学教师的师范教育模式。日本实行单层教师教育模式始于 1949 年。当年 5 月,日本第五届国会正式通过了《教育职员资格法案》,该法案明确提出,从幼儿园到高中的教师,一律由新制大学培养。政府还规定,每个都、道、府、县必须有一所国立大学(或系)开设教师培养课程,同时也允许一般大学承担师资培养的任务。目前,日本中小学师资的培养由文部省认可的高等教育机构负责。

除发达国家外,一些经济欠发达的国家也实行了师资由高等教育机构来培养的措施。如朝鲜,1972 年开始就建立了由高等师范教育机构培养师资的教师教育模式。平壤设金亨稷师范大学,负责培养教员大学的师资,招收十年制高中毕业生,学制 3 年;各市、道设第一、第二师范大学,分别负责高中和初中师资的培养,设第一、第二教员大学,分别负责小学和幼儿园师资的培养,均招收十年制高中毕业生,学制 4～5 年。同时,还设有技术师范大学和技术大学师资班,负责高等专科学校技术科目师资的培养,招收十年制高中毕业生,学制 4～5 年。

(二) 多层次教师教育

多层次教师教育指的是由两个或两个以上层次的教师教育来培养师资的制度。即由中等师范教育和高等师范教育共同培养师资的教师教育制度。

1. 第一阶段的多层模式

世界教师教育发展初期，中等师范学校只培养小学教师，而中学教师的培养，各国也是从本国的实际出发，因地制宜。教师教育呈现出多层次模式。19世纪末，美国采取在大学和文理学院开设教育学科课程的办法来培养中学教师。到了 20 世纪 30 年代前后，美国的高等师范教育体系才逐渐形成，接受四年制高等教育成为中小学教师的资格要求。苏联实行的是两级教师教育模式，即中等师范教育和高等师范教育。中等师范教育的实施机构是中等师范学校，属中等专业学校性质，培养小学、幼儿园教师、寄宿制、长日制学校（班级）教导员。招收初中毕业生的师范学校修业 3～4 年，既接受中等专业教育，又接受普通高中教育；招收高中毕业生的师范学校修业 2～3 年，接受中等专业教育。高等师范教育的实施机构是师范院校和综合性大学，以师范学院为主。师范学院培养中学各科教师，招收高中毕业生和具有一定工龄的中等专业学校毕业生，修业年限为 4～5 年。综合性大学主要培养中学高年级的学科教师，招收高中毕业生，增设教育类课程，并组织教育实习。苏联解体前，这类综合性大学有 68 所，师范学院共有 200 所。综合性大学和师范学院承担师资培养的任务分别为 15% 和 80%。

墨西哥的教师教育层次由三类师范学校组成，即中等师范学校、高等师范学校和专门师范学校。中等师范学校包括幼儿教育师范学校和初等教育师范学校，前者培养幼儿园师资，后者培养小学师资，招收初中毕业生，学制均为 4 年。高等师范学校是实施高等师范教育的主要机构，培养中等学校师资，招收中等师范学校和普通中学高中生，学制 3～4 年。专门师范学校分两个层次，属于中等师范教育层次的有工业劳动训练师范学校和农牧业劳动训练师范学校，属于高等师范教育的有体育师范学校和特殊师范学校。工业劳动训练师范学校招收初中毕业生，培养工业劳动训练课师资；农牧业劳动训练师范学校招收农业技术学习中心和农牧业职业学校的毕业生，培养农牧业职业课的师资；体育师范学校培养从幼儿教育开始的所有各级各类学校的体育师资，特殊师范学校培养专门教育特殊儿童的师资，这两类学校招收的学生都必须具有师范学校发给的教师证书。专门师范学校的学制均为 4 年。

我国教师教育自近代发轫以来，一直采用的是多层次办学模式。1902 年颁布的《钦定学堂章程》（由于这年为夏历壬寅年，故又称为"壬寅学制"）。"壬寅学制"规定:大学堂附设师范馆,招收举贡生监和中学堂毕业生,学制3年,培养中学堂师资;中学堂附设师范学堂,招收贡、监、廪、增、附5项生员,学制4年,培养小学堂师资。按此规定,我国将形成两个层次的教师教育模式。但是,由于客观历史原因,"壬寅学制"并没能实行。1904年1月13日,清政府颁布《奏定学堂章程》,根据夏历又简称为"癸卯学制"。"癸卯学制"仿效日本学制,将教师教育与普通教育分开,设初级学堂和优级学堂两级。同时还设简易师范科、师范传习所和实习教员讲习所等机关。中华民国成立后,1912年7月在北京召开全国临时教育会议,讨论制定了教育宗旨,建立了新的教育系统,颁布了一系列教育法令,其中的《师范学堂令》对"癸卯学制"关于师范学堂的规定作了重大改革:一是将初级学堂改为师范学校,由府立改为省立;优级师范学堂改为高等师范学校,由省立改为国立。二是女子师范教育程度提高,与师范学校等同,并可设女子高等师范学校,培养女子中学、女子师范的师资。三是将初级师范学堂的完全科改为师范学校的第一部,简易科改为第二部,师范学校设预科,相当于专门学校的预科水平。四是将优级师范学堂的公共科改为高等师范学校的预科,分科改为本科,加习科改为研究科,相当于大学专科水平。改革后的教师教育,提高了教学层次。新中国成立后,党和国家高度重视教师教育。1950年10月1日,中央人民政府政务院正式颁布《关于学制改革的决定》,其中对教师教育体制作了规定:师范学校分幼儿师范学校、初级师范学校、中等师范学校、师范专科学校、师范学院或师范大学设立。教师教育呈现出多层次的办学模式。

2. 第二阶段的多层模式

20世纪50年代到80年代,发达国家的教师教育层次随着新的工业革命和科学技术的迅速发展而不断改革、不断提高,出现了新的多层次模式。

美国要求中小学教师至少具备大学本科水平,部分中学教师具有硕士学位。20世纪50年代末,美国已有许多大学试行教学文科硕士学科课程。据统计,1975年,美国的教育专业硕士和博士占美国当年授予的各类专业的硕士、博士总数的39.1%。近年来,取得硕士和博士学位已成为美国中学教师的资格要求。英国80年代开始把拥有四年制教育学士学位和研究生教育证书作为中小学教师任职资格。日本80年代以来也大力发展研究生教育,培养中小学教师和教育科研人才。具体分两类:一是为提高国民义务教育师资的学历水平,将重点放在中小学教育实践研究上,实施机构是新教育大学;二是招收高中毕业生,重点放在教育科学理论研究上,大学设置的教育学研究科承担此项任务。80年代的苏联,师范学院普遍实现五年制,毕业生的水平相当于英国的研究生;中师为四年制,水平也相当于大专。可以预见,教师教育的多层次整体上移倾向将越来越明显。

（三）对我国教师教育层次设置的思考

从 20 世纪 50 年代开始，世界许多国家的教师教育层次模式开始由第一阶段的多层模式向第二阶段的单层模式过渡。从历史上看，我国的教师教育层次模式一直低于发达国家。究竟是经济的发展制约了教育，还是教育对经济没能起到推动作用？这是一个需要专门研究的问题。如果我们在认识经济对教育的制约的同时，也能认识到教育的能动作用，那么我们的思路就可能更宽些，胆量就可能更大些，步伐就可能更快些。

1. 加强宏观指导和管理

国家对教师教育要加强宏观指导和管理，扩大各省区教师教育的自主权，并强化责任制。要根据"分区规划、分类指导"的原则，指导各省区积极稳妥地推进教师教育层次模式的转变，使我国的教师教育加快由目前的三级师范办学（中师、大专、本科）向二级师范过渡，即取消中师，实现小学教师大专化、中学教师本科化；要努力实现一级师范办学，使中小学教师的学历达到本科水平。同时，通过多种形式实施终身教育，加快提升在职小学、初中和高中教师的学历层次，实现本科化，确保教师实施素质教育的能力和水平进一步提高。教育部在《关于师范院校布局结构调整的几点意见》中明确提出今后应"职前职后教育贯通"。由此来看，未来我国的教师教育体系将朝一体化方向演进，并逐步实现由职前培养到职后培训的重心转移。

根据"分区规划、分类指导"的原则，我国的教师教育模式可按以下三方面进行规划。在占全国人口 35% 左右的大中城市和经济发达地区，应该加快完成三级师范向两级过渡，积极实行一级师范教育模式，并且开展以教育专业硕士学位为主的研究生教育，形成新的多层次教师教育模式。在占全国人口 50% 左右，已实现"两基"（基本普及九年义务教育，基本扫除青壮年文盲）的农村地区，在巩固提高"两基"的过程中，要积极完成三级师范向两级师范过渡，并创造条件向一级师范过渡。新培养的小学和初中教师具有专科和本科学历的要达到一定的比例。大力加强在职教师的继续教育，提高在职小学、初中教师的学历层次。在占全国人口 15% 左右，还没有完成"两基"任务的贫困地区，继续根据需要加强中师建设，要完成中小学教师学历合格补偿教育的任务，并大力加强继续教育，提高教师质量，采取措施，启动三级师范向二级师范过渡。

2. 建立多层次的教师教育体系

由于我国幅员辽阔，人口众多，各地区之间经济、科技和文化发展严重不平衡，而这种不平衡和差异又必然导致我国教师教育在发展规模、层次和质量上的差异,因此,由中师、师专、师院(师大)三个层次所组成的教师教育层次结构还将在一段时期内继续存在。但从未来我国社会经济、教育发展的需要以及世界教师教育的发展趋势来看,我国教师教育结构将逐渐向高层次发展,逐步取消中师层次,加大本、专科层次(特别是本科层次)的比例,这是未来我国教师教育层次结构变革的总体走势。

就目前我国的国情来看,可以根据全国不同地区的情况,通过不同的形式来提高教师教育水平。正如有的学者提出的:"把师范教育分为四个层次:第一层为师范专科学校(由目前的中师升级),招收高中毕业生,学制为两到三年。第二层是四年制的师范学院(由目前的师专升级),培养中学(初中为主,高中亦可以)师资。第三层次是四年制或五年制的师范大学,培养重点高中的教师。在这其中,可以设立技术师范学院、艺术师范学院和体育师范学院,或者根据当代科学技术发展的形式,设立一些新的有发展前途和普及意义的专业(如电子计算机、社会学、人口学等),以培养中等学校各级各类师资。第四层次是师范大学和综合性大学的研究生院,招收在职教师、应届大学毕业生,培养师范专科学校和其他高校教师。"也有专家指出:"从根本上提高师范院校办学水平,逐步从旧三级向新三级转化,即在近期内取消中师层次,建构以专科、本科和教育硕士三个层次的中小学教师培养架构;未来目标是取消专科层次,建构以本科及本科加一年专业学习的教育文凭学位教师和本科加两年的教育硕士及本科加三年的专业硕士的新的中小学师资培养架构。这样,小学及幼儿教师在专门本科学院培养,初中及高中主要是从第二、三、四个层次中吸收,当然也不排除高层次人才进入中学或小学工作。取消中师后,部分边远地区的中师可以作为分校接受高一级学校的学术指导。"同时,"建立专门的以培养幼儿及小学教师的专业院校,强化综合性的培养特色,既体现小学及幼儿教师的特点,有利于提高教育水平,同时也应建构硕士、博士学位的教育层次"。①

以占全国人口35%左右的大中城市和经济发达地区为例,在加快完成三级师范向两级过渡,积极实行一级师范教育模式的同时,要大力发展以教育硕士专业学位为主的研究生教育,形成4个教师教育新层次:第一层次是四年制的师范学院,培养初中教师为主的中学师资。第二层次是四年制或五年制的师范大学和综合性大学,培养以高中教师为主的中学师资。第三层次是师范大学和综合性大学的研究生院,招收应届大学毕业生和在职教师,开展教育专业硕士学位教育,培养高中和职业技术学院师资。第四层次还是师范大学和综合性大学的研

---

① 冯增俊:《当前中国师范教育世纪走向的政策分析》,第三届教育政策分析高级研讨会论文,2001年7月。

究生院,招收教育专业硕士和其他硕士学位获得者攻读博士学位,培养高等学校师资。

3. 积极推进教师专业化

教师职业是一种专门职业,它具有专门的理论和技能,具有独有的职业道德要求和在本行业内的专业自主权。目前,我国教师职业的专业化还处在初级阶段。《中华人民共和国教师法》虽然已对教师就业的学历标准作了明确规定,但与西方发达国家相比,现有标准还不高,而且还有一定数量的在职教师并未达标。教师资格证书制度、教师继续教育制度、教师培养制度、培训机构认定制度等的建立、实施与完善尚待时日。江泽民同志在第三次全国教育工作会议上说"高素质的教师队伍,是高质量教育的一个基本条件",并要求"要采取有效措施,大力加强教师队伍建设,不断优化队伍结构和提高队伍素质"。从总体上看,我国中小学教师总量已初步满足了基础教育发展的基本要求,学历达标也接近实现,中东部地区已经更上一个台阶。与此同时,社会迅速发展,国际竞争日益加剧,人才培养的要求也在不断发生深刻的变化,社会发展和人民群众对教育的需求与国家教育能力之间的矛盾,从能不能提供和接受一定年限的教育转变为能不能提供和接受良好的、高质量的教育,对教育质量提出了更高的要求。教师质量成为社会关注的热点。积极推进教师专业化,有利于提高教师队伍的整体素质。

教师专业化的基本含义是:国家规定的学历标准、必要的教育知识和教育能力、职业道德、教师资格的管理制度等。从静态的角度说,教师专业化指出教师是一种专门职业,有自身不可替代的职业要求和职业特点,有相应的职业培养机构和职业水准保障制度,有相应的社会地位和经济地位。具体来说,第一,需要有规定的学术水平和学历要求;第二,有特定的能力要求和职业特征、人格特征要求;第三,有相应的制度保证,如教师培养制度、教师资格证书制度、教师教育机构认定制度、教师教育课程认定制度、教师教育质量评估制度、教师继续教育制度等。从动态的角度说,教师专业化是一个制度不断完善、水平不断提高、改革不断深化的过程。随着"科教兴国"战略的实施,素质教育的全面推进,尤其是教育部推出的"跨世纪园丁工程",都将有助于教师队伍素质的提高,使教师职业日趋专业化。

2001 年 1 月,教育部在北京召开了全国教师资格制度实施工作会议,这标志着我国全面实施教师资格制度的正式启动。这是中国教育史上的一件大事。教师资格制度是国家实行的一种法定的职业许可制度,是国家对专门从事教育教学工作人员的基本要求,是中国公民获得教师职位的前提条件。实施教师资格制度是社会文明进步、教育事业进入新的发展阶段的标志;是依法建设教师队伍、使教师队伍管理走上法制化轨道的前提;是把住教师队伍入口关、保证教师队伍整体素质的措施;是形成开放式教师培养体系、吸引优秀人才从教的途径;是形成高质量的教师储备队伍、推动教育人事改革的基础。

三、教师教育课程体系创新

课程改革是教师教育改革的重点和难点,如何与时俱进,构建新世纪教师教育体系,是摆在教师教育面前的紧迫而艰巨的任务。要拓宽教师教育渠道,提高教师教育办学层次,必须改革教师教育课程体系,优化基础课程,深化专业课程,强化教育课程,使教师教育的课程朝综合化的方向发展;充分吸纳当代自然科学和人文社会科学的最新成果,研究探索人的发展与教育活动的基本规则与规律,为教育创新和全面提高教育质量提供理论指导和政策依据,培养更多具有综合素质、一专多能的复合型人才。

(一)现行课程体系存在的问题

我国教师教育课程体系是 20 世纪 50 年代从苏联移植过来的,是适应于计划经济的课程体系。虽然它在我国培养合格中小学师资方面发挥过重要作用,但随着社会主义市场经济体制的逐步建立和不断发展,这种课程体系已经不适应教师教育改革和发展的需要。从 20 世纪 80 年代开始,我国便着手教师教育改革。经过 20 年的改革,我国教师教育的思想、观念以及教育管理体制发生了很大的变化,为教师教育的发展带来了生机和活力。然而,教师教育课程体系的主体框架一直没有大突破,仍然存在着以下几方面问题:

1. **重学术,轻师范**

教师教育的培养主体是基础教育的合格师资,其课程设置一定要反映培养目标的需要。但长期以来,我国的高师教育普遍存在着向综合性大学看齐的倾向,表现在课程设置方面,除代表教师教育特点的几门教育类课程——教育学、心理学、学科教学法外,其他课程几乎与综合性大学没有差别,连教材也完全一样。可谓"有师范教育之名,无师范教育之实"。我国现行的教师教育课程体系主要是由公共必修课程、专业必修课程、选修课程(限制选修课程和任意选修课程)三大方面构成的,共 170 学分左右。当前公共必修课程主要有政治思想品德类(马克思主义原理、毛泽东思想、邓小平理论、思想品德、社会主义建设、国际政治与经济)、教育学科类(含教育学、心理学、电化教育)、英语、电脑、体育、军事等,共 50 学分左右,其中教育学科类为 8 个学分;专业必修课主要是学科专业课程和教育实习,共 80 学分左右,其中教育实习为 6 个学分;选修课程共 40 学分左右。教育学科课程和教育实习共计 14 学分左右，不足总学分的 10%。① 而此项比例在德国为 30%，英国为 25%，法国为 20%。还可以看一下美国和日本的教师教育课程设置的模型（见表 5-2、表 5-3）：

表 5-2　美国教师教育课程设置的模型②

课程类型	课程科目	学时比率
普通课程	社会科学、人文科学、自然科学等	1/3
专门课程	即学生毕业后讲授的专门课	1/3
专业课程	教育哲学、教育史、教育社会学、教育心理学及教材教法、实习	1/3

表 5-3　日本教师教育课程设置的模型

课程类型	课程科目	学时百分比
普通课程	社会科学、人文科学、自然科学	37%
专业课程	学生毕业后讲授的专门课以及学科教育等	46%
教育课程	教育学、教育心理学、教育经济学、道德教育、实习	17%

相比之下，我国教师教育类课程显得十分薄弱。教育类课程的学时数远远低于学科专业课，即与其他公共基础课相比，比重也偏低。

2. 重专业，轻基础

我国现行教师教育课程体系过于注重专业课，而忽视基础课的设置；专业设置过于狭窄，只注重本专业的纵深发展，忽视学科之间的横向知识交融；专业与专业之间、自然科学与社会科学之间相互隔离，极少渗透。美国纽约大学在1998—2000 年的本科课程设置中，要求该校教育学院本科生都要掌握人文科学、社会科学和自然科学的普通知识，具有基本的文化修养、伦理道德、探索精神以及分析问题、解决问题的能力。为此，学校设置了莫尔斯学术计划课程和文科教育计划课程供学生选修。莫尔斯学术计划课程是以艺术家、科学家、电报莫尔斯电码的发明者莫尔斯命名的普通教育课程，包括 4 个部分：一是写作；二是外国语；三是人文科学和社会科学系列课程，称为当代文化基础；四是数学和自然科学系列课程，称为科学探索基础。文科教育计划课程包括外国语、写作、哲学、宗教和历史、音乐与视觉艺术的欣赏和评论、文学；西方文明与非西方文明、社会科学与行为科学、数学、自然科学、综合文科、言语交际共 12 个领域的文理科课

---

① 黄崴：《教师教育专业化与教师教育课程改革》，《课程·教材·教法》，2002 年第 1 期。
② 文胜利：《高师院校的课程体系要作根本性变革》，《高等师范教育研究》，1998 年第 1 期。

程,共开设了数百门不同的课程供学生选修。相比之下,我国教师教育课程体系培养的人才专业性较强,但知识结构单一、知识层面狭窄、文化视野不宽、综合能力不强、创新能力薄弱。

3. 内容陈旧,设置重复

当今世界科技发展的特点是既高度分化又高度综合,并呈现出高度综合化的整体趋势。世界各发达国家在设置教师教育课程时,都注重吸纳众多反映科学、技术、文化等最新成果,而我国教师教育现行的课程体系的大部分教学内容几十年没有变化。虽然教材越编越厚、学时越来越多,但知识陈旧、内容僵化,不能反映当今科学发展的最新成果,无法进入学科前沿。在课程的具体设置上过于重叠,既增加了学生的课业负担,又使课时不断膨胀。

4. 脱离基础教育实际

为全面推进素质教育,我国新一轮的基础教育课程改革已经启动。其指导思想是:改革过分注重课程的知识传承价值,强调课程对于学生身心发展和适应终身学习的价值;改革课程结构门类过多、整齐划一,缺乏统整的偏向,加强课程结构的综合性与多样性;改革过分注重经典内容、学科体系的严密性和系统性的偏向,加强课程内容与社会发展和学生生活的联系;改革教学过程中过分注重接受、记忆、模仿学习的偏向,倡导学生主动参与、交流、合作与探究等多种学习活动;改革考试过分注重学生的知识记忆,并以考试分数作为衡量教育成果的唯一评价标准的偏向,建立主体多元、标准多样的评价体系。基础教育课程体系改革对教师教育课程体系建设提出了更高要求。这些目标及其所体现的基本精神应成为教师教育课程改革设计的基本依据。目前我国教师教育开设的专业课程与中学的实际教学联系不够紧密,抽象的理论课和缺乏实际价值的知识课过多,而培养实际需要的理论知识和实践能力的课程太少;教育类课程只注重理论讲授,实际应用效果差,无法发挥其应有的作用;缺乏对中学教学规律和中学课程的研究等。

随着基础教育从应试教育向素质教育的转变,基础教育将以学生为本,面向全体学生,旨在全面提高学生的思想道德素质、文化素质、劳动技能素质和身心素质,必然要求教师教育能培养出具有较高的思想素质、宽厚的专业基础、扎实的业务能力、较好的身心素质、既能教书又能育人的精于素质教育的师资。为此,教师教育必须主动适应基础教育改革和发展的需要,加快课程体系的改革。

(二) 合格师资应有的素质

根据我国的教育实践,主要是基础教育对教师的要求,借鉴发达国家的经验,可以总结出要当好一名教师应具备以下 4 个方面的素质:

1."宽"、"厚"、"通"的科学文化素质

教师首先要"文理兼通"，具有广博、坚实的文理基础知识和较高的文化修养。其次要了解新知识、新技术。教师的各项教学任务都是以知识为载体，在传授知识的过程中完成的。现代教育要完成培养适应现代社会发展需要的人才的任务，需要教师能够及时调整或更新自己的知识结构，探求综合贯通新知识的学习计划，通过学习、实践不断调整，使自己具有相应的知识结构。再次要具有美学知识和美术教育素养。教育科学本身就包括了科学和艺术。教育理论知识是科学，而将它恰到好处地运用于实践，就成了艺术。美术教育和艺术教育的目的并不在于培养艺术家，而在于使学生具有丰富的情感和意识创造性、坚定的科学世界观基础。前苏联教育家曾强调，忽视美学教育因素，就等于培养没有创造力的实用主义者。最后要具有未来意识和未来学知识。国外专家认为，对于现代教育，仅仅面向今天是远远不够的，必须面向未来。研究表明，缺乏未来意识的学生，发展后劲一般都不大，而且无法适应瞬息万变的未来社会。

2.扎实的专业素质

教师一般要掌握 5 个方面既独立又密切相关的知识：本学科知识；与本学科相关的知识；广博的心理学、社会学、人类学、智力概念和测试、人类发展及学习心理的知识；自我认识；由教育学术知识、教育临床知识构成的教育科学知识。美国教育研究人员运用计算机对教师的教学行为进行微观研究后指出，一名合格的现代教师，应该成为教育教学的"临床专家"。他们需要掌握多方面的基础能力，诸如教学能力、实验指导能力、科研能力、革新能力、与学生交往能力、学生升学就业指导能力、组织学生社会活动能力、教科书处理能力、书面与口头表达能力、示范能力、自我评价能力，以及推理、判断、决策能力等。现代教学能力主要是设计并实施教学过程的能力。长期以来，由于受到教育传统的影响，我国的教育形成了学生被动、接受式学习的教学方式，而不选用学生主动、探究式学习的教学方式，尽管接受式学习在系统传授知识方面有高效率的优势，但在培养学生创造意识和创新能力方面有明显的不足。如今，培养学生创新意识和实践能力已成为我国素质教育的核心，因而教师必须具有善于运用各种现代教育手段，充分发挥接受式学习与探究式学习各自的优势，找准结合点，把线性的接受式学习与点状网络的探究式学习结合起来，最大限度地发挥教学的培养、教育功能。

3.良好的身心素质

教师的行为主要是通过他们的身心发展在教育教学方面的作用表现出来的。良好的教育教学效果，必定是伴随着教师的健康身心而产生的。教育的活力，来自于教师身心的活力。英国教育专家、心理学博士戴维·方塔纳研究指

出:在学校环境中,学生所受到的最重要的影响来自教师,教师的心理素质和特征对于提高教学质量、教育水平,使学生受到影响从而向所期望的目标迈进具有重要意义。教师要让学生明白教师的权威不再仅仅是对知识的垄断,而是教师本身的人格魅力与工作作风。教师还需要尊重家长,学会在教学中和家长沟通。德国在教育理论的学习中还特意为此强化了师范学生的个性教育认识,要求教师必须切实地认识自己的个性,并且能够正确对待自己的个性。因为在教育、教学过程中,人们总是会带上自己的个性。因此,教师应该勇于发现自己个性中的不足,并善于克服它;反之,也应该正确认识自己的良好个性,在教育过程中充分发挥它的独特作用。

4. 优秀的思想品德素养

教师应该具有:爱国精神;热爱教育工作,爱护自己的学生,不断改革与提高自己的工作效率;鼓励学生创新、超过自己;具有民主和人道主义精神以及勇于承认自己不足等思想品德素质。这是教师素质整体结构的核心,是好教师的原动力,具有"点亮一盏灯,照亮一大片"的功能,是影响学生学习和发展的重要因素。美国心理学家认为,两位具有同等智力、受到同等培训、对课堂材料的掌握达到同等程度的教师,很有可能在教学成绩上有很大差异。其中的部分差异,是由教师的思想品德对学生的影响而造成的。同时,教师也要具有现代教育观念,具有满足学生今后的发展需要的教育宗旨;要有正确的教学观,要认识到教学活动的目的不仅仅是传授知识,更重要的是要教会学生学习,因而要要求学生参与教学过程,形成合作、良好的教学环境;要有正确的学生观,尊重并承认每个学生的发展潜能,坚信要发展、能发展是每个学生的天性,尊重并承认学生的差异,明白差异的存在是客观合理的;要有正确的人才评价观,为每个学生将来成为国家各级各类人才做准备,明确教育的目的是"培根"而不是"选果"。

(三)课程体系改革设想

国外学者指出,教师教育专业课程需要考虑 5 个方面的问题:学科内容、普通和人文知识、教育学科内容、多元文化和国际方面的知识、教师在教学科知识过程中的决策问题。① 有学者认为:"作为教育研究者或学科教师应具有三方面的知识:一是学科专业知识;二是教育学专业知识;三是教育实践技能。"② 尽管

---

① Frank B. Murray, Andrew Porter. Pathway from the Liberal Arts Curriculum to Lessons in the Schools. *The Teacher Educator's Handbook*: *Building a Knowledge Base for the Preparation of Teachers.* Jossey-Bass Inc. 1996:155 – 156.

② 黄崴:《论教育学类专业模式的改造》,《课程・教材・教法》,1999 年第 10 期。

不同的学者对教师教育专业课程的基本构成有不同见解,但在基本方面还是达成共识的,即一个教师需要掌握普通文化知识、学科专业知识、教育学科的基本知识、教育教学的基本技能和技术。根据这种认识,教师教育课程的基本结构大致上是由普通文化课程、学科专业课程、教育学科课程、教育技能课程和教育实践课程所构成。普通文化课程也可以称之为人文学科课程,主要包括政治、经济、文化、科学、社会、伦理等方面知识的课程,其目的是为学生提供扎实的普通文化基础,使学生对社会和文化有全面的理解;学科专业课程所涉及的内容包括教师教育专业的学生在未来要教的内容,包含该学科的基本知识、基本理论和基本技能;教育学科课程的内容包括教育学、心理学、教育史、学校卫生学等方面的内容,学生通过对这类课程的学习能够全面理解教育原则;教育技能课程主要是指做教师所必备的技能和技术,包括所教学科的教学方法、板书能力、语言表达能力、教师形象设计技术、教学设计、教育教学评价和测量、信息技术等,其目的是帮助学生具有教育教学的特殊技能;教育实践课程主要是教育见习和教育实习等,其目的主要是让学生把所学的知识运用到教育实践中,并通过实践提高教育教学能力。普通文化课程和学科专业课程是教师教育的基础性必备课程,教育学科课程、教育技能课程和教育实践课程是教师教育专业的标志性必备课程。一个教师只有具备了这 5 个方面的知识结构才能成为一个合格的教师。

现行师范院校的课程体系,按内容可分为公共课程、学科专业课程、教育类课程三个部分,按功能可分为公共必修课、专业必修课和选修课。教师要不断更新和充实课程内容,构建科学化的课程体系,使课程更多、更快地反映科学技术和经济建设的新成果;要打破现行课程建设中的僵化格局,打破科学界定、课程界限,加强学科之间的联系,因遵循科技发展的趋势,注重学科之间的交流和融合。

1. 强化教育类课程

教育类课程是教师教育的重要课程,是师范院校区别于其他院校的重要标志,是提高教师专业化水平的重要保证。与发达国家相比,我国教师教育的教育类课程显得非常薄弱,不利于学生的教育素质培养,不利于教师开展教育教学研究,不利于教师教育培养目标的实现,应加强教育类课程的设置。

台湾地区的教育学程经验值得我们借鉴。台湾地区 1994 年"师范教育法"被修订为"师资培育法"后,规定师资培育"由师范院校、设有教育院、系、所、或教育学程之大学校院实施之",教育学程分为中学、小学、幼儿园教育和特殊教育 4 种,供大学生及研究生修习,中等教育和幼儿教育学程应修 26 学分,国小及特殊教育学程应修 40 学分。以中学教育学程为例,必修科目共 12 学分,选修科目共 14 学分,科目灵活多样、丰富实用,如表5-4 所示。

表 5-4　我国台湾地区中等学校教师教育学程表①

必修科目及学分		选修科目及学分
教育基础 (修习两科,4 学分)	教育哲学 教育心理学 教育社会学 教育人类学	1. 教育概论;2. 学校行政;3. 德育原理; 4. 现代教育思潮;5. 中等教育;6. 特殊教育; 7. 比较教育;8. 生涯发展;9. 教育行政; 10. 教育法规;11. 计算机与教学;12. 课程设 计;13. 教育研究法;14. 青少年心理学; 15. 视听媒体;16. 教学媒体;17. 亲职教育; 18. 心理与教育测验;19. 教育与职业辅导; 20. 环保教育;21. 人际关系;22. 行为改变技 术;23. 发展心理学;24. 教育史;25. 教育统 计;26. 科学教育
教育方法学程 (修习两科,4 学分)	教学原理 班级经营 教育测量与评量 辅导原理与实务	
教育实习(4 学分)	分科教法,教学实习	(选修 7 科,每科 2 学分)

注:选修科目由各校以其师资及发展特色自行开设,必修科目未列入修习者优先列入选修。

2.拓宽基础类课程

基础课旨在拓宽学生的知识面,优化学生的知识结构,提高学生的综合素质,为将来教育教学工作打下坚实的基础。目前我国教师教育(尤其是高师教育)的基础课程不仅种类少,而且结构不合理。就种类而言,除政治类课程、教育类课程、外语、体育和计算机外,别的课程几乎没有;就结构而言,政治类课程占时较多,如表5-5 所示。

表 5-5　东北 4 所高师院校本科教学计划中公共课情况表②

专业	中　文					数　学				
课程	政治	教育	外语	体育	其他	政治	教育	外语	体育	其他
学时数	437.1	102.7	290	136.5	12.7	349.5	99.7	102.7	135.5	35
百分比	44.3	10.5	29.4	14	1.3	38.4	10.9	11.3	14.9	3.8

鉴于此,高师院校的公共基础课程应该调整、拓宽。首先,要适应当代通识教育、素质教育的潮流,开设哲学、历史、艺术、文化、伦理道德等通识课程,开启学生智慧,提高文明修养,激发青春意气。其次,要按照宽基础的要求,开设交叉

---

① 欧用生,杨慧文:《师范教育的概念重建——师范教育改革的台湾经验》,第三届教育政策分析高级研讨会论文。
② 文胜利:《高师院校的课程体系要作根本性变革》,《高等师范教育研究》,1998 年第 1 期。

性学科课程,促进文理渗透。文科学生要学习综合性自然科学课程,以了解自然科学和现代科学技术发展的概况和趋势;理科学生也要学习综合性社会科学课程,以掌握基本的社会科学知识。再次,要根据加强能力的原则,大力加强工具性课程的开设。在普遍开设外语、计算机、普通逻辑等课程的基础上,文科要开设古代汉语、中外文化史、高等数学等课程,理科要开设大学语文、美学等课程,以增强学生的思维能力和表达能力。

3. 优化专业类课程

专业课即学科专业课,指的是为师范院校学生毕业后所从事的学科教学而设置的课程。《基础教育课程改革纲要(试行)》的颁布,对从事基础教育的教师的角色定位和教学方式将产生重大影响。根据《纲要》精神,今后国家将实行三级课程制,即中央课程、地方课程和校本课程,学科领域长期以来实行的"一纲一本"将走向"一纲多本"和"多纲多本"。教师必须根据本地区、本学校、本班级学生的实际,参与开发校本课程,编写学校教材,单纯的"传授"不能适应课程改革的要求,必须进行研究,角色定位也应由"传授型"转变为"研究型"。就教材而言,过去教材编写只是学科专家的事,教师只是教材的使用者;而现在,教师不仅是教材的使用者,还应该是教材的评价者、开发者和编写者。这就要求教师教育必须优化学科专业课程,既要保持传统内容中经典的、优良的成果,又要融入本学科的最新成果,反映本学科的发展方向;使学生了解学科前沿状况,走上工作岗位后能够高屋建瓴、深入浅出地引导中学生开展研究性学习。俗话说得好,"名师出高徒",我们要为基础教育输送一流的师资,首先就要使教师教育成为一流的教育。

没有教师的质量,就没有教育的质量。未来学校和教育的质量、人才的质量,在很大程度上取决于教师的素质和能力。随着知识经济时代的到来,创新教育不断被倡导,素质教育全面推进,主要为基础教育培养师资的我国教师教育将越来越引起全社会的广泛关注,教师教育的课程改革也将越来越受到全社会的高度重视。为此我国教师教育必须调整培养方向,更新培养模式,强化教师素质,才能适应基础教育和整个社会不断发展的要求。

四、教师教育培养渠道拓宽

霍尔姆斯在《明天的教师》的报告中认为,"没有教师教育质量的提高,就没有教师质量的提高,也就谈不上教育质量的提高"。通过什么样的途径来培养合格的教师,采取什么方式保证教师的合格,一直是教师教育界研究探讨的问题。随着社会主义市场经济体制的不断完善,面对经济全球化、加入世贸组织的新形势,我国的教师教育必须加快改革,按照国际先进经验,结合自身实际情况,尽快构建起高水平、有活力、开放性的教师教育体系。

（一）教师培养模式简介

世界各国的师范教育制度不尽相同，但教师的培养途径，即师范教育模式不外乎以下几种：

1. 定向型

"定向型师范教育"这一概念，是 20 世纪 70 年代由英国巴尔默教育学院院长詹姆斯·波特（Jams Porter）首先提出的。1975 年 8 月底至 9 月初，联合国教科文组织国际教育局在日内瓦召开了第 35 届国际教育会议。詹姆斯·波特在会上提出，国际上有 3 种不同类型的师范教育，即"定向型师范教育"、"非定向的师范教育"和"就校培训"。其中，"定向型师范教育"和"非定向师范教育"是两种主要模式，被许多国家采用。

"定向型师范教育"是指由专门的师范教育机构对未来的教师同时进行学科专业和教育专业培训的教师培养模式，也就是说，未来教师的培养任务由独立设置的师范院校承担。通过专门的师范院校对学生进行普通文化科目和教育科目、教育实践的混合训练，以达到特定的培养目标。① 这也是师范教育的最初模式。世界各国早期的师范教育基本上都是通过这种模式来实施的。从 20 世纪 50 年代开始，以美国为代表的发达国家，如法国、德国、英国、日本等，逐渐改变了这种模式，师范教育主要由综合大学或其他高等院校的教育学院和教育系来承担。目前，定向型师范教育模式仍为一些国家所采用，独立设置的师范院校仍是教师培养的主要途径。

2. 开放型

"开放型师范教育"也就是詹姆斯·波特提出的"非定向的师范教育"，"是指完成学科专业学习后再确定从事教师工作的方向并进行教育专业的师资培训模式"②；也就是"通过综合高校、文理学院或其他专门学院附属的教育学院（师范学院）或教育系科"，为"欲获取教师资格的本科或本科后学生提供教育科目和教育实践训练"。

"开放型师范教育"是相对于"定向型师范教育"而言的，它在第一次世界大战前后就已经出现，20 世纪 50 年代就发展成为世界师范教育的一种主要模式。当时，生产力有了很大发展，社会生活也起了较大变化，教育的作用日益被人们重视，许多国家都把教育放在优先发展的地位。在发达国家，高中阶段教育已经

① 教育大辞典编纂委员会：《教育大辞典》第 2 卷，上海教育出版社，1990 年。
② 成有信：《论师范教育和教师》，《高等师范教育研究》，1989 年第 1 期。

普及，高等教育也已进入大众化阶段，各级各类学校对教师的文化科学知识和教育专业知识、技能提出了更高的要求，引发了定向型师范教育向开放型师范教育的变革。美国是最早也是最典型的由定向型师范教育向开放型师范教育转变的国家。20世纪30年代，美国中小学教师数量不足的状况基本得到缓解，如何全面提高师范生的质量，尤其是文化修养和学科专业水平就成了师范教育发展的主要议题。1930年至1933年，1938年至1946年，美国进行了两次大规模的全国性师范教育调查，结论之一是：师范教育虽已由中等升格为高等，但师范教育在经费设备、师资水平、课程质量等方面还不如综合大学和文理学院，尤其是在学生的学科专业知识方面，差距更为明显。经过调查、讨论、试验，美国政府决定逐步取消独立设置的师范学院，使之向综合大学发展或归并到综合大学之中。美国师范教育模式的转换也影响到了其他一些发达国家，如英国、德国、日本等都建立了开放型的师范教育。

3. 混合型

所谓混合型师范教育是由定向型和开放型两种师范教育培养中小学师资的师范教育模式，即培养师资的途径是综合大学和独立设置的师范学院。混合型师范教育模式是第二次世界大战以后出现的。当时，不少国家把师范教育的层次提高到了高等教育阶段，原来在师范教育中占主导地位的中等师范学校或升格为师范学院，或合并到综合大学中，学制大多定为4年，招收高中毕业生。

采取混合型师范教育模式的国家，其师资一部分由独立设置的师范学院来培养，一部分由综合大学或文理学院来培养。至于哪部分由独立设置的师范学院来培养，哪部分师资由综合大学或文理学院来培养，各国的情形都不相同，但它们有两个共同点：一是小学教师和初中教师主要由师范学院来培养，高中教师主要由综合大学和文理学院来培养；二是凡承担师资培养任务的高等学校，无论是师范学院还是综合大学或文理学院，都可以培养各级学校师资，并没有明显分工，只是侧重点不同。

4. 其他类型

除了上述三种主要模式外，还有其他一些类型的师范教育模式。

（1）"就校培训"型师范教育模式。詹姆斯·波特提到的三种不同类型的师范教育之一，指的就是为那些中学毕业后马上就从事中小学教学的人所办的在职师范教育。这种模式主要见于发展中国家。这也不禁使我们想起我国刚刚消失的民办教师现象，改革开放以后民办教师通过函授进修取得学历转为公办教师的过程，实际上也可以说是"就校培训"的过程。

（2）"以中小学为基地的师资培训"。这是1992年1月4日，时任英国教育大臣的肯尼·克拉克(Kenneth Clark)在英国索思波特召开的英格兰北部教育会议上正式提出的改革师范教育的商讨性建议。其要点是:使师资培训以中小学为基地,即将师范生的教学实习时间增加一倍;加强师资培训机构同中小学之间的伙伴关系,强调中小学在培训师范生中的作用;更加明确地看重师资培训的结果而不是培训课程的内容。

(3)以培训阶段为特点的模式。一是"两段培训"模式,这是德国师范教育的一种传统模式,即将整个师范教育过程划分为两个阶段。第一阶段是大学学习阶段,学习结束通过国家考试后,获得结业证书,称为实习教师;然后才有资格参加第二阶段的学校实习,通过国家第二次考试后,获得教师资格证书,才有资格被聘为正式教师。二是"一段制师范教育"模式,这是20世纪60年代末到70年代初德国实验的一种新的师范教育模式,是针对"两段培训"模式的不足而提出的。具体做法是:对师范生统一进行10到12个学期的一体化师范教育,代替两段制的师范教育。第一阶段为1~3学期,教育学和社会学科课程的比重大于专业学科,在此期间还要进行两次校内外的实际考察,每次时间为4周;第二阶段为4~7个(高中师资为4~9个)学期,重点学习专业学科和专业课教学法,并注重提高学生对教学计划和教育过程进行实践和理论上的预测;第三阶段为8~10(高中师资为10~12)个学期,主要是加强课堂实践教育,其中一个学期是专业课和普通课的教学实习,按学校类型进行课堂教学实习,每周12课时,使学生尽量掌握作为教师应具备的教学能力。三是"师资三段培训法",是詹姆斯·波特在评价了"定向的师范教育"、"非定向的师范教育"和"就校培训"三种不同类型的师范教育模式的基础上,提出的一种新的教师培养方法。他认为这种模式集中了三种模式的优点。

(二)培养模式的利弊分析

定向型培养模式和开放型培养模式是目前世界上两种比较典型师范教育模式,它们各有利弊。

1.定向型培养模式的利弊

定向型师范教育具有目标明确、重视教育理论和教育实践环节、对学生进行教师职业训练较为系统、充分体现师范教育的专业性等优点,培养的学生教育专业知识和技能比较扎实。但随着科技的进步和经济的发展,这种模式的弊端也日渐显露。

定向型师范教育是一种目标单一的师资培养模式,和综合性大学相比,其课程比较狭窄,学科程度相对偏低,不易满足现代社会和科学技术发展对多种类型、多种适应能力教师的需求。从目前的情况来看,许多师范院校的课程内容比较陈旧,脱离了复杂的学校生活实际,不能适应学校教育和各学科课程不断发展变化的需要,学生的基础知识不够宽厚,和综合性大学毕业生相比,往往后劲不足。

过早的专业定向,使学生来源和专业出路受到较大局限。一方面,真正有才干而且愿意当教师的人往往进不了师范院校,得不到应有的训练;另一方面,受过师范教育的学生毕业后除了当教师外,难以找到其他工作,随着市场经济体制的逐步建立,就业市场也将发生很大变化,和综合性大学相比,师范院校的毕业生就业面比较窄,改行也比较困难。

单一的培养模式容易形成行业性垄断。定向型师范教育模式的一个特点是计划招生、计划分配,长此以往,使师范院校没有危机感,缺乏进取心。

难以适应教育发展的实际需求。单一的师范教育模式不能适应教育发展的实际需求,世界各国的历史已经充分证明了这点。许多第三世界国家,由于教育的落后、人口的增加,面临着师资缺乏的情况,单靠传统的师范教育模式,很难满足教育发展的需要,而其他院校的教育资源又不能充分利用。

2. 开放型培养模式的利弊

开放型师范教育模式的优点是:首先,综合性大学或文理学院资金充足,教学设施和设备等条件较为优越,师资队伍素质高,易于开展科学研究,吸收先进的科学技术成就,学术水平比较高,学生的知识面比较广;其次,综合性大学或文理学院的培养目标多样灵活,课程设置广泛机动,学生专业水平和学科程度较高,适应社会的能力强,工作后劲大;第三,综合性大学或文理学院有利于学科专业培训和教育专业培训密切配合,使学术性和师范性有机统一,从而有利于培养高素质的师资。当然,开放型师范教育模式也有以下不足之处。

综合性大学或文理学院的课程设置侧重于学术性,教育专业训练和教育研究易被忽视,"师范性"可能在不同程度上会被削弱,人们只重视学术研究,教师基本功训练会受到冷遇。

综合性大学或文理学院的培养目标如果不够明确,学生的专业思想准备不充分,会导致教师职业得不到尊重,教师待遇偏低,那么高素质的人才就不愿意当教师,一些别无出路的人进入教师队伍,就会造成教师队伍整体素质的下降。

综合性大学或文理学院培养师资,往往是进行分段式培训,即先进行学科教育,然后进行教育专业培训,很难做到学科教育和专业培训的有机结合,很难在开展学科教育的同时给学生传授更多对将来当教师有用的材料,也不利于对学生进行专业思想教育。

(三) 拓宽师范教育培养的渠道

我国师范教育的培养模式长期以来属于定向型。1999 年 6 月 13 日发布的

《中共中央、国务院关于深化教育改革全面推进素质教育的决定》提出要"调整师范院校的层次和布局,鼓励综合性高等学校和非师范类高等学校参与培养、培训中小学教师的工作,探索在有条件的综合性高等学校中试办师范学院"。由此可见,我国的师范教育的培养模式正在发生转变。

1. 关于培养模式的几种观点

关于我国的师范教育的培养模式,国内很多专家和理论工作者发表了自己的意见,主要有以下三种观点:

(1) 主张废除现有的定向型师范教育模式,实行开放型师资培养模式。这种观点认为,现代科学技术的发展,要求教师具有更高的素养和创造性,能够培养出时代所需要的创造性人才。师范教育采取开放型模式是一种国际潮流,而我国现有的师范教育模式是传统的定向型,既不适应社会主义市场经济模式的实际需要,又不合乎世界教育发展趋势。

(2) 承认实行开放型师范教育模式是世界教育发展趋势,但不适用于中国。这种观点认为,我国幅员辽阔,人口众多,基础教育的任务十分繁重,必须保持相对稳定的模式,也就是封闭型的师范教育模式。如果不顾国情,盲目搬用外国的做法,实行所谓的开放型师资培养模式,就会助长一些师范院校的"离心"倾向,使我国业已形成的师范教育模式崩塌,导致基础教育的师资队伍得不到应有的补充,酿成严重后果。

(3) 认为师范教育模式有其自身的发展规律,每个国家又有自己具体的国情,不同的国情需要不同的教育模式。这种观点认为,世界师范教育开放型模式的普遍化确实是发展趋势,但一种教育制度总是和一定阶段的社会形态相适应的,即需要一定的经济、政治和文化背景以及国民素质为基础。就目前我国的实际情况来说,可在维持原师范教育模式的同时,动员其他院校参与师资培养,即建立一种封闭型与开放型并行混合的师范教育模式。

2. 师范教育模式的发展趋势

从世界高等师范教育的发展历程和趋势来看,由定向型师范教育转变为开放型师范教育,是师范教育发展趋势。但是,在由定向型师范教育转变为开放型师范教育的过程中,纯粹采用定向型师范教育模式或开放型师范教育模式的国家极少,大多数国家采用混合型师范教育模式。

混合型师范教育模式是第二次世界大战以后出现的。当时,不少国家把师范教育提高到高等教育阶段进行,原来在师范教育中占主导地位的中等师范学校或升格为文理学院,或并入综合性大学,招收高中毕业生,学制4年,实行开放型师范教育模式。但与此同时,这些国家保留了一些独立设置的师范学院或教育学院。如法国,除大学培养中学教师外,还有高等师范学校、学徒师范学校、技术教师培训中心等专设的师资培养机构来培养其他各级各类的师资。再如日本,二战后模仿美国实行开放型师范教育模式,20 世纪 60 年代后,根据本国的实际情况,除了由新制大学培养中小学师资外,政府还采取指令性措施,要求每个都、道、府、县至少要有一所国立大学设置教育学部培养中、小学师资,同时开设教育大学,专门培养中小学师资。1980 年,日本又先后开设兵库、上越、鸣门三所独立的教育研究院大学。1989 年,日本有四年制大学和两年制短期大学1 061所,其中开设教育学部和教育科分配到师资培养任务的大学占 86%。可以说,日本的师范教育模式是以开放型为主,兼有混合型特色。

采取混合型师范教育模式的国家,一部分师资由独立设置的师范院校来培养,一部分师资由综合性大学或文理学院来培养。至于哪一部分的师资由独立设置的师范院校来培养,哪一部分的师资由综合性大学或文理学院来培养,各国的情况并不一样。但是,采取混合型师范教育模式的国家有两个共同点,一是小学教师和初中教师主要由师范院校来培养,高中教师则由综合性大学或文理学院来培养;二是凡属承担师资培养任务的高等学校,无论是师范院校,还是综合性大学或文理学院,均可培养各级学校的师资,但各类学校又有所侧重。

混合型师范教育模式吸取了定向型师范教育模式和开放型师范教育模式的长处,克服了它们的不足,既有利于教育的普及和教育质量的提高,又有利于体现"师范性",提高"学术性"。

3. 建立开放的师范教育体制

市场经济最基本的特征就是市场的供求规律在社会的人力、物力、财力等各方面资源的配置过程中发挥基础性作用。在社会主义市场经济条件下,包括教师资源在内的人力资源的配置越来越多地通过人才市场的供求规律来进行。不论是师范院校还是非师范院校,只有培养的人才能够成为高质量的教师人才时,才能得到人才市场和社会的肯定,其自身也才能得到发展。因此,建立开放的师范教育体制,是一种客观的历史趋势。

为适应教育改革和发展的需要,我国的师范教育应尽快由封闭式师范教育体制逐步向开放式师范教育体制转变,先建立定向和非定向师范教育相结合的混合型师范教育体制,最终构建成开放的师范教育体制。在转变我国师范教育体制的过程中,一定要充分考虑我国的实情。我国各地区发展水平差距很大,这就决定了我国师范教育的改革不能只强调统一,应分区发展,分类指导。各地区可以根据实际采用不同的过渡形式。

从封闭走向开放大致要经历三个阶段:第一阶段的师范教育以高师院校培

养为主,综合大学与其他非师范院校参与培养为辅;第二阶段的师范教育以高师院校与综合大学来共同培养;第三阶段的师范教育以综合性大学与其他非师范院校培养为主,少数师范院校参与培养为辅。

从我国的实际情况来看,目前采用以开放为主、定向和非定向相结合的混合型师范教育模式比较切实可行。这将是一个以师范院校为主体、各类高校广泛参与、教师来源多样化的师范教育体系。这种体系不仅有助于提高我国教师队伍的整体质量,而且有助于提高师范院校的竞争意识和竞争能力,增强师范院校的办学活力和造血功能。当然,这只是一个过渡阶段,最终我国必将建立一个开放的师范教育体系。我们暂不考虑过渡阶段的时间有多长,因为时间估计长了,会产生等待观望心理,出现不思进取的局面,从而延误改革时机;时间估计短了,会产生急功近利的心态,出现盲动冒进行为,从而加大改革成本。我们可以采取政策导向,鼓励一些师范大学向综合性大学发展,鼓励一些师范学院、教育学院并入综合性大学,使中小学教师由师范大学、师范学院和综合性大学中的相关学院负责培养,学生在教育系或综合性大学中的师范学院、教育学院、师范教育学院学习教育专业课程,在相关系或学院选修学科专业课程,通过国家统一的"教师资格考试",获得教师资格证书。这样可以充分利用综合大学和师范大学学科门类齐全、设施条件优越等教育资源,提高师范生专业水平,保证教育质量。

只要我们明确方向,正确对待我国国情,大胆吸收国际师范教育发展过程中积累的成功经验,积极推进师范教育体制改革,就能尽量缩短由混合向开放的进程和时间。

4. 建立教师质量保证机制

构建高水平、有活力、开放式的师范教育体系,需要加强教师的专业化和教师资格认定工作。随着教育事业的发展,教学工作的专业性越来越强。就像医生和律师一样,教师职业不仅需要必备的专业知识,例如教育学、教育史、心理学、教学论、教学法等,而且需要为人师表所具备的品格。因此,我们不仅需要通过一个有竞争力的、开放的师范教育体系,即通过师范院校和综合大学等非师范院校的共同努力,来提高和加深教师群体的自然科学和人文科学的学术水准,而且要通过加强和加深教育理论的学习和教育实践能力的训练,把我国教师队伍的专业化水平提高到一个新层次。学习者只有达到这两方面的要求时,才能取得教师资格证书。从定向的师范教育阶段过渡到教师资格证书阶段,将是我国教师教育发展的必然趋势。为此,我们必须加快建立师范教育机构的鉴定制度,完善的教师资格证书制度以及相关的配套政策措施,加快我国教师专业化的进程。

首先,要制定出一套适用于不同地区、不同类型的学校、不同学科的教师资格考核标准及办法,从职前与职后两个层面来高标准、严要求地实施教师资格证书制度,把获得教师资格证书作为强有力的杠杆来约束教师的聘任和进修。

其次,国家要尽快出台有关中小学在职教师培训的法律、法规,明确教师的权利、义务等相应约束机制,并建立与聘任、提薪、晋级相关的激励机制,把教师的在职培训纳入法制化轨道,鼓励优秀人才从事教师职业,提高教师队伍素质。

再次,在政府与学校之间组建诸如教师职业标准委员会、师范院校协会、师范教育评价协会等非营利的中介机构,承担对师范教育机构的设置、功用、质量、效率的评估,并让评估的主、客体分别接受市场的调节和社会的检验。这样既有利于调动各方积极性,推动师范教育的改革发展,又有利于政府机构简政放权和转变职能。

任何培养模式都是有其利弊的,我们所要做的,是尽可能选择利多弊少又适合实际的模式。有学者认为,开放型师范教育模式适合于解决教师数量的问题后,为进一步提高教师的质量而采用。笔者认为,解决教师的质量问题,根本还是在于提高教师的经济待遇和社会地位。如果教师的经济待遇不高,社会地位低下,采用定向型师范教育模式,毕业生的到位率就不会高;采用开放型师范教育模式,教师队伍的质量就会降低。因此,培养模式的关键就在于建立有利于提高师资队伍素质的良好机制。

第六章 中国"教师教育"的探索之旅

　　"教师教育"是师范教育的一个新的发展阶段,现代意义上的"教师教育"概念①形成于 20 世纪 70 年代,是建立在终身教育思想和教师专业化的思想上的。从教师教育的产生和发展来看,教师教育是强调在专业化的思想指导下对教师的学术水平和师范技能全面地、不间断地发展。它对职前教育的诉求是促进学术性和师范性的交融,追求教育体制的开放式格局,以促进职前教育在不同的话语体系和教育环境中得到发展;它在在职教育方面的反映是对教师培训的理论化和科学化的概括和提升,是教师培训的连续性的显性化。② 教师教育注重将职前教育和在职教育连接起来,或者称为一体化,当然更为注重的是在职教育,因为它相对职前教育来说在时间跨度上更长,教育内容的丰富程度以及变化程度上更大,对教师的水平的提高更具有针对性,更有效。

　　1999 年 6 月,《中共中央国务院关于深化教育改革,全面推进素质教育的决定》提出:"鼓励综合性高等学校和非师范类高等学校参与培养、培训中小学教师的工作,探索在有条件的综合性高等学校中试办师范学院。"同年教育部发布《关于师范院校布局结构调整的几点意见》,对建设开放的教师教育体系进行了具体部署。这标志着师范教育从独立向开放,从培养与培训分离向一体化方向转变。过去偏重于教师培养和师范院校的"师范教育"的概念,逐步转变为包括教师培养培训在内的、包容性更强、更符合国际惯例的"教师教育"。

　　我国教师教育已经进入战略性调整阶段。教师教育开始进入以走向开放、

---

① "教师教育"一词出现以后,很多学术研究将在教师教育思想兴起之前的师范教育全部以"教师教育"一词代之,大有将"师范教育"一词从教育领域以及语言学领域驱赶出去之意,故这里用"教师教育"的现代意义来界定。

② 实际上,从我国的教师培训来看,其自然发展历程是从无到有,频率是从少到多,从零散逐渐走向系统。以这个发展态势来看,科学化和规范化的在职教育理念也会逐渐显露。

提升层次、培养培训一体化为主要特征，旨在提高教师教育质量的改革发展的新阶段。在教师教育理念的指导下，经过10年的改革发展，我国教师教育实现了在转型中快速发展，并积累了宝贵经验，形成了相对稳定的体系和模式，形成了中国特色。尽管在发展过程中师范性与学术性的争论不断，但教师教育体系总体稳定，始终面向基础教育，与基础教育对接，持续高质量地为基础教育提供优质教师和预备队。此外，我国教师教育逐渐构建起中国特色教师培养模式和终身教育模式。吸引优秀生源，重视教师养成，强化教师专业训练，强调一专多能的综合素质培养。当然，近年来教师教育始终得到政府的特殊支持与政策保障，这是教师教育发展的重要保证。

面对全面提高教育质量和大力促进教育公平的历史新时期，教师教育要进一步深入贯彻落实教育规划纲要，坚持统筹规划，优化布局，提升层次，强化特色，改革创新，走以质量提高为核心的教师教育内涵式发展道路，为培养造就高素质专业化教师队伍和促进教育事业科学发展作出新的贡献。

第一节　由"师范教育"到"教师教育"

"教师教育"的概念在国内最早是在比较教育学中被引用，20世纪90年代在比较教育学界已经成为专有名词。但作为教育的专门用语首次出现在政府的文件上，则是在2001年《国务院关于基础教育改革与发展的决定》中提出的"完善以现有师范院校为主体、其他高等学校共同参与、培养培训相衔接的开放的教师教育体系"，这是在中国教育政策文本中首次使用"教师教育"概念。2001年7月21日，《中国教育报》发表了一篇题为《完善教师教育体系推进教师教育发展》的文章，首次以"教师教育"概念出现为题专门介绍了"教师教育"的概念。《中国教育报》对"教师教育"概念的解释是：教师教育是对教师培养和教师培训的统称，是师范教育与教师继续教育相互联系、相互促进、统一组织的现代体制，是实现教师终身学习、终身发展的历史要求。从师范教育（Normal School/Normal University）发展到教师教育（Teacher Education）是世界教师队伍建设的共同历程。文章指出："教师教育"是对教师培养和培训的统称。2002年在教育部《关于"十五"期间教师教育改革与发展的意见》中，再次对"教师教育"给予了相对完整的诠释："教师教育"是在终身教育思想的指导下，按照教师专业发展的不同阶段，对教师的职前培养、入职教育和在职培训的统称。

随着国内师范教育改革的不断推进，"师范教育"与"教师教育"的概念、理论与实践转型的讨论不绝于耳。"教师教育"几乎取代"师范教育"，甚至关于教师培养以来的整个历史的叙述,都以"教师教育"一语代之。这一词汇的使用,导致了最起码的历史的混淆,使得研究者对师范教育到教师教育在过渡和演进的研究上产生了困惑,甚至在教师培养的实践活动中造成了混乱。因此,"教师教育"能否取代"师范教育",能否成为教师培养的"代名词",必须理清。此外,必须通过概念的比较,廓清不同的语境中"教师教育"和"师范教育"的含义及其之间的关系。

理清"师范教育"与"教师教育"的关系,关系到如何看待教育培养的起源、历史经验和理论积累的问题。正确区分二者的关系,应结合历史审视"教师教育"。这一崭新的师资培养理念和制度,有利于实现二者之间的平滑过渡和历史承继等方面。回避这些问题,势必会造成理论上的混乱和实际上的无所适从。因此,有必要全面分析"师范教育"和"教师教育"的概念、内涵,并深入分析二者之间的关系。

一、教师教育的产生与教师教育概念的内涵

教师教育是由师范教育演变而来的。1681 年,法国天主教神父拉萨尔创建了训练小学教师的"教师讲习所",由此拉开了人类历史上对教师进行培训的序幕,标志着世界教师教育的诞生。18 世纪末期,法国资产阶级开始创办师范学校,中等师范教育由此逐渐发展起来。1823 年,霍尔(Hall)在美国佛蒙特州建立的私立师范学校开启了美国教师教育的先河。1882 年,美国率先将亚拉巴马州师范学校升格为师范学院,拉开了高等师范教育发展的序幕。随着办学层次的提升,师范学校逐渐被师范学院、师范大学所取代。在教师教育向高等教育性质转变的过程中,"师范"一词逐渐为人们所弃用。在西方发达国家,以教师学院(Teacher's College)、教师大学((Teacher's University)或综合性大学的教育学院(School of Education)取代师范学校在 20 世纪 30 年代前后已经非常普遍。与此同时,师范教育的概念也被教师教育的概念所取代。而一直到 20 世纪 60 年代,现代意义上的"教师教育"的概念及其理论上才建立并付诸实施。

随着科学知识更新的加速、现代化进程的推进、教育普及程度的提高,尤其是人们对教师教育教学质量的广泛关注,"师范教育"这一概念正在被"教师教育"这一理念所取代,这标志着教师培养进入了一个新的发展阶段。在 20 世纪 60 年代,世界各国的教师教育开始从师范教育向教师教育的转化,致力于教师终身教育体制的建立,这是教师教育发展的根本趋势。现代意义上的"教师教育"是建立在终身教育思想和教师专业化思想的基础上的。它涵盖了整个教师的培养和培训,并在一个相对完整的概念的外衣下力图将教师的职前培养和在职培训融为一体,即实现一体化。教师教育的概念在最初的意义上主要着眼于

中小学教师的培训,其后延伸到整个教师行业。准确地说,"教师教育"是统和了职前师范教育和在职教师培训概念的新概念,在办学形式等方面替代了"师范教育"概念。这种替代,其意义在于教师教育的重心由职前阶段转向了职前职后一体化,教师教育由阶段性和终结性转向了终身性、持续性。但值得注意的是,"教师教育"并不能从完整意义上取代"师范教育"的概念。甚至可以说,它对于"师范"这种内涵,并不能阐述清晰,无法描摹教师培养的历史和内在的标准意蕴。

(一) 终身教育思想与教师教育理论的形成

终身教育思想的产生,引发了教育界的一场革命。这一思想产生之后,迅速在教育理论领域和教育实践层面推广,并引发了各个层面的教育模式的改革。其对教师教育领域的影响主要在于提升教师在职教育的地位,以及推动教师教育职前和在职教育一体化的进程。

二战后,世界范围内的教育改革浪潮不断扩展,催生了新的教育理论。1965年12月,"终身教育之父"保罗·朗格朗在联合国教科文组织于巴黎召开的第三届促进成人教育国际委员会上作了题为《终身教育》的学术报告,它标志着终身教育思潮正式走向台前。其后,朗格朗出版了终身教育思想的代表作 *An Introduction to Lifelong Education*(《终身教育引论》),并陆续被译成20多种文字,进而使得"终身教育思想"席卷世界,影响了各国教育的发展。在此前后,朗格朗还出版了 *On Lifelong Education*(《关于终身教育》)、*Prospects of Lifelong Education*(《终身教育的前景》)等著作。以此为起点,终身教育很快成为一种思潮。朗格朗认为:终身教育是完全意义上的教育,它包括了教育的各个方面、各项内容,从一个人出生的那一刻起一直到生命终结的不间断地发展,包括了教育各个发展阶段、各个关头之间的有机联系。[①] 终身教育思想在其后的一段时间内,得到了快速发展,并迅速成为一种思潮。

终身教育思潮具有以下基本特征:在教育目的的维度上,终身教育追求人的发展和社会发展的统一;在个体受教育时间的维度上,是一种贯穿人的一生的教育;在教育内容的维度上,终身教育的内容是综合性的,是包括参与社会生活所需要的知识、技能、情感、道德等各个方面的整体意义上的教育,追求的是各种素质在个体上的统一性和完整性;是面向未来的,其基本特征是对不断变化的社会的适应性和可持续的创造性;在教育对象的维度上,终身教育是面向所有人的。

---

① [法]保罗·朗格朗:《终身教育引论》,周南照译,中国对外翻译出版公司,1985年,第17页。

终身教育的根本意义是向环境学习,因此,所有人都可以成为受教育者。①

随着"终身教育"思想在教育领域的深入,其思想体系迅速得到世界各国的认同。教师开始成为最先感受终身教育必要性的社会职业之一,发达国家都普遍拓宽了教师教育的范围,引进了"持续性教师教育"的理念,将"终身教育"的概念引入教师教育领域,将职前教师培养和在职教师培训终身化有机结合,使教师教育贯穿教师职业生涯的整个过程。

首次把终身教育理论运用于教师教育实践的则是英国的《詹姆斯报告》。1972 年詹姆斯在报告中第一次提出了"培养、任用、培训"三个连续的教师教育阶段,即著名的"三阶段理论",这一理论从根本上对教师教育的理论进行了重构。该报告把重点放在第三阶段,即在职培训上。教师"三阶段理论"很快得到世界各国的认可。因此,各国对教师在职培训的普遍重视是终身教育思想在教师教育上的反映。

在终身教育思想的影响下,教师专业发展受到了人们的高度重视,已日益发展成为一个引人注目的研究领域。终身教育思想的出现直接影响了教师教育的发展,国际上逐渐形成了把教师职前教育和在职教育统一起来的趋势。欧洲经济合作组织 1974 年召开关于"教师政策"的会议,将"师范教育的连续性和教师的阶段性成长"作为会议的主题之一。1975 年联合国教科文组织第 35 届国际会议通过了《关于教育作用的变化及其对于教师的职前教育、在职教育的影响的建议》,建议书中强调了教师培养与进修相统一的必要性。② 终身教育思想因而也成为教师教育理论的根本支撑之一,尤其在教师教育理论中在职教育的连续化和科学化的设计方面起到了主要作用。

终身教育思想对教师教育的内在要求包括以下几个方面:

其一,终身教育思想要求教师教育一体化。终身教育理念倡导的教师教育是一个完整的教育体系,贯穿教师一生的职业生涯,包括教师的职前培养、入职培训和在职教育三个阶段,尤其强调把教师的在职教育视为教师教育的重心。教师在这种连续性和一体性的教师教育中不仅稳步提高了专业素质,还发展了自己的综合能力,促使自己成为一个真正的终身学习者。终身教育要求教师教育一体化发展,使之成为一个开放的、动态的发展体系,对教师一生实行专业发展的培养,为教师发展各阶段提供终身教育服务,实现职前、入职、在职教育各阶段的连接,尤其是将教师职后进修与发展视为重心。同时,教师教育要求对教育

① 张乐天,等:《教育学》,高等教育出版社,2007 年,第 98 页。
② 李其龙,等:《教师教育课程的国际比较》,教育科学出版社,2002 年,第 267 - 269 页。

对象实施知识、技能、情意等全面综合性培养，发展综合的更新能力，使其成为终身学习者，并内在地把具有促进教师专业发展功能的各种教育机构相互联系起来，实施一体化教师教育，构建教师终身学习体系。

其二，终身教育思想要求教师自我发展和主动发展。终身教育思想注重对教师的自我完善，即教师教育必须成为教师自我发展的内驱力，促使教师树立终身学习的观念，积极自发地完善自我。作为终身教育的主体，教师已深刻认识到，由于人类面临着前所未有的挑战，个人凭借某种固定知识和技能就能生存的观念已成为过去，只有通过终身教育完善自己的知识结构与技能水平，才具有存在的价值。教师教育作为教师个人终身教育的重要途径之一，就必须满足教师自我完善的内在要求。传统教师教育注重的是教学相关知识与技能的培养，却忽视了教师个体的学习需求和个性特征，使教师缺乏专业发展的后劲，难以成为优秀的专家型教师。终身教育思想下的教师教育则要激励教师主动自发地完善自我，并朝着终身学习的目标迈进。

因此，要使教师成为真正的终身学习者，教师教育就必须是一个能激励教师成长和调动教师学习主动性的过程，并且教师在这一过程中，可以持续不断地完善自己的知识、技能与人格。终身教育视野下的教师教育就是要促使教师成为终身学习的先行者，积极主动地完善自我。

（二）教师专业化思想——教师教育的专业地位的确立的理论根据

教师教育理论的另外一个来源是教师专业化思想成熟。虽然教师这一行业存在已久，但是教师职业却未能作为一门专业确立下来，这一犹豫和徘徊反映了教师在社会中的地位的低下，以及在推动社会前进的历程中所起作用的隐形化，也体现了教师行业的自我本位的缺失。20世纪50年代以后，世界各国经历了从教师极为短缺到教师需求量相对降低的转变，日益重视师范教育的质量。但是师范教育还远远无法达到社会所期望的要求和水平，由此导致了社会对教育质量不尽如人意和对教师素质低下的不满，引发了对教师教育的批评。因而对教师素质的关注达到了前所未有的程度。

联合国呼吁各国把教师专业化作为提高教师质量和社会地位的共同策略。20世纪60年代兴起的人力资本思想也将对教师培养的投入提到了关系国家发展的高度，提升了师范教育的地位，也使得教师专业化建设获得了更多的关注和资金支持。1966年，国际劳工组织、联合国教科文组织在《关于教师地位的建议》中就提出应该把教师工作视为专门职业，认为它是一种要求教师具备经过严格训练以及持续不断地研究才能获得并维持专业知识及专门技能的公共业务。因此，教师的在职教育就成为教师职业化建设的侧重点。该文件首次以官方文件的形式对教师专业的性质和地位予以确认,指出"应把教育工作视为专门的职业,这种职业要求教师经过严格地、持续地学习,获得并保持专门的知识和特别的技术"。从此,"教师专业化"明确地树立起来,并带动师范教育进入了新的发展阶段。

《世界教育年鉴》于 1963 年和 1980 年两度以教师和教师教育为主题:1963年《世界教育年鉴》的主题是"教育与教师培养",1980 年的主题是"教师专业发展"。此后又多次开展专门以教师专业发展为主题的国际会议,对深刻理解教师专业发展概念、在实践中促进教师专业的发展起到了积极的推动作用。进入 20世纪 80 年代,教师专业发展成为人们关注的焦点和当代教育改革的主题之一。美国是此次教师专业化改革浪潮的发起中心。1980 年 6 月 16 日,《时代周刊》一篇题为《危急!教师不会教》的文章引起了公众对教师质量的担忧,拉开了以提高教师素质、促进教师专业发展为核心的教育改革的序幕。1983 年,"高质量教育委员会"发表了《国家在危急中:教育改革势在必行》一文。霍姆斯小组1986 年发表的《明天的教师》提出了教师的专业教育至少应包括 5 个方面:把教学和学校教育作为一个完整的学科研究;学科教育学的知识,即把"个人知识"转化为"人际知识"的教学能力;课堂教学中应有的知识和技能;教学专业独有的素质、价值观和道德责任感以及对教学实践的指导。卡内基工作小组在 1986年发表的《国家为培养 21 世纪的教师做准备》中提出创立全国教师专业标准委员会,确定教师标准,为教师专业发展理论奠定了基础。其后问世的《世界的教师》(复兴小组,1989)、《明日之学校》(霍姆斯小组,1990)、《明日之教育学院》(霍姆斯小组,1995)等一系列报告将教师专业化发展推向高潮。通过教师的专业化来实现教学的专业化,以确保未来学校对师资的需求。

1996 年联合国教科文组织在第 45 届国际教育大会通过的《加强教师在多变世界中的作用之教育》中指出:在提高教师地位的整体政策中,推进教师专业化是"改革教师地位和工作条件"的最有前途的中长期策略。

(三)"教师教育"的内涵与特征

终身教育思想在教师的培养和在职培训方面不断渗透的同时,教师的专业化建设逐渐起步。这两者交互作用,对教师的培养和在职培训产生了深刻的影响。但是,从发生学的角度来看,由于 20 世纪 50 年代前后社会对在岗教师素质的质疑和批评不断加剧,教育部门不得不采取相关措施提高当时教师的水平。而提高在职教师水平的主要手段就是加大在职教育的力度。从这一背景来分析,我们可以得出教师教育是从教师在职教育出发而得出的结论。如前所述,

《詹姆斯报告》实际上在教师教育的定位上更为注重教师的在职教育。①

法国是较早建立中小学教师在职培训制度的国家,在保罗·郎格朗"终身教育"思想的推动下,师范教育囿于"一次性"职前教育的观念被打破,教师在职培训受到法国政府更多的关注。1972 年,法国政府发表了《关于初等教育教师终身教育基本方针的宣言》,明确指出教师培养是一个整体概念,是教师的职前培养与在职培训的一种有机综合。1975 年联合国教科文组织第 35 届国际教育会议通过了《关于教师作用的变化及其对于教师的职前教育、在职教育的影响的建议》,强调了教师培养和进修相统一的必要性。20 世纪 80 年代以来,促进教师专业成长成为法国教师教育改革的主题,提出以教师专业发展为目标,用"教师教育"替代"师范教育",整合职前培养与在职培训于一体。1970 年以后日本教育界普遍使用了"教师教育"一词,替代传统的"师范教育"。1978 年,在日本中央教育审议会的咨询报告《提高教员素质》中,第一次提出教师培训连续性的观点,提出要通过教员的养成、任用、研修三个阶段的连续过程提高教师素质。

可以看出,"教师教育"的概念经历了这样的变化:由强调教师的在职教育作为其原始意义逐渐向强调教师职前教育和在职教育一体化和整合化的意义过渡,最终定格在当前教师培养和培训一体化的界定上。因此,可以对教师教育做这样的定义:教师教育是指在终身教育的思想指导下,以专业化的标准和方法培养和培训教师的教育形态。因此,真正意义上的教师教育是指职前、在职教育的一体化,以及在职前和在职教育中所充分显现出来的专业化。

教师教育体制具有开放性,即非师范院校也可以进行教师培养,教师资格制度替代了师范生的定向培养制度;教师教育的学历层次明显提高;教师教育的形式有正规的学校教育也有非正规的教师个人自主学习,其学科内容更为丰富。"教师教育"概念体现了如下一些特征:②

第一,开放性。"教师教育"必须用开放的体制来发展,实行开放的教师资格制度,替代师范生的定向招生、定向分配制度。将教师教育纳入到整个高等教育体系中作为高等教育的一部分,不断拓宽教师教育的渠道。从培养机构来看,可以设置独立的教师教育院校来培养教师,也可以由综合性大学和专门的理工大学设教育学院来培养教师,还可以是中小学校和大学合作来培养教师。

第二,系统性。"教师教育"包括各种各样的教师的培养、培训或进修活动,所以,教师教育是教师培养的系统工程。

---

① 金含芬:《英国教育改革》,人民教育出版社,1993 年,第 383－395 页。

② 本部分内容参考黄崴:《从"师范教育"到"教师教育"的转型》,《高等师范教育研究》,2001 年第 6 期。

第三,国际性。使用"教师教育"有利于就教师的培养、发展等问题与其他国家进行对话和交流。所以,用教师教育来表达我国的教师培养和提高则更为合适。

第四,专业性。教师不仅是一种职业,还是一种特殊的专业,教师专业化和教师教育工作者的专业化将成为教师教育的依据和导向;教师教育将成为一个专门的研究领域和学术领域,逐渐建立起自己的学术规范和学术标准。现在不少国家的法律都把教师作为一种专业对待,要求对教师实施专业化教育,教师的持续发展和继续教育被认为是提高教育质量的关键,国家对教师培养和培训从理念、课程到机构、资格制度进行全程规划,教师的职前培养和职后培训一体化。教师教育着力要解决的正是作为教师应具备的专业知识、专业技能和专业实践能力。教师教育是在学科教育的基础上进行的,或是在学科教育的同时进行的。专业知识课程主要强调的是教师专业的理论知识,比如教育哲学、心理学、教育史、课程理论、教学理论。

第五,持续性。教师不仅要接受职前教育、入职教育,而且要在职进修,终身学习。

二、"师范教育"与"教师教育"的比较

"师范教育"和"教师教育"本是一对相互关联的词汇,但自从"教师教育"一词进入中国,进入政策层面,"教师教育"便迅速取代了"师范教育",甚至有"划清界限"之嫌。因此也造成了一些认识上的混乱。故而有必要结合我国师范教育的理论与实际,对二者的关系进行重新认识,以理清二者的关系。

(一) 对"师范教育"与"教师教育"发展的研究

师范教育和教师教育在内涵和外延上并无本质不同。根据洪明的考察,"师范教育"一词的含义来自于"师范学校"的设置,其承担的工作就是培养教师。根据对英语国家的考察,他指出,师范学校是"培训教师的学校,主要是指培养小学教师"[1],初始时的师范教育机构多是培训机构,而培训教师的学校之所以被称为"师范学校",是因为最早的教师训练学校为使自己的学校成为他人效仿的楷模而有意作这样的称呼。随着办学层次的提高,"教师学院"、"教师大学"或综合性大学的"教育学院"取代"师范学校"的用词在 20 世纪 30 年代前后已经达到了相当的程度,取而代之的是人们更多地使用"教师教育"。黄崴指出:美国到 1940 年,"师范学校"已经过时……州立教师学院也经历了很短的时间,从20 世纪 60 年代开始发展成为多目标的州立学校或州立大学,既颁发人文学科

---

[1] 洪明:《教师教育的理论与实践》,福建教育出版社,2007 年,第 38 页。

位，也颁发教育学位。① 自此，"师范学校"和"师范教育"在英语国家逐渐成为一个历史上的名词。可见，"师范教育"与"教师教育"并不是截然不同的两个概念。

但从二者的历史发展来看，"师范教育"和"教师教育"有一个前后承继的关系，"教师教育"是"师范教育"的发展。我国自清末从日本引进师范教育，并将师范与国内的"学堂"合二为一，译为"师范学堂"，则是一个折衷。② 随着教育事业的发展，"学堂"改为"学校"、"学院"、"大学"等，中高两级师范学堂就分别成为"师范学校"和"高等师范学校"，后者再分为"师范高等专科学校"和"师范学院"。20世纪80年代后期，我国学术界曾尝试以"大师范教育"和"小师范教育"的概念将新旧教师教育观念区分开来，认为"小师范教育"就是我国近代以来传统的师范教育，"大师范教育"应是立体的、开放的、广义的、高质量的师范教育。③ 其中"大师范教育"实际上完全与教师教育相同。而我国对师范教育的定义实际上也与教师教育并无二致。以《中国大百科全书（教育卷）》为代表的各种教育工具书，大都把师范教育定义为"培养师资的专业教育"；"培养和提高基础教育师资的专门教育。包括职前教师培养、初任教师考核试用和在职培训"。通过以上研究可以认为，教师教育实际上就是师范教育的一种高级发展形态，更为注重培养层次和在职教育。

事实上，我国一直将职前教育作为教师培养的重点，将职前的教育结构建设以及方案设计作为重点，这与"师范教育"本身的界定有着密不可分的关系。自清末以来，历经多次转换，师范教育呈现出良好的发展态势，并逐渐在入职培训、在职教育方面加大力度。但与明确将职前、入职、在职连接起来，并形成一体的"教师教育"相比，"师范教育"仍然以职前为重点。20世纪90年代末，"教师教育"的理念传入中国，并逐渐影响"师范教育"的方方面面。21世纪初，我国逐渐将"教师教育"理念体系以及西方发达国家的经验与教师培养联系起来，渐进地构建起连接职前、入职、在职一体的教师教育体系。至此，"教师教育"体系逐步形成，并不断在探索中实现创新。因此，从历史上看，"师范教育"和"教师教育"是不同历史阶段的教师培养方式，二者是历史的承继和发展关系。

---

① 黄崴：《从"师范教育"到"教师教育"的转型》，《高等师范教育研究》，2001年第6期。
② 何如璋：《使东述略》，岳麓书社，1985年，第147页。
③ 马超山：《浅谈我国高等师范教育结构改革》，《中国高等师范教育改革》，华东师范大学出版社，1989年，第137页。

(二) 对"师范教育"和"教师教育"职能的研究

对于教师教育和师范教育①两种不同体系的比较,可以从三个不同的维度进行:一是时间维度,二是空间维度,三是要素维度。

从时间维度上看,教师教育是终身性的,师范教育是阶段性的。从空间的维度上看,教师教育的空间可以分成三大块:职前教育场所、入职教育场所、职后继续教育场所。师范教育则仅限于职前教育场所。如果将两个维度的差别概括为一点,其根本性的差别在于教师教育是职前、入职、职后三阶段具有连续性的教育。因此,三阶段教育的连续性是教师教育体系与师范教育体系在构成上的区别。

从对象纬度上来看,"教师教育"是以教师为对象的教育,师范教育阶段的教育对象还只是准教师,因此不能称"教师教育"。这个阶段的教育是教师教育后两个阶段的奠基教育,是教师教育的基础教育,而不是教师教育的全部。在教师教育体系中,职前教育只是阶段性教育,而在师范教育体系中,则是完成式和终结性的。阶段性和终结性之间的区别表现在教育实施内容与方式上的不同。教师教育体系中的职前教育是作为终身学习、持续发展的奠基教育,注重的是教师终身发展所必须具有的智能;而师范教育则是以外在的教师标准作为参照,进行达标式的教育,按照统一的标准进行统一的教育,因此,非常关注知识的量、技能的量,而且追求完善,希望通过这样的教育就能使一个人成为合格的优秀的教师。从时间上看,职前教育——基础教育显然是短暂的,而后两个阶段的教育则是与教职生涯共始终的。为此有学者认为,教师教育的教育重心从职前移到了职后。实际上,重心转移并不等于否定职前教育,教师教育概念是统合了职前和职后教育的一种教育。

从要素维度看,教师教育体系是职前、入职、职后教育的统合,因此,在体系的构成上这三阶段的三种教育就成了不可缺少的三要素。而师范教育仅是职前这个要素。教师教育三阶段的教育程序及各自的作用与师范教育是不同的。教师教育体系的职前教育是一种教师职业资格教育,教育对象为准教师,他们可能成为教师,也可能不去从事教师职业。因此,教师教育是灵活多样的,是一个开放的体系。教师教育体系要求在纵向上具有连续性,在横向上具有多样性。

此外,师范教育与教师教育在特征上也有所不同,具体可以归结为三个方面②:

---

① 本部分内容参考罗明东,等:《教育学:当代教育一般性问题概论》,云南大学出版社,2006 年,第 31-33 页。
② 本部分内容参考钟启泉,王艳:《从"师范教育"走向"教师教育"》,《全球教育展望》,2012 年第 6 期。

第一，培养机制上的"封闭性"与"开放性"。师范教育体系是独立设置的，具有封闭性特征。师范院校从低级到高级自成一体，普遍实行定向招生、定向培养、定向分配和免交学费政策；师资队伍一度都是师范毕业生，拒绝非师范院校毕业生进入教师队伍。而教师教育体系则实行开放的教师资格制度，替代师范生的定向招生、定向分配制，可以由独立设置教师教育院校来培养教师、以由综合性大学和专门的理工大学设教育学院来培养教师以及以中小学校为本来培养教师。

第二，发展方向上的自上而下的专门性与社会层面的专业性。师范教育立足狭隘的专门性设计，属于制度设计的自上而下的行为，教师的发展呈现出统一的专门性，鉴于封闭性的特征，这一专门性导致教师职业发展的"专业性"缺乏。而教师教育中，不仅将教师视为一种职业，更是特殊的专业，教师培养是在学科教育基础上的专业教育，师范院校从单一型向综合型发展，学科教育与教师专业教育相分离，教师专业教育受到重视并成为师范院校的重要优势和特色；教师专业化和教师教育工作者的专业化成为教师教育的依据和导向，教师教育成为一个专门的研究领域和学术领域，逐渐建立起自己的学术规范和学术标准。

第三，教师教育的静态性与动态性比较。师范教育往往是"一劳永逸"的教育，具有终结性。教师养成主要为职前教育，教师的专业发展、继续教育缺乏制度保障；教师的职前培养与职后培训相脱离，缺乏整体规划。师范教育体现了特定历史阶段我国社会和教育发展的要求。片面强调教师的定向和计划培养，缺乏开放与竞争；突出教师的职前培养，忽视教师的职后培训和终身教育；强调学科专业基础、学术能力，教育类课程课时比例低、内容陈旧、教法单一，普遍不受重视。而教师教育则体现为动态、科学、终身地提升。教师发展终身化和教师教育一体化使得教师的成长成为一种动态性的过程，包括与其配套的教师资格准入制度的动态检核制度等方面。教师的持续教育和动态提升被认为是提高教育质量的关键，在职教育成为教师教育的重要构成部分，并呈现出分类分级的细化趋势。

三、"师范教育"向"教师教育"的转变

教师教育取代师范教育，标志着教师培养进入了一个新的历史阶段。中国的师范教育向教师教育转换，意味着中国百年师范教育实现了向现代教师教育的过渡。这一转换，既是终身教育理念在教师培养领域的渗透，也是教师专业化理论在教师发展领域的贯彻，二者的结合促成了教师培养的重要转型。同师范教育相比较，教师教育内涵丰富，在内容上包括学科教育、专业教育和教育实践；从顺序上看，有职前教育、入职教育、在职教育；从形式上看，有正规的大学教育

和非正规的校本教育。教师教育是一个放大的、可持续的、动态发展的师范教育。

由师范教育向教师教育转化是世界教师教育发展的趋势。师范教育是为应对基础教育高速发展带来的迅猛增长的师资需求而建立的,专门的机构和专门的方案促使大量师资被"工厂化"地"生产"出来,并被大量输入到基础教育中。此外,鉴于长时期教师社会地位不高、生活待遇低的实情,教师行业缺乏吸引力,导致教师行业难以集聚优秀人才,因而影响基础教育发展。兴办师范教育这一专门机构,可以在一定程度上保证教师的质量。为了确保教师的数量,政府采用免除学费、提供生活费,但要求一定年限的服务,定向的封闭的教师培养体制。但这种培养状态及其培养出的教师质量与基础教育的发展需求是不匹配的。伴随着基础教育发展而来的是对教师大量的需求,有力地刺激了师范教育的发展,作为师资培养机构的师范院校体系也逐渐壮大。从世界师范教育的发展历程看,欧美发达国家在 20 世纪 30 年代以前也把培养基础教育的教师活动称之为"师范教育",把培养基础教育教师的学校称之为"师范学校"。

但随着教师培养体量的放大,基础教育层面的教师需求逐渐发生改变。基础教育的师资需求逐步体现出由"数量为主"向"质量提升"转变的趋势。基础教育的师资数量逐渐饱和,师资需求由外延式向内涵式转变,对教师"存量"的盘活提出了极高要求,因此将教师的在职教育提到极高的位置,必须而且急需通过重点发展与职前对接的在职教育来提升教师的综合素质,并实施"动态"的教师在职教育系统性的更新,不断适应乃至引领基础教育的发展。从职前培养阶段来看,教师内涵的提升意味着教师队伍要吸引广大"精英"人才进入教师体制内。由此,必将打破既有的师范院校独占教师培养地位的格局,鼓励广大高校积极参与教师培养,"不拘一格降人才"。当然,作为教师"专业"的发展,为保证"增量"的优化,必须将教师专业作为特殊的专业职业,通过准入机制的建设加以保证。因此,教师的准入制度以及入职前和入职培训就成为教师培养领域的重点建设单元。既有的教师培养机构必须开始改制、升格,以适应社会需要,培养更高水平的教师。随着教师职业的专业化程度提高,教师必须不断更新其知识结构并提高其教育教学水平。发达国家的教师培养几乎都经历了师范教育向教师教育的转型。随着终身教育思想和教师专业发展思想的深入,20 世纪 60 年代后,发达国家基本上都实现了由师范教育向教师教育的转型。

（一）发达国家师范教育向教师教育的转型

20 世纪 60 年代后,随着基础教育的迅猛发展,既有的师范教育已经不能适应基础教育发展的需要。师范教育在新形势下逐渐从内部发生了自我否定,并在外力的推动下,逐步向教师教育转变。在这一趋势下,西方发达国家率先实现了师范教育向教师教育的转型。无论从整个教育发展来看,还是从师范教育本身的体系建设来看,教师教育取代师范教育都是世界教师教育发展的必然趋势。

如前所述,基础教育的发展推动了师范教育的高速发展,推动了师范教育制度的逐渐成熟,也催生了规模庞大的师范教育机构的建立。在基础教育的推动下,师范教育的规模越来越大,由此也导致了教师培养的质量参差不齐。这一问题,在基础教育发展到一定阶段的时候逐渐凸显出来。当然,当基础教育发展的主要矛盾由师资需求的量的矛盾转化为质的矛盾的时候,西方各国通过提升师范教育的办学等级以及加强在职教育的方法来提升教师综合素质。此外,为切实保证教师的质量,还陆续建立了教师教育的各类标准,以及教师职业的资格证制度等作为保障。一些发达国家在师范教育领域还出现了教师职前培养和在职进修并举、师范学校升格为师范学院或师范大学、综合大学也培养培训教师等改革,即从师范教育向教师教育转变。其中代表者如美国、英国、日本等国。随着20世纪终身教育思想、教师专业化理论的不断成熟与全球化,各国教师教育改革更加深入:职前职后教育一体化,教师资格证制度全面实施——师范教育向新型教师教育转变已成为一种国际趋势。

(二) 我国师范教育向教师教育转变的必然

由于多种原因,我国现代教育自建立以来,就一直处于规模的扩张中,也导致了师范教育一直将规模发展作为主要任务。新中国成立之后直至世纪之交,我国基础教育迅猛发展,师资需求持续增加,对师范教育提出了较高要求。因此,这一时段,我国仍然处于师资的规模扩张期,师范教育机构在调整中保持着稳步扩大的态势。师范教育的发展,为我国基础教育迅猛发展的师资需求提供了可靠的保证。尤其是在我国经济水平不高,教师职业吸引力还不够强的情况下,师范教育制度保证了我国基础教育的师资需求,为我国人才培养作出了巨大贡献。

但随着基础教育教师需求趋于饱和,师范教育面临新的发展态势。我国的教师教育和师资供求关系发生了深刻的变化。教师供给从总量紧缺向结构性过剩转变。与世界发达国家相比,我国基础教育总量趋于饱和,在发达地区,基础教育教师区域过剩。虽然个别学科的教师以及幼教阶段的教师仍然处于结构性缺乏状态,但教师总体上趋于过剩的态势已经非常明显。而与此同时的基础教育对教师的需求趋于质量的提升——这是与国际教育发展同步的。1992—2000年,我国各级各类学校生师比逐渐接近发达国家均值(见表6-1),在校教师数量逐步能有效满足基础教育所需,教师的学历层次也逐渐提升,整体提升已经成为趋势。

表 6-1 我国 1992—2000 年各级普通学校生师比

%

年份	小学	普通初中	普通高中	职业中学	普通中专
1992	20.07	15.85	12.24	13.82	14.6
1993	22.37	15.65	14.96	13.86	14.55
1994	22.85	16.07	12.16	14.66	15.07
1995	23.3	16.73	12.95	15.35	15.95
1996	23.73	17.18	13.45	15.38	16.43
1997	24.16	17.33	14.05	15.88	16.71
1998	23.98	17.56	14.6	16.13	17.82
1999	23.12	18.17	15.16	15.91	17.88
2000	22.21	19.03	15.87	14.71	19.09

注:本表根据教育部的统计综合得出。①

从 1992 年到 2000 年,我国各级普通学校生师比发生了如下变化:小学生师比由 20.07∶1 递增到 22.21∶1,普通初中生师比由 15.85∶1 递增到 19.03∶1,普通高中生师比由 12.24∶1 递增到 15.87∶1。2000 年,我国普通学校生师比已经逐渐接近同年的 OECD 国家均值。但值得注意的是,以学历层次为显性指标,我国教师的综合素质尚待提高。2000 年我国普通学校教师的学历分布如下:普通高中教师学历合格率 68.43%;初中教师学历合格率 87%;小学教师学历合格率 96.9%。② 这一学历合格率是建立在我国 1993 年颁布的《教师法》对各级各类学校的设计基础上的。从时间上看,作为教师教育发展最快的世纪之交,教师的任职标准本身就在不断提升,而我国的规定仍然停留在如下规定层面:取得幼儿园教师资格,应当具备幼儿师范学校毕业及以上学历;取得小学教师资格,应当具备中等师范学校毕业及以上学历;取得初级中学教师、初级职业学校文化、专业课教师资格,应当具备高等师范专科学校或者其他大学专科毕业及以上学历;取得高级中学教师资格和中等专业学校、技工学校、职业高中文化课、专业课教师资格,应当具备高等师范院校本科或者其他大学本科毕业及以上

① 《1992—2000 年各级普通学校生师比》,http://www.edu.cn/school_496/20100121/t20100121_443240.shtml.《1993—2000 年各级普通学校生师比》,http://www.moe.edu.cn/publicfiles/business/htmlfiles/moe/s4959/201012/113466.html.

② 教育部:《2000 年全国教育事业发展统计公报》,http://www.moe.edu.cn/publicfiles/business/htmlfiles/moe/moe_372/200407/843.html.

学历。① 这一标准本身就是相对静态的，且与西方发达国家有一定距离。此外，教师的在职教育几乎不成体系，甚至是一种"补丁式"的培训体系。鉴于以上情况，实现师范教育转向，提升教育层次，加大在职教育设计力度，推动职前、入职、在职教育的一体化，就成为一个根本的发展趋势。

新中国成立以来，尤其是 20 世纪 80 年代以来，我国教师教育取得了巨大的成就，为教育事业的改革发展做出了历史性贡献。教师教育系统支持和保证了全世界最大的基础教育事业的师资供给。可以说，没有师范教育，也就没有基础教育的今天。抹杀了师范教育的成就，也就抹杀了中国教育成就。历史不能忘记，今天的发展是历史的延续。教师教育作为师范教育的延续和发展，将更为有力地支持和引领基础教育的发展。

2001 年，我国在《国务院关于基础教育改革与发展的决定》中首次用"教师教育"的概念取代了长期使用的"师范教育"概念，提出"完善以现有师范院校为主体、其他高校共同参与、培养培训相衔接的开放的教师教育体系"。2003 年，教育部在《2003—2007 年教育振兴行动计划》中又一次明确提出并具体阐述了构建教师教育体系的任务，指出要"构建以师范大学和其他举办教师教育的高水平大学为先导，专科、本科、研究生三个层次协调发展，职前职后教育相互沟通，学历与非学历教育并举，促进教师专业发展和终身学习的现代教师教育体系"。这是对教师教育现状的客观反映和对未来发展趋势的把握。"教师教育"这一概念，意味着将教师的职前培养、入职教育和职后培训连成一体，将教师教育过程视为一个可持续发展的终身教育过程，体现了教师教育连续性、一体化与可持续发展的特征。

第二节　中国教师教育理论建设

教师教育这一概念产生于欧美，并在世界各国逐渐普及。欧美各国结合这一理念逐渐形成了各具特色的教师教育制度。如前所述，各国的教师教育理念大都是受终身教育思想的启示，在教师专业化理论的推动下逐渐产生的。纵观各国教师教育理论以及教师教育制度，大同小异。因此，作为教师教育思想的先导，终身教育思想和教师专业化思想早在 20 世纪 80 年代末就进入了中国。随后不久，教师教育思想和制度也被逐渐引入中国，并对中国的师范教育体制产生了深刻的影响。在各国的教师教育制度和经验的输入中，以日本为最多，欧美等

---

① 全国人大常委会：《中华人民共和国教师法》，http://www.gov.cn/banshi/2005 - 05/25/content_937.htm.

国居其次。从整体上来看,这一次输入是从制度到思想的全面输入,促进了国内师范教育思想的变革。

在引进国外的教师教育理论和制度的基础上逐渐形成的我国的教师教育理论,仍然处于不断丰富中。随着大量教师教育理论和制度的引入,这一以终身教育思想和教师专业化思想为理论基础的教师培养和培训理论以及成功的实践,逐渐开始对中国建立100多年的师范教育形成了冲击。当然,这一思想上的冲击在某种程度上也促进了教师教育思想和理论的推广,客观上也逐渐使原有的师范教育理论开始松动,起到了教师教育体制构建的铺路石的作用。在教师理论和实践上,既不盲目地全盘西化,照抄国外的教师教育制度,也不因循守旧,顽固地坚持中国既有的师范教育。而是逐渐地将教师教育的理论基础和中国的师范教育结合起来,逐渐用终身教育思想来改革和改善在职教育的各个方面,用教师专业化理论来逐步完善中国的教师准入制度以及培养制度。在此基础上,逐渐将教师教育的体制建设提到了理论建设的高度,同时也在实践上逐渐开始探索。

经历了近些年的探讨和摸索,在教师教育体制的建设上,教育理论界逐渐达成共识,即以开放的教师教育体制建设为最终体制诉求,通过阶段性的建设和推进,逐步打破既有的封闭体制,逐步改变以师范院校为教师教育的主要载体的局面。把构建以师范教育为主要组成部分、普通高等院校等参与的多元教师培养体制作为走向完全开放式教师教育体制的过渡阶段(中间阶段),最终通过相关配套制度的建设(教师准入制度以及科学的培训或者终身学习制度),逐渐取消师范院校,将教师教育推向全面开放阶段。

一、中国教师专业化思想和制度的沿革

教师专业化建设思想较终身教育思想而言,其目的性体现得更为明显,针对性也较强。因此,其传入中国以后,很快受到追捧,并迅速被运用到教师教育中。相对于终身教育思想对我国的教师教育而言,教师专业化思想的影响是较为深刻的。教师培养和培训的专业化,就要求教师培养和培训机构专业化,要有相应的培训体制、管理制度和措施。20世纪末以来,我国在对传统的教师教育模式进行综合化改革的同时,鼓励综合性大学和非师范大学参与培养、培训教师工作,探索在综合性大学中试办教育学院。目前,我国教师教育综合化的办学格局已经初步形成。为了在综合化基础上提高教师教育专业化水平,教育部拟在有条件的师范大学和综合性大学内整合优质教师教育资源,建立一批专门从事教师教育的"国家级教师教育基地"。随着我国教育改革的不断深入,对教师专业化的要求越来越高,传统教师教育模式中学科知识与教育教学知识之间的冲突迭起,迫切需要教师教育模式从过去的学历教育转变为在较高学历教育基础上的资格证书教育,突出教师教育的资格性与职业性,不断提高教师的专业化水平。

(一) 我国教师专业化理论以及教师专业发展理论的研究进展

教师专业化已成为当前我国教育改革中的热点问题。学术界的早期研究均是对国外教师专业化理论与实践经验的引入和借鉴。1988 年,由范宁编译的《霍姆斯协会报告:明天的教师(1986)》可能是国内最早引进的国外教师专业化专题研究的论文。20 世纪 90 年代中期以后,教师专业化问题陆续引起广泛关注。2001 年,由教育部师范司组织编写的《教师专业化的理论与实践》一书出版发行。同年,首都师范大学在国内开大学与中小学联姻之先河,建立教师专业发展学校。这两个从政府到学校、从理论到实践的重要行动,直接推动了国内教师专业化研究热潮。我国教师专业理论研究主要集中在两个方面:教师专业化和教师专业发展,二者实际上为同一系统的概念,但前者强调宏观设计层面和政策实施层面,后者强调教师个体发展层面。因此,二者相得益彰,共同推进教师专业化理论的发展。以"教师专业化"为关键词在"中国期刊网"进行检索,发现至少有 3 320 篇论文(含硕、博士论文)①,以及硕博士论文、专著至少 115 种②。若以"教师专业发展"为关键词,则发现至少有 4 547 篇论文(含硕、博士论文)③,以及硕博士论文、专著至少 732 种④。从搜索中可以发现,我国现在教师专业化理论上已经形成了数量巨大的积累。但值得注意的是,教师专业化研究的积累主要集中在"量"的方面。但"质"的研究相对缺乏:集中度以及系统性研究缺乏,重大理论突破缺乏,对实践的关照相对不足。教师专业化理论的研究集中在"什么是教师专业化"、"教师专业化的内容"、"如何专业化"三个方面。从对这几个方面的研究来看,我国的教师专业化理论研究已经达到了一定的高度。⑤

在回答"什么是教师专业化"的问题上,教师专业化研究首先就涉及对"专业化"的界定。这一问题十余年来一直被研究,几乎所有直接论述该论题的论文

---

① 资料来源:中国知网统计,http://0 - sslibbook2. sslibrary. com. libecnu. lib. ecnu. edu. cn/fenlei. jsp? sm = simple&username = gphdsf.

② 资料来源:国家图书馆图书检索系统,http://opac. nlc. gov. cn/F/M3 ASDA2SBGTTR4S8J29UVYA5YVB-VGN4CQCI2NET5629494ISJK - 45698? func = find - b&find _ code = WTP&request = % E6% 95% 99% E5% B8% 88% E4% B8% 93% E4% B8% 9A% E5% 8C% 96&local_base = NLC01.

③ 资料来源:中国知网统计,https://vpn. ujs. edu. cn/kns/brief/, DanaInfo = epub. cnki. net + default_result. aspx.

④ 同②。

⑤ 吴永军:《我国教师专业化研究:成绩、局限、展望》,《课程·教材·教法》,2007 年第 10 期。

都对此有所阐述。中国教育学会第 15 次学术讨论会综述提到,与会专家、学者认为,教师专业化是"教师在整个专业生涯中,通过终身专业训练,习得教育专业技能,实施专业自主,表现专业道德,并逐步提高自身从教素质,成为一个良好的教育专业工作者的专业成长过程"①,其他具有代表性的有傅树京(2002)、教育部师范司(2001)、皮修平(2009)、任英杰(2009)、余文森等(2007)等,都对专业内涵做了基本类似的界定。

"专业化的内容"与"教师专业化"的界定密切相关,教师专业化的内容是我国教师专业化研究的主要方向之一。主要包含了以下几个方面:教师专业化的特征、教师专业结构;教师专业发展的主要内容。关于教师专业机构方面的研究分布于各个角度。如叶澜认为是教育信念、知识结构、能力结构、专业态度与动机、自我专业发展需要和意识②;朱小蔓认为是观念系统、知识系统、伦理与心理人格系统③;林崇德等认为是职业理想、知识水平、教育观念、教学监控能力、教学行为与策略④。关于教师专业化特征的认识,基本上主要从教师行业特征和职业的专业的特征结合分析。陈永明等认为,教师专业化是指教师职业具有自己独特的职业要求和职业条件,有专门的培养制度和管理制度。它的基本特点是:第一,教师专业既包括学科专业性,也包括教育专业性,国家对教师任职既有规定的学历标准,也有必要的教育知识、教育能力和职业道德的要求;第二,国家有教师教育的专门机构、专门教育内容和措施;第三,国家有对教师资格和教师教育机构的认定制度和管理制度;第四,教师专业发展是一个持续不断的过程,教师专业化也是一个发展的概念,即是一种状态。⑤

关于"如何专业化"⑥的研究包含两大内容:一是促进专业化的因素研究,二是教育专业化反思研究。研究教师专业化的主要目的是促进教师专业发展,大致可分为两个层面:教师专业化基本范式(模式)的探讨,促进专业化发展的基本途径的研究。教师专业化的基本范式研究上,教育部师范司的观点是:教师专业化有三类取向:理智取向、实践—反思取向、生态取向。理智取向主张教师要具有"学科知识"和"教育知识"。实践—反思取向认为不在于让教师获得外在

①　连秀云:《教师专业化建设——一个影响教育改革与发展的时代课题——中国教育学会第 15 次学术讨论会综述》,《中国教育学刊》,2003 年第 2 期。
②　叶澜:《新世纪教师专业素养初探》,《教育研究与实验》,1998 年第 1 期。
③　朱小蔓:《谈谈教师"专业化成长"》,《南通师范学院学报(哲学社会科学版)》,2001 年第 1 期。
④　林崇德,等:《教师素质的构成及其培养途径》,《中国教育学刊》,1996 年第 6 期。
⑤　陈永明:《教师教育研究》,华东师范大学出版社,2003 年,第 98 页。
⑥　吴永军:《我国教师专业化研究:成绩、局限、展望》,《课程·教材·教法》,2007 年第 10 期。

的、技术性的知识，而在于通过"实践"促发教师"反思"，从而促发教师对于自己和自己的专业活动直至相关的物、事有更为深入的"理解"，发现其中的意义。生态取向认为教师专业发展不全然依靠自己孤军奋战，并非孤立地形成与改进其教学的策略与风格，而是更大程度上依赖于"教学文化"或"教师文化"。正是这些为教师的工作提供了意义、支持和身份认同，因此，促进教师专业发展最理想的方式应当是一种合作的发展方式，要构建一种合作的教师文化。关于教师专业化途径的研究，走向"校本"是绝大多数学者比较认同的促进教师专业化发展的最主要途径。其中，教师专业发展学校、校本培训、校本教研是经常被人们提及的。而近几年来，深受国外教师专业化策略以及校本教研理念的影响，我国许多学者纷纷提出了种种实践取向的促进教师专业化发展的方法。其中，比较著名的是教育叙事、案例研究等。在对专业化的反思方面的研究也取得一定进展。朱新卓针对教师专业化理论中的"理智取向"（强调知识、技术的作用）指出，教师工作具有不确定性、情境性、非线型性、复杂性及创造性等特点，对于生成性的教育情景，任何相对固定的技能技巧的作用都是非常有限的。因此，与其说教师职业是一门技术型的职业，还不如说教师职业是一门理念型的职业；而对于一门理念型的职业是难以实现一般意义上的专业化的。[1] 孙春阳则从理论上阐明了教师专业化的基点应当是把"如何教的知识和能力"作为教师专业的基点较为妥当。[2]

总的来看，我国的教师专业化研究尚处于起步阶段，理论研究缺乏系统性和科学性，尚未形成理论学派以及居于领先的观点，距离西方发达国家还有一段距离。

（二）从专业制度建设的角度考察中国教师专业化发展的历史沿革

中国的教师教育专业化目前尚处于初级阶段。导致这种情况的原因有两点，一是中小学教师的专业性不够强，专业化程度和专业化水平不够高；二是教师的劳动成果要通过学生知识、能力、个性品质等方面素质的提高来实现，短期内不容易直接看到成败效应。

20 世纪 90 年代中期《教师资格制度》颁布后，人们才开始逐步意识到：教师的劳动是不同于其他形式劳动的一种特殊劳动，是一种不可或缺的独立的社会职业，是和医生、律师相类似的一种专门化职业。教师专业化要求从业者在良好的普通素质基础上，具有专门学科（即从教的学科）和教育学科两类知识、理论

---

[1] 朱新卓：《"教师专业发展"观批判》，《教育理论与实践》，2002 年第 8 期。
[2] 孙春阳：《教师专业化：以何为基点》，《教育发展研究》，2003 年第 1 期。

和运用能力,而且要具备从事教师工作的专业理想、高尚的品德,以及专业情操和个性特征。教师专业发展是一个逐步深化的过程。

实施教师资格制度也是教师职业专业化的一种重要条件和体现。教师资格制度是一项国家法定的职业许可制度,所有从事教育教学工作的人都必须具备教师资格。要通过实施教师资格制度,严格掌握教师资格标准,开展面向社会认定教师资格的工作,实施教师补充多元化,形成高质量的教师储备队伍,为实施教师聘任制,优化教师队伍奠定基础。同时,要制定和完善《教师法》配套法规,使教师队伍建设走上法制化、规范化轨道。要按照相对稳定、合理流动、专兼结合、资源共享的原则,探索和建立相对稳定的骨干层和出入有序的流动层相结合的教师队伍管理模式与教师资源开发的有效机制。

我国有关法律已经为推进教师专业化提供了基本的制度保证。1994 年我国开始实施的《教师法》规定:"教师是履行教育教学职责的专业人员",第一次从法律角度确认了教师的专业地位。1995 年国务院颁布《教师资格条例》,2000年教育部颁布《教师资格条例实施办法》,教师资格制度在全国开始全面实施。1998 年在北京召开的"面向 21 世纪师范教育国际研讨会"上,也已经明确提出了当前师范教育改革的核心是教师专业化问题。2000 年,我国出版了第一部对职业进行科学分类的权威性文件《中华人民共和国职业分类大典》,首次将我国职业归并为八大类,教师属于"专业技术人员"一类。2001 年 4 月 1 日起,国家首次开展全面实施教师资格认定工作,进入实际操作阶段。2005 年,原教育部副部长袁贵仁在《全面落实以人为本的科学发展观努力建设高素质的教师队伍——在 2005 年度教师教育工作会议上的讲话》指出:"坚持教师专业化的导向。教师专业化是国际教师教育发展趋势,是我国教育发展的客观要求。作为特殊的专业人员,特别是在今天,不是什么人都有资格当教师的。教师教育支撑教师专业化水平的提高,教师专业化引领教师教育的改革发展。在新的历史时期,我们要根据教师专业化的要求,坚持终身学习的理念,不断提升广大教师的学科教育水平和教师教育水平。"

尽管我国的教师专业化仍处于初级阶段。但教师资格制度的全面实施是我国教师职业走向专业化的重要步骤,具有重大意义。首先,它确立了教师职业在社会诸职业群中所应占有的特殊地位,肯定了教师职业的专业性和不可替代性。任用教师不能仅仅凭据学历的高低和学科知识的多少,而且需要具备依据教育规律有效传授知识、发展学生个性的教育实践技能,并用特殊的标准、评价方式和物质待遇来强调其专业特性。其次,通过对教师法定地位的确立,来保障教师享有与其作用相称的社会地位。实施教师资格制度以后,只有通过选拔的人才能取得教师资格,担任教师工作,这样既有利于提高教师的社会地位,增进全社会对教师职业的尊重,也有利于各级政府制定有关保障教师待遇的法律法规,使教师待遇逐步得到改善,从而增强教师职业的吸引力,促进教师素质进一步得到提高。2011 年,教师教育标准的陆续推出,标志着教师专业发展的规范化和科学化时代的真正到来。

(三) 中国教师专业化发展趋势:基于与国外教师专业化最新进展的"对标"

西方发达国家的教师专业建设已经成熟,其中值得我们借鉴的地方有很多。根据国际教师专业发展的趋势以及我国教师专业发展的程度,我国未来的教师专业发展方向将走一条"自己的路",呈现出中国特色。这主要表现为以下几个方面的趋势:教师专业发展的形成和提升、教师专业发展制度建设(主要为法制建设)、教师专业课程建设的建立健全、教师教育研究体系逐渐健全、教师自我发展体系逐步完善、教师教育与基础教育的动态常态对接。

1. 教师专业意识的提升及教师专业性向培养

专业意识主要包括教师对专业身份以及专业内涵的根本认识,进而形成的专业发展意识,并在此基础上实现专业自主发展。

第一,是教师对于专业身份的认识和认同。教师专业认同遵循了这样的逻辑:由身份认同到专业认同。即首先形成对教师角色、教师的职能、教师形象(社会地位)的认同,完善对教师身份的认同。在身份认同的基础上,逐步形成教师的专业理想、教师专业发展的理念。教师认同是教师自主建构的深层价值观,它是教师教学行为的深层指令,它作为一种认知图式,支配着教师的理解、判断和行为选择。教师教学方法的独特性是由个别化的教师认同造成的。教师认同也是教师改变的基础,真正的教师改变通常伴随着教师认同的改变。教师专业发展的目标是促进教师改变,使其朝向更专业的方向发展,最终实现教学的优质化。传统的教师专业发展非常关注教师行为和能力层面的改变,希望通过知识和技能的传授使教师形成预期的角色,但对于教师改变的深层基础——教师信念和教师认同的层面关注较少。由于教师既有的信念和认同极少受到"扰动",他们往往坚持其固有的认知图式和行为方式,这在一定程度上造成教师专业发展的停滞。[①] 因此,在未来的教师专业发展中,教师的专业身份认同是教师教育的重点,必将通过环境的构建以及教师情感的培养加以推动。

第二,专业发展的认知和认同。在教师专业认识中,专业身份认同是前提,专业知识认同是基础,专业发展认识是关键。因此,通过教育和制度的设计实

---

① 周成海:《教师教育范式论》,东北师范大学出版社,2008 年,第154 页。

施,形成教师在专业发展方面的全面认识,是未来需要努力的方向。具体而言,形成教师对专业发展的全面认识,需要从以下几个方面加强:宏观层面包括了教师专业发展的政策、教师专业发展的规划体系设定;中观层面是教师专业发展的内容设定,包括教师专业发展的途径、教师专业发展的制度设定、教师专业发展的平台、教师专业发展的评价制度、教师专业发展的实施机制;微观层面主要指教师专业发展的辅导、教师专业发展的个性发展。作为教师专业发展的内容体系,当前基本上按照专业理念、专业知识、专业能力三个维度进行设计。当前乃至今后较长一段时间,这一内容界定基本上是发展的重点。值得注意的是,当前发达国家教师专业建设中,出现了教师专业性向养成以及测评的趋势,这一趋势也将成为教师专业认识和建构的主要组成部分,主要体现在教师的职前培养。

教师专业性向指适合教育工作的人格特征和成功从事教育工作的基本能力,包括心灵的敏感性、爱的品质、交流沟通的意愿、对教育工作的兴趣等人格特质和语言表达能力、人际关系能力、逻辑思维能力等基本能力在内的职业品质。据统计,2008—2009年,英国每年约有13%的师资培训课程候选人未完成他们的课程,还有一部分即便完成了学业,在教学中也无法适应,任职一两年后便快速退出。英国教育部宣布自2009年9月起在英格兰师范院校中引进"诊断性人格测验",借助诊断性工具,帮助提供者挑选出合适的候选人,为他们提供良好的训练,以助于他们日后面对各种挑战时能有更佳的表现。此前,专业性向测验并未在教师专业应用,因为大家普遍认为任何人都可以成为教师,认为教师知识的更新、技能的提高以及教师素养结构中的职业道德都可以自然养成,却忽视了教师的个性品德及人格特征等层面的内容。在国外大举对教师职前教育的"专业性向"审视的趋势下,国内启动对这一问题的探讨,在理论和实践上都显得非常必要、非常紧迫。①

值得注意的是,教师专业发展还包括教师专业发展的规划体系、教师专业发展的途径、教师专业发展的制度设定、教师专业发展的平台、教师专业发展的评价制度、教师专业发展的实施机制等方面。其中专业发展的平台建设要实现系统化、立体化和可持续化,平台建设既要体现统一性,同时也要体现出鲜明的地方性和区域特色。而教师专业发展的管理制度、实施机制方面也要体现出鲜明的针对性、实效性。在教师专业发展的评价制度方面,要将教师专业发展的内容纳入学校对教师的考评过程,使学校的教师管理制度发挥规范、引导教师专业发展的作用;从多维度来评价教师的教学;运用完善的教师评价制度,启迪教师主

---

① 段晓明:《国际教师专业标准改革的新趋势》,《教育发展研究》,2011年第2期。

体性发展。

第三，专业发展的多维度推进。在推动教师形成深刻的专业发展认识和理解的基础上，还必须推动教师的自我发展。未来的教师专业发展主要体现出多维度的特征，其中有作为相对统一性的规范性发展和作为教师独立个体的自我发展。前者强调宏观和中观的政策设计、机制设计以及发展规划，体现出教师教育的根本要求。这一发展相对较为固定，且系统性、科学性强，体现了教师专业发展的根本要求和普遍要求。后者则关注个性发展，力图在宏观和中观的设计下，通过自我规划，在教师专业发展平台上实现具有个性化特色的个体发展。无论哪一种发展，都要求建立在教师教育的统一规划下，符合教师专业发展的趋势。

在教师的专业发展过程中，主动性和积极性是根本。必须通过科学、系统的设计，实现可持续的、动态的专业发展。要求教师作为发展个体，能够在专业理念和意识的指引下，树立坚定的自我发展的意识，形成自我发展的规划能力和敢于为自己的发展承担责任的勇气。在专业发展中，教师需要不断地回归受教育和"自我教育"的过程，实现专业素质的持续发展和科学建构、完善。随着基础教育课程改革的推进，社会对教师的要求也迅速提升，教师的责任已经远远超出课堂教学的范围，扩展到了教学反思与研究、课程开发、社会教育等方面。如果不立足于教师的主体性发展，不站在教师主体发展的角度上考虑问题，教师的功能将会受到极大限制，教师应有的作用将难以发挥，基础教育就很难实现质的提升。当前的教育体制很难为教师专业发展提供充裕的时间，今后必须创造条件为教师提供专业发展的可能。因此，在设计教师专业发展规划以及制定教师专业发展政策上，要求站在教师主体发展的立场上看待教师职业，科学地规划教师教育，将教师看作自我发展的主体，激发教师专业发展的内在动机，促进教师自我发展的主动性，并通过各种手段尽可能地为教师创造专业发展的机会。

2. 教师专业发展制度建设的不断完善

教师的专业发展还体现为教师教育的法制和制度建设程度上，今后较长的一段时间，我国都将处于教师教育的不断完善和健全阶段。健全的教师教育制度也必然成为教师专业发展的保证。西方发达国家为保证教师的专业发展和教学工作的专业水平，普遍实行了以教师资格证书制度作为核心的教师准入制度。教师资格证书不仅为从事教学工作的人提供资格保障，同时对在任教师颁发不同种类的教师证书，可为教师的专业发展创造机会并将激励建设性的专业发展活动。

我国自《教师法》、《教师资格条例》颁布实施以及教师资格证书制度推行以来,教师专业化的进程也正在不断加快。值得注意的是,西方发达国家教师资格证书经历了一个从重数量到重质量,从低标准、宽要求到高标准、严要求,从各县各州分散到全国逐步统一标准的完善过程。因此,未来我国将处于教师专业发展制度完善的过程。未来的教师资格证书建设将逐步完善,并与教师的聘任、培训、考核、职务晋升和教师流动等制度相互衔接,实现与教师终身学习和职业发展的科学对接。2010 年起,我国启动了教师资格定期注册制度,这正是试图通过打破教师资格终身化,促进教师专业发展的一项开创性举措。当前试点的教师资格证书动态更新制度是一个有益的尝试,但如何真正将这一尝试与教师教育的各个方面对接起来,逐步构建起一个立体、科学、动态的教师职业准入制度,将是未来努力的方向。与之对应,教师教育的各类标准的完善也是未来的重点。

教师教育认可制度是教师专业化制度、机制建设的重要一环,也是未来我国教师教育工作的重要突破口。教师教育认可制度包括教师教育机构的认定和课程的认定,确保教师专业化的顺利推进。在 20 世纪美国就建立了多种多样的教师教育的组织和机构,其中"美国教师教育学院联合会(AACTE)"、"美国州立学院和大学联合会(AASCU)"、"全国教师教育认可委员会(NCATE)"和"教师教育认可委员会(TEAC)"是主要的机构。美国各州很早就建立了教师教育项目的认证机构,为了打破各州之间的壁垒,美国在全国范围也建立了一些教师教育认证机构,如"全国教师教育认可委员会"、"国家专业教学标准委员会(NBPTS)"和"全国教师教育学院认可协会(NCACTE)"。1997 年美国建立了一个新的教师教育认证机构——教师教育认可委员会,负责制定和修改教师教育认可制度和标准、对教师教育机构进行鉴定并负责常规检查、制订教师教育课程和教学计划,推动改进教师教育的计划,督促教师教育机构建设,组织教师教育交流。凡经全国教师教育认可委员会认可的高等学校的毕业生,其教师证书可以在全国通用或换用。教师专业化依赖于教师教育,教师教育认可制度、教师教育机构和课程的认定化,以及教师教育的专业化,应为教师专业化提供有力的支撑和保障。在教师教育认证方面,我国当前还未有成文的相关制度,这一领域将是未来建设的重点和突破口。

教师教育课程在中小学和幼儿园教师培养中发挥着重要作用,是决定教师教育质量的核心要素之一,是提高教师教育质量的关键环节。我国在教师教育课程标准设定上取得了一定进展,但由于起步较晚,尚处于初步探索中。与课程标准的建设同步,相关的检核制度和动态提升机制也是重要突破口。2011 年,教育部颁布了《教育部关于大力推进教师教育课程改革的意见》和《教师教育课程标准(试行)》，对深入推进教师教育课程改革作出了总体部署。① 2012 年，教育部发出了《教育部关于印发〈幼儿园教师专业标准(试行)〉〈小学教师专业标准(试行)〉和〈中学教师专业标准(试行)〉的通知》，形成了《幼儿园教师专业标准(试行)》、《小学教师专业标准(试行)》和《中学教师专业标准(试行)》(以下简称《专业标准》)，这些《专业标准》是国家对幼儿园、小学和中学合格教师专业素质的基本要求，是教师实施教育教学行为的基本规范，是引领教师专业发展的基本准则，是教师培养、准入、培训、考核等工作的重要依据。要把依据其调整教师培养方案、编写教育教学类课程教材，作为教师教育类课程的重要内容。将《专业标准》作为"国培计划"和"省培计划"等各级培训的重要内容，依据其制定教师培训课程指南。教育部将组织编写《专业标准》解读，组织有关专家赴部分师范院校进行宣讲，并结合教师资格考试改革试点工作，适时修改完善教师资格考试标准和考试大纲。

3. 教师专业发展的重要方向：与实践相结合成为研究者

专业实践能力是教师素养的重要组成部分，从教师知识构成来看，实践中所形成的知识最能体现教学活动的本质。实践能力主要通过职前阶段的实习和在职培训两个阶段获得，目前这两个阶段逐渐呈现融合的趋势。在职前阶段，教师实践技能的获得最直接的体现就是实习时间的延长。世界教师教育的发展趋势也有力地证明了这一点：美国"全国教师教育认证委员会(NCATE)"于 2009 年对教师教育的质量认证要求进行了重大调整，规定到 2013 年，美国高年级师范生必须进行为期 1 学年的教学实习。但从总体上看，目前各种关注教师实践的发展策略都试图通过共同体的形式，将在职教师实践智慧的形成和未来教师实习技能的锻炼构成一个良性发展整体。如美国 2009 年推出的《教师质量伙伴关系资助计划》，旨在通过契约式伙伴关系的建立，改革传统的大学教师教育制度以及推动教师见习计划。澳大利亚则企图通过《国家中小学教师职业标准》、《改善教师质量国家伙伴关系》策略，推动教师合作的课堂实践。我国 2012 年推出的教师教育标准也明确了实践取向原则。但在这一融合过程中，实践技能的提升很难深入，由于机制体制的障碍，融合往往停留在行政层面，趋于形式化。由于实践对接的评判标准缺失，往往导致实践方式无法区分，影响实践融合效果，不利于创新。当前，推动教师的职前教育、在职教育实践的有机连接，将是我国未来较长一段时间教师教育的工作重点。

经验的升华和实践的提升在于"研究"性成果的出现和推广，因此要求教师

---

① 张滢：《全国教师教育课程改革工作会议举行》，《中国教育报》，2001 年 10 月 28 日。

在实践中带着"研究思维"开展工作,成为"研究者"。20世纪80年代,教师成为"研究者"的口号在欧美教育界广为流传,甚至被当作教师专业化发展的同义语。是否具有较强的教育研究能力,又成为区分一个教师是专业教师还是非专业教师的根本标志。从斯腾豪斯"教师成为研究者"到埃利奥特"教师成为行动研究者"、凯米斯等人的"教师成为解放性行动研究者",显示的是对教师专业自主和发展的强化。教师"研究者"的身份,将有力提升其身份的"科技含量",彻底改变教师的职业形象。而其真正意义在于,通过"研究"促进教师专业化发展,实现由"知识传递者"向教育实践研究者的转变。

随着教育改革的不断推进,教师教育和教师专业化不断得到重视和加强,教师的教育研究能力越来越成为教师专业发展的重中之重。未来的教师研究工作将仍然按照以下思路推进:通过制度设计,不断唤醒科研意识,激发教师的研究潜能和积极性;以制度创新为抓手,指导各级各类教育机构,系统搭建学习平台,创设交流环境;科学规划,坚持统分结合的原则,在全国标准下凸显地方特色,编制课题研究指南,规范教师的研究行为;与教师评价制度对接,建立激励机制,培养教师的研究习惯。

二、终身教育思想与我国教师教育理论和政策的形成

终身教育思想是教师教育理论的灵魂,它的出现为现代教师教育理论的形成奠定了基础。也正因为终身教育思想的出现和传播,尤其是其在教师教育领域的推延,使得教师教育领域在理论上和实践上产生了一场没有硝烟的战争,导致了一场静悄悄的革命,各国纷纷将终身教育思想贯穿于教师教育的理论和实践中,制定和完善了教师教育的体制。

(一)终身教育思想的传入与转译

在传入中国之初,终身教育理论主要运用于社会教育、成人教育领域。相关的理论研究如1990年石鸥平发表在《高教探索》第4期的《终身教育观念与我国成人高等教育的改革》、高志敏发表在《成人教育》1991年第8—9期的《终身教育理论对成人教育意义的若干认定》等。1993年,《中国教育改革和发展纲要》出台,该文件提出"成人教育是传统教育向终身教育发展的一种新型教育制度","终身教育"正式以文件的形式确定下来。

在终身教育思想的摸索进入成人教育前后,也逐渐向继续教育层面迈进。首先涉及的领域是远程教育。如钟志贤等发表在《现代远距离教育》1992年第3期的《现代远距离教育与终身教育》、臧晋平发表于《中国远程教育》1994年第4期的《终身教育与电大》两文即是代表。几乎与此同时,终身教育思想逐渐触及教师的培养层面。1991年,刘国华等人的关于终身教育的介绍开始逐渐渗透到学校教育的微观层面,其发表于《教育研究与实验》1991年第7期的《终身教育对学校教育和教师的影响》一文就是一个代表;其发表于1992年《烟台师范学院学报(哲学社会科学版)》的《终身教育与师范教育课程改革》开始涉及师范教育。而真正将终身教育思想与传统教育思想作为一对相对的概念提出来则是田明1995年11月发表于《成人教育》的《论终身教育观与传统教育观的对立统一》一文。①

终身教育思想和理论直到20世纪末才逐渐延伸到教师的继续教育层面,其中曾洁珍发表于《现代教育论丛》的《终身教育与教师的继续教育》一文就是其中之一。自1998年至今,关于终身教育与继续教育的文章有56篇,但是以终身教育思想或者理念来探讨教师继续教育的文章较少,下面根据中国期刊网的资料做一简要说明:56篇文章中,真正涉及终身教育思想与中国教育理念的文章有13篇,主要论及如何在终身教育背景下开展相关的继续教育,并在实施的方式上进行来探讨。但纵观上述各文,其中存在的一个普遍问题就是未能将终身教育与中国的教育有机结合,即使有所论及也多为浅尝辄止。而关于终身教育思想与教师教育继续教育的论文有5篇,多为先入为主地叙述终身教育思想与教师教育的关系等,涉及实践层面较多。关于终身教育思想与教师教育,自1990年至今,共有文献10篇,其中硕士论文有2002年的韩雪松《基于终身教育理念的我国教师教育课程改革》、2005年谢海燕《终身教育理念背景下我国教师教育体系的构想与创建》等3篇;关于终身教育思想与教师教育体制和课程建设的有4篇,关于终身教育思想与教师教育观念的建设的论文共5篇。

总之,终身教育思想的基本因子和精神内核逐步实现了对教育思想界以及教育实践领域的渗透。学者们从多个角度对终身教育进行了研究,并结合教育实践的改变和教育思想的革新进行了深刻解读。借由这一途径,终身教育思想实现了对教师教育领域的渗透,并逐步在教师教育体制的建立和完善上起到重要作用。

(二)终身教育思想与教师在职教育的结合

终身教育思想与教师在职教育的结合,主要体现出两个方面的效果:教师在职教育的发展;教师教育一体化的发展。具体而言,我国中小学教师在职教育的发展逐渐体现出分类分级化以及终身化倾向。1995年9月1日施行的《中华人民共和国教育法》第一次以法律形式充分肯定了"终身教育"在我国教育事业中的地位和作用。《教育法》明确规定:要"建立和完善终身教育体系"、"为公民接

---

① 以上数据皆根据中国知网—社会科学网络出版总库统计。

受终身教育创造条件"。至此,"终身教育"的理念在我国得以确立。教育部在1998 年制订的《面向 21 世纪教育振兴行动计划》中又提出了在 2010 年基本建立起终身教育系统的战略计划,把提高民族素质和创新能力作为教育振兴的目标。

1999 年终身教育思想也正式随教师教育一起进入了教师教育的政策层面。1999 年 3 月 16 日教育部印发的《关于师范院校布局结构调整的几点意见》提出"下世纪初,逐步形成具有中国特色,时代特征,体现终身教育思想的中小学教师教育新体系"。此后,终身教育思想在教师教育体系逐渐渗透,并体现为对在职教育的要求。终身教育思想对教师教育的渗透,是一个循序渐进的过程。这一点可以从 1999 年《中小学教师继续教育规定》与 2010 年《中小学教师国家级培训计划》的比较中看出。

1999 年《中小学教师继续教育规定》确定了国家级的培训方案。与此对应,省级地方在教师继续教育设计上也基本按照这一思路进行,以提高教师实施素质教育的能力和水平为重点。中小学教师继续教育的内容主要包括:思想政治教育和师德修养;专业知识及更新与扩展;现代教育理论与实践;教育科学研究;教育教学技能训练和现代教育技术;现代科技与人文社会科学知识等。体系具体为"中小学教师继续教育分为非学历教育和学历教育"。其中"非学历教育"包括:新任教师培训:为新任教师在试用期内适应教育教学工作需要而设置的培训,培训时间应不少于 120 学时。教师岗位培训:为教师适应岗位要求而设置的培训,培训时间每 5 年累计不少于 240 学时。骨干教师培训:对有培养前途的中青年教师按教育教学骨干的要求和对现有骨干教师按更高标准进行的培训。"学历教育",指的是"对具备合格学历的教师进行的提高学历层次的培训"。[1]这一继续教育体系,缺乏全面覆盖性,缺乏终身教育的思想和规划。

相比之下,2010 年《中小学教师国家级培训计划》则将终身教育思想贯彻于整体设计中。"通过实施'国培计划',培训一批'种子'教师,使他们在推进素质教育和教师培训方面发挥骨干示范作用;开发教师培训优质资源,创新教师培训的模式和方法,推动全国大规模中小学教师培训的开展;重点支持中西部农村教师培训,引导和鼓励地方完善教师培训体系,加大农村教师培训力度,显著提高农村教师队伍素质;促进教师教育改革,推动高等师范院校面向基础教育,服务基础教育。"在实施上则要求"要将'国培计划'纳入教师队伍建设和教师培训总

---

① 教育部:《中小学教师继续教育规定》,http://www.moe.edu.cn/publicfiles/business/htmlfiles/moe/moe_621/201005/88484.html.

体规划,加强领导,统筹规划,精心实施,并以实施'国培计划'为契机,以农村教师为重点,分类、分层、分岗、分科大规模组织教师培训,全面提高中小学教师队伍整体素质,为促进教育改革发展提供师资保障"。这一设计,是一个立体的、与基础教育对接的、在教师教育一体化指导思想下的整体设计。尤其是其中的《"国培计划"——中小学教师示范性培训项目实施方案(2010—2012年)》明确指出"2010—2012年,'示范性项目'……为'中西部项目'和教师终身学习提供服务支撑"①,明确指出了"教师终身学习"这一概念。由比较可见,终身教育在教师教育领域的渗透程度的加深和对教师在职教育设计以及实施方面有巨大影响。

终身教育思想在教师教育领域的影响还表现在教师教育一体化的设计上。2001年发布的《国务院关于基础教育改革与发展的决定》明确了这一思想的要求。"完善以现有师范院校为主体、其他高等学校共同参与、培养培训相衔接的开放的教师教育体系","制订适应中小学实施素质教育需要的师资培养规格与课程计划,探索新的培养模式,加强教学实践环节,增强师范毕业生的教育教学与终身发展能力,以转变教育观念,提高职业道德和教育教学水平为重点,紧密结合基础教育课程改革,加强中小学教师继续教育工作,健全教师培训制度,加强培训基地建设"。②

《2003—2007年教育振兴行动计划》明确对教师终身教育做了规定,"完善教师终身学习体系,加快提高教师和管理队伍素质。"实施"全国教师教育网络联盟计划",促进"人网"、"天网"、"地网"及其他教育资源优化整合,发挥师范大学和其他举办教师教育高等学校的优势,共建共享优质教师教育课程资源,提高教师培训的质量水平。"组织实施以新理念、新课程、新技术和师德教育为重点的新一轮教师全员培训,组织优秀教师高层次研修和骨干教师培训,不断提高在职教师的学历、学位层次和实施素质教育的能力。强化学校管理人员培训,加快培养一大批高素质、高水平的中小学校长、高等学校管理骨干和教育行政领导,全面提高管理干部素质。将干部培训与终身教育结合起来,构建开放灵活的干部培训体系。"

2005年,教育部副部长袁贵仁在《全面落实以人为本的科学发展观努力建设高素质的教师队伍——在2005年度教师教育工作会议上的讲话》指出:"由于

---

① 教育部,财政部:《关于实施"中小学教师国家级培训计划"的通知教师》,http://www.gov.cn/zwgk/2010-06/30/content_1642031.htm。

② 国务院:《国务院关于基础教育改革与发展的决定》,《人民日报》,2001年6月15日。

历史的原因,我国教师培养和教师培训存在两个相对独立的系统,分担不同的任务。我们要根据教师专业发展不同阶段要求,改革传统师范教育体系中教师职前培养与职后培训分离的状况,把教师的职前培养、入职教育和职后培训作为一个连续的、统一的、终身化的发展过程来看待。职前培养重在基础,入职教育重在适应,职后培训重在提高。要在终身学习理念和资源共享原则的指导下,实现在不同阶段上不同教师教育机构之间的衔接、整合与重组,促进教师在整个职业生涯中不断提高专业化水平。"

改革教师教育模式,要将教师教育逐步纳入高等教育体系,构建以师范大学和其他举办教师教育的高水平大学为先导,专科、本科、研究生三个层次协调发展,职前、职后教育相互沟通,学历与非学历教育并举,促进教师专业发展和终身学习的现代教师教育体系。起草《教师教育条例》,制定教师教育机构资质认证标准、课程标准和教师教育质量标准,建立教师教育质量保障制度。2010年颁布的《国家中长期教育改革和发展规划纲要(2010—2020年)》再次重申了这一要求。"完善教师培训制度,将教师培训经费列入政府预算,对教师实行每五年一周期的全员培训。加大民族地区双语教师培养培训力度。加强校长培训,重视辅导员和班主任培训。加强教师教育,构建以师范院校为主体、综合大学参与、开放灵活的教师教育体系。深化教师教育改革,创新培养模式,增强实习实践环节,强化师德修养和教学能力训练,提高教师培养质量。"

终身教育思想在教师教育领域的另外一个成果,就是教师教育的一体化。在10余年的发展历程中,我国逐步将职前教育、入职教育、在职教育连接起来,在很大程度上推动了一体化进程。其中教师教育一体化主要体现在教师教育机构的一体化设计、教师教育课程一体化设计、教师教育培养方案一体化设计等方面。由于教师教育在教育事业发展中处于先导性的战略地位,许多普通教师教育院校与教育学院合并,实现了教师职前培养与职后培训机构的一体化。教师教育一体化不仅要在组织形式上实现一体,更要在培养方案、课程设置上真正实现一体化。普通教师教育院校与教育学院的合并是组织形式上"一体化"的重要步骤,为设置一体化的课程提供了组织保证。而作为教师教育一体化更为重要的步骤就是教师教育一体化课程的设置。一体化课程有着任何独立的教师教育院校课程所不具备的优势。它的优势就在于培养课程与培训课程的统一整合。这一理念在世纪之交以来的教师教育政策中得到了充分体现,并不断被落到实处。其中以教师教育的在职培训的设计最为明显,尤其是2010年以来的"国培计划"的设计和实施。

第三节　21世纪以来中国教师教育体制的构建

中国教师教育体制是在改革开放以来的中国"师范教育"基础上的延伸，是在"教师教育"理念指导下，以实现教师专业化建设、推动教师专业发展为目标的新的探索，也是在"终身教育"思想下的教师职前、入职、在职教育一体化建设的新探索。自世纪初"教师教育"理念传入中国以来，教育界不断展开探索，逐步构建和完善符合我国教育发展阶段的教师教育体制。

一、教师教育体制的思想演进

我国的教师教育体制在职前教育层面的摸索早在教师教育政策出台之前就已经开始。教师教育政策出台后，这一进程加快。但与20世纪单纯的模仿美国的教育体制不同，这次的开放式进程体现了稳步前进的趋势和明显的中国特色，是一条符合中国国情的中国化的探索之路。思想上统一是构建教师教育的必要前提。而思想上统一的最好方式就是争论。1999年关于师范教育的争论是教师教育体制改革的一次预演。这是在教师教育思想以及国外的教师教育制度和经验大量输入中国的教育背景下产生的一次思想碰撞。通过争论，教育界对教师教育体制的改革逐渐认同，并在其后的教师教育体制改革的思想上达成了一致。

1999年6月，中共中央、国务院在《关于深化教育改革全面推进素质教育的决定》中作出了"鼓励综合性高等学校和非师范类高等学校参与培养、培训中小学教师的工作，探索在有条件的综合性高等学校中试办师范学院"的规定。师范院校与高等师范教育走向何处，再次成为人们争论的教育热点和焦点问题之一。在教师教育的体制上主张走综合道路的和主张高等师范教育保持独立的研究者各执一词，而这一争论则逐渐延伸到教师教育政策出台之后。2001年《国务院关于基础教育改革与发展的决定》又提出：完善以现有师范院校为主体、其他高等学校共同参与的开放的教师教育体系，从此教师教育进入教育政策层面，而其中的"开放"如何建设，"开放的教师教育体系"具体是什么样的，一直成为争论的焦点。其后的争论一直伴随着教师教育体制的改革。至今为止，在教师教育体制的开放、如何实现开放等问题上，仍然存在诸多分歧。鉴于中国庞大的基础教育体量以及现存的师范教育规模，任何探索和尝试都必须非常审慎，因而导致的教师教育思想理念层面的缓慢发展也是一个必然结果。

（一）教师教育体制走向开放是必然趋势，但当前仍不具备完全开放的条件

体制的开放是教师教育的根本要求和特征，但如何界定开放体制、如何建设开放体制以及围绕开放体制应该建设哪些方面的配套，是在实施开放前必须明确的。但有一点是十分肯定的，鉴于中国庞大的师范教育体制的存在，实现开放是一个长期的过程，绝非一蹴而就的。如果以美国和英国的教师教育体制作为参照，就必须废止现有的以师范院校培养教师为主的体制，实现完全的大学培养教师的体制建构。相对这一目标，多数学者认为，我国现阶段的条件不具备，也不允许。

有论者认为①，师范教育体制由封闭走向开放已成为必然之势，但这一过程大致要经过三个阶段：以高师院校培养为主、综合大学培养为辅阶段；以高师院校与综合性大学共同培养阶段；以综合性大学与其他非师范院校培养为主，少数师范院校参与培养为辅阶段。但师范教育体制走向开放并不等于要完全取消高等师范院校。从我国的情况来看，在一定时期内还需要以政府力量的介入来积极推行定向型与非定向型相结合的双轨制。一方面，对高师院校进行改革，引导高师院校向多样化、综合化方向发展；另一方面，鼓励有条件的综合性大学办师范教育。同时，在这一过程中，还要充分考虑到地区教育发展的差异，推动师范院校的合理分流。而成有信则在对师范教育的发展进程分段的基础上提出了自己的看法：他将师范教育分为三个阶段：第一个阶段是经验—模仿阶段；第二个阶段是封闭式定向培养—师范教育阶段，这个阶段的教师主要是对有一定文化基础知识的人通过师范教育的专门职业训练培养出来的；第三个阶段是开放式非定向培养—教师职业证书阶段。他认为"我国发达地区完全过渡到教师职业证书阶段大约还需要 20 年左右，全国需要的时间更长些"。②

还有论者认为，教师教育体制的转向与经济体制的转向密切相连，我国的经济体制已经由计划经济体制转向了以开放、自由、充满竞争的市场经济体制，因此教师教育体制的开放也是必然的。计划经济体制下教师教育体系是独立的、封闭的，市场经济条件下教师教育体系应当是灵活、开放的。我们的任务是积极地改革、构建并完善一个适应教育改革发展需要的开放的现代教师教育新体

---

① 曲铁华，等：《论 21 世纪中国高等师范教育的改革动向及课题——坚持师范制，摸索开放制》，《东北师大学报（哲学社会科学版）》，2001 年第 3 期。

② 成有信：《教师养成方式的演变和 21 世纪我国师范教育发展的宏观走向》，《教育研究》，2000 年第 1 期。

系。① 也有学者直接要求建立以市场为取向的多元开放型教师教育体制。②

因此，在教师教育体制的构建上，国内教育界的认识是基本一致的，即走向开放，形成多主体的参与机制。

（二）结合现有师范教育体系，实现教师教育开放

未来教师教育的体制是完全开放的，但当前我国仍然要以高等师范院校为主培养教师。尽管师范院校的发展面临着各方面的压力，但它们在未来相当长的一个时期内仍有其存在的合理性。这不仅因为师范院校具有鲜明的专业性和学术个性，而且能适应国际竞争及其所引发的人才竞争的需要。③

随着师范教育体系的开放，教师培养的任务虽然不再由单一的师范院校来承担，但是在相当长的一段时期里，现有的独立设置的师范院校不仅有存在的必要，而且仍是我国教师教育体系的主体。④ 我国师范教育体制调整的目标，是逐步实现由封闭定向式的师范教育向开放式非定向师范教育体系的转轨，建立具有中国特色的、以多样化为特征的开放化、终身化的师范教育体系与制度。⑤

近年来，我国封闭型、定向型的师范教育体系向开放型、非定向型的师范教育体系转化的主要表现有三方面：一些综合性高等院校和非师范类高等学校创建教育学院，开始参与培养、培训教师的工作；一些师范院校同综合性高校或非师范类高校实行联合与合并，师范院校开始融入非师范类高校的办学体制之中；师范院校自身再进一步朝着师范类与非师范类并举的方向发展。⑥

部分学者认为，师范院校的主体地位主要是由我国国情决定的。一是我国庞大的基础教育体系，仍然需要一个相对独立的、稳定的、以独立设置的师范院校为主体的教师教育体系作支撑；二是教师专业化程度的提高需要有专业化的机构来保证；三是在社会主义初级阶段，师范院校仍是高等教育的一支重要力量，并且它在我国师范教育的发展过程中具有独特的作用和优势；四是由于师范教育在专业属性、教师地位和财政体系等方面的特殊性，非师范类院校举办师范

---

① 管培俊：《关于教师教育改革发展的十个观点》，《中国高等教育》，2004 年第 2 期。

② 黄崴：《建立以市场为取向的多元开放型教师教育体制》，《现代教育论丛》，2001 年第 2 期。

③ 叶碧：《师范院校：你将何去何从》，《浙江师大学报（社会科学版）》，2001 年第 1 期。

④ 华东师范大学课题组：《师范教育发展战略研究：目标、对策与措施》，《高等师范教育研究》，2001 年第 2 期。

⑤ 华东师范大学课题组：《建立高水平、有活力的教师教育体系——关于"十五"期间我国高师院校改革与发展的战略思考》，《高等师范教育研究》，2001 年第 2 期。

⑥ 张乐天：《教师学习的终身化与师范院校的教育改革》，《江西师范大学学报（哲学社会科学版）》，2001 年第 3 期。

教育的积极性不高,这就决定了非师范类院校难以成为教师教育的主体。[①] 但也有论者主张全盘放弃师范院校,走综合大学办教育学院的道路。即通过师范学院的升格或转轨为综合性大学、师范学校合并进综合大学、成立综合大学的教育学院、建立重点研究性大学的教育研究生院等多种制度,使教师教育制度转变成一元化的综合大学教育学院、教师学院和教育学系的制度。[②] 当然,持类似观点者较少,国内教育界对在当前形势下实行突变普遍不赞同。

总体来看,教育界对如何构建开放式的教师教育体制的认识基本上也是一致的,即根据国内的师范教育和基础教育的实情,逐渐由综合大学参与教师教育的量变走向多元化和多主体的教师教育体制的质变,较为推崇渐进式的教师教育体制构建。这不仅顺应了教师教育的发展趋势,同时也兼顾了本国的师范教育的实际:师范院校的绝对比例和庞大的学校群体很难在短时间内发生改变,一哄而上只会自乱阵脚,重蹈1922年"高师改大"的覆辙,适得其反;教师教育的相关制度未尽完善,需加以时日来不断健全。

二、我国教师教育制度的建设与完善

如果说终身教育思想从教师的在职教育开始影响教师教育,并对教师教育提出了一体化的要求,那么教师专业化思想则更侧重教师教育在职前教育的层面,并为其体制的开放性建设奠定了理论基础,同时也对教师教育体制的开放提出了要求。教师教育体制的开放,主要是指教师教育的机构逐渐走向多元化,培养模式也由定向走向非定向。这一培养模式对教师素质的总体提升既是一个机遇也是一次重大的挑战。其中最大的挑战就是如何确保职前教育质量,把好教师的入职关。在英美等国的实践中主要有以下几个制度来保障职前教育有序和高效地运行。

(一)定向培养制度的发展:占据主导地位的培养制度

教师教育体制的构建是以教师培养模式的改革为先导的。由于我国的具体情况与欧美各国不同,实行完全意义上的非定向培养制度的时机还不成熟。因此,在短期内仍然必须以定向为主、非定向为辅,逐渐向非定向为主的过渡,最终形成非定向培养模式占绝对优势的培养模式。但是当前仍然必须以师范教育的定向培养模式为主体,这是不容置疑的。从近期的相关文件,可见一斑——《国家中长期教育改革和发展规划纲要(2010—2020年)》指出:"加强教师教育,构

---

① 华东师范大学课题组:《建立高水平、有活力的教师教育体系——关于"十五"期间我国高师院校改革与发展的战略思考》,《高等师范教育研究》,2001年第2期。
② 朱旭东:《教师教育专业化与质量保障体系》,《中国高等教育》,2001年第18期。

建以师范院校为主体、综合大学参与、开放灵活的教师教育体系"；2012 年国务院发布的《国务院关于加强教师队伍建设的意见》再次明确"构建以师范院校为主体、综合大学参与、开放灵活的中小学教师教育体系"。

当前来看，教师教育体制的构建必须以非定向培养模式的探索为基础，从而使非师范院校在教师的培养水平上不断提高，以适应和满足基础教育对教师质量的要求，为教师教育体制的顺利推进提供支持。为推进师范类专业建设与教师培养工作，2007 年实施《高等学校本科教学质量与教学改革工程》，在师范院校中建设 289 个国家级师范类特色专业建设点，切实为师范院校相关专业建设和改革起到示范和带动作用。21 世纪初，随着小学教师培养纳入高等教育体系，新建 267 个小学教育本科专业，新建 430 个初等教育专科专业，培养本专科小学教师。因此，在培养制度上的定向和非定向长期并立将是一个基本的态势，其中定向型培养最为基本和典型的就是免费师范生制度等为代表的庞大的体制机制。

从 2007 年秋季开始实施的免费师范生制度为代表的教师职前培养和"国培计划"为代表的在职教育，是封闭式体制和定向型培养仍然占据主导地位的体现。具体而言，其定向型主要体现在以下几个方面：

其一，专门的培养机构为"师范院校"——在教育部直属师范大学实行师范生免费教育。首先在北京师范大学、华东师范大学、东北师范大学、华中师范大学、陕西师范大学和西南大学 6 所部属师范大学实行师范生免费教育。此后将逐渐推广。截至目前，我国多数省属师范院校已实施了免费师范生制度。

其二，培养目标：培养大批优秀的教师，要提倡教育家办学，鼓励更多的优秀青年终身做教育工作者。培养制度：围绕培养造就优秀教师和教育家的目标，大力推进教师教育改革，特别要根据基础教育发展和课程改革的要求，精心制订教育培养方案。安排名师免费为师范生授课，选派高水平教师担任教师教育课程教学，建立师范生培养导师制度。按照"学为人师、行为世范"的要求，加强师范生师德教育。强化实践教学环节，完善师范生在校期间到中小学实习半年的制度。要通过培养教育，使学生树立先进的教育理念，热爱教育事业，具有长期从教的职业理想，为将来成为优秀教师和教育专家打下牢固的根基。

其三，学费制度和服务期制度：教育师范生在校学习期间免除学费，免缴住宿费，并补助生活费。师范生入学前与学校和生源所在地省级教育行政部门签订协议，承诺毕业后从事中小学教育 10 年以上。到城镇学校工作的免费师范毕业生，应先到农村义务教育学校任教服务两年。

其四，违反服务期制度的惩罚措施：免费师范毕业生未按协议从事中小学教育工作的,要按规定退还已享受的免费教育费用并缴纳违约金。省级教育行政部门负责履约管理,并建立免费师范生的诚信档案。确有特殊原因不能履行协议的,需报经省级教育行政部门批准。

其五,分配制度:定向。免费师范毕业生一般回生源所在省份中小学任教。有关省级政府要统筹规划,做好接收免费师范毕业生的各项工作,确保每一位到中小学校任教的免费师范毕业生有编有岗;省级教育行政部门负责组织用人学校与毕业生在需求岗位范围内进行双向选择,切实为每一位毕业生安排落实任教学校。各地应先用自然减员编制指标或采取先进后出的办法安排免费师范毕业生上岗,必要时接收地省级政府可设立专项周转编制。

作为定向型师范教育制度的重要成果,师范生免费教育制度实施5年来成效显著。6所部属师范大学5年共招收免费师范生5.5万人,考生报考踊跃,吸引了大批优秀学生读师范,重点线上考生报名人数达到招生计划的4.2倍以上。生源质量好,各校录取免费师范生的平均成绩均高出本省重点线40分以上。生源分布合理,中西部生源占90%,农村生源占60%。21 800名免费师范毕业生全部到中小学任教,其中91%以上到中西部地区中小学任教,37.7%到农村中小学任教。在免费师范生制度地不断推广下,目前已有18个省份采取不同方式开展师范生免费教育。① 这一制度将持续推广。《教育部2012年工作要点》再次指出,必须扩大免费师范生计划,鼓励地方实施师范生免费教育。可见,学习前苏联教育时期形成的定向型师范教育的"专门学府"的培养制度仍然占据重要位置。

(二)非定向的培养制度的发展:推动教师教育开放的重要途径

与定向型培养制度并立且逐渐壮大的培养制度,就是近年来实施的非定向型培养制度。1986年,原国家教委颁发的《关于基础教育师资和师范教育规划的意见》提出:综合性大学和有条件的其他高等院校应把为中等教育培养师资作为一项重要任务,非师范院校也应该根据需要承担培养某些专业课师资的任务。1996年9月召开的全国第五次师范教育工作会议上颁布的《关于师范教育改革和发展的若干意见》也指出:要坚持以独立设置的各级师范院校为主体,充分发挥非师范院校培养培训师资的协同作用。1998年第三次全国教育工作会议提出允许综合大学建立教育学院,培养师资。1999年6月中共中央、国务院《关于深化教育改革全面推进素质教育的决定》作出了"鼓励综合性高等学校和非师范类高等学校参与培养、培训中小学教师的工作,探索在有条件的综合性高等学校

---

① 许涛:《转型中谱写新篇——教师教育改革发展十年巡礼》,http://www.jyb.cn/china/zhbd.

中试办师范学院"的规定。这些规定打开了非师范院校办理教师培养的口子。

其后，随着高校的调整，多所师范院校并入综合性大学，并承担了教师教育的职责。但值得注意的是，这一转变多有"新瓶装旧酒"之嫌。随着教师职业地位的确认，我国的教师资格证制度以及相关的配套制度相继出台，同时教师职业也逐渐对"非师范"开放，这就意味着教师培养的非定向时代到来了。2001年，北京市教委做出决定，对城8区新接收的大学毕业生实行聘任制，同时在部分中小学试行聘任制。这就意味着多年来形成的教师职业终身制被彻底打破。

当然，真正意义上的非定向培养制度，关键在于教师准入制度的建立、完善以及动态和科学地运营，以及教师在职教育的常态化、高效化和持续化建设和推进。实际上，我国一直在推进这一制度。以《教育部2012年工作要点》为例，该年的工作要点涵盖了非定向型教师教育制度建设的方方面面。该要点要求：研制教师队伍建设"十二五"规划指导意见；贯彻落实高校和中、小学教师职业道德规范，将师德作为教师资格考试和定期注册、绩效考核、职务聘任、评优奖励的首要内容；实施《教师教育课程标准（试行）》；启动实施卓越教师培养计划；扩大实施中小学和幼儿园教师资格考试改革试点和定期注册制度试点；印发幼儿园、小学、中学教师专业标准；稳妥推进中小学教师职称制度改革的扩大试点工作；启动统一城乡教师职务及编制标准工作，探索农村学校实行班师比核编办法；研究制定中等职业学校教师职务（职称）系列及评聘办法；研究制定中等职业学校教职工编制标准；印发《职业院校兼职教师管理办法》；实施职业院校教师素质提高和校长能力提升计划；扩大免费师范生计划，鼓励地方实施师范生免费教育。

（三）培养模式的新探索：多样化的起步

从师范院校到非师范院校，都展开了教师培养模式的探索，这一探索对于实现教师教育真正意义上的"开放"是一个极为有益的创举。近年来，在借鉴国外教师教育的模式下，我国的各种探索逐渐取得了一定的成绩。概括来说就是两种模式：第一种是阶段性教师专业化模式，强调学术性与师范性的分阶段培养，学生在第一阶段着重提高学科教育水准，在第二阶段着力促进教师专业发展和教育实践能力。"4 + x"模式即属于此类。第二种是模块式教师专业化模式，力求改变学术性与师范性双重滞后的局面。具体通过调整课程结构，适当压缩学科课程内容和教学时数，相应增加教育科学的内容和教学时数，同时注重教育实践能力的培养，实现教师的学科专业化和教育专业化的结合。"3 + x"属于此类模式。

国外的模式主要有"3 + 1"和"4 + 1"、"4 + 2"等模式。所谓"3 + 1"模式，就是学生在综合性大学里先用 3 年时间修完本专业课程,获得学士学位后,再接受为期 1 年的教育专业训练,获得教育学士学位,并取得教师资格。所谓"4 + 1"模式,就是学生在综合性大学里先用 4 年时间修完本专业课程,获得学士学位后,再接受 1 年的教育专业训练。如日本在 21 世纪初教师教育改革中,"上越教育大学已经制定出培养新型教师 4 + 2(本科和硕士课程连读)的方案,东京学艺大学从 2001 年 4 月开设便于在职中小学教师攻读硕士学位的为期 1 年的研究生教育课程"。①

我国在探索中逐渐形成以下培养模式:"4 + x"、"3 + x"、"2 + x"模式。我国综合大学在教师教育模式上的探索的成绩主要有:最早试验"3 + 1"模式的是宁波大学和扬州大学,厦门大学于 2001 年开始招收"3 + 1"模式师范生。而师范性院校的创新主要为:一些师范院校建立教师教育改革创新实验区,建设了一大批稳定的师范生教育实习基地,构建起了师范院校、地方政府和中小学共同培养师范生的新模式。一些师范院校积极开展"3 + 1"、"2 + 2"本科培养模式,"4 + 1"双学位培养模式,"4 + 2"全日制教育硕士培养模式(如北京师范大学的"4 + 2"教师教育模式),探索学科专业教育与教师专业教育分段培养的中学教师培养新模式。这些探索中主要是在各个高校内部进行的,从当前来看,这一试点体现了各个高校结合自身特点具有创造性的探索,也为以后更好地开展教师教育提供了借鉴。

教师教育课程教学是提高教师培养质量的关键环节。1998 年启动"面向 21世纪高师课程体系和教学改革计划",产生了教师人才培养方案、课程方案、优质教材等 213 项重要项目成果,并广泛应用于师范院校师范生培养过程中。2011年,教育部出台《关于大力推进教师教育课程改革的意见》和《教师教育课程标准(试行)》。各有关高校积极贯彻落实,按照学习领域、建议模块和学分要求,制订有针对性的幼儿园、小学和中学教师教育课程方案,保证新入职教师基本适应基础教育新课程的需要;优化教师教育课程结构,打破教育学、心理学、学科教学法"老三门"的教师教育课程框架;改革课程教学内容,将学科前沿知识、教育改革和教育研究最新成果充实到教学内容中;改进教学方法与手段,采取模拟课堂、现场教学、情境教学、案例分析等多种方式,提高教学效果;加强信息技术课程建设,提升师范生信息素养和利用信息技术促进教学的能力;加强教师职业道德教育和养成教育,着力培养师范生的社会责任感、创新精神和实践能力。

教育实践是提高师范生实际教育教学能力的核心环节。2007 年,教育部颁

---

① 陈永明:《日本教育:中日教育比较与展望》,高等教育出版社,2003 年,第 356 页。

布《关于大力推进师范生实习支教工作的意见》，推动各地普遍落实师范生到中小学和幼儿园教育实践不少于一个学期的制度，大力提高师范生教育教学的实践能力。一批师范院校加强师范生职业基本技能训练，加强教育见习，建设长期稳定的教育实习基地，选派优秀高校和中小学教师共同担任师范生实习指导教师；创新师范生教育实践形式，开展师范生实习支教和置换培训，将教育实习与促进农村教育发展相结合，不仅增强了师范生的社会责任感和使命感，也提高了农村中小学师资水平。

据不完全统计，2008—2009学年，河北等19个省份124所师范院校共有8.5万名师范生到1.6万所农村中小学校进行了实习支教，7.5万名农村教师接受了师范院校举办的各种形式的培训。[①] 各地也纷纷推出实习的相关政策和制度。但最值得注意的是有关部门对教育见习的强调。以下以上海市关于教师见习规定作为示例。2012年3月30日，上海市教委印发《中小学（幼儿园）见习教师规范化培训指导意见（试行）》。指出"中小学（幼儿园）见习教师的规范化培训，是教师教育的重要组成部分，是教师职前教育与职后教育之间的重要环节，是教师管理制度的创新"，拟在"本市实行中小学（幼儿园）见习教师规范化培训制度"。

以下为正文：

上海市中小学（幼儿园）见习教师规范化培训指导意见（试行）

根据上海市教育体制改革领导小组第八次专题会议明确的"建立见习教师规范化培训制度"的精神，积极贯彻落实《国家中长期教育改革和发展规划纲要（2010—2020年）》和《上海市中长期教育改革和发展规划纲要（2010—2020年）》，经研究决定，在本市基础教育系统实施见习教师规范化培训制度。

一、指导思想

完善并严格实施教师准入制度，严把教师入口关，夯实新教师队伍的专业基础，整体提升上海中小学新入职教师的素质与能力。通过统筹市、区两级优质教育资源，使见习教师在优秀的教育教学团队的浸润和专门的指导教师带教的过程中，正确认识与适应教师角色，形成良好的教育教学行为规范，强化教育教学实践能力，尽快胜任教育教学工作。

---

① 许涛：《转型中谱写新篇——教师教育改革发展十年巡礼》，http://www.jyb.cn/china/zhbd.

二、适用对象

师范院校或其他高等院校相关专业毕业,在中小学首次任教的人员。

三、规范化培训学校和基地

见习教师规范化培训(以下简称"规范化培训"),应在区县教师进修院校指导下,由市、区两级教师专业发展学校(以下简称"培训学校")或承担培训任务的基地(以学科教研组为单位,以下简称"培训基地")和见习教师的聘任学校(以下简称"聘任学校")共同承担。培训学校或培训基地由学校提出申请,经区县教育局推荐,上海市教育委员会组织专家评审后确定。上海市教育委员会对培训学校和培训基地实行动态管理,对其培训实施情况进行年检。年检通过的培训学校或培训基地可以在下一学年度继续承担培训任务。

四、规范化培训的实施

规范化培训时间为一年。规范化培训由培训学校或培训基地和聘任学校共同完成。培训在培训学校或培训基地、聘任学校进行,其中在培训学校或培训基地进行的培训应在50%以上。规范化培训内容主要包括职业感悟与师德修养、课堂经历与教学实践、班级工作与育德体验、教学研究与专业发展等四个方面。培训期内,应按时完成各项工作,掌握各项工作的基本程序与行为规范,从而能够较好地胜任并独立完成工作。

五、管理与考核

区县教育局应在年度招聘新教师的实际需求基础上,制订规范化培训计划。规范化培训期间,见习教师与聘任学校签订事业单位聘用合同。合同期间按照有关规定享受相应待遇。规范化培训结束后,在区县教师进修院校指导下,培训学校或培训基地与聘任学校共同对见习教师进行考核。考核合格作为继续在上海市中小学从事教育教学工作的重要依据。区县教师进修院校对考核合格者颁发市教委统一印制的《上海市见习教师规范化培训合格证书》。合格者的规范化培训经历可作为有关师范类高校专业学位学习的实践阶段。

六、组织与保障

教育行政部门应加强管理,保证规范化培训顺利开展。上海市教师专业发展工程领导小组统筹领导见习教师规范化培训工作,上海市教师专业发展工程领导小组办公室负责本市规范化培训工作的推进与完善。上海师资培训中心负责规范化培训的指导、组织、协调工作。各区县教育局成立本区县见习教师规范化培训工作领导小组，负责区域内规范化培训的计划编制、培训学校和培训基地布局、见习教师管理等工作，足额保证规范化培训工作经费。区县教师进修院校根据教育局整体安排，加强对本区县规范化培训指导。培训学校和培训基地所在的学校成立学校规范化培训管理小组，负责本校的规范化培训实施、对指导教师和见习教师的考评等工作。

七、其他

本意见适用于公办学校。民办学校可参照执行。

（四）教师教育的相关配套制度建设取得较大的进展

西方发达国家教师教育的相关配套制度囊括了从教师教育机构的选择和认定到这些机构课程的实施，甚至包括毕业生进入教师队伍的检定等从培养到就业的多个方面。这一系列制度对教师专业化建设起到了监督和保障作用。其中教师教育机构的认定制度，保证了具备专业化培养条件的机构的建立和完善；而课程的认定制度，则保证了按照专业化的特色进行培养；教师资格证制度杜绝了不具备专业素质或者潜质的人进入教师队伍的现象，中小学教师整体的专业素质得到了保证。与欧美等国相比，我国的教师教育制度建设极为落后。

近年来，我国的教师教育制度的建设主要体现为教师资格证制度的建立和健全。但是，由于基础教育在教师数量上的需求较大，这项制度在实际操作中也无法严格执行。这是制约我国教育体制建设的主要因素。

第一，教师教育机构认定制度实现了良好开头，并逐步向系统性建设发展。教师教育机构认可是指对教师教育机构所进行的评价过程，评价合格者给予适当的认可地位，以承认其已经符合了一定的教育品质标准。它是促进教师专业化的一个重要保障机制，有了良好的教师教育机构认可制度，可以在一定程度上确保教师职前教育的品质，并为以后教师入职及在职的专业成长打下良好的基础。这一制度以美国最为典型。自 1954 年美国全国教师教育评估委员会（National Council for the Accreditation of Teacher Education，简称 NCATE）的成立开始，美国通过对教师教育机构的办学水平进行全国性认可，有效控制了教师职前培养的质量，并已形成一套较为成熟的教师教育机构认可体制。

我国在教师教育机构认定制度建设上起步较晚，且缺乏相关规划。2005 年发布了《教育部关于开展示范性县级教师培训机构评估认定工作的通知》；此外对"国培计划"也实施招标评定措施，如《关于做好"国培计划"——中西部农村骨干教师培训项目规划方案以及项目招投标工作若干事宜的通知》,根据一定标准对教师教育的培训机构进行遴选。在这一制度的影响下,省级单位也制定相关制度,对教师培训结构进行动态认定和遴选。当然,教师教育机构的认定标准仍然缺乏,原因主要在于以下两个方面:一方面大量的师范教育机构的存在,使得机构认定标准建设缺乏紧迫性。我国师范教育机构存在较久,其设立时所获得的来自教育行政部门的自然性资格认定,使得相关认定标准难以实施,也缺乏二次认定的必要性;另一方面标准的制定和形成需要一定的时间。建立符合我国师范教育的发展情况且能够与国际对接的教师教育机构认定标准,需要通过科学论证和反复验证,需要较长时间。这也是教师教育结构认定标准尚未体系化的根本原因之一。今后,我国教师教育认定标准将逐步出台,并实现系统化。

第二,教师教育课程标准在试点中逐步走向成熟。教师教育课程鉴定制度是教师教育制度的重要组成部分,这一制度的目的在于对各个教师教育机构开设的教育专业课程和教师证书课程实行专业有效性认可。认可的依据是各国制定的教师教育课程标准。这一制度直接与教师资格证的颁发挂钩。这一制度以苏格兰和英国较为典型。其中苏格兰由专门的鉴定机构和检定标准,以及一套较为复杂的检定程序,确保了课程标准切实有效的实施。

2012年,我国教育部颁布实施《幼儿园教师专业标准》、《小学教师专业标准》和《中学教师专业标准》(以下简称《专业标准》)。《专业标准》是国家对幼儿园、小学和中学合格教师专业素质的基本要求,是教师实施教育教学行为的基本规范,是引领教师专业发展的基本准则,是教师培养、准入、培训、考核等工作的重要依据。研究制定《中等职业学校教师专业标准》、《特殊教育学校教师专业标准》、《师范类专业认证标准》《师范院校本科教学质量标准》等,逐步健全教师教育质量保障制度。

第三,教师资格证书制度逐步成熟。教师资格证书制度包括三部分内容:教师资格证书的管理制度、教师资格证书制度的鉴定制度和教师资格证书的发放制度。美国专业教学标准委员会(NBPTS)建立的一种全国统一的教师资格证书制度要求教师在具备了一定学历、教学经验及州级的资格证书后可以申请全国性教师资格证书,再通过严的考核方可获得该证书。教师资格证书鉴定制度包括以下三方面的内容:学历要求和能力要求,教师资格的考核,教师试用制度。教师资格证书发放制度也是教师资格证书制度的核心内容。教师资格证书制度最齐备的当属美国和日本。①

与美、日等国相比，我国教师资格证制度尚处于初级阶段。从发展历程来看，我国的教师资格证制度经历了两个阶段：第一阶段为合格证书阶段，以1986年9月国家教委颁布的《中小学教师考核合格证书试行办法》作为开始。该办法要求对不具备国家规定学历的教师，经培训并通过相应考核后颁发《教材教法考试合格证书》或《专业合格证书》。这一制度一直实施到21世纪初。第二阶段为教师资格证阶段。这一制度经历了长达近10年的酝酿阶段。1993年10月31日第八届全国人民代表大会常务委员会第四次会议通过了《教师法》，明确规定：我国实行教师资格证书制度，中国公民凡遵守宪法和法律，热爱教育事业，具有良好的思想品德，具备本法规定的学历或者经国家教师资格考试合格，有教育教学能力，经认定合格的，可以取得教师资格。1995年颁布的《中华人民共和国教育法》，首次以国家法律形式，明确规定国家实行教师资格制度。1995年底国务院颁布了《教师资格条例》，对教师资格的分类与适用、教师资格条件、教师资格考试、教师资格认定等都作了详细规定，将教师资格分为7个种类。1995年12月28日国家教委颁布了《教师资格认定的过渡办法》，规定在1993年12月31日在岗的在职教师，任何一级的教师符合该级教师职务的条件和要求且连续两年考核合格，即可取得相应的教师资格。

教师资格证制度的试点是具有重要意义的一步，1998年4月至1998年底，教育部在上海、江苏、湖北、广西、四川、云南6个省（区、市）的部分地市进行教师资格认定试点工作。2000年9月23日，教育部颁布《教师资格条例实施办法》，规定国务院教育行政部门负责全国教师资格证书制度的组织实施和协调监督工作，县级以上（包括县级）地方人民政府教育行政部门根据《教师资格条例》规定权限负责本地教师资格认定和管理的组织、指导、监督和实施工作。2001年5月14日，教育部制定《关于首次认定教师资格工作若干意见》和教育部印发《关于首次认定教师资格工作若干问题的意见》的通知，确定了实施教师资格制度工作的指导思想和具体的工作要求及策略。2001年6月，教育部人事司在河南郑州组织召开了全国教师资格制度实施工作汇报会议。各地汇报了自2001年1月4日全国教师资格制度实施工作会议以来工作的进展情况，会议对工作中存在的重点、难点问题进行了深入细致的研究讨论，并在一些主要问题上进一步达成了共识。

---

① 教育部师范教育司：《教师专业化的理论与实践》，人民教育出版社，2003年，第140－143页，第170－171页，第206－230页。

2001 年 8 月 8 日,教育部印发了关于《教师资格证书管理规定》的通知,规定从 2002 年 1 月起,每年分春秋两季对教师的资格证书进行认定。2011 年开始,部分省份开始实施全国统考制度。教师资格证考试也逐渐由省考到国考,逐渐形成"国标、省考、县聘、校用"制度。此外,上海、北京、甘肃、四川等地将逐步打破教师资格证书"终身制",实施每 5 年定期注册制度和淘汰制度。

总的来看,我国的教师资格证制度正趋于完善,教师资格证书的管理制度、教师资格证书制度的鉴定制度和教师资格证书的发放制度三个层面的建设都取得了长足的进步。但是,由于教育体制的等多方面的原因,教师教育机构的认定以及课程的认定制度进展缓慢,并亟待建立健全。

三、世纪之交以来我国教师教育体制探索

如前所述,教育界对我国教师教育体制构建的思路基本上保持了一致,即教师教育体制的最终意义是全面开放,而我国的教师教育体制的构建应该在稳定中走"温和式"开放道路,或称渐进式开放道路。这一努力包含了职前教育的探索、在职教育的探索,以及二者的一体化建设。经过多年努力,我国的教师教育体制已经逐步体现出开放性特色,教师教育的一体化也取得了良好成绩。

(一)职前教育体系的建立和完善

从总体上看,师范院校仍然是我国教师教育的主体力量,非师范院校已成为教师教育的重要力量,传统封闭的师范教育体系被打破,开放灵活的教师教育体系基本形成。

1. 职前教育体系建设处于不断探索中

教师教育体系正在走向开放,封闭的定向型师范教育体系正被打破。根据1999 年《面向 21 世纪教育振兴行动计划》中提出"依托普通高校和高等职业技术学院,建设职业教育专业教师和实习指导教师培养培训基地"和 2001 年《国务院关于基础教育改革与发展的决定》中提出"完善以现有师范院校为主体、其他高等学校共同参与、培养培训相衔接的开放的教师教育体系"的要求,调整师范院校布局结构,支持和鼓励综合性大学举办教师教育,实现了教师教育体系从相对独立封闭向灵活开放的转变。这不仅表现在一部分非师范院校、综合大学开展了师资的培养和培训工作,也表现为师范院校自身的变革:有的师范院校升格、更名为综合大学;有的师范院校与综合大学合并,成为综合大学所属的师范学院或教育学院;还有的师范院校虽未更名,但其非师范专业、非师范生的比例已经大大超过师范类,实质上已经成为综合大学;而更多的师范院校正在不断拓展办学功能,改革教师教育培养模式。

2003 年，师范院校中非师范类学生已占学生总数的 27.6%[1]，当然，从国情来看，我国在较长的时间内还不能也不应全部取消师范院校，仍需要一个相对独立的体系存在。然而，这个体系不是静止的，而是变动的；不是封闭的，而是走向开放的；不是孤立的，而是要与非师范院校共同承担起师资培养培训任务的。

从 20 世纪 90 年代中后期开始，中国一些综合大学以多种方式介入了师范教育。举办教师教育的综合性大学主要有三种类型：外延性综合大学，即原有的师范院校的高校在原来的基础上增加非师范专业，成为综合性大学。例如，北京师范大学、华东师范大学等在保持原有师范性的基础上已逐步发展成拥有文、理、工、农、医等各学科门类相对齐全的综合性大学。自生型综合大学，一些综合性大学在创办之初就成立了教育学院或师范学院，承担教师教育的任务；也有一些是以前没有教师教育的综合性大学通过增设教育学院或师范学院成为具有举办教师教育功能的综合性大学。这些大学大多是在国家鼓励综合性大学开办教师教育政策出台后成立教育学院或师范学院，开办教师教育的，如北京大学、中山大学等。合并型综合性大学，即一些师范院校与其他专业院校合并成综合性大学，具备开办教师教育的功能。例如，广州大学就是由原来的广州师范学院、广州高等师范专科学校、广州教育学院、华南建设学院（西院）和原来的广州大学合并而成的[2]；再如，江苏大学于 2001 年由江苏理工大学、镇江医学院、镇江师范专科学校合并组建而成。

具体说来，中国教师教育体系的调整早在 20 世纪 80 年代就开始了。江苏师范学院于 1982 年改办为苏州大学，原延边大学、延边师范高等专科学校等于 1996 年合并组建成新的延边大学，扬州师范学院等 6 所高校于 1992 年合并组建成扬州大学等。

当然，对于这次改制与合并，上级主管部门大多发文予以限定：改制或合并后，原有的师范教育"职能不变，规模不变"，要求师范教育在新的综合大学内发展。如北京大学教育学院于 2000 年正式挂牌，厦门大学于 2001 年开始招收"3+1"模式的师范生，清华大学于同年开办校长职业化研修中心。

2001 年高校调整中，部分师范类院校更名为综合大学（学院），部分师范类院校并入大学。如无锡教育学院并入江南大学，苏州铁道师范学院更名为苏州科技学院，营口师范专科学校并入营口专业技术学院，昌吉师范专科学校更名为昌吉学院等。这些并入或者更名的师范院校，其师范教育的功能仍然存在。其

---

① 李剑萍，魏薇：《教育学导论》，人民教育出版社，2006 年，第 16 页。
② 王卫东：《教师专业发展探新》，暨南大学出版社，2007 年，第 170 页。

至部属高校也有合并。如西南大学,由教育部直属高校原西南师范大学、农业部直属重点大学原西南农业大学于 2005 年合并组建而成。当然,近年来,综合大学开始建立教育学院也是一个新现象,某些综合大学的教育学院开始在培养教育类的本科生以及研究生方面进行了有益的尝试和探索。

2. 职前教育的开放格局将逐渐形成

总体上看,师范院校仍然是我国教师教育的主体力量,非师范院校已成为教师教育的重要力量,传统封闭的师范教育体系被打破,开放灵活的教师教育体系基本形成。到 2001 年,全国有独立设置的师范院校 210 所,其中本科 109 所,专科 101 所,比 1988 年的 272 所减少了 62 所,在整个高等教育中的比重由当时的25% 下降到现在的 18.78%。① 1997 年,全国有 77 所非师范类大学承担了师范教育任务,其中师范类学生约占全国高校在校生数的 25%。2002 年,全国共有475 所高等学校招收师范类全日制本、专科学生,其中非师范院校 258 所,比1997 年的 77 所增加了 23.5%,已占培养教师院校总数的 54%。非师范院校培养教师数约占全国高校培养教师数量的 33%。② 到 2004 年,全国共有 593 所高等学校招收师范类全日制本、专科学生,其中高等师范学校 195 所、教育学院 83所、非师范院校 315 所,非师范院校的增加幅度较大,其中非师范院校在校师范生占在校师范生总数的 19.10%,招生占 17.86%,毕业生占 17.55%。③ 综合性大学参与教师教育的积极性之高、发展速度之快,由此可见一斑。这一快速发展进程正在迅速地改变着教师教育体制的格局。

2011 年,举办教师教育的高等学校共有 527 所。其中,普通本科师范院校108 所,师范专科学校 36 所,非师范类院校 383 所。从学校数量来看,师范院校占27.3%,非师范院校占 72.7%;从培养本、专科师范毕业生数量来看,师范院校占 52.7%,非师范院校占 47.3%。建立高等学校、职业院校和行业企业共同培养培训职教师资体系,目前已建立了 93 个全国重点建设职教师资培养培训基地、8 个全国职教师资专业技能培训示范单位、10 个全国职业教育教师企业实践单位。推动各地建立了约 300 个省级职教师资培训基地和 100 多家职教教师企业实践单位。

与 2002 年比较来看,2011 年高等师范本科院校有所发展,由 96 所增加到

---

① 教育部发展规划司:《中国教育统计年鉴(2001)》,人民教育出版社,2002 年第 24 页。

② 《百余所非师范院校宣言加强教师教育》,http://www.eol.cn/20031113/3094284.shtml.

③ 《中国教育年鉴》编辑部:《中国教育年鉴(2005)》(师范教育),http://www.moe.edu.cn/publicfiles/business/htmlfiles/moe/moe_1183/200702/16434.html.

108 所;师范专科学校和中等师范学校大幅度减少,师专由 140 所减少到 36 所,中师由 815 所减少到 132 所;独立设置教育学院合理收缩,由 166 所减少到 60 所;大批师专、中师和教育学院合并升格为本科师范院校或综合性学院等。培养教育专业硕士高等学校由 1997 年的 16 所增加到 2011 年的 83 所。2011 年,15 所高水平师范大学和综合大学开展教育博士培养试点工作。师范毕业生学历层次明显提高,本、专科毕业师范生和中师毕业生之比从 2002 年 52.5∶47.5 提升到 2011 年的 90.1∶9.9。2011 年,全日制教育硕士毕业生为 4 565 人,在职教师攻读教育硕士毕业生为 7 963 人。① 教师教育办学层次基本实现了从中师、大专和本科的"旧三级"向专科、本科和研究生"新三级"的转变。根据我国高等学校管理体制改革的总体部署,提高师范院校层次结构和重心的要求,我国教师教育逐步纳入高等教育体系。

（二）从在职教育的层面推进教师教育体制的改革

由于长期以来我国教师在职教育或者继续教育缺乏科学化、制度化以及可持续等特征,因而在整个教师教育中,教师的在职继续教育是一个"短板",它制约了教师教育的整体推进的进程。因此,在教师教育概念提出的前后几年中,继续教育成为探索的重中之重。世纪之交以来的 10 余年间,教师在职教育主要突出了以下方面的探索:以教师专业发展为指向,在职教育与职前教育一体化方面不断尝试;加大在职教育的制度化建设、系统化建设。

1. 在职教育的科学化和规范化建设取得了重大进展

早在教师教育政策出台之前,中小学教师的继续教育问题就引起了重视。1999 年,教育部启动了"中小学教师继续教育工程"（以下简称"工程"）教师教育政策出台之后,中小学教师的继续教育得到了更为有力的推动。根据规划,中小学教师继续教育从类别上分为新教师培训、教师岗位培训、短缺学科培训、骨干教师培训、培训者培训和学历提高培训以及信息技术、师德和外语等专项培训全面开展;在技能训练、研训一体、协同组合、跟踪指导、自学反思、校本培训以及学历教育和非学历教育相融通等培训形式上全面展开探索;在培训形式上示范—模仿、情景体验、现场诊断、案例教学、参与—分享、合作交流、任务驱动、问题探究、主题组合、自主学习等培训模式上全面推动。

"工程"的实施以终身教育思想为基础,以提高教师专业化发展为目标,以现有师范院校为主体、其他高等院校和中小学校共同参与,职前职后相沟通、灵活开放的教师继续教育体系建立。其主要表现为:开展中小学教师继续教育的机

① 许涛:《转型中谱写新篇——教师教育改革发展十年巡礼》,http://www.jyb.cn/china/zhbd.

构呈现多元化格局,除教师进修院校之外,师范大学、综合大学、研究机构和广大中小学校等都积极参与中小学教师继续教育,许多师范院校设立了中小学教师继续教育工程基地,开展了一系列有益的活动。整体上看,"工程"体现了终身教育思想和教师教育理念,是结合本国国情的有益的尝试,具有创造性。

为推进教师在职教育高效、持续地开展,全国自上而下形成了一套有关继续教育的法规政策和指导文件,各省、自治区、直辖市制定和出台了一系列继续教育的地方性法规、政策和管理制度,初步形成了中小学教师继续教育地方政策法规体系。各级政府高度重视教师培训工作,根据不同时期教师队伍建设的需要,确定教师培训工作重点组织,指导实施了全国中小学教师全员培训,极大提升了中小学教师队伍的整体素质。

1999 年,国务院发布了《中共中央国务院关于深化教育改革全面推进素质教育决定》,要求"开展以培训全体教师为目标、骨干教师为重点的继续教育,使中小学教师的整体素质明显提高"。教育部于 1999 年 9 月在上海市召开了"全国中小学教师继续教育和校长培训工作会议",启动了"中小学教师继续教育工程"(以下简称"工程")。近几年来,各省、自治区、直辖市教委、教育厅积极落实教育部对实施"工程"的有关要求,采取多种措施推进中小学教师继续教育工作。

《中小学教师继续教育规定》的颁布,标志着我国中小学教师培训工作全面展开,《中小学教师继续教育规定》明确提出参加培训是中小学教师的权利和义务,教师培训实行每 5 年为一个周期的管理制度,一个周期内原则上每位教师应参加不少于 240 学时的培训。同时,还对教师培训的内容与类别、组织管理、条件保障、考核与奖惩等方面作出规定。2000 年 3 月教育部正式下发了《关于印发〈中小学教师继续教育工程方案(1999—2002 年)及其实施意见的通知》。2006 年,财政部、教育部印发了《关于农村中小学公用经费支出管理暂行办法的通知》,规定学校年度公用经费预算总额的 5% 用于教师培训。同年,教育部印发《关于建立中等职业学校教师到企业实践制度的意见》,规定中等职业学校专业课教师、实习指导教师每两年必须有两个月以上时间到企业或生产服务一线实践。

值得一提的是,我国先后启动了"2008 年中小学教师国家级培训计划"、"2009 年中小学教师国家级培训计划"、其后于 2010 年由教育部、财政部等部门联合启动了"国培计划",并在创新中不断推进。2011 年,教育部印发《关于大力加强中小学教师培训工作的意见》,将教师每 5 年参加培训的时间提高到不少于 360 学时。同时提出要建立教师学习培训制度;实行 5 年一周期不少于 360 学时的教师全员培训制度,推行教师培训学分制度;采取顶岗置换研修、校本研修、远程培训等多种模式,大力开展中小学、幼儿园教师特别是农村教师培训;"加强校长培训,重视辅导员和班主任培训;推动信息技术与教师教育深度融合,建设教师网络研修社区和终身学习支持服务体系,促进教师自主学习,推动教学方式变革。"① 这些培训制度的建立与实施将教师培训推向了制度化、规范化、科学化的轨道。

2. 在职教育取得了良好成果,并呈现可持续发展态势

《中小学教师继续教育规定》颁布后,教师在职教育提到了新的高度,并得到了持续有力的推进。1999—2002 年实施"中小学教育继续教育工程",全国 85%左右的中小学教师通过各种形式和途径,接受了一轮以师德、信息技术和实施素质教育能力为重点内容的培训。此后,《2003—2007 年教育振兴行动计划》启动。为配合基础教育新一轮课程改革,教育部组织实施"中小学教师全员培训计划(2003—2007 年)",按照"面向全员、突出骨干、倾斜农村"的工作方针,以"新理念、新课程、新技术"和师德教育为重点,对 100 万农村中小学骨干教师进行了重点培训,对 200 万中小学教师进行学历提升培训,带动各地对 1 000 万中小学教师进行了全员培训。

2004 年,启动实施"农村学校教育硕士师资培养计划",从具有推荐免试硕士研究生资格的高校中,选拔部分优秀应届普通本科毕业生,录取为"硕师计划"研究生,并与地方政府教育行政部门签约聘为编制内正式教师。先在县镇及以下农村学校任教,服务期 3 年,并在职学习研究生课程。第四年,到培养学校脱产集中学习 1 年,毕业时获硕士研究生毕业证书和教育硕士专业学位证书。目前,70 所大学参加推荐工作,40 多所大学承担培养任务,8 年来累计招收培养"硕师计划"研究生 6 945 人。"硕师计划"的实施,为农村学校培养输送了一批高学历农村骨干教师。②

2011 年,教育部印发《关于大力加强中小学教师培训工作的意见》,将加大力度,推动各地通过多种有效途径,有目的、有计划地对全体中小学教师进行分类、分层、分岗培训。并规定在"十二五"期间,对全国 1 000 多万教师进行每人不少于 360 学时的全员培训,全面提升中小学教师队伍的整体素质和专业化水平。而"国培计划"的持续推进,对建立和完善立体、有机、可持续的、动态更新的在职教育体系起到了重要作用。

---

① 国务院:《国务院关于加强教师队伍建设的意见》,http://www.moe.gov.cn/publicfiles/business/html-files/moe/moe_1778/201209/141772.html.

② 许涛:《转型中谱写新篇——教师教育改革发展十年巡礼》,http://www.jyb.cn/china/zhbd.

3. 中小学教师国家级培训计划引领了教师在职教育的高效、科学发展

中小学教师国家级培训计划,是中小学教师在职教育的最为重要的举措之一。近年来,在"国培计划"的引领和示范下,取得了重要成就。实施"国培计划"旨在发挥示范引领、"雪中送炭"和促进改革的作用。通过该计划培训一批"种子"教师,使他们在推进素质教育和教师培训方面发挥骨干示范作用;开发教师培训优质资源,创新教师培训模式和方法,推动全国大规模中小学教师培训的开展;重点支持中西部农村教师培训,引导和鼓励地方完善教师培训体系,加大农村教师培训力度,显著提高农村教师队伍素质;促进教师教育改革,推动高等师范院校面向基础教育,服务基础教育。

"国培计划"是一个立体的、有机的培训体系。纵向上看,"国培计划"涵盖了中学、小学、幼儿园、特教教师的培训,涉及中小学教师示范性培训项目、中西部农村骨干教师培训项目、幼儿园教师国家级培训项目等。从层次上看,"国培计划"涵盖了中小学骨干教师培训、中小学骨干班主任培训、幼儿园骨干教师培训、培训团队培训、紧缺薄弱学科骨干教师培训。从地域上看,形成了以中西部为重点和全面兼顾的布局。从形式上看,实现了现场培训与远程培训结合、集中培训和自主学习结合、国家级培训与国家指导下的地方培训结合等方式。在实施中,还逐渐细化到免费师范生国家级培训、新课程国家级培训等方面。由此可见,"国培计划"是一个立体的、有机的教师在职教育体系,其作用将不断放大,在引领教师在职教育的高效、科学运行中起到引领作用。具体而言,"国培计划"是以"大类"培训为主导,在"大类"培训中,体现体系的张力和科学性,因地制宜地发展细化培训项目。

"国培计划"主要分为以下几类:"中小学教师示范性培训项目"、"中西部农村骨干教师培训项目"和"幼儿园教师国家级培训计划"。示范性项目由教育部组织实施,培训对象主要为全国中小学学科骨干教师、幼儿园骨干教师、骨干班主任教师及骨干教师培训者等。

第一,"中小学教师示范性培训项目"。该项目的目标任务是通过国家的示范性培训,培养一批"种子"教师,开发一批优质培训资源,建设高水平教师培训基地,引领推动中西部项目、幼师国培和各地教师培训工作的开展。项目分为集中培训项目和远程培训项目两大类。示范性集中培训项目主要针对地市级以上骨干教师专业发展需求,通过主题式培训,研究问题,分析案例,总结提升经验,提高师德修养,更新知识,提升能力,形成学习共同体,培养区域学科教学与教师培训带头人。示范性远程培训主要针对县级以上骨干教师和教师培训者,提升教师的教育教学能力、教师培训指导能力,同时探索创新教师远程培训模式,为

各地教师远程培训的开展做出示范。

2010 年和 2011 年,中央财政分别安排 5 000 万元支持实施"示范性项目"。2012 年计划安排 2 亿元实施"示范性项目",对 25 000 名中小学各学科骨干教师、幼儿园骨干教师和骨干培训者进行集中培训。

第二,"中西部农村骨干教师培训项目"。该项目是对农村义务教育骨干教师进行有针对性的专业培训。2010 年、2011 年分别安排 5 亿元,2012 年安排 8 亿元实施项目。该项目包括置换脱产研修、短期集中培训、远程培训三类。置换脱产研修项目定位高端、注重创新、促进改革。培训对象为农村义务教育学校有良好发展潜力的中青年骨干教师。采取院校集中研修和优质中小学"影子教师"实践相结合的培训方式,组织高年级师范生、城镇教师到农村中小学顶岗实习支教,置换出农村骨干教师到高水平院校和优质中小学进行为期 3 个月左右的脱产研修("影子教师"实践时间不少于 1/3),全面提高教师的教育教学能力和综合素质,为农村学校培养一批在深入推进课程改革、实施素质教育、开展教师培训中发挥辐射作用的带头人。短期集中培训定位解决问题、照顾薄弱、雪中送炭。培训对象为农村义务教育学校骨干教师。项目采取集中培训方式,组织农村中小学骨干教师到高水平院校、教师培训机构和优质中小学进行为期 10~20 天的培训。

项目针对农村骨干教师专业发展需求,围绕新课标的贯彻落实,针对教育教学实际问题,研究典型案例,提高师德素养,更新知识,提升能力,将新课标的理念与要求落实到教育教学中,形成学习共同体,培养县域农村学校骨干力量。远程培训项目定位共享资源、创造机会、扩大规模。培训对象为农村义务教育学校教师。项目采取网络远程培训和线下研讨实践相结合的混合式培训方式,遴选具备资质条件的高等学校和教师培训机构,对教师进行 80 学时左右的专项培训。项目将新修订的义务教育课程标准的贯彻落实作为培训的重要内容之一。通过培训,帮助教师解决教育教学中的实际问题,提高教师教育教学能力,培养教师远程学习的习惯和能力,促进优质资源共享。

第三,"幼儿园教师国家级培训计划"。2011 年中央财政安排 2 亿元启动实施"幼师国培"。2012 年中央财政安排 4 亿元实施"幼师国培"。"幼师国培"包括农村幼儿园教师短期集中培训、农村幼儿园转岗教师培训、农村幼儿园骨干教师置换脱产研修三类项目。短期集中培训对象为农村幼儿园园长、骨干教师。项目采取集中培训方式,组织农村幼儿园园长、骨干教师到具备资质的师范院校、综合大学、幼儿师范专科学校和教师培训机构进行为期 10~20 天的集中培训。项目以"参与式培训"为主,重视到优质幼儿园观摩实践,促使幼儿园教师更新教育观念,解决教育中的实际问题,提升科学保教能力,促进专业发展。

转岗教师培训对象为农村幼儿园未从事过学前教育工作的转岗教师和非学前教育专业的高校毕业生,优先培训新入职的转岗教师。项目以院校集中培训与优质幼儿园实践为主,组织转岗教师和高校毕业生到具备资质的师范院校、综合大学、幼儿师范专科学校和教师培训机构进行 120 学时左右的集中培训,可根据需要辅以远程培训方式,远程培训学时原则上不超过 1/3。通过培训,帮助教师树立学前教育专业思想,掌握学前教育基本技能和方法,提高保教能力和水平。

置换脱产研修对象为农村幼儿园具有良好发展潜力的中青年骨干教师,年龄原则上不超过 45 岁。项目采取院校集中研修和优质幼儿园"影子教师"实践(时间不少于 1/3)相结合的方式,组织高年级学前教育专业师范生、城镇幼儿园教师到农村幼儿园顶岗实习支教,置换出幼儿园骨干教师到具备资质的高水平院校、幼儿师范专科学校和城市优质幼儿园进行为期 3 个月左右的脱产研修,为中西部农村培养一批在促进学前教育发展、开展幼儿园教师培训中发挥辐射带头作用的"种子"教师。[①]

2007—2009 年,教育部组织实施"中小学教师国家级培训项目"。中央财政投入 9 000 万元,采取"对口援助"、"送培到省"、"送教上门"、集中培训、远程培训等方式培训全国近百万中小学教师。其中,农村中小学教师占 80% 以上。2010 年,教育部、财政部启动实施"中小学教师国家级培训计划"。以农村教师为重点,开展对中小学教师和幼儿园教师的大规模培训,包括中小学教师示范性培训项目、中西部农村骨干教师培训项目和幼儿园教师国家级培训计划等 3 项内容。在 2010 年的"国培计划"中,国家级示范性培训项目骨干教师集中培训由 34 个单位承担,举办 200 期,其中 25 所师范大学承担了 160 期,培训人数达 7 927 人。

积极推动教师进修学校与教研、电教等机构进行资源整合,形成上挂高师院校,下联中小学校,具有"多功能、广覆盖、大服务"特点的县区级教师学习与资源中心。现已有近 1 400 所县级教师进修学校实现了整合或联合。2010—2012 年,中央财政安排专项经费 13 亿元,共培训幼儿园、中小学教师 215 万人,其中,农村教师 207 万人,占 96.3%。随机抽取参加"国培计划"集中面授的 10 万名学员进行网络匿名评估,综合多项评估指标,学员对"示范性项目"的满意率达 80% 以上。

---

① 葛振江:《在 2012 年"国培计划"项目管理高级研修班上的讲话》,http://www.gpjh.cn/cms/ldjh/1321.htm.

通过项目实施,培养了一大批"种子教师",提高了教师培训的专业化水平,同时带动了各地教师全员培训的开展,充分发挥了示范引领、雪中送炭、促进改革的作用。教师教育一体化有效改善了过去教师培养与培训相分离的低水平、低层次和低质量的状况,极大地提高了教师培训质量和效益。①

4. 中小学教师教育技术能力建设取得了快速进展

现代教师教育的一个重要特征就是现代化的条件下的教师教育,是资源共享、全面开放、信息得以有效沟通的教育。因此,现代化的教育技术是教师教育的重要手段,现代化的教育设施是教师教育的重要媒介。二者在现代教师教育中的作用越来越明显,二者的发展在一定程度上也反映了教师教育的发展程度。

信息化社会主要体现在信息的自由流通和对信息的掌握和使用等方面。而信息的掌握和利用技能则是信息化社会建设的根本立足点。因此,培养教师对信息的掌握和使用,使其具备信息的使用技能是教师教育信息化的关键。为了促进各地探索有效的培训方式,有效提高教师信息素质,教育行政部门积极采取措施,有力地推进了教师信息技术教育的进程。如实施"英特尔未来教育"中小学教师信息技术培训试验项目。教育部与英特尔(中国)有限公司进一步加强合作,共同实施"英特尔未来教育"中小学教师信息技术培训试验项目。该项目在培训内容上将学科课程与计算机技术有机地结合在一起,采取"任务驱动"方式组织教材和教学;教学方法先进,具有示范作用,对于改进教师培养培训的教育理念和教育手段很有启发和借鉴意义。项目合作由英特尔方提供部分人力培训经费及教材等资源作为技术支持,教育部师范司会同有关省(市)教育行政部门负责培训的组织和管理。截至 2002 年 11 月 30 日,全国共计 18 个省、自治区、直辖市的近 10.5 万名教师接受了本项目的培训。已有 10 所师范大学、40 余名教师接受了骨干教师培训。

2004 年 12 月 25 日,教育部印发了《中小学教师教育技术能力标准(试行)》。这是我国发布的第一个中小学教师专业能力标准,是推进我国教师专业发展和教师教育信息化的一项重要举措。次年,教育部《关于启动实施全国中小学教师教育技术能力建设计划的通知》决定启动全国中小学教师教育技术能力建设计划。主要目的是以全面提高教师教育技术应用能力,促进技术在教学中的有效运用为目的,建立教师教育技术培训和考试认证体系,组织开展以信息技术与学科教学有效整合为主要内容的教育技术培训,提高教师实施素质教育的能力和水平;建立中小学教师教育技术能力水平培训和考试认证制度,形成全国

---

① 许涛:《转型中谱写新篇——教师教育改革发展十年巡礼》,http://www.jyb.cn/china/zhbd.

统一规范的教师教育技术能力水平培训和考试认证体系。

为保证"计划"顺利实施,教育部成立了以主管副部长为组长的"计划"领导小组和"计划"项目办公室。截至 2005 年底,共培训项目管理人员、项目指导专家、骨干培训讲师 27 人;"计划"首批实施地区骨干教师分 9 期在北京、沈阳、成都、上海、南京等地接受了国家级培训。从 2006 年开始其他地区也将陆续实施。为促进这一计划的推进,教育部师范司组织专家研究制定了《中小学教学人员(初级)教育技术能力培训大纲》。2006 年 10 月,教育部考试中心发布了《全国中小学教师教育技术能力水平考试大纲(初级)》。11 月,江苏等省 9 万余名中小学教师参加了首次全国中小学教师教育技术能力水平考试(教学人员初级),考试合格率约为 87% 。①

2005 年,启动实施全国中小学教师教育技术能力建设计划,组织开展以信息技术与学科教学有效整合为主要内容的教育技术培训。截至 2011 年底,各地累计培训中小学教师近 600 万人,极大地推动了教师教育技术能力的提升。

(三)网络承载下的教师在职教育:集中学习与自主发展的有机集合

创办"教师教育网络大学"是推进现行师范教育体制改革的一种尝试,也是现代教师教育敢于或善于迎接信息化社会各种挑战的一大对策,这将成为我国教师教育发展的一项创造性事业及标志性成果,也将有力地促进师范教育体制的全面改革。创办"教师教育网络大学",应该有计划、分阶段、迅速地付诸实施。建成在宏观上由政府部门遥控主导(方针政策、教育内容、资格标准)、在具体教学中自由宽松(可以随时入学、自由选择课程科目、自愿参加教师资格认定)的开放性教育机构,努力使偏重学历化的社会转变成为倡导终身学习化的社会,这也就是创办"教师教育网络大学"的主要宗旨及其奋斗目标。

创办"教师教育网络大学",是当前克服全国各地师范院校水平不高、教育经费不足等问题的一大举措,也是提高在职教师学历水平和综合素质、优化师资队伍的一大良策。这一新型教育机构的问世,必将推动我国新世纪教师教育事业的发展。② 教师网络联盟正是这一概念的中国化方式。

---

① 《中国教育年鉴(2001—2006)》,http://www.moe.edu.cn/publicfiles/business/htmlfiles/moe/moe_364/index.html.
② 陈永明:《教师教育研究》,华东师范大学出版社,2003 年,第 439 页。

教育部关于实施全国教师教育网络联盟计划的指导意见[①]

网联的目标

教师网联计划旨在以现代远程教育为突破口,在政府的支持和推动下,充分调动各级各类举办和支持教师教育的高等学校(机构)的积极性,整合资源,构建以师范院校和其他举办教师教育的高校为主体,以高水平大学为核心,区域教师学习与资源中心为服务支撑,社会力量积极参与,职前职后教育一体化,教师教育系统、卫星电视网与计算机互联网相融通,学校教育与现代远程教育等各种教育形式相结合,学历教育和非学历教育相沟通,系统集成,优势互补,共建共享优质教育资源,覆盖全国城乡的教师教育网络体系。

教师网联的任务是按照全面建设小康社会对高素质专业化教师队伍建设的要求,以教育信息化带动教师教育现代化,实现不同地区、不同层次的中小学教师共享优质教育资源,全面提高教师教育质量水平。大规模、高质量、高效率地开展全国中小学教师学历提升教育、非学历培训和教师资格认证课程培训。大幅度提升全国中小学教师队伍素质。

教师网联计划坚持"创新、集成、跨越"的指导原则。

"人网"、"天网"、"地网"相结合。在改革教师教育体系的同时,融通"三网"资源,充分利用现代远程教育手段,共享优质资源,提高教师教育水平;

各种教育形式相结合。学校教育和卫星电视教育、网络教育、函授教育、自学考试,以及面授、辅导等多种形式有机结合,相互补充,学历教育与非学历教育有效沟通;

政府支持与市场机制相结合。加大政府支持力度,创设政策环境,规范办学行为,监控办学质量;充分借助市场机制,有效配置教师教育资源,实现可持续发展,提供优质服务;

促进合作与鼓励竞争相结合。教师网联成员既要联合协作,又要公平竞争;既要遵守规范,又要保持各自的优势和特色;

政府、学校和教师个人行为相结合。明确政府、学校和教师的责任与义务,充分调动各方面积极性,形成教师培训的激励机制、培训成本

[①] 教育部:《教育部关于实施全国教师教育网络联盟计划的指导意见》,http://www.moe.edu.cn/public-files/business/htmlfiles/moe/moe_38/201001/81663.html.

补偿机制与经费投入保障机制。

教师继续教育和教育人事制度改革、教育教学改革及实施中小学现代远程教育工程紧密结合。

教师网联计划坚持总体规划、分步实施，重点突破、全面推进的方针。实施工作分"三步走"。

第一阶段：教师网联以远程教育试点师范大学和中央广播电视大学等首批成员单位为主体，建立管理规范和技术标准，建立标准化开放性的公共服务平台，初步形成共建共享优质教育资源的教师教育协作组织。重点面向农村，配合中小学现代远程教育工程的实施，充分发挥教师网联的优势，因地制宜地运用光盘教学、卫星电视教育、网络教育等各种模式，共享优质教育资源，有效地开展各种层次和规格的教师学历教育和非学历培训，大幅度提高中小学教师队伍素质。

第二阶段：教师网联扩大到具备条件的省属师范院校和其他举办教师教育的高等学校，并广泛动员社会力量，在更大范围调整整合教师教育资源，基本形成以区域教师学习与资源中心为支撑的公共服务体系。完善教师网联管理制度与运行机制。进一步提高教师网联办学的质量、规模和效益。

第三阶段：全面实施教师网联的总体规划，实现教师网联总体目标，各种教育形式衔接与沟通，形成具有时代特征和中国特色的教师终身学习体系。

网联任务

一、协调各成员单位积极发挥"三网"沟通的优势，从不同地区的实际出发，采取不同模式和方法，为教师提供高质量、高效益的继续教育培训和开放灵活的教育途径。开展学历、学位教育必须由教育部批准开展现代远程教育试点的院校举办。

二、实现教师教育领域内跨院校资源整合，建立和提供标准化开放的公共服务平台和优良的服务体系，共建共享优质资源，为教师教育提供优质资源，以教育信息化推动教师教育现代化。

三、积极建立学历教育与非学历教育沟通以及各种教育形式有效结合的机制。

四、不断总结理论与实践、技术与管理等方面的创新经验，认真研究建立教师教育领域实现联合、积极协作的新机制，积极探索开展教师远程教育的有效途径和方法，为国家的教师教育改革和教育创新提供咨询和服务。

五、在教育部"全国教师教育网络联盟"工作领导协调小组的指导下，加强现代远程教育、教师教育的规律、特点及其有效结合的科学研究，深入开展教师教育的理论、方法以及人才培养模式的研究，促进教师现代远程教育的跨越式发展。

六、积极开展国际合作与交流，大力促进各成员单位与国内其他学术团体、研究机构及港澳台地区现代远程教育组织的交流与合作。

"中国中小学教师网"是利用计算机互联网对中小学教师开展继续教育，旨在帮助全国 1 000 多万中小学教师实现终身学习的专业网站。2000 年底"中国中小学教师网"（http://www.chinaTDE.net）开通，标志着教师教育信息化工作进入实质性阶段。为充分发挥现代远程教育优势，促进教师教育系统和卫星电视网、计算机互联网络有机结合，实现教师教育资源的优化配置，全面提升中小学教师整体素质，2003 年教师节前夕，教育部正式启动全国教师教育网络联盟计划。这一计划旨在以现代远程教育为突破口，构建以师范院校和其他举办教师教育的高校为主体的教师教育网络体系，促进职前职后教育的一体化。这一体系的特点是以高水平大学为核心，以区域教师学习与资源中心为服务支撑，借助卫星电视网与计算机互联网，采取学校教育与现代远程教育等各种教育形式相结合，学历教育和非学历教育相沟通的方式。

在教育部的协调下，北京师范大学、华东师范大学等 12 家单位联合建立全国教师教育网络联盟。根据《教育部关于实施全国教师教育网络联盟计划的指导意见》（以下简称"教师网联"），教师网联计划将分三步实施。2004 年，"教师网联"8 所师范大学首次联合考试招生，共招收远程教育学生 150 746 名，比网联成立前招生人数增加 40% 左右。中央电大 2004 年新招教育类学生 163 618 人。"教师网联"院校新增师范类专业数和资源量显著增加，截至 2004 年底，8 所师范大学共开设师范专业 71 个，新增师范专业 13 个，增幅达 22.4%；8 所师范大学现有网络课程 1 357 门，新增网络课程资源 341 门，增幅 33.6%。2006 年，实施"全国教师教育网络联盟计划"取得巨大进展。教师网联远程学历教育师范专业招生人数达到 89 万人。西部、农村地区学员增幅明显。教师网联成员单位共开设了 200 个专业（教育类专业 84 个），建立了 942 个校外学习中心。中小学教师远程非学历培训蓬勃发展。[①] 教师网联的建设取得了很大的成功，它是在现

①　以上分别引自《中国教育年鉴（2001—2006）》，http://www.moe.edu.cn/publicfiles/business/htmlfiles/moe/moe_364/index.html.

代信息社会条件下,借助现代的信息手段的一种新的教师教育模式。正如陈永明在《教师教育研究》一书中所提出的设想一样,教师网联是立足于教师的继续教育促进职前教育和在职教育一体化的有益的尝试。

"全国教师教育网络联盟计划"取得重要进展。到 2009 年,共开发学历教育网络课程 3 000 多门,非学历培训网络课程 1 万多门。[1] 2011 年,《教育部关于大力加强中小学教师培训工作的意见》,其中再次突出了教师网联的重要性,指出应深入推进全国教师教育网络联盟计划。充分利用卫星电视、计算机网络等现代远程教育手段优势,加强政府、高校、教师培训专业机构和中小学分工合作,构建开放兼容、资源共享、规范高效、覆盖全国城乡、"天网""地网""人网"相结合的中小学教师培训公共服务体系,更好地满足教师多样化的学习需求。[2]

2011 年,包括北京师范大学、华东师范大学、东北师范大学、华中师范大学、陕西师范大学、西南大学、华南师范大学和北京大学在内的 8 家教师网联成员单位承担了"国培计划(2011)"——中小学教师示范性集中培训项目的培训任务,计划培训人数为 3 160 人,占到该项目的 40.3%。2011 年 8 月—12 月,通过"国培计划(2011)",中小学教师示范性集中培训项目实际培训 7 585 人,参训率为 96.6%。其中,8 家教师网联成员单位共培训 3 023 名中小学教师,顺利完成了"国培计划(2011)"——中小学教师示范性集中培训项目的培训任务。[3]

---

[1] 新华社:《我国提高教师队伍素质:夯实中国教育大厦的基石》,http://www.gov.cn/jrzg/2010-09/07/content_1697801.htm.

[2] 教育部:《关于大力加强中小学教师培训工作的意见》,http://www.moe.gov.cn/publicfiles/business/htmlfiles/moe/s5178/201101/xxgk_114456.html.

[3] 全国教师教育网络联盟秘书处:《全国教师教育网络联盟通讯》,http://www.jswl.cn/tongxun/tongxun2012-1.pdf.

第七章　港澳台地区的师范教育

香港、澳门、台湾自古就是我国的神圣领土,因近代以来我国积贫积弱,先后被英国、葡萄牙、荷兰、西班牙、日本强占。香港于 1842 年被英国强占,1997 年收回;澳门于 1553 年被葡萄牙强占,1999 年收回;台湾于 1624 年被荷兰强占,1626 年被西班牙强占,1642 年又被荷兰强占,1661 年被郑成功收复后,又于 1895 年被日本强占,1945 年光复。虽然三地沦为殖民地的时间不同,回归祖国的时间也不同,但师范教育的发展走势都受到祖国大陆地区师范教育制度的影响。

第一节　香港地区的师范教育

一、香港地区师范教育的创制及发展

香港地区师范教育的演变,大致经历了 4 个时期:创制与形成时期,初步发展时期,快速发展时期和改革完善时期。为叙述方便和易于对比,我们按祖国大陆的分段习惯,将三地的师范教育分为民国前、民国时期和新中国成立后三个阶段来分析。

(一) 民国前香港的师范教育

香港 1842 年沦为英国殖民地,教育制度基本被英国化。香港师范教育的萌芽发端于 1862 年的"特别生制度",也称"见习教师制(Pupil-teacher)"。1862 年,香港创办中央书院。中央书院的前身为皇家书馆,是当时英国殖民者所办的唯一的"政府学校",属中等教育性质,后更名为皇后书院、皇仁书院。① 所谓"特别生制度",就是从书院高级英文班中选拔出成绩优秀的"特别生",对其增加专

---

① 吴端阳:《香港高师教育的历史演变及其特点初探》,《高等师范教育研究》,1990 年第 4 期。

门教育知识的传授和教育技能的训练,实施两年师资培训,使之成为教师。这种培训"特别生"的培训班,是香港最早出现的"师范班"。师范班最初分设三级:即预备班、初级汉文班、高级英文班。1887年,皇后书院从高年级学生中挑选了6名优等生为师范生,为其兴办了"师范班",进行三年的教师训练。自此"这种师范班制度便保持下来"。①

1889年,黎碧臣接任皇后书院的掌院,重新实行并最终确立"特别生制度"。当时为确保"特别生"(师范生)毕业后服务于教育,特别作出了规定,要求"特别生"在培训之前要与院方签订合约,不得擅自择业;而院方也必须为其提供免费待遇和特殊补助。"特别生"(师范生)的培养计划逐渐完善,制订了学程计划和实习制度,学程定位为4~5年。除了要求"特别生"必须修完教育知识的专项课程(英文、教育学、教学法等)之外,还要参加教育实习,以提高教育技能。

香港独立师范教育机构创建于1881年,比祖国大陆早10多年。由于当时从英伦聘请合格教师来港服务费用浩大,香港政府于1881年9月12日成立湾仔师范学堂,标志了香港独立师范教育机构的正式创建。湾仔师范学堂是香港历史上第一所独立的师资培训机构,第一届招收10名学生(其中9名来自中央书院),拟经过三年训练,将其培养为教师。结果8名中途辍学从商,仅2名最终成为教师。由于此举未经英殖民地部大臣批准,湾仔师范学堂仅开办两年就被勒令停办。

1901年,香港政府成立了教育委员会,研究香港教育的发展问题,强调香港教育政策的重点是发展英文教育和培养少数上层华人子弟。香港第一所大学——香港大学于1911年3月成立。

民国前是香港师范教育的创立和初步发展时期,师资培训还比较零散,师范教育制度还没有确立。

(二)民国时期香港的师范教育

在整个民国时期,香港的师范教育亦在缓慢发展。1913年香港政府颁布了《1913年教育条例》。该条例提出:要训练合格教师,为香港服务。依据条例精神,香港师范教育得到了初步发展,独立设置的师范学堂(校)和高等师范院校逐步出现。

为了给在职教师提供业余进修的机会,1914年香港政府在官立实业专科夜学院增设"汉文师范科",招收在职男女教师,利用夜间对其实施三年的师资训练,培养政府认可的合格教师。由于这种培训采取夜间教授形式,故称"夜师"。

---

① 周晓方,木戈:《香港教师教育的发展历程》,《教育研究与实验》,1997年第2期。

这种师范教育制度受英国本土兴起的成人教育运动影响较大。① 首届"夜师"毕业生 18 人,于 1916 年毕业。到 1941 年香港沦陷,"夜师"共培训了男女教师 343 人。"二战"结束后,"夜师"复办,直到 1950 年停办。这期间,"夜师"毕业生又有 112 人。"夜师"从兴办到停办,前后共培训男女教师 455 名,为香港教育输送合格师资作出了重要的贡献。

1920 年,香港教育司署正式开办官立汉文师范学校,实行男女分校制。男子师范称"日师",女子师范称"女师"。日师和女师成为香港培训师资的主要构成。1926 年,香港政府在新界大埔创设"官立大埔汉文师范",简称"埔师"。该校相当于当时内地的"简易师范科",培养初小教师。

同年,香港大学增设师范系,为中学培养师资。这标志了香港高等师范教育的开始。1939 年 9 月,香港政府创办"香港师资学院",培养中小学师资。这是香港第一所独立设置的现代高师院校。1941 年,该校改名为"罗富国师范学院"。同年 12 月,香港又遭日本侵略军进攻进而沦陷,师范教育亦随之停办。

民国时期的香港师范教育可以说形式比较多样:有男子师范教育,如"日师";有继续师范教育,如"夜师";有女子师范教育,如"女师";有高等师范教育,如"香港师资学院"。虽然规模不大,但已形成了比较完备的师范教育体制。就教师的职前培养和在职进修而言,公众在价值取向上更重视后者。

(三) 新中国成立后香港的师范教育

新中国成立后,香港尽管仍由英国控制,但师范教育也加快了发展的速度。1951 年香港创办了第二所师范院校——葛量洪师范专科学校,1960 年又创办了第三所师范专科学校——柏立基师范专科学校。20 世纪 60 年代中期,这两所师范专科学校和已有的罗富国师范学院先后易名为教育学院,标志了香港师范教育的层次得到了提高,教育教学更加规范,师资培训也更加得到重视。

随着香港经济的飞速发展,对人才素质的要求也相应地不断提高,这就要求香港的教育全面提高。而教育的提高又急切需要大量高素质的合格教师。因此,香港的师范教育愈来愈受到社会各界的重视。1965 年香港中文大学增设教育学院,为具备学位资格的大学毕业生提供教育专业训练。1974 年香港又创办了工商师范学院,为工业学院、工业中学、职业先修学校及一般中学的工商科目提供师资。1982 年香港又创办了语文教育学院,主要是提高在职中小学中、英文教师的专业水平。至此,香港师范教育才初具规模,师资培训的层次开始有所分工,包括了正规的职前及在职培训。高中师资培训的任务由香港大学和香港

---

① 黄浩炯,何景安:《今日香港教育》,广东教育出版社,1996 年,第 16 页。

中文大学的教育学院共同承担,小学及初中的师资主要由罗富国教育学院、葛量洪教育学院和柏立基教育学院培养。

进入 20 世纪 80 年代以后,香港的师范教育发展逐渐加快。教育学者研究认为,新教师在刚入职的最初一两年间所接受的辅导与训练,对他们日后的教育观点、工作热情等均有重要影响。为此,香港教育界日益重视教师的入职辅导及在职进修。为统筹香港的师资培训,提高培训质量,罗富国教育学院、葛量洪教育学院、柏立基教育学院和工商师范学院、语文教育学院合并组成香港教育学院,主要为初等学校教师提供学位课程,改变了过去初等学校教师培训零乱、分散的局面。香港大学、香港中文大学除设有教育学院外,还增设校外进修学院和校外进修部,开设小学教师在职学位课程;其他新建大学,如香港浸会大学、香港城市大学和公开进修学院也都相继为在职中小学教师开设了有关培训课程。大专院校加入师资培养和培训的行列,使师资培训向高层次发展,形成了综合性大学培养高中师资、教育学院培养初等学校师资的英国式的培训体制,师范教育的办学规模也日趋扩大,专业设置日臻合理,培训质量日渐提高,教师培训向多样化、多层次发展,缓解了 20 世纪 70 年代以来教育的发展导致的教师供需紧张的矛盾。

香港师范教育还显现了终身化的趋势,即除重视教师的职前培养、入职辅导外,多种形式的在职进修、职后培训也得到加强。为加强香港教师之间和教育团体之间的联系,香港曾在 1989 年 6 月创立了第一个教师中心。1995 年 9 月,第二个教师中心也在长沙湾成立。中心由政府提供资源,由教育界代表负责决策、管理。中心经常举办讲演、讲座、研讨会、讲习班等活动,提供杂志、书籍、展览及各方面的教育信息,鼓励教师之间互相切磋和交流教学经验,并间接帮助教育团体的发展。目前,香港教师中心是全港最为广泛的教育代表组织,充分体现出一种团体及成员之间的协作精神。①

二、香港地区师范教育制度概貌

香港地区师范教育制度与内地大不一样。政府只是通过提供经费、视导等方式进行宏观控制,办学单位享有高度的自主权。其表现在 5 个方面:自主聘任教员;自主编订课程与教材;自主选录学生;自主使用经费;自主确定研究计划。实行这种管理体制,可以充分调动办学单位的积极性,但过于自主使得整个师范教育缺乏有效的组织,缺少长远的统筹谋划,缺乏内在的明晰与稳定。香港师范教育"急就章"式的发展就是最好的例证。不过,香港师范教育管理体制法制

---

① 　盛水:《发展中的香港师范教育》,《中国教育报》,1997 年 5 月 26 日。

化、自主性程度较高,这一点值得内地借鉴。

从内地和香港管理体制的演变来看,可以看出集权与分权并无绝对的优劣之分,关键在于能否适应客观需要。凡能适应客观需要者都是好的,否则,都需要改变。如果集权到了限制地方师范教育发展的程度,那就成了专权;反之,如果分权到了失控的程度,那就是失职。如何在集权与分权中寻求到合理的平衡,将是今后内地与香港地区师范教育管理体制改革过程中需要认真思考和处理的一个重要问题。

从国际比较角度来看,香港的教育经费占每年财政总开支的比例为15%,已接近或超过发达地区。因此,香港师范教育的经费比较充裕,办学条件比内地好,教师待遇比内地要高。相对内地来说,香港的经费来源渠道多元化,它既有政府拨款,又有社会团体及私人的捐款,因而它的经费配置与内地相比就显得充裕、合理。这主要是因为香港是一个现代化的地区,经济高度发达,而内地则处于准现代化阶段,财力有限。单靠国家财政拨款这一条渠道,不可能完全满足师范教育发展的需要。

因此,内地师范教育必须改变单纯依赖国家办学和政府拨款的状况,建立面向社会办学、面向社会筹资的新机制。一方面,政府应贯彻《教育法》精神,使师范教育财政拨款的增长高于财政经常性收入的增长,并使在校生人均教育费用逐步增长,切实保证师范院校教师工资和生均公用经费逐步增长;在地方政府开征的其他用于教育的地方附加费中,应有一定比例用于义务教育阶段的教师培养培训,并减免师范院校的基本建设配套收费。另一方面,应积极开辟师范教育经费来源的其他渠道;大力扶持各级各类师范院校发展校办产业,使其享受有关校办产业的优惠政策;积极鼓励各地建立师范教育基金,倡导企业或个人向师范教育捐款;积极引进外资,吸收国际双边或多边合作的援款、贷款以支持师范教育。

三、香港地区师范教育制度浅析

(一)香港师范教育模式[1]

香港师范教育有两种培养模式:一种是定向型培养模式,即学生一入学就规定教师职业方向。20世纪60年代前,香港的教师培训仅有这一种培养模式,它是由教育学院承办的。香港原来有三所教育学院(Northcote、Gramtham 和 Robert. Black)以及一所工商师范学院,1994年合并成香港教育学院。另一种是非定向性培养模式,就是普通大学毕业的学生要想当教师,需要接受专门的教育

---

[1] 吴志华,傅维利:《香港师范教育述评》,《上海教育科研》,1999年第6期。

专业培训。这种有学位教师的培训是由香港大学、香港中文大学的教育学院来承担的,1995 年后,香港浸会大学等 4 所大学也开始参与学位教师的培训工作。

两类学校的培养目标不同。教育学院培养的是文凭教师,为幼儿园及中小学准用教师提供两三年的全日制职前培训。入学条件是申请 3 年课程的学生需是 17 岁以上、受过 5 年中等教育(即初级中学 3 年、高级中学 2 年)并通过 6 科香港中学会考,其中 2 门应达到 C 级以上水平(会考成绩分 A 至 F 级,A 级为最高,E 级为及格);申请 2 年课程的学生需是 18 岁以上,会考成绩有 2 门达到 A 级水平的。修完课程并通过考试可获得教育文凭。

文凭教师一般从事小学、初中教学,而大学培养的是学位教师。凡持有香港政府认可的大学学位证书的,想要从事教师职业,可申请到大学学习一年(全日制)或两年的(非全日制)教育课程,毕业可获得教育文凭,也可继续修学硕士课程。大学还为中小学行政人员提供学位课程。有学位的教师一般从事高级中学教学。随着基础教育对学位教师需求的增大,合并的香港教育学院也正逐步开设学位教育课程。

两类学校另一主要任务就是承担教师的在职培训。有学位但未接受师范培训的教师可利用业余时间申请就读两所大学的教育学院修学两年制课程,修完并通过考试可获教育文凭,同时也可继续修学三年(非全日制),获教育硕士学位。没有学位的教师可就读香港教育学院两年制业余在职训练班,训练后通过考试可获教师资格证书。两类院校还开设短期培训班,如在职教师的进修班和复修班等。

香港教育学院实行的是一体化教学,即一所学校可以完成从幼儿园、小学到中学教师的培训。课程内容相同,都包括 4 个方面:专业课(教育学、教育技能、基本方法论);选修课(从各分科学科任选两门);综合课(语文课、中英文语言课);教学实践课(每年有一段时间到中学教育实习)。学生毕业后可根据自己的意愿选取不同级别进行教学。这种一体化教学把不同级别的教师培训有机地结合起来,使他们获得同等学历与文凭,但课程不分级别、针对性不强,不利于教师培训质量的提高。1996 年后,香港改变了这种体制。课程设置发生改变,分五大类:幼儿教育、小学教育、中学教育、工业教育及特殊教育。学生可根据将来要从事的不同级别选取课程。

大学不受教育署管辖,在学校的管理、体制建立上有相当的自主权。香港中文大学教育学院有 4 个系:教育心理学系、教育管理与行政系、课程和教学系、体育系;香港大学教育学院有 3 个系:课程研究系、教育系与特殊教育系。课程安排、设置上也没有统一要求。尽管两所大学对课程的解释有所不同,但开设的课程内容有共同之处，包括两方面：教育原理、教学方法及训练。在教学上香港大学更偏重于方法学习和职业实习，认为对教育原理的掌握不是通过个体训练而是通过核心问题设计得来的，这与香港中文大学不同。

（二）师资培训状况

香港的师资培训由4所教育学院（1995年并为1所）与2所大学（1995年后增加为6所）完成。4所教育学院每年注册学生约4 000人（合并后可容纳5 000人），其中全日制占多半。大学培训的主要是在职教师，且招生人数有下降趋势，但在职修读研究生课程的人有上升趋势（1990年811人，1993年860人，1996年达1 086人）。香港统计署每年对教育进行统计，据1994年统计，香港中小学、幼儿全职教师共48 135人。

为了鼓励教师的学习与继续教育，政府也制定了相应的政策，如教育署规定有文凭的教师只能教初中、小学，而有学位的教师可以教中学各个年级。另外，教师的晋升与薪金都与学历挂钩。学位教师月薪起点是17个薪级点，大约是1.64万港元，如晋升到中学一级校长可达6.5万港元，而没有学位的教师是不可以晋升为中学校长的；文凭教师是14个薪级点，约1.4万港元；而无文凭教师月薪仅约1.1万港元。

（三）存在的问题与改革对策

香港一直关注着教师的数量、质量问题以及教师的培训等发展问题。20世纪80年代初，香港政府委托的4位来自美国、英国、澳洲、西德的教育专家对香港教育进行了全面考查，于1982年向港督提交了一份调查报告。这份报告指出香港教育及师范教育存在的一些问题并提出许多建议，它对整个香港教育有着深刻的影响。1997年前，香港师范教育改革方向基本按这份报告实行。根据这份报告，1984年香港成立了咨询机构——香港教育统筹委员会，它负责明确教育总目标，制定教育政策和合理优先配置有效资源等。该委员会成立后于1985年、1986年、1989年分别发表了三份报告书。这些报告分析了国际专家小组的意见并提出了相应的改革措施。但师范教育中的一些问题依然存在，主要表现在以下几方面：

1. 教师质量问题

1982年，在国际专家小组的报告中提到了职前教育培训许多不完善之处，如小学教师缺乏学位课程，大部分大学毕业教师缺乏职业培训。对此，香港也采取了一定措施，如扩大招生规模与数量等。但许多专业人士指出，这些措施过多注重教师数量而不是质量，还缺乏一个能满足长远的提高教师质量要求的目标计划。据《教育统筹委员会第5号报告书》（ECR5）的统计，1991年香港小学教师中有学位的仅占 2.3% ,中学教师中有学位的占 60.4% ,这个比例比起落后国家和地区已经算不错,但从经济发展及对教育的投资看(1990 年香港教育投资占 GNP 的 2.81% ,美国为 5.3% ,日本为 4.7% ,加拿大为 7.4%),香港与发达国家和地区相比还相差甚远,这说明教师质量问题亟待解决。

2. 教育科研水平不高

香港教育科研与其他学科研究一样处于弱势,主要是没有受到重视,香港大学与香港中文大学的科研经费只占该大学总支出的 3% 。正如 1982 年《国际顾问团报告书》所说:"一方面是研究生极少,另一方面是少有创造。"研究生少、科研成果就少,港大与中大搞教育研究的研究生每年 10 个左右,分别占修读教育专业研究生的 0.5% 和 1% (硕士学位有两种:一种是以研究为主的研究型硕士学位,又称 M. phil;一种是以攻读课程为主的专业型硕士学位),这个数字与教育的发展是极不相称的,这些都阻碍着整个香港师范教育向深层次发展。

3. 师资培训结构、设施、设课方面还不完善

香港规定,只有持有香港认定的英联邦所属大学学位证书的人方可到香港的大学攻读教育课程,成为学位教师。这就使大多数人向高层次教育专业深造受到了限制,特别是一大批在职的初级学校教师很难有机会在教育方面获得高学位;另外,大学的修业年限为三年,也影响了香港师范教育向高层次发展和进行国际性交流;教育学院在规模上、设施上与教师的配合还不完善,还不能满足迅速兴起的大众化教育对教师的大量需求;师范教育的修业课程计划还不能确保大学优秀人才和职业专家的有效运用。

针对以上状况,教育统筹委员会于 1990 年和 1992 年又相继发表了两份报告书,对师范教育制订了一系列新的改革计划,主要包括:

第一,增加学位课程。教育学院合并成香港教育学院,其培养目标与模式都有所改变,增设学位课程,其教育投资大于合并前的各校投资总和。1995 年香港教育学院与香港大学、香港浸会大学合作开设教育学位课,并开设了小学教师学位课。大学为初级师资开设研究生课程,并逐渐扩大招生数量。

第二,建立大学教育实习基地。根据国际专家小组报告,香港加大了大学教育实习基地的建设,从 1986 年的 974 个实习场所增加到 1994 年的 1 358 个,满足了 80% 的毕业生培训,至 90 年代中期,已能满足 90% 的毕业生实习。这使香港师资的培训得以良好运行。

第三,延长修业年限,扩大招生数量。1995 年香港教育学院在各大专院校中率先改革学制,由 3 年改为 4 年。同时每年招生数量由原来的 4 000 多人(含业余培训)发展到 5 000 多人。1995 年 9 月,香港师资培训委员会决定承认非英

联邦大学毕业生学位(包括内地的重点大学)，有学位者在大学的教育学院学习毕业后，可成为学位教师。这个决定使教育研究生数量增加，使得许多志愿从教的优秀人才进入教师队伍。1994年9月，脱离教育署管辖的香港教育学院成立，这标志着香港基础教育的师资培训踏上新的里程。但有些问题还需要解决，如无学位限制的入学条件使招生处于不利地位，教育学院课程设置需要相应改变，对教育理论研究不足等。现在香港有三所大学开办教育课程，并培养教育研究生，但从1996年和1997年的研究生招生计划看，其培养目标还是以中小学在职教师为主，侧重于教学实践研究，而学术性的教育研究课程少，学生人数也少。

总体来说，香港师范教育尽管还存在一些问题，但在发展规模和师资培训数量上还是有了长足进步。香港至今没有一所专门的师范大学，可各级教师还是有许多机会得到培训，特别是两种师范教育培养模式及教师继续教育的普及是很值得借鉴的。

第二节　澳门地区的师范教育

澳门师范教育创制于20世纪50年代的师范生制度。新中国成立前，澳门师范教育可以说是"一片空白"，所需师资主要由外地来澳的知识分子和澳门毕业的中学生担任。

一、澳门地区师范教育的创制及发展

1953年，澳门德明中学在校内实行师范生制度[①]，首创全澳特别师范科。后来一些中学陆续效仿，以圣若瑟中学最为突出。20世纪70年代后，澳门经济开始起飞，特别是80年代后，社会的进步、经济的发展对人才和教育提出了新的要求，澳葡政府重视教育，师范教育也因此获得发展：一方面，实行多渠道培训师资的模式，例如：1987年圣若瑟中学改办为两年制夜间课程，称为"圣若瑟夜师"；1985年澳门教育暨青年司和华南师范大学合作办师范教育，称华南师范大学"澳门班"，对澳门在职教师进行培训；1987年澳门大学(当时为东亚大学)建立教育系(1989年升格为教育学院)，独立培养师资。另一方面，制定教育法规，规范师范教育发展。例如，1991年8月29日澳门政府颁布了《澳门教育制度》，1997年又颁布了《培训幼稚园及中小学教师之法律制度》。

澳门师范教育是以《澳门教育制度》为基础的。《澳门教育制度》不仅规定了师范教育的基本原则，而且还规定了教师培训的具体内容，包括职前培训、在

---

① 王学风：《面向二十一世纪的澳门师范教育改革》，《比较教育研究》，1999年第6期。

职培训及延续培训。虽然到目前为止,澳门仍未形成一个完整的师范教育体系,但已有一个多渠道培训师资的模式,既有综合性大学——澳门大学教育学院,又独立设置圣若瑟夜师,还与华南师大合作办"澳门班"。此外,澳门中华教育会还开办了多项教育课程。圣若瑟夜师、澳门大学教育学院和华南师大"澳门班"被称为澳门师范教育的三大力量。圣若瑟夜师从 1991 到 1998 年共培养了 551名在职教师;华南师大"澳门班"自开办至今共培养教师 1 482 人;澳门大学教育学院从 1989 年到 1998 年的毕业学生人数为 1 294 人。上述三个师范教育机构的训练特色,包括上课形式、时间、课程目标、内容、评核要求、学习气氛等都有所不同。在上课形式上,圣若瑟夜师主要是面授课程,除讲述式教学外,导师也为学员安排小组讨论;澳门大学教育学院也是面授课程,学员通过小组讨论形式主要探讨教学法的科目;华南师大"澳门班"则是以函授为主、面授为辅。在学习时间方面,圣若瑟夜师逢星期一、三、五晚间上课,每晚上课约 2 小时,课程 2 年完成;教育学院每星期有 5 天上课,每天上课 2 小时;华南师大"澳门班"每年面授 240 小时,上课时间则安排在周末。在教学内容方面,圣若瑟夜师的教师曾在澳门中、小学任教多年,对澳门教学环境较熟悉,所以课程内容很本地化;同时,理论与实际的科目均具备,较适合澳门教育形式的现状。澳门大学教育学院对教学法等基础课程非常重视,教学内容也具有专业性,启发性较高。由于教育学院讲师大多来自香港,所以有人指出澳门大学教育学院课程内容是很香港式的,强调学生的能力,会安排许多小组讨论。而就目前来看,澳门大学教育学院课程并非主观地将香港的整套搬来澳门,基本是以西方教育为基础,尤其以英国教育理论为重,加上参考台湾地区、大陆地区的书目,根据教学理论配合澳门教育的实际需要作为教材。

二、回归前澳门地区师范教育存在的问题

由于澳葡政府长期对教育采取放任自由的态度,导致回归前的澳门教育发展落后,尤其师范教育存在的问题较多,主要包括以下方面:

(一)政府重视不够,缺乏统筹组织

澳门师范教育的最突出问题是政府长期不重视师范教育的发展。葡萄牙在管治澳门的几百年间几乎放弃了对教育的领导,任由它发展。时至今日,澳门仍然没有一个明确的领导和管理师范教育的机构,只是由教育司负责,而教育司的职责广泛,没有足够的资源和精力来发展师范教育。另一方面,师范教育无法可依、无章可循。直到 20 世纪 90 年代,澳门才颁布了第一个教育法令,才第一次把师范教育写进法律之中。而第一次专门为师范教育颁布的法律是 1997 年的《培训幼稚园及中小学教师之法律制度》。师范教育立法严重落后,其结果必然

是师范教育的滞缓。

(二) 没有形成一个完整的师范教育体系

澳门虽然有三个师范教育机构，但他们各自为政、缺乏联系。圣若瑟夜师主要培训小学、幼稚园的在职教师；澳门大学教育学院则将在职和职前、普通师范教育和职业师范教育、中小学及幼稚园教师的职前培训和在职培训集于一身；华南师大澳门班也是负责中小学及幼稚园教师的职前和在职培训。由此可见，三个师范教育机构就是三个体系，交叉重叠，没有分工合作，没有形成一个完整的师范教育体系。虽然多样的师范教育机构有利于入学者的选择和各师范教育机构的竞争，但是，对于整个师范教育来讲，由于缺乏统筹规划，妨碍了澳门师范教育的整体发展。

(三) 师资数量不足，素质欠理想

由于澳葡政府长期不重视师范教育的发展，导致澳门长期存在师资数量不足、素质不够理想等问题。在 20 世纪 50 年代以前，澳门没有一间师范教育机构，师范教育可以算是"一片空白"。当时，澳门的教师不是来自中国大陆、香港及葡萄牙等地，而是由澳门本地的中学毕业生担任。50 年代后，澳门开始发展自己的师范教育，出现了圣若瑟夜师、澳门大学教育学院、华南师大"澳门班"等师范教育机构，使得澳门的合格师资有所增加。但是由于这三个师范教育机构之间缺乏分工合作，加上澳门师范教育底子薄，到 80 年代末 90 年代初，澳门在职教师中受过师范训练的仍然不足三成。近年来，澳门教师中受过师范训练的比例虽有所提高，但其素质仍欠理想，这是缘于澳门私立学校占大多数，而大部分私立学校对师资要求没有明确规定，于是出现许多滥竽充数者。此外，大多数受训的教师仍停留于专科水平，与当前教师高学历化相比，则有相当差距。

(四) 薪酬偏低，教师流失严重

在澳门有称"师"资格的职业，大都被承认是一门专业，也确实享有被社会尊重的专业待遇，如工程师、医师、律师、会计师。唯独教师待遇大多微薄，不但低于同等学历的其他行业，而且往往低于公务员最低的入职薪点，实际上其专业地位是未被社会所承认的。私立学校经费严重不足，教职员的退休金都无着落；公立学校教职员虽有退休金待遇，但也比一般公务员要差。现在，澳门具有退休条例的学校仅几所，部分学校订出退休条例，规定教师每服务一年给予一个月的薪金作为退休金，以服务 30 年计算，每月薪金 300 至 400 元，共约 9 万到 12 万元，只能勉强用来买半间屋，若无儿女接济，晚年生活便无着落，很难安心教学。所以在 80 年代，澳门曾经一度出现"师荒"。例如，1986 到 1989 年，私立学校共有 692 名教师先后离职，占全部教师 2 400 人的 23%，占私立学校教师 2 100 人的

30％,情况十分严重。近年来,澳门教师流失现象虽有所减少,但仍是一个忧患。

三、澳门地区师范教育改革

澳门中华教育会副理事长刘羡冰指出:"1999 年,澳门的主权归还中国、治权归还本澳居民,这是政治制度上的一个巨变,它既是中葡双方政府和全澳居民共同的历史任务,又是一个新纪元奠基工程,澳门教育必须配合这个时代的要求,以适应和促进社会的发展。"① 澳门师范教育界已达成共识:澳门师范教育的改革必须立足于澳门的整体利益,要建立一个现代化、本地化的师范教育制度,以提高教师素质,满足社会今天和未来发展对师资的要求。围绕着这一目标,澳门师范教育界的有识之士纷纷出谋献策,有对政府方面的建议,有对学校方面的要求,重点有如下几点:

(一)把师范教育的发展放到战略地位

特区政府采取的主要措施有:(1)政府建立师范教育专职机构,统筹管理组织师范教育,协调各师范教育机构的运作。(2)加强师范教育立法,规范师范教育发展。例如:规定教师的专业资格,包括学历和资历;制定教师职程,鼓励教师努力提高专业水平等。(3)改善教师待遇。规定教师的最低薪酬,规定教师薪级及福利制度,逐步缩小私立学校教师与公办学校教师的待遇差距。(4)设立与教师沟通的咨议会,以打破过去长期以来政府与教师的隔阂,促进教育事业的发展。

(二)加速师范教育体系的建立

澳门师范教育至今仍未形成一个完整的体系,这在一定程度上导致师范教育发展缓慢。进入 21 世纪,澳门师范教育的当务之急就是要加速建立师范教育体系。其措施有:

1. 协调三个师范教育机构的发展

三个师范教育机构的合作必须有系统、有计划,再由政府去推动。从长远看,圣若瑟夜师和华南师大"澳门班"只是扮演过渡角色。因为在全世界的教育观念中,只能中、小学附属师范大学,但不存在以中学为主而办比中学更高层次的课程。此外,如果将来澳门师范教育发展到一定阶段,足够满足澳门教育发展的需要,华南师大"澳门班"便无需存在。如此看来,澳门师范教育的重任就落在澳门大学教育学院身上。因此,澳门政府必须加大对澳门大学的投资力度,加强对教育学院的管理,逐步扩大招生,提高学生素质。

---

① 吴福光:《港澳教育评析》,中山大学出版社,1992 年,第 170 页。

2. 建立健全各项师范教育制度

如建立各项教师责任和检定制度、教师在职进修制度等。

（三）改革师范教育课程

随着澳门回归和教育权的移交，澳门教育的性质发生了根本的变化，澳门中小学教育在新的形势下也发生了一些变革和发展。例如，教学语言的选用、国家观念的教育、培养青少年的民族意识与使命感为主旨的公民教育，都成为澳门教师面临的新课题。为此，澳门必须改革师范教育课程，例如，加强中文师资的培养，增设普通话课程；增开"基本法"课程，以便为各类学校普遍开设"基本法"课程提供高质量的教师；增开有关中国的政治、经济、历史、文化等方面的课程，特别是中国近现代史课程，以便加强爱国主义教育，使澳门的年青一代深刻认识祖国，增强他们的爱国心和凝聚力。

（四）积极提升师范教育水平

提高中小学的教学质量，关键在于提高教师水平。世界师范教育的一个突出的发展趋势是各国、各地区师范教育的层次水平不断从低层次向高层次演变，与此相适应，师范院校学制也呈现相应延长的态势，教师的学历结构也在向高层次发展。面向 21 世纪，澳门师范教育改革应注重其层次水平的提升，途径有：（1）增办师范院校；（2）升格、改制师范院校和不断延长师范教育修业年限；（3）加强在职教师进修学习，举办各种师资培训班及师范教育研讨会。

（五）师范教育合作模式的再选择

澳门师范教育具有国际化的特点，突出表现在师范教育的交流与合作上。随着澳门回归，澳门与世界各国、各地区的合作和交流更加广泛、更加频繁。特别是粤澳"经济一体化"的形成，给粤澳师范教育的交流与合作带来了新的机遇。如何抓住这一历史机遇，积极拓展粤澳师范教育合作，实现互惠互利、优势互补、互相借鉴、共同提高，是迫切需要研究解决的重大课题。粤澳师范教育合作已有 10 余年历史，为澳门造就了一大批可用之才，大大改善了澳门师资队伍状况，为澳门的教育事业作出了重大贡献。但是，随着澳门师资队伍的改善和教育事业的长足进步，粤澳师范教育合作不应仅仅停留于华南师大为澳门培训教师这一单向模式上。若长此下去，势必会出现双方的交流与合作趋向萎缩的情况。故此，应进行合作模式的再选择。

今后粤澳师范教育合作应是双向性、多形式、多方面的。合作的双向性是指改变过去单向合作培养澳门师资的做法，充分发挥两地的教育和文化资源的优势，合作培养师资。例如，澳门也可以为广东培训葡萄牙语等外国语教师。合作的多形式是指两地师资培养培训的合作形式应该更加多样化，两地可以互相聘请师资培训专家、教授开展经常性的讲座和交流,以提高师范教育水平;也可以扩大两地在职教师培训的合作,如利用远距离教育手段。合作的多方面是指两地师范教育合作不应仅仅体现在教学层面,而应扩大到研究和资源共享等多方面。

第三节　台湾地区的师范教育

台湾地区的师范教育大致经历了 5 个发展时期:甲午战争至抗战胜利时期(1895 年—1945 年);光复初师范教育的恢复与重建时期(1945 年—1950 年);师范教育的初步发展与维持时期(1951 年—1960 年);师范教育的改革与大力发展时期(1961 年—2000 年);教师教育一体化发展时期(2000 年—今)。

一、甲午战争至抗战胜利时期的台湾地区师范教育

1895 年中日甲午战争结束后,清政府战败而割让台湾。日本占领台湾后,就开始实施殖民教育,即以"同化台湾人"为目的的"皇民化"教育,由台湾总督府下设民政局学务部主管。首任学务部部长伊泽修二是留学美国的师范教育专家。他认为,台湾的师范学校校长要由日本有经验的教育家来担任,师范学校的教师必须是从日本高等师范学校毕业的,师范学校的日本学生必须有师范学校的毕业资格,台湾人必须有县试以上的科举经历。

学务部成立不久,就开始筹建教员讲习所,主要培训小学校长、教员和国语讲习所的教员。讲习生的资格有以下要求:有日本小学教师资格;身强力壮能适应台湾的酷暑;嗓音洪亮,没有方言和讹语,能教国语;没有家庭拖累;签订在台湾工作 5 年以上的契约。事实上,讲习所招的学生主要是日本国内的,经过培训后,分配到国语讲习所去当教员。民政局学务部于 1896 年开始创设国语传习所和以培养师资为目的的国语学校及附属学校,强制学生学习日语。1899 年开始设置师范学校,以培养国语传习所、公学校以及书房、义塾教师为目的,修业年限为三年。

台湾总督府还发布了《国语学校规则》,规定国语学校设立师范部,并明确了师范教育的宗旨及教师的人才规格,强调教师的 5 种基本素质和培养人才的关系:第一,进行教师的精神锻炼与品德情操磨砺;第二,确立忠君爱国的志气,培养学生平时明了忠孝大义,振兴学生做顺良臣民的意志;第三,身体健康是事业成就的基础;第四,言语正确明了是担当台湾教员的特殊需要;第五,学习方法是教授方法的依托,以培养学生自我提高学识,养成研究习惯。

在国语学校设立师范部的基础上,台湾总督府于 1897 年发布了《师范学校

官制》。随着公学校和书房(私塾)的扩展,教师的需求也随之增加,国语学校附设的师范部已不能满足数量增长的需求。1899年,总督府又发布了《师范学校规则》,并着手建立台北、台南、台中三所师范学校。1902年,台北、台南、台中三所师范学校又被合并到国民学校中,其他正在建设的师范学校也被停止。1904年,台南师范学校停办。

这期间台湾地区师范教育难以发展的主要原因有:台湾经济实力有限,财政不能自给自足,公库无力负担建立师范学校的全部费用,总督府不愿意在教育方面多投资。台湾同胞心向祖国,许多适龄儿童不到公学校就读,而是进书房念书。日本人办的学校主要从日本国内招募师范学校毕业生,台湾人就读的公学校的教育质量不被重视。直到1920年,台北、台南的师范学校才以分校的形式重建。1924年,台中师范学校才得以建立。

在师范教育方面,"台湾人受到严格控制和排斥,台湾师范教育始终被日本人独占,台湾人接受师范教育者只有极少数"。"据统计,台湾光复前10年内,师范学校毕业生人数4 729人,而台湾人只有925人"。到1940年,台湾共有6所师范学校,均为日本人本位学校。太平洋战争爆发后,台湾实施"战时教育令",学生充军,或强制劳作为战争补充军需,学校教育几乎完全停顿。

二、光复初期的台湾地区师范教育

抗战胜利后,台湾光复。由于日本占据台湾长达50年,造成台湾教育的日化现象。当时仅有台北、台中、台南三所师范学校,在校学生2 800多人。当时日督把师范教育作为统治台湾的最重要工具,不轻易让台湾青年接受师范教育。据统计,台湾光复前10年(1935—1944年)台湾师范学校毕业生总计4 729人,台湾学生人数仅占19.8%,而日籍学生3 804人,占80.2%。国民政府接管台湾后,开始"除旧","布新","废除皇民化、殖民化教育,实行中国化教育"。国民政府对台湾的师范教育采取了5条措施:一是接收和整顿原有的师范学校,清除"皇民化"教育及其影响,提倡祖国化教育;二是增设新的师范学校,以适应发展教育的需要;三是整顿师范学校制度;四是改订师范学校课程;五是设立教师研习中心,推进在职教师的进修工作。

光复初期,多数日籍教师被遣返日本,台湾本土教师严重稀缺,台湾学校教师出现了"师荒"现象。据1944年统计,当时全省专科以上学校有教员332人,而台籍教员仅14人;全省中等学校教员1 668人,台籍教员仅有104人;全省国民学校教员15 483人,而台籍教员仅有8 322人。[①] 国民学校教师的80%由日

---

① 徐南号:《台湾教育史》,台北师大书范图书馆,1993年,第45页。

本人充任。1945 年国民学校的代用教师比率高达 73.29%。为保证中小学照常上课,台湾省教育厅于 1945 年 11 月成立了教师甄选委员会,采取甄选、征选、考选、训练的方式,紧急选聘和培训教师。凡通过甄选、征选、考选的中小学教员,必须经过一段时间(3 周—6 个月)学习和培训,以迅速发展台湾本土的师范教育。

三、台湾地区师范学校的重建与发展

台湾师范教育的重建主要体现在两个方面:一是注重师范教育的法规建设;二是注重师范教育机构的调整与建设。

"台湾教育厅"十分重视师资教育和培养,以师资第一、师范为先为其教育的中心目标,实施师范教育的重建政策,认为革新教育必须从改革师范教育着手,注重师范教育的法规建设,并以此为师范教育重建与发展的重要依据。当时所依据的重要法规,主要是继续沿用国民政府在大陆颁布的部分法规,如:1932 年12 月颁发的《师范学校法》,1933 年 3 月颁布的《师范学校规程》,1938 年 7 月颁发的《师范学院规程》,1944 年颁布的《全国师范学校学生公费待遇实施办法》等法令。在此期间,"台湾教育厅"还针对师范学生的实习、待遇、服务以及师范学校的辅导制度、教师在职进修制度等颁发了有关文件,作出了相关规定。比如:关于师范学院的实习,则依照 1948 年修正的《师范学院规程》,将教学实习分为见习、试教、充任实习教师三个步骤。关于教师的在职进修,则依据旧中国国民党政府教育部颁布的《战时各级教育实施方案》中的有关规定。这些措施使台湾能够有一支稳定的、质量不断提高的师资队伍。

由于台湾学校代用教师的比率高达 73.29%[①],"台湾教育厅"决定继续增设师范学校以培养师资。1945 年,中等师范教育在接收、重建了 4 所师范学校、2 所分校和 4 个简师班之后,于 1946 年至 1947 年又连续增设师范学校,将原有台北、台南、台中 3 所师范学校改为省立师范学校,同时增设和创办了新师范学校,如 1946 年 8 月创办的省立台北女子师范学校、省立新竹师范学校、省立屏东师范学校等。

为普及小学义务教育,1947 年 1 月台湾地区又公布了有关学龄儿童强迫入学的办法,规定 6～12 岁学龄儿童必须入学。普及小学义务教育,加大了小学对教师数量的需求,台湾地区又先后创办了 6 所师范学校和 1 个简师班、1 个中学附属师范部,例如:省立台东师范学校、省立花莲师范学校、省立高雄女子师范学校、省立嘉义师范学校。为了解决师资短缺的问题,还在部分省立中学临时设置

---

① 曲士培:《今日台湾教育》,山西教育出版社,1999 年,第 76 页。

了"简易师范班"，如：省立马公中学附设简易师范班。由于大批增设和扩充师范学校，大幅度增加了本土教师的比例，使代用教师的比例由 1945 年的 73.3% 降至 1949 年的 30.2%，到 1959 年只剩下 4.33%[1]，极大缓解和改善了国民学校师资严重缺乏的状况。1944—1955 年，台湾师范学校的恢复和发展情况如表 7-1。

表 7-1　1944—1955 年台湾师范学校基本情况

学年度	学校数（所）	班级数（个）	学生数（人）			毕业生数（人）	教职工数（人）
			合计	男	女		
1944 年	3	84	2 888	2 558	330		301
1946 年	6	81	2 995	2 221	774	216	333
1947 年	8	99	3 566	2 629	937	561	473
1948 年	8	112	4 097	2 874	1 223	842	530
1949 年	8	130	5 083	3 332	1 751	1 403	611
1950 年	8	137	5 561	2 540	2 111	1 134	634
1951 年	8	144	6 241	2 788	2 453	2 019	648

至 1957 年，台湾地区师范学校已增至 10 所。当时各师范学校均招收初中、初职毕业生，修业年限为三年，在校生总人数达 7 272 人。进入 60 年代，为提高小学教师素质，促进教育发展，台湾地区各师范学校先陆续改为三年制师范专科学校，后又全部改为五年制师范专科学校，从而把小学教师培养的学历提高到专科层次。同时，在各师范专科学校设置夜间部和暑期部，以加强教师进修工作。

四、台湾地区师范教育的发展

20 世纪 50 年代，台湾地区的师范教育主要根据民国时期的《师范学校法》及相关规程实施。20 世纪 60 年代初，台湾地区开始进行师范教育模式改革，5 年的时间便将 10 所中等师范学校改制为师范专科学校，以提高国民小学师资素质，实现了台湾地区师范教育发展的第一次飞跃。

对于中学师资，台湾地区一开始便将其定位在大学毕业的层次，并由大学培养。也就是说，台湾地区中学师资的培养，原来就是开放式的。但是，为配合 60 年代初期中等师范教育的改制，台湾地区 1955 年便提前将台湾师范学院改为师范大学。1968 年，因实施九年制国民教育，初中教师大量缺乏。为解燃眉之急，又将高雄师范学院、彰化师范学院改制为师范大学。至此，台湾地区形成了台

---

① 徐南号：《台湾教育史》，台北师大书苑图书馆，1993 年，第 46 页。

湾、高雄、彰化师范大学以及政治大学教育系等 4 校主要培养中学师资,其他 9 所师范学院培养小学和幼稚园师资的教师教育模式。

1979 年,台湾地区正式颁布"师范教育法"。20 世纪 80 年代以来,台湾经济由农业经济转变为工商业经济,社会趋于多元开放。师范教育受到多元化的挑战。1987 年 7 月,为适应台湾经济和社会快速发展的需要,进一步提高国民小学师资素质,台湾当局于 1987 年将现有的 9 所师范专科学校改制为师范学院,使国民小学师资的学历层次由大专提高至本科。师范学院招收高中、高职毕业生或师范学校毕业服务期满者,修业 4 年,加 1 年实习,毕业后授予教育学士学位。台湾中等学校教师,主要由台湾师大、高雄师大和彰化师大培养。其中台湾师大建校最早,实力也较强。这些措施实现了台湾地区师范教育的第二次飞跃。

经过两次飞跃,台湾地区的师资学历层次有了明显提高,师范教育的模式得到了强化,由开放(主要指中学师资)变成了定向。对此,有关人士一直持有非议。1987 年,台湾地区对 1979 年颁布的"师范教育法"进行了修订,于 1994 年 1 月更名为"师资培养法"。新法最重要的一点突破,就是使师资培养渠道变为多元化,打破了以往师范教育被师范学校垄断的局面。这种修正,就是为了调节原来师范教育模式的结构性矛盾,顺应国际师范教育发展趋势和多元化开放的现代社会。

为了适应这一时代的趋势,1994 年,台湾颁行新的"师范教育法",即"师资培育法",使传统的师范教育发生了很大的变化。

(一) 师资培养走向多元化

除原有的师范院校外,其他一般大学均可申请设立教育院、系、所或开设教育学程,共同参与师资培养工作,从而打破了师资培养由师范院校垄断的局面。目前,台湾共有师资培养机构 47 所,其中师范院校 12 所,设有教育院、系、所的大学 5 所,设有教育学程的大学 30 所。

(二) 取消师范生公费制度

师资培养以自费为主,只有少数就读师资紧缺专业或毕业后自愿到边远地区任教的学生才能享受公费。

(三) 设置教育学程

教育学程面向社会,分为 4 种:(1) 中等学校教师教育学程,共 26 学分;(2) 小学教师教育学程,共 40 学分;(3) 幼儿园教师教育学程,共 26 学分;(4) 特殊教育教师教育学程,共 40 学分。修习教育学程是申请教师资格的必备条件。

（四）改革师范院校课程结构

师范院校的课程结构由三个部分组成，即通识课程、专门课程和专业课程。通识课程是指作为一个大学生应该具备的共同基本素养；专门课程是指师范生未来任教科目的相关课程；专业课程是指担任教师所应具备的教育教学知能的相关课程。三类课程的总学分一般为 128 ~ 148 学分，其比例一般为 28∶100∶26。上述三类课程中，通识课程的设置有其明显的特点：在课程结构上，除安排有正式课程外，更强调非正式课程和潜在课程的配合，重视课外活动的实施、师生的互动、群体相互激励；在课程组织上，强调课程的连贯性和统整性；在课程内容上，兼顾共同经验的提供与个别性的需求；在教学上，改变大班讲课形式，鼓励采用协同教学、分组讨论方式，强调发挥学生的主动性与积极性。通识课程对于提高师范生的全面素质具有重要作用。

（五）严格教育实习制度

必须 4 年毕业并修习规定的学程，经教师资格初检合格后才能担任实习教师。实习 1 年期满，经复检合格者，才能取得合格教师证书。实习期间，实习生由原院校安排指导教师、所在实习学校委派有 3 年以上任教经验的辅导教师进行实习辅导。师徒三人共同商定实习目标、重点、实习活动、方式、进度等，以作为实习辅导和评估的依据。

（六）确立教师聘任制度

取得教师证书的自费生，须自觅有缺额教师的学校，经该校教师评审委员会审查通过后，才能由校长聘任担任教职人员。取得教师证书的公费生，则由政府分配到教师紧缺的学校或特殊边远地区任教，但也须经学校教师评审委员会审查通过后由校长聘任。

（七）教师进修制度化

教师在职进修受到法律的保障，"师资培育法"与"教师法"中都有关于教师在职进修的条款。进修研习是教师的权利，也是教师的义务；教师在职期间要参加与其本职工作和专业发展有关的进修，如参加研习、考察，进修学分与学位，以及从事研究、著述等。每年至少研习 18 小时或进修 1 学分，或 5 年内累积研习 90 小时或修满 5 学分。教师在职进修享有带职带薪或停薪留职的保障。前者在时间安排上主要有全时、部分工作时间、休假及公余 4 种进修研习形式。政府采取经费补助，协助出版、发表或推广进修、研究成果，作为聘任或加薪晋级的条件，颁发奖金和证章等方式鼓励教师在职进修研习。

教师在职进修由专门机构组织实施。各师范院校的教育研究所和进修部，省立教师研习会，以及市、县设立的教师研习中心，均有专任教师员额编制，专职办理教师进修工作。其中教师研习会的设置很有特色。如省立丰源教师研习会，其主要任务是：（1）接收高中各科进修教师；（2）进行高中课程实验及教育问题研究；（3）制作高中各科教学媒体和编印专业期刊；（4）举办教育局督学、科长及中学校长、主任储备训练。该会设有 250 个床位供研修者住宿。全会编制仅 72 人，其中专职研究员 27 人，其余为公务员编制。承担研修授课和科研任务的 80% 的人为外聘的兼职教授。该会所需经费由政府全额拨款。拨款方式是由该会在需求调研的基础上，按年度制订研修计划，编制经费预算，报"省议会"通过后，由相关部门落实。年终，"省议会"和相关部门对进修研习成果和经费使用情况进行考核。研习会与相关部门、"省议会"构成了实施与指导、监督、制约的关系。

从"师范学校法"到"师范教育法"，再到"师资培育法"，反映出台湾地区从强化师范教育模式到选择开放培育模式的发展趋势。台湾的师范教育，自抗战胜利以来一直在稳步发展，并形成了以下传统和特点：（1）采用封闭制，只有师范大学和师范学院才能培养师资，其他一般大学不能从事师资培养工作；（2）分工明确，师范大学培养中学师资，师范学院培养小学和幼儿园师资，互不交叉和替代；（3）公费培养，师范生在学期间享受公费，毕业后有一定年限的服务期；（4）培养与任用合一，师范生毕业后立即由政府分配到中小学实习，支持教师薪水，实习一年后，成为正式教师；（5）各师范院校均设有进修部，兼有教师职后教育任务。

五、台湾地区师范教育的改革

1994 年"师资培育法"公布施行之前，台湾地区高级中等以下学校（含幼儿园）教师职前教育制度主要依据"师范学校法"、"师范学院规程"及"师范教育法"。

（一）师资培育多元化

随着民主开放社会风气盛行，自 1994 年 2 月公布施行"师资培育法"，从一元、计划制的师范教育，迈向多元、储备制的师资培育，个人自费为主、甄选制的师资培育取代政府公费、分发制的师资培育。台湾地区于 2002 年 7 月再修正公布"师资培育法"，调整修业时间、实习及教师检定制度及方式，由形式（书面文件检核）转向实质的资格检定，于 2005 年首度办理第一次教师资格检定考试。

（二）师范校院转型及推动师资培育素质提升

为传承师范学校优质师资培育典范及教育竞争力，台湾教育部门于 2005 年 8 月同意师范学院正式改名为教育大学。为确保优质而专业的师资素质，2006 年发布"师资培育素质提升方案"，针对师资培育法的五大层面制定 9 项行动方案。于 2009 年修正发布"中小学教师素质提升方案"，从师资培育、教师进用、教师专业、教师退抚、奖优汰劣等 5 个层面，规划师资养成、教育实习等十大重点，自 2009 年至 2012 年推动。

（三）师资培育评价及数量规划工作不断推进

自 2005 年度起定期检视各师资培育的大学办学绩效，办理师资培育评价，以奖励办学绩优、辅导需要改进、停办成效不彰的培育单位，并运用评价结果作为核定调整师资培育规模及补助，以强化辅导学生修习师资职前教育课程措施，确保师资培育质量。另为掌握师资培育数量，2004 年 12 月台湾"教育部"颁布有关台湾地区的师资培育数量规划方案，2007 学年度核定师资培育数量较 2004 学年度减量 51.3%，达成减半目标，2011 学年度核定师资培育总额较 2004 学年度减量更达 60.11%。

（四）教师进修制度不断完善，教师专业发展得到提升

为实现教师专业成长信息电子化，台湾"教育部"自 2003 年度建置教师在职进修信息网，并发行教师进修统计年报，整合教师在职进修资源，符应教师进修需求，提升教师专业成长；配合高中新课纲及九年一贯课程微调，开设各类型教师在职进修学分（位）班及开展多元研习活动，并结合社会教育资源，扩大教师进修渠道；开展高级中等以下学校教师英文研习活动，提升竞争力；推动地方教育辅导工作，协助现职教师持续进修。因台湾"十二年国民基本教育"的启动与推广，教育主管部门自 2008 年起协助台湾师范大学、彰化师范大学及高雄师范大学等三校设立"进修学院"，服务中等学校教师在职进修，提升教师素质、培养教师专业知能并建立教学标杆楷模；2011 年度建立小学师资培用联盟，结合理论与实务，发展优质典范教学示例。

六、台湾地区师范教育面临的问题及其对策

近年来，台湾师范教育刚刚由封闭走向开放，因而面临着诸多问题。正如台湾地区的教育报告书中所述：台湾地区师资培育政策自 1994 年修正"师范教育法"为"师资培育法"，由一元计划制改为多元储备制，希冀透过多元储备及竞争机制，提供中小学充裕之优质师资来源；唯台湾地区开放多元师资培育管道后，师资培育有窄化为学分化及仅以市场为导向的趋势，加以蕴育人师及经师涵养课程偏少，但社会对以教育为志业之良师需求殷切。目前少子女化冲击，新进教师需求减少，师资生就任教职机会大幅紧缩，影响师资培育士气及优秀人才从事教育工作的意愿。另外，部分教师偶有体罚、教学不力等不适任情况，严重影响社会对教师的观感，师道文化亟待重塑。由于信息科技带来的学习型态变化及知识更新加速，教师专业之养成非仅靠职前教育阶段即能达成。因此，必须透过

教师在不同生涯阶段持续专业成长与终身学习,才能适应教学现场新的挑战与需求,响应社会的期待。此外,偏远地区及教育弱势族群的师资素养,亦为师资培育面临的重要课题。偏远地区地理条件不利及教师员额的限制,导致偏远学校为减缓学生外流,优先聘请国、英、数、理、社等领域教师,而缓聘其他领域教师,致使部分领域(例如:艺术与人文、综合活动)长期缺乏教师,配课情形严重,影响偏远地区学子受教权益。再者,新移民子女、少数民族子女及特殊需求学生等少数族群教育的师资质量皆待提高。因此,如何透过职前培育及在职进修强化教师的多元文化理念、特殊教育知能及弱势关怀涵养,使每个孩子都能适性展才,落实公平正义的精神,乃当务之急。人口高龄化、幼托整合政策、双薪家庭及重视健康休闲活动,已是当前社会的发展趋势,如何提供社会所需要的这类师资,将是新兴课题。面临挑战的师资培育及教师专业发展,应朝向优质精致方向规划,以教师专业标准为核心理念,建立专业永续的师资培育政策体系,精进教师素质,孕化以教育为志业的良师。

(一) 台湾师范教育面临的问题

具体而言,台湾师范教育的问题可以表述为以下几个方面:师资供求关系发生了根本性变化,师资培育体系面临调整、师资培育公费制度必须调整、教师质量提升的要求促使教师在职进修制度必须作出相应改变——教师在职进修必须要有完整体系;教师实习制度必须得到加强;教师专业发展法制化程度必须提高。

1. 教师教育面临两难发展境地

近年来,台湾整体人口出生数呈现逐年递减现象,依"内政部户政司"台闽地区历年人口总数统计资料,可得知各县市小学一年级新生入学人口变化趋势,2006 学年度 291 267 人,2007 学年度 281 304 人,2008 学年度 247 442 人,2009 学年度 234 603 人,2010 学年度 203 076 人,2011 学年度 213 324 人,2012 学年度 206 292 人,2013 学年度 203 311 人。整体新生入学人口变化呈负增长趋势,即出现"少子化"现象,这冲击到学校教师聘任和学校经营生存,减班和教师超额问题不容忽视,各类师资生面临就业困境,再加上学校或各县市教育部门办理教师甄选的日期未统一,导致多数应聘者或储备教师一再参加甄试,也导致难以正确估计师资的总供需量。2008 学年度高级中等以下学校及幼儿园中,公立学校所办理的教师甄选总报考人次为 110 363 人次,甄选录取总人次为 3 045 人次,总平均录取率仅有 2.76%。[①] 教师供求关系由此发生了严重变化,因此也对

---

① 台湾"教育部":《"中华民国教育部"年报(1998 年)》,http://192.192.169.230/edu_paper/data_image/g0000306/n0/20101200/p0000263.pdf.289 - 290.

教师培养体系提出了挑战。

1994年"师资培育法"公布后,台湾师资培育制度已从一元、计划制改为多元、储备制,教师资格检定通过者取得教师证书,并具参加教师甄选的资格,依甄选结果决定受聘与否。随着教师教育规模的不断扩大,教师队伍也不断随之扩大。与之对应的是,随着适龄入学人口的不断减少,基础教育规模不断缩小,因此教师的需求也越来越少,大量持有教师资格证的大学生无法获得教职。虽然从制度设计层面来看,师资培育政策回归"教师专业标准本位"是台湾教育部门的政策核心——提供适量且卓越的师资,维护创新优质教育环境以作为因应。事实上,台湾教育部门力图以倡导"不保证就任教职"措施,在平衡师资供需的前提下,推进师资在竞争中实现优胜劣汰,进而保证师资培育质与量的并重。但这一政策的不良后果是:教师需求紧缩,导致储备师资数量扩增,加上受到教职市场竞争激烈、录取率低、一职难求、储备教师流浪各地应考等现象的影响,很难吸引优秀学生以教师职业为优先选择,导致部分师资培育的大学招生出现明显不足额情形;另一方面,有些大学停办幼稚园、小学、中学等教育学程,未来学校可能面临优质师资短缺的问题。在这两难之间,教师教育体系的调整势在必行。

2. 教师教育体系面临调整

台湾于1994年通过"师资培育法",力图建立多元、开放、自由、自费的师资培育多元化体制,之后,很多综合性大学即向"教育部"申请设立教育学程中心(2003年之后改为师资培育中心),加入师资培育行列。到2008年合计43所师资培育大学(不包含已申请停办者)开设学系或教育学程以培育中等教育师资,18所师资培育大学开设学系或教育学程学校培育小学师资,17所师资培育大学开设学系或教育学程以培育幼儿园师资,以及13所师资培育大学开设学系或教育学程以培育特殊教育师资。"师资培育法"施行后,所培育且核证的师资人员总数,累积至今共有148 766人。其中在职正式教师共有80 979人,在职代理教师共有12 505人,储备教师共有55 282人(占37.16%)。此外,依据现行"师资培育法"的规定,大学设立师资培育中心须经台湾教育部门师资培育审议委员会审议,其标准依2003年公布的"大学设立师资培育中心办法",仅规范专任教师5名以上,教育类图书1 000种,教育专业期刊20种,标准失之宽松,广开一般大学申请办理师资培育的大门,造成师资培育中心数量激增,然而其办理的教育学程的质量或所培育的师资生素质等都受到质疑。

2006年公布的"师资培育素质提升方案"规定以师资培育中心的评价结果为进场退场的依据。"教育部"展开大学校院师资培育中心的评价,建立评价和退场机制,以落实"优质适量"、"保优汰劣"师资培育政策。2008学年度受评学校为17校20个师资类科,评价结果为:获得一等者计7个,师资类科约占35%,获得二等者计13个,师资类科约占65%,下一学年度必须减少原师资培育招生名额20%,并纳入2009年度评价对象。师资培育中心的评价有确保师资培育质量的功能,但以评价结果为减招或停招的依据,也引发质疑。可见师资培育数量过多而导致现职教师就业市场呈现僧多粥少的局面,造成师范、教育大学招生素质有渐趋下降和招生数量不足的情形,再加上这些大学因为资源、经费、设备等不足因素,相对于一般大学而言更处于劣势。"教育部"因而积极辅导这些师范、教育大学转型发展,并要求师范和教育大学明确校务发展方向,规划长远可行的转型计划。

3. 教师质量有待提升

台湾教育部门为了使师资培育能达到"调量重质"的目标,于2004年12月公布"师资培育数量规划方案",对于后续三年的师资培育量,将依师资供需现状以调减至少50%为努力目标。以2004学年度师资培育招生数为基准,可知2007学年度整体师资培育人数为10 615人,减招比率50.7%,达成三年内"至少减少师资培育招生数达50%以上"的目标;2008学年度整体师资培育人数为9 757人,更进一步减招了55.3%。其中,学士后教育学分班达到百分之百的减招;教育学程师资生减半的目标仍有待努力,其师资培育人数在2008学年度仅达成22.4%的减招比率。虽然如此,师资力量的质量仍然让人担忧,若以2008年的评定结果为依据,则教师教育的质量亟待提升。由2008学年度师资培育中心的评价结果可知列为一等的师资培育机构仅约35%,列为二等需要再次评价者高达65%。虽然没有任何单位被评列为三等,但部分受评学校仍有以下问题:定期自我评价机制未能落实;课程设计缺乏逻辑架构;教学及行政负荷过重;高达2/3的师资培育机构素质仍有待提升。①

4. 师资在职进修机制有待提升

台湾"教师法"及"教师法施行细则"均有关于教师在职进修的相关规定,并对教师在职教育做了周详设计。此外,"高级中学以下学校及幼儿园教师在职进修办法"对于教师在职进修机构、内容、方式、时间、学分等有较为周详的规定,可见政府积极地想要借教师在职进修来提升教师的专业素质,但因为没有配套的教师专业发展架构,也缺少形成性评价的实施,政府的用心尚无法全面落实。因为尚未大规模办理,所以对于协助教师专业生涯发展的成效仍不显著,亟待

---

① 台湾"教育部":《"中华民国教育部"年报(1997年)》,http://192.192.169.230/edu_paper/data_image/g0000306/n0/20101200/p0000263.pdf.271.

改善。

当前,台湾教师在职进修学分班及相关研习的办理较为零散,且多为由上到下的行政推动作为,未建立完整的教师进修体系,较难直接反映教师教学现场的需求,且偏远地区教师进修仍处于相对弱势位置,"教育部"应有效解决教师在职进修体系不够完整和偏远地区教师的进修需求问题。

5. 教师专业鉴定机制有待健全

师资质量的提升不仅需要健全职前教育课程,更有赖于严格明确的制度把关,从而使师资培育管道多元化,加强师资培育素质与质量管理,通过完整规划机制设计,提高教育专业素养,进而提升师资培育素质。台湾教育部门为管控多元化师资培育所培养的师资素质,已连续多年开展教师检定考试,2005年教师资格检定考试通过率为91.4%,2006年通过率则剧降到58.48%,2007年教师资格检定考试及格人数计5 444人,未通过人数计2 557人,通过率为67.9%。与2006年相较,2007年通过率略微提升9.5%。此数据显示教师检定考试已初步发挥筛选优良师资的功能。然而,目前教师检定考试只有笔试,能否筛选出具有实际教学能力和教育辅导热忱的教师,仍有待系统化的调查。因此,需要持续检讨改进教师资格检定制度,以建立有效筛选机制,提升师资质量;调整教师资格检定制度及方式,才能落实未来有志从事教育教学的工作者,透过完整的培育与检定机制,建立教师专业形象,进而提升师资素质;及时追踪研究教师检定考试办理的成效,进行必要的改善措施。

(二) 台湾当局的对策

针对上述问题,台湾教育专家提出了以下对策:

第一,规划师资培育蓝图,引领师资培育发展。研究出台师资培育文件,确保以提升教师素质为核心,规划推动教师职前培育、进用、专业发展、奖优汰劣等具体作为,并辅以修正"师资培育法"、"教师法"以及"教育人员任用条例"等相关法规,以健全并落实执行师资培育及教师专业发展政策。

第二,创设"师资规划及培育司",统合师资培育业务。规划办理各级各类师资培育与相关业务事项,整合地方政府主管教育机关、师资培育的大学及中小学力量共同培育优秀师资,建立绵密精致的"师资培育网",并增加师资培育经费及资源,补助师资培育的大学迈向卓越,加大师资生及教师专业发展的投资力度,进而带动师资培育制度专业化及永续发展。

第三,推展师资培育优质适量,确保师资素质。推动"师资培育数量规划计划",完善师资供需评估,畅通就业进路;精进师资培育历程,强化师资生的特殊教育、多元文化及弱势关怀等知能,透过成立教师专业标准及表现指标项目小组,规划推动师资职前培育及在职教师专业表现检核基准;协助师资培育的大学与中小学建立伙伴关系,推动"专业发展学校";办理师资培育大学评价,建立师资培育精致大学机制,推动各类教师奖优活动,以确保师资培育质量,形塑尊师重道文化。

第四,推动教师专业发展法制化,确立教师专业地位。配合教师专业标准及生涯发展修正法赋予中小学教师进修、进阶、评价及换证等法源依据;建构以教师为主体的多元进修模式,规划符合教学现场需求的专业进修课程;发展教师专业学习社群及专业组织等支持系统;借由系统性及制度化的专业发展及评价回馈,推动教师质量保证机制。以下为台湾"教育部"提出的发展方案:

优质教师专业发展方案(台湾)①

一、目标

1. 整备完善教师进修体系,提升教师专业能力。

2. 培育教师终身学习素养,履践教师永续学习。

3. 建立教师专业成长机制,促成教师专业发展。

二、方法

1.1 推动教师进修法制化。

1.2 建构教师生涯发展进修体系。

2.1 建立教师主体多元进修模式。

2.2 发展教师专业成长支持系统。

3.1 推动教师评鉴制度。

3.2 推动教师质量保证机制。

三、具体措施

1.1.1 修正"师资培育法",赋予教师在职进修法源依据。

1.1.2 依据"师资培育法"授权研订"教师在职进修办法",规范教师进修制度及内涵。

1.2.1 研议以教师专业发展核心能力指标作为教师生涯发展阶段之分类依据。

1.2.2 依据教师生涯发展阶段之分类结果,规划系统性指定及增能课程。

2.1.1 建置、营运与维护教师进修 e 化信息、数字学习平台及多元进修认证系统,提供主管机关决策及教师自主学习支持。

---

① 台湾"教育部":《"中华民国"教育报告书:黄金十年 百年树人》。

2.1.2 配合在职教师专业发展需求,设置专业进修学院,推动教学专业及教育行政专业之硕士专班。

附录 行动方案

2.1.3 建立师资培用联盟机制,健全区域联盟功能,落实在地进修理念,并结合理论与实务,发展优质典范教学示例,建立教师职前所学与任职所用的回馈机制。

2.1.4 规划及推动师资培育大学教师教材教法、教育研究与教学增能;规划及推动大学教师教育专业发展机制。

2.2.1 鼓励教师组成小组、团队或个人进行自主增能学习、行动方案研究、教材教法研发、教学或研究成果发表等以教师为主体之进修模式。

2.2.2 发展教师专业学习社群,形塑学校本位专业成长机制;规划教师专业发展日,进行全校性教师专业成长活动。

2.2.3 持续推动教师专业发展评鉴,并研议相关机制(含评鉴工具与评鉴人员等事项)。

2.2.4 建立教师专业发展之追踪、辅导、访视、评鉴及回馈机制,并透过教学辅导教师支持体系,协助教师实施同侪辅导及运用评鉴结果精进教学。

2.2.5 建立三级(中央、地方、学校)教师专业辅导体系。

3.1.1 委请学术机构就教师评鉴制度之规划及推动进行项目研究,并邀请相关教育团体提供意见。

3.1.2 依据教师评鉴制度之规划及推动研究结论修正"教师法",赋予教师评鉴法源基础。

3.1.3 依据"教师专业标准"及"教师专业表现指标"发展教师评鉴检核指标,培训教师评鉴专业人员,评选适当教师评鉴机构。

3.2.1 配合教师专业表现、专业进修及年资等条件,研拟教师进阶及换证制度。

3.2.2 推动疑似不适任教师辅导机制及积极处理不适任教师。

第八章　国际视野中的教师教育及比较

一般认为,人类社会真正意义上的教师教育起始于 17 世纪末。其标志是 1685 年,法国神甫拉萨尔创办的"基督教兄弟会"在兰斯建立的世界上第一个教师培养机构——基督教学校修士学院。在 300 多年的发展过程中,教师教育根据社会发展的要求,不断调整自身的培养目标、教育制度和课程设置,教师教育模式始终处于动态发展、螺旋递升的状况之中。近现代教师教育是近代西方发达国家政治、经济和教育发展的产物,它的发展步伐既大且快。西方发达国家教师教育的发展对我国的教师教育具有深厚的影响。

第一节　西方近代教师教育制度的发展

世界各国的教师教育都经历了广泛而深刻的变革。教师作为人类文明的重要传递者和创造者,随着人类历史的进步和发展,其社会功能、素质要求、职业特点均不断发生变化和发展。最初是"养老与育幼相结合、师长合一"的古老习俗,后来是"官师合一"、"僧师合一"的漫长历程。进入近代社会以后,教师才逐渐成为一种专门的职业,并逐步形成专业化的特征。应该承认,近代教师教育的发源地在西方,西方发达国家教师教育发展的过程代表了世界教师教育发展的主流。

一、西方近代教师教育的产生

教师职业是伴随学校的产生而出现的。古代早期社会,没有学校教育,也没有专职教师,自然也就不会有教师教育。进入中古时期,随着生产力的发展,初等学校教育出现了,但只培养少数统治阶级子弟,因数量少且教师需求有限,对教师的要求不高,教师培养的专业性教育并未引起人们的注意,不可能产生培养教师的专门机构,所以也就没有教师教育。

17世纪英国发生产业革命，使机械化大工业生产取代了手工作坊，生产力迅速发展。一些工业中心逐步发展，形成了城市。由于大工业生产需要工人掌握一定的生产技能，新兴的市民阶层也迫切需要掌握一定的科学文化知识，于是西方资本主义国家先后提出普及教育，城市中初等学校发展迅速，急需大量教师，而且要求教师具备一定的知识、教育教学的技能和管理的才干。当时的教育家夸美纽斯提出了班级授课制，并具体规划了包括设置普及、义务的初等学校在内的新学制。由于把众多儿童集中起来实施班级授课并非易事，因此就要求对教师进行培训。而且，逐步繁荣和发展起来的教育思想，又为教师教育的产生提供了可能。于是，专门培养教师的教育机构——教师教育就应运而生了。

1684年，法国"基督教兄弟会"创始人拉萨尔在兰斯开办了一个名为"基督教学校修士学院"的教师训练机构，以训练小学教师。尽管这种师资培训是短期训练性质的，但它是世界教师教育的开端。1695年，德国的弗兰克在哈雷创设了教员养成所。这是教师教育的雏形，水平很低，属于初等教育的高年级部分或初等教育后教育。它只是一种有目的的短期培训，任务就是训练能登台上课的小学教师。此后，德、奥等国开始出现短期师资训练机构，并在欧洲形成一定的气候。1738年，弗兰克的学生赫克为普鲁士教师设立了第一所正式的教师学校，以训练神学和实科学科中有志做教师的学生。1747年，赫克又在柏林创办了一个教师教育机构，附设在所办的实科学校中。

从17世纪下半叶到19世纪初，欧美等国先后开办了师资训练班和教师学校，培训初等学校师资，而且有不少师资培训机构是由宗教团体为争取教民而设的。由于当时各国尚未普遍推行义务教育，对教师质量上的要求尚不严格，数量上的需求也尚不紧迫，因此，各国教师教育发展的速度仍是缓慢的。

二、西方近代教师教育的早期发展

18世纪中下叶，随着普及初等义务教育为资本主义各国所普遍接受并以政府的名义要求实施，再加上教育理论有了长足的进步，涌现出卢梭、裴斯泰洛齐、赫尔巴特、斯宾塞、第斯多惠、乌申斯基等著名的教育理论家和实践家，现代教学方法渐成体系，教师教育理论已见轮廓。在这个基础上，欧美各国都普遍设置了教师学校，形成了以中等教师学校为主体的教师教育体系。这可以说是教师教育和教师职业专业化的初始阶段。

1794年，法国临时国会通过法令，在巴黎创设公立师范学校。1795年正式建立，招收高中毕业生入学。这就是现在著名的巴黎高等师范学校的前身。巴黎高等师范学校是世界上第一所正式的高等师范学校，开了世界高等教师教育的先河。

俄国也于 1779 年在莫斯科大学附设师范学堂,1782 年在彼得堡建立了第一所独立的师范学堂,1804 年发展为第一所独立的师范学院,1816 年更名为中央师范学院。

英国在 19 世纪初因公共教育发展引起师资短缺,教师培养成为严重问题,于是产生了"导生制"(Monitorial System)、"见习生制"(Pupil-teacher System)等多种短期培训办法。后来,也逐步建立起职前教师教育机构。

美国的师资训练最初附设于旧式中学(Academy),并没有专门的教师培养机构。1823 年,霍尔在佛蒙特(Vermont)创立了第一个三年制的中等师范班,培养小学教师,招收小学毕业生,学制三年。霍尔在办学实践中注意总结经验,撰写了《学校管理讲义》,于 1829 年出版。书中强调教师不仅要传授知识,还要培养学生的公民道德和规范。这是美国第一部专门论述教师教育的著述。1839 年,卡特在马萨诸塞州创立了美国第一所公立教师学校,各州纷纷效仿,一时间,公立教师学校成为美国教师教育的主体。

在这一阶段,教师教育只是为了培养普及性的初等学校教师。在普及教育过程中产生和发展起来的国民小学、职业学校这些群众性学校自成体系,其师资由中等教师学校来培养。而那些由具有古代学校特征的中世纪大学和古典文科中学逐步演变而成的现代大学和文实中学,形成学术性的现代学校系统。在此时期,这些学校的师资由大学来培养而不是由教师学校来培养。师资培养存在着"双轨"体系。尽管如此,教师教育的产生和教师学校的萌发在人类教育史上仍然是里程碑式的事件。它是教师专业化和教师教育专门化开始的标志,意味着教学被当做一个专业得到了社会的认同,教学作为一门科学被引入学校教育之中。教学作为一个专业从普通职业中分化出来,形成了自己专业化的特征和要求。

19 世纪 30 年代至 40 年代,欧洲普遍完成了工业革命。自然科学研究在数学、物理、生物、医学、天文等学科领域取得了许多新的突破,并应用于工业生产中。工业化的迅猛发展,对普通劳动者掌握一定的文化科学基础知识和劳动技能的要求更为迫切。欧美国家政府把普及初等教育提上了议事日程。

在法国 1816 年颁发的法令中规定:"各市镇均需负责其管辖之下儿童得以受初等教育",并于 19 世纪末全面普及初等教育。德国是最早执行义务教育的国家,推行强制性的初等义务教育,加快了教育普及步伐。英国于 1870 年颁发的初等教育法案,强迫适龄儿童入学,此后义务教育得到不断延长。美国在 1852 年至 1889 年有 25 个州颁布了义务教育法令。初等教育的发展,义务教育的实施,为教师教育注入了生机与活力,强有力地推动了教师教育的发展。

普及初等教育对教师的数量和质量提出了新的要求。一方面要求有充足数量的师资满足不断扩大的教育规模的要求。另一方面要求教师不仅具备一定的文化基础知识，而且还要有相应的教育、教学技能与方法，必须成立训练教师的专门机构，培训大批高水平的师资成为当务之急。于是专门培养初等教育师资的师范学校就应运而生，并得到发展。可以说，教师教育是适应社会生产力发展的需要，在普及初等教育过程中产生、发展的。

到19世纪末，法国的师范学校已达174所，高等师范学校4所。德国在1840年仅普鲁士就有师范学校38所。美国在1900年师范学校已持续增加到170所，在校学生43 000人，私立师范学校发展到118所，在校学生20 000人。1868年，波士顿成立了美国第一个幼师训练班。

在这一时期，西方各国政府加强了教师教育立法，规范了教师教育的发展，促进教师教育朝着制度化、统一化、专业化的方向发展。在德国最早颁布了有关教师教育的法令。1763年普鲁士发布了《全国学校规程》，其中明确规定教师必须先参加考试再予以录用。法国1816年就规定未达标教师要到"短期示范学校"观摩学习。1880年规定了教师教育的两种证书，即"师范学校教育能力证书"和"师范学校领导人员、初等教育督学能力证书"。美国各州相继成立州教育委员会，教育委员会的任务是致力于改善学校工作，提高教师的专业水平及经济与社会地位，实行教师许可证制度等。

三、西方近代教师教育体制的确立

19世纪末至第二次世界大战结束前，是西方教师教育发展的重要转折时期。这一时期的教师教育适应了生产、科学技术和教育发展的需要，在体制上有了新的突破，呈现出高水平、多元化、开放式的发展趋势。

19世纪末，人类历史上发生了以电气化为标志的第二次工业革命。电气化对劳动者素质提出了更高的要求。已经实施的普及初等义务教育，已不能满足生产力发展的需要。延长义务教育年限，发展中等教育，成为西方国家的普遍要求。同时，职业技术教育对推进工业发展作出了不可磨灭的贡献，受到了人们的欢迎。

职业技术教育制度的确立，职业学校数量的与日俱增，使得传统的教育理论和方法已明显不能适应经济和社会发展的需要。随着教育改革的深入，欧美兴起了一场教育革新运动。许多国家在普及初等教育的基础上，逐步将义务教育年限延伸到中学阶段，课程设置上突出了自然、物理、化学、数学等现代学科地位。由于中学数量及在校生人数大大增加，对中学教师的需求量大幅度增加。同时，由于初等教育水平的提高，要求初等学校教师也要有高等学校的学历，特别是在实行中小学教师按教育程度确定工资的制度以后,初等学校教师也逐步过渡到由高等师范学校来培养。原来以中等师范学校为主体、以培养单一初等学校教师为目标的教师教育就发生了变革。

第一次世界大战前后,最初师资培养存在着"双轨"体系。也就是只承认小学教师需要经过教育专业训练,而中学师资只要具备专业知识,无须经过教育专业训练。这表现为许多国家的中学教师资格规定大学毕业就可以任教,对教育专业训练并无明确的要求。但 19 世纪末以来,人们日益认识到,教学也是一项专业化的工作,仅有学科专业知识还很不够,还必须具有教育的专业训练。于是,中小学师资训练就逐步归于高师统一体中。

中等师范学校或者被撤销、兼并,或者升格为高等师范学校,高师教育迅速发展起来。在这方面,美国是排头兵,1893 年,纽约州奥尔巴尼市率先把原来的师范学校升格为州立师范学院,招收中学毕业生,而后其他各州纷纷效法。到了20 世纪初,师范学院在美国各州普遍建立,师范学院取代师范学校成为培养中小学教师的主要教育机构。从 1911 年到 1920 年,19 所州立师范学校升格为师范学院,1921 年到 1930 年,又有 69 所师范学校升格,到 1940 年基本上实现了师范学校向师范学院的过渡。美国从 1839 年第一所师范学校建立到师范学院的过渡,经历了约 100 年的时间。[①]

第二次世界大战前后,一些欧美国家的中等师范学校已经完成其历史使命,进而被独立的高等师范院校所代替。这一时期是教师教育的独立建制阶段师范学院时期。

这一时期,由于教育科学和心理科学获得了长足的发展,更由于杜威、马卡连柯、蒙台梭利等有识之士的大力倡导,教育学科与心理学科已经进入学术殿堂。特别是在他们提出了教学专业化的主张,要求做教师的必须掌握教育理论和教学方法之后,教育学的学术地位大大提高,得以插足学术性大学。学术性大学也纷纷建立教育专业机构,培养教师。至此,学术性大学与师范院校之间的"矛盾"基本解决,师范教育与学术教育开始从分离走向整合。[②] 师范教育从原来群众性学校这一轨开始与学术性学校这一轨合并,由招收小学、初中毕业生改为招收高中毕业生,培养小学和初中教师,但高中教师仍由学术性大学来培养。

在这个阶段,师范教育以独立设置为主体,定向培养师资,教师的职前培养受到了充分的重视,但对教师的在职培训缺乏足够的认识,亦无必要的途径和措

---

① 王英杰:《试论美国发展师范教育的历史经验》,《高等师范教育研究》,1991 年第 3 期。
② 袁锐锷:《世界师范教育的过去和未来》,《高等师范教育研究》,1997 年第 1 期。

施。这一时期教师教育制度的变迁主要体现在以下 4 个方面：

第一，提高了初等学校师资的培养层次。一是提高了师范学校学生的入学程度，由招收高小毕业生改为招收中学毕业生。二是提高了小学教师的培养规格，由师范学校逐步过渡到高等师范学校来培养。

第二，中等师范教育衰落，高等师范教育兴起。由于普及义务教育延伸到中学阶段，不仅对中学教师的要求大幅增加，而且对中学教师的质量也提出了更高要求，同时中等教育水平日益提高，中学毕业生的知识、能力与师范学校毕业生不相上下，于是迫使师范学校提高入学资格，向高等师范院校转变。许多大学相继成立教育学院，这就使得师范学校鞭长莫及，必须向大学看齐。1882 年美国的阿拉巴州师范学校率先升格为师范学院，到 1945 年全美中等师范已减少到只剩 14 所。20 世纪初，英、法、德等国师范学校也有升格为高等教育学院的趋势。

第三，教师教育体制由单一化向多元化、由封闭式向开放式过渡。第一次世界大战以前，各国师资培养主要在独立设置的教师教育机构中进行，师资培训的类别也局限在普通中小学的某一学科，是一种单一化、封闭式的体制。从 20 世纪 20 年代以后，德国、英国、美国等国家开始探索多元化、开放式教师教育体制，即从组织上削弱独立的教师教育机构，使其与中学或综合性大学联合乃至合并，大学、文理学院设置教育系科，开设教师教育课程，从而形成师范学校与高等师范学院、高等师范学院与大学、文理学院共同培养中小学生师资的格局。

第四，教师考核制度和证书制度日趋完善。1810 年德国开创确定认可教师的宪法，之后西方各国相继建立教师考核及证书制度，并不断完善和推广。这样有效地保证了教师的质量，促进了教师素质的提高，维护了持证教师的合法权益，标志着教师专业化水平的不断提高，教师教育朝着规范、有序的方向发展。这一时期西方教师教育发展的特点是：中小学教师学历提高，小学教师须由高等师范院校培养，中学教师还须具有学士甚至硕士学位。教师教育学术化，教师教育管理法制化、规范化，从而保障了教师教育的顺利发展。

四、西方现代教师教育概貌

20 世纪 50 年代后，教师教育开始步入开放化发展阶段。第二次世界大战以来，在全球范围内兴起的以计算机的应用与开发为标志的第三次技术革命对教育领域产生了挑战性的影响。各国越来越认识到，培养跻身世界科学技术前沿的高层次专业人才及大批具有良好品德、文化知识和技术素养的劳动大军，已成为当务之急。教育和科学在国家发展中越来越受重视，"科教兴国"深入人心。因此，一些原来未曾实施普及义务教育的发展中国家普遍实施了义务教育，而早已实施了义务教育的发达国家则普遍延长义务教育年限。所以，不但对高中教师,而且对小学和初中教师,也都要求有广博的文化科学知识和教育专业训练。

时代不但要求教师在学科专业方面是学者,还要求他们在教育专业方面是专家,成为学科领域和教育领域的"双专家"。20 世纪 50 年代以来,教育科学的不断分化和发展也大大提高了教育科学的学术地位,师范性本身也更多地融入了科学性与学术性,师范性的学术层次和地位不容否认。这一点也促进了教师专业化程度的提高。凯洛夫、赞科夫、苏霍姆林斯基、科南特、布鲁纳、皮亚杰、波伊尔、舒尔曼等卓尔不群的教育家为教育科学的发展作出了各自的努力。

当今的教育科学已经从一门或几门比较抽象和一般的教育学原理,发展成为一个具有诸多分支学科和具体学科的教育学学科群,包括教育经济学、教育社会学、教育法学、教育评价学、教育管理学、教育心理学等。要学习、掌握和运用这些学科的知识和规律,就需要有必要的学科背景和专门化的训练。[1]

第二次世界大战前后,为积极改进教师教育、提高教师专业化水平,美国把教师教育全部并入了高等教育行列,多数州立大学都建立了教育学院,几乎所有的州立综合大学都建立了教育学或教学法专业,承担起中小学教师的职前培养任务,使教师教育成为综合性大学的一个组成部分。20 世纪 60 年代以后,美国又对教师的学历和学位提出了新的要求。纽约州率先于 1962 年规定中小学教师在高等学校的修业年限由 4 年延长为 5 年,即前 4 年主要是普通教育与所教学科的教育,取得学士学位,然后再用 1 年的时间主要进行教育专业学习与训练。如今,各州的普遍趋势是尽可能把师资培训的年限由 4 年延长为 5 年。与此同时,在教育专业领域中,除教育学士(Bachelor of Education)、教育硕士(Master of Education)外,增添了教学硕士(Master of Arts in Teaching)、教育博士(Doctor of Education)学位。研究生院也越来越多地承担起培养中小学师资的职责,使教师的学历结构和学位结构发生了很大的变化。师范生既可以接受到与其他专业的学生相同的文理基础知识和学科专业知识教育,学术水平不至于低于其他专业的学生,同时又能接受教育专业的训练,使教师教育把学术性和师范性很好地结合起来,教师教育的专业化也相应地被提高到与文、理、工、商等专业并驾齐驱的地位。

据统计,1950 年,美国中小学教师中只有 50% 的人具有学士学位,几乎没有具有硕士学位以上的教师;而到 1976 年,小学教师中具有学士学位的占到 99%,具有硕士学位的占到 33%,中学教师中具有硕士学位的占到 40% 以上。[2] 此外,

---

①　谢维和:《论教育科学的普及》,《教育研究》,1999 年第 4 期。

②　王英杰:《试论美国发展师范教育的历史经验》,《高等师范教育研究》,1991 年第 3 期。

美国还大力推广教师在职进修工作。为防止教师知识老化，促进教师知识更新，美国于 1976 年在全国设置教师中心。教师中心有由大学设置的，有由地区设置的，也有由大学和地区双方协办设置的。教师中心设有讨论室、研究室、教材组、专业图书馆，供教师学习新教材，改进教学法和练习应用现代化教学手段。

如今美国教师在职进修已经普遍化、制度化，并逐年加紧、逐步深入。1986 年美国卡内基教育和经济论坛（Carnegie Forum on Education and the Economy）、霍姆斯小组（Holmes Group）相继发表了《以 21 世纪的教师装备起来的国家》（A Nation Prepared：Teachers for the 21th Century）、《明天的教师》（Tomorrow's Teachers）两个报告。这两个报告同时提出以教师的专业发展为教师教育改革的目标。教师专业发展已成为传统的"师范教育"与"教师在职进修"概念的整合与延伸，"学者未必为良师，良师必为学者"如今已成为美国教师教育的新概念。①

教师的高学历化、教师教育培养培训体系的多样化、开放化、综合大学化、一体化已成为当今世界教师职业专业化的发展趋势。教师教育的过程不同于一般教育的过程。它不仅受个体发展规律的制约，要求教育者要遵循这一规律，而且要使受教育者也懂得和掌握这一规律，学会如何遵循它，以做好未来的教育教学工作。一个合格的教师不仅要具有广博的文化科学知识和精深的专业理论基础，体现出较高的学术水平，而且还必须掌握教育科学，懂得教育规律，具备较高的教育教学能力，从而体现出较强的师范性。学术性与师范性的辩证统一正是教师职业专业化的要求和表现。

长期以来，关于教师教育的学术性与师范性之争是由人们对教师的职业特点的不同认识而引起的，争论的双方恰恰从不同角度说明了教师教育过程中需要加强学术性与师范性而不可偏废，以培养出集学者和教育家于一身的教育专业工作者。师范性与学术性在争论中走向统合，统一到提高教师职业专业化水平上来。师范性不仅包含了学术性，而且有助于加强学术性；学术性是具有高师教育特点的学术性，并使师范性建立在坚实深厚的学术基础之上。二者不是彼此对立的，而是教师教育一个问题的两个方面，是相互依存、相互渗透、相互促进、相得益彰的关系。②

教师教育制度的"封闭式"和"开放式"的争论，主要是由人们对师资培养过程中学术专业培训和教育专业培训的顺序安排和结合方式的不同认识而引起的。"封闭式"和"开放式"都强调要逐步强化教育专业训练，以提高教师职业的

---

① 滕大春：《外国教育史和外国教育》，河北大学出版社，1998 年，第 432－433 页。
② 肖川：《论高师教育的师范性与学术性》，《高等师范教育研究》，1990 年第 6 期。

专业化水平,这是两者的共同之处。如果单纯从形式上比较"封闭式"和"开放式",两者各有优缺点;如果从效率上比较"封闭式"和"开放式",两者因时因地不同,也各有优缺点。

1966 年,联合国教科文组织(UNESO)在法国巴黎召开的"教师地位之政府间特别会议"通过了《关于教师地位的建议》(Recommendation Concerning the Status of Teachers),强调教师的专业性质,认为"教学应被视为专业"(Teaching should be regarded as a profession)。时隔 30 周年,1996 年联合国教科文组织在日内瓦召开的以"加强在变化着的世界中的教师的作用之教育"(Education Concerning Strengthening the Role of Teachers in A Changing World)为主题的第 45 届国际教育大会,通过了 9 项建议,其中第 7 项建议就专门强调教师专业化问题,认为这是一种改善教师地位和工作条件的重要策略。①

尽管当前国际社会对教师专业是否是一个完全专业还有不同的意见,但大家又普遍认为教师这个行业正处于从半专业(Semi-profession)、准专业(Quasi-profession)向完全专业(Full-profession)道路不断前进的过程当中。从教师教育的产生到今天的 300 多年中,教师职业的培养机构、教育内容、教育形式越来越专业化。所以,我们可以说,教师教育从无到有、由低到高的发展史就是教师职业不断朝着专业化方向发展的历史,是教师教育越来越专业化的历史。

第二节　国内外师资培养制度的比较

西方发达国家近代教师教育制度的改革和发展,为战后教师教育的新飞跃奠定了良好的基础。

一、西方发达国家教师教育发展的特点

西方发达国家近代教师教育模式由定向走向开放的历程大致可分为以下三个阶段:

(一) 师资培养摸索阶段

17 世纪以前,西方各国还没有专门培养基础教育师资的学校。小学教师常常由神职人员兼任。18 世纪以来,整个社会人才培养明显跟不上工业革命发展的需要。工业革命促进了科学技术的发展,也推动了大学的发展,但大学却一度找不到相应的生源,因此提出了加快中学发展的要求,进而又推动了中学寻求良

---

① 赵中建:《国际师范教育发展的里程碑——第 45 届国际教育大会简介》,《高等师范教育研究》,1997年第 2 期。

好师资的需求。好的师资必须有专业知识和教学技术两方面的良好素养。于是,以培养这两方面的素质为目的的教师教育便应运而生了。随着自然科学的发展,生理学催化了心理学,心理学又催化了教育学,教育理论逐渐形成并引起了教育界的重视。教育理论的发展为师范院校的发展提供了理论基础和实践指导。

(二) 教师教育定向发展阶段

19 世纪以来,由于专门培养师资的师范院校对基础教育的发展产生了巨大的促进作用,引起了人们对教师教育的重视。于是,专门培养专业知识和教育技能的师范院校首先在德国、英国等西方国家得到发展,并逐渐为世界各国所接受。美国、日本以及我国的教师教育形式,均是从德国、英国等当时的发达国家引进的。美国经英国中介而引自德国,日本直接模仿德国,我国则是经日本中介,引自欧美等国。从此,教师教育从初等发展到中等,进而发展到高等,形成了一个专门的教师教育模式。

(三) 教师教育开放发展阶段

经过近两个世纪的发展,师范院校充分显示了它的优越性,但同时,它的局限性也日渐展露,受到了越来越多人士的批评。批评意见主要来自两个方面:一是进入 20 世纪以后,许多国家科技发展、经济起飞,提出了教育资源利用率的问题,希望师范院校扩展培养目标,而不是仅仅拘泥于培养师资;二是学术界不满于师范院校存在的"反智力倾向",即认为师范院校过于偏重教育技能而忽视学术研究,培养出来的学生学术素养不够,不能满足时代的要求。于是,许多国家或将师范院校改为综合性院校,或在综合性院校中设立教育系,使众多师范院校或改弦更张,或偃旗息鼓。同时,国家通过法律或行业协会形式,推行并完善教师资格证书制度。

二、国内外师资培养模式与机构的比较

从世界范围看,大多数欧美国家教师教育的发展经历了一个从无到有、从低级到高级的过程。在这个过程中,师资培养模式实现了由"定向型"向"开放型"、"混合型"的转变。师资培养机构也经历了从中等师范学校出现到用高等师范学校取代中等师范学校,再到用综合大学取代高等师范学校或综合大学与高等师范学校共同培养教师的过程。

所谓"定向型教师教育"(Orientation Teacher Education),亦称"封闭式教师教育"(Seal Teacher Education),是指设置独立的师资培养机构,对学生进行普通文化科目、专门科目和教育科目、教育实践的混合训练,以达到特定的培养目标。学生毕业后被分配或推荐到中小学从事教育工作。其优点是:培养方向明确,计

划性强;对学生进行教师职业训练较为系统,学生教育专业知识技能较强,学生的专业思想准备较充分;易适应国家培养师资计划的需要。缺点是:课程设置比较狭窄,学科程度相对偏低;学生知识基础不够宽厚,适应其他工作的能力较差;学生来源和职业出路受到局限。第二次世界大战以前,许多国家都以这种体制为主培养教师。从20世纪中期开始,一些发达国家由于采用此体制在新的形势下难以培养数量更多、质量更好的师资,而开始缩减、改革这类机构。至20世纪70年代,一些国家基本上已取消这一体制,代之以非定向教师教育。

所谓"非定向教师教育"(Non-Orientation Teacher Education),亦称"开放式教师教育"(Open Teacher Education),是与定向教师教育相对的教师教育体制。第二次世界大战后,许多工业发达国家为提高教师质量,要求由综合性大学、文理学院来取代专门的高等师范院校,规模较大、教育教学条件较好的高等师范院校并入了综合性大学。学院为已取得其他学士学位的毕业生提供半年至两年不等的教育专业训练;为在职教师及其他岗位在业人员提供教育课程;对修业期满考核合格者,给予相应的教育证书、教学证书或学位。于是中小学教师的培养主要由综合性大学来完成,或者学生在综合性大学或文理学院毕业后,再接受教育专业的培养。这种培养体系的优点是:培养目标多样灵活,课程设置宽泛机动,设施和设备等条件较为优越;学生学术功底深厚,学科程度较高,知识面较宽,工作适应性较强;学生来源和职业出路较宽。缺点是:培养目标不够明确,易忽视教育专业训练和教育研究,学生的专业思想准备不充分,难以与国家培养师资的计划协调等。但由于这一体制适应社会对于师资现代化、多样化的需要,第二次世界大战后,实行这一体制的国家越来越多。

所谓"混合型"教师教育,是指一些国家采用定向和非定向两种结合的教师教育体制。与以上三种师资培养模式相对应,现在世界高等教师教育培养机构的设置存在三种类型。

(1)师资培养机构是综合性大学、文理学院等高等院校,这是一种开放式或"非定向型"教师教育体系,大部分欧美国家实行这种体系。

(2)存在独立的高等师范院校,并作为主体,这是一种定向型或封闭式的师资培养体系。在苏联、朝鲜、中国的师资培养主要都是在独立的高等师范院校进行的。

(3)存在独立的教师教育机构,综合性大学与文理学院也可以通过协议来培养师资。

这三种不同的师资培养体系,反映了世界各国高等教师教育发展的不同特色与水平。值得注意的是,独立设置的高等教师教育机构的取消,并不表明高等教师教育的消失。实际上,正是这种独立设置的师范院校的调整、取消,综合性大学在承担高等教师教育方面的功能加强,表明了教师教育的重要性,也体现了未来的中小学教师的培养将会"师范性"(专门的教育知识与技能的培养)和"学术性"(学科知识的培养)并重。

中国建立教师教育制度比欧美大约晚了两个世纪。纵观中国高等教师教育体制的百年变革,共有三次大的变化。1904年起模仿日本教师教育体制,封闭式高等教师教育制度应运而生;1922年转而模仿美国的师资培养体系,师范学校和普通中学合并,高等师范学校被编入综合性大学;1951年后则同苏联的社会主义师资培养制度相差无几,高等教师教育阶段主要是独立设置师范专科学校、师范学院与师范大学等师资培养机构。

21世纪以来,中国正在建立和探索适合本国国情的教师教育体制。一个十分显著和主要的特点是:中等师范学校(包括普通中等师范学校、中等幼儿师范学校、中等特殊教育师范学校)已经逐渐被取消或升格为高等师范学校,一些师范院校已经并入综合性大学或逐步改为综合性大学。我们可以从中国的高等教师教育机构与日本、美国的高等教师教育机构的历史变迁中得到比较,见表8-1。

表8-1　中国、日本、美国高等教师教育机构历史变迁比较

比较项目	中　国	日　本	美　国
近代教师教育机构初始	1897年,上海南洋公学设师范院,开中国教师教育的先河	1872年,东京师范学校(现筑波大学)	1823年,美国第一所独立师范学校在佛蒙特州成立
近代高等教师教育机构的初始	1902年,京师大学堂师范馆(现北京师范大学)创立	1875年,东京师范学校设立中学师范科	1893年,纽约州奥尔巴尼师范学校升格为师范学院
曾存在的高等教师教育机构	师范馆、优级师范学堂、高等师范学校、综合性大学、师范大学、师范学院、师范专科学校、教育学院	高等师范学校、师范专门学校、学艺大学、综合性大学	师范学院、综合性大学、社区学院、文理学院
独立设置的高等师范院校的存在	存在	二战后取消或合并	二战前后取消或合并
现存的高等教师教育机构	师范大学、师范学院、师范专科学校、综合及专业大学教育学院	学艺大学、单科大学教育部、综合性大学教育学部、教育大学院(研究生院)、国立师资培养系统大学、大学院	综合性大学、文理学院、初级学院、社区学院

大约在 1900 年前后,美国的师范学院就已兴起,并逐步取代了师范学校。这是由美国自 1865 年开始的工业化进程使得中等教育发展迅速、中等学校师资缺乏的社会现实决定的。二次大战后,美国取消了师范学院,由学术性强的综合性大学、文理学院承担起中小学教师的培养任务。日本在战后根据 1946 年 3 月30 日的《美国教育使团报告书》的建议,对教师教育体系进行了彻底的改革,旧制的高等师范学校被改为学艺大学或教育学部,规定中小学教师均须由大学来培养。二战后,美英等一些发达国家大体实现了中小学教师培养一体化,教师教育结构层次不断提高。一些国家在二战后采用了"开放型"师资培养模式,但也部分保留了"定向型"师范院校。日本在二战后全部取消了高等师范学校这类专门培养师资的教育机构,但自 1979 年起,日本又陆续举办新型教育大学,如专门培养教师的上越教育大学、兵库教育大学,说明日本的教师教育体制已向"混合型"转变。

中国高等教师教育在创建之初,基本上照搬了日本高等教师教育的做法,清末的优级师范学堂和民国初期的高等师范学校是这一时期的主要高等师资培养机构。我国的中等师范学校则一直存在,主要以培养小学教师为主,这与我国义务教育普及较晚是分不开的。在新中国成立前,我国曾有过由综合性大学的师范院校来培养师资的时期。新中国成立后,中国的高等教师教育基本上沿袭苏联的专门教育模式,强调专业对口,独立设置师范院校。

1950 年 8 月召开的第一次全国师范教育会议,规定了中国的高等教师教育的基本格局:师范学院以逐渐独立设置为原则,以培养高级中等学校师资为宗旨。这一高等教师教育的基本格局,虽曾在"文革"中遭受破坏,但经 1980 年师范教育会议调整后,一直延续至今。

新中国成立之初,中国独立设置的高等师范学校仅 12 所,在校生 1.2 万人。到 1985 年,已有高等师范学校 253 所,增长 20 倍,在校学生 42.5 万人,增长 34 倍。[①]到 1998 年,中国高等师范学校有 229 所,在校生 693 635 人,专任教师 76 639人。[②] 这一规模相当的教师教育体系,支撑着世界上最大的基础教育事业。

自 20 世纪 80 年代中期,中国就已开始积极推进教师教育体制改革,推进高师稳步发展,将师范专科学校的功能拓展为培养中小学教师,并调整中师布局,逐步削减中师数量。从我国目前状况来看,独立设置的师范学院将在一定时期内存在下去,并在培养与培训中小学教师上占据主体地位。

① 毛礼锐,沈灌群:《中国教育通史》第 6 卷,山东教育出版社,1989 年,第 435 页。
② 教育部发展规划司:《中国教育统计年鉴(1998)》,人民教育出版社,1999 年,第 134 - 135 页。

大多数发展中国家同中国一样，是中等师范学校和高等师范院校长期并存，以师范院校独立设置的模式发展教师教育。由高等院校来培养中小学教师却是世界各国教师教育发展的趋势。至于独立设置的师范院校是否应取消或合并在综合性大学中，各国都有不同的教育理念。在综合性大学中培养未来教师，教育教学的"师范性"难以保证，师范生的专业教育教学技能难以提高。因此，自 20世纪 80 年代末开始，一些用综合性大学来培养教师的国家开始对教师教育体制改革进行反思，恢复独立的高等师范院校的呼声也此起彼伏。在日本，新教育大学的创建就被认为是日本向"定向型"、"综合型"教师教育模式的回归或靠拢。

第三节　美、英、日三国教师教育比较

美国、英国和日本的教师教育有各自特点，也存在各自的问题，三国分别针对存在问题采取了措施。他们的成功经验和失败教训对我国建立、完善教师教育制度有一定的借鉴作用。

一、美国教师教育概览[①]

美国教师教育起步较晚。1823 年，美国第一所私立师范学校的创立，开创了美国教师教育的先河。19 世纪末 20 世纪初，美国的师范学校为求生存而采取了"自我防御"的策略，开始了向师范学院转型的道路。向师范学院的转型，首先体现在入学标准提高、课程范围拓展及学制延长等方面。师范学院将入学标准提高到高中毕业，在课程上增加了一些新型的学术性科目，同时将学制延长为4 年，且有向 5 年延长的趋势。其次体现在学位授予权的获得等方面，师范学院获得了学士乃至硕士学位授予权。"二战"后，美国教师教育机构又完成了师范学院向综合性大学教育学院的转型。

实际上，早在 20 世纪 30 年代，各州的师范学院就开始陆续转变为州立学院或州立大学。师范学院转型为综合性大学教育学院后，确立了以加强学术教育、培养"学者型教师"为中心的目标，教师培养上的学术教育与专业教育从分离开始走向整合。到 20 世纪六七十年代，美国基本上形成了一个相对稳定和完全开放的教师教育体系。20 世纪 80 年代后，美国教师教育再次开始改革历程，逐步建立起教师"专业发展学校"（Professional Development School）和"选择性教师教育"（Alternative Teacher Education）等许多新型教师教育机构和模式。由此，美国教师教育逐渐朝着多元化的方向发展。

[①]　本部分内容参考赵华兰：《美国教师教育模式的嬗变》，《当代教育科学》，2010 年第 15 期。

（一）由师范学校到师范学院的发展阶段（19世纪20年代—二战前）

19世纪初开始的公立学校运动促进了普及义务教育的实施和推广,也推动了教育行政部门将培养大批量合格教师的工作提到议事日程。1823年,霍尔在佛蒙特州的康克市建立了一所私立的师范学校培养小学教师,揭开了美国教师教育的序幕。1839年,美国第一所旨在培养教师的公共师范学校在莱克星顿市宣告成立,开创了美国教师教育的新纪元。随着此后其他各州相继设立师范学校培养初等教育师资,师范学校逐渐成为主要的教师教育机构。1874年,全美有67所州立师范学校,其中4所私立师范学校;到1886年,有州立师范学校103所,市立师范学校22所,县立2所;而到1898年,州立师范学校发展到166所,私立165所。师范学校的招生数从1870年的1万增至1900年的7万。①

师范学校的创建并不能满足公立学校的师资需求,因此对师范学校的升格提出了要求。同时,教师短缺的事实让教育当局认识到,必须主动地提高教师教育的规格。1893年,纽约州奥尔巴尼州立师范学院成立,成为美国第一所由师范学校升格的师范学院。之后其他各州也纷纷将条件好的师范学校升格为师范学院或教育学院。1908年,全国教师协会又发出呼吁,敦促各州以师范学院取代师范学校。从20世纪初到30年代,两年制、三年制、四年制的高等师范学院逐步取代了原有的中等师范学校。到20世纪50年代初,美国共有139所师范学校改为师范学院,高等教师教育体系已逐渐形成。与此同时,一些大学也开始设立教育系或教育学院进行师资培养,实现了小学教师培养的升格,接受四年制高等教育已成为中小学教师的资格要求。师范学校向师范学院的转变,并最终为高等教师教育所取代,标志着美国已经形成教师定向培养时代。

（二）教师教育大学化阶段（20世纪50年代—20世纪80年代）

从20世纪50年代开始,师范学院已从单独建制的、目标单一的学院逐渐向注重研究、学术性更强的综合性学院或大学转型。到20世纪60年代以后,美国各州独立的师范学院的绝大多数转变成综合性大学或学院的教育学院或教育系。据1960年的统计,当时全美共有1 319所中小学师资培养机构,其中大学221所,文理学院891所,技术学院及初级学院122所,而师范学院仅为85所。②州立的师范学院基本都退出历史舞台,标志着美国独立的教师教育时代的结束。

教师教育大学化以加强学术教育、培养"学者型教师"为中心,同时要求师范生必须先在文理学院或其他学院完成文理基础课程和未来所教科目的专业必修

---

① Kevin Ryan. *Teacher Education*. University of Chicago Press,1975:3.

② Stinnett T M. Certification Requirement and Procedure among the Status. *The Journal of Teacher*,1962:125.

课程,其后在教育学院完成教育专业课程,通过教育实习,各门课程和教育实习全部合格之后,才有资格领取教师证书,到中小学任教。为了提高教师的专业水平,美国教师教育和专业标准委员会于 1961 年发表了题为《教学专业的新视野》(New Horizons for the Teaching Profession)的报告,明确提出将教师教育课程分为三个部分:普通教育、专门教育及专业教育。该报告认为:普通教育旨在使师范生成为一个人;专门教育旨在使师范生掌握拟任教科目或领域的知识;专业教育旨在使师范生拥有取得专业绩效的知识和技能。

(三) 教师教育多元化阶段 (20 世纪 80 年代—今)

1983 年 4 月国家教育优异委员会发表的著名报告《国家在危机中:教育改革势在必行》为开端,报告中列举了美国教育的种种弊病,并分析了产生这种弊病的原因,认为教师质量是影响教育质量的一个重要因素。1986 年 5 月,美国卡内基基金会公布了《以 21 世纪的教师装备起来的国家》的教育调查报告,在美国引起了一场关于教育质量的激烈争论,进而激起了以"重建学习体系"和"全面提高教育质量"为核心的教育改革浪潮。在这场改革运动中,普遍偏低的教师专业水平、传统的缺乏实践的教师培养模式和阻碍教师专业发展的管理机制等受到了强烈的批评。美国教育界认为,要实现"使人的生活更有生机,并赋予个体发展能力"这一目标,学校改革势在必行。

事实上,当美国的学校教育改革进行得轰轰烈烈时,教师教育领域所暴露出来的问题却是越来越严重。针对这些问题,美国的有识之士提出了教师专业发展学校的构想。1986 年,美国霍姆斯协会发表了《明天的教师》调查报告,认为教育质量的提高和教育改革的成败,关键在于教师教育的改革,对师资培养、聘用、考核等都提出了具体的改革建议。报告明确指出:我们应将未来教师的培养由大学引入到实际工作的学校,学校和大学一样也是教师们学习的场所。教师教育应当像培养医生那样注重临床经验,中小学就像医学教育中的教学医院,应当在教师教育中发挥更大的作用。报告第一次提出了"教师专业发展学校"的概念,并指出:在专业发展学校中,实习教师、大学教研人员和中小学教师应当建立伙伴关系,共同致力于提高教与学的质量和水平。在霍姆斯小组看来,专业发展学校是"为初学者的专业训练"、有经验者的继续发展以及教学研究和发展所能考虑的最佳的学校形式。

教师"专业发展学校"(Professional Development School ,简称 PDS)被认为是当今美国促进教师专业化、提高教师专业化水平的重大举措,其意义在于:(1)为在职教师提供了专业发展机会;(2)促进中小学与大学之间的合作,推动双方的发展;(3)改进教育实习。这一发展态势所体现出来的教师教育的职前培养与在职培训融会贯通,以及实践中的规范化、正规化和可操作性,显示出教师教育一体化的强大生命力。教师"专业发展学校"和其后兴起的"选择性教师教育"(Alternative Teacher Education,简称 ATE)等许多新型教师教育机构和模式,标志着美国教师教育模式已朝着多元化的方向发展。[1] 据 2000 年 1 月美国教师教育院校协会(Association of American Colleges of Teacher Education)统计表明,全美已经建立 1 000 多所 PDS。[2]

二、英国教师教育概览[3]

英国教师教育产生于 18 世纪末,至今已经有二百余年的历史。作为西方发达国家教育的典范,英国教师教育经过了数次转型。英国的教师教育的发展,体现了近现代教师教育向开放式教师教育转型的探索。其中多次转型的经验,对我国教师教育的发展具有重要的借鉴意义。从教师培养模式的发展特征的角度来看,英国教师教育主要经历了 4 个阶段:萌芽阶段、初步创立阶段、发展阶段和转型阶段。

(一) 英国教师教育萌芽 (18 世纪末—19 世纪末)

18 世纪末到 19 世纪末,英国教师教育从无到有,经历了百余年的发展历程。从"导生制学校"到中等师范学校的出现、见习教师的出现,表明英国教师教育作为一种完整的教育形态逐渐萌芽。

导生制是英国最早的初等教育的师资培训制度。随着英国初等教育的发展,教师培训不足的矛盾显现,作为一种权宜之计,部分优秀学生被选出从事教师的部分工作,催生了导生制。1798 年,兰卡斯特在伦敦的索斯沃克(Southwark)开办了一所学校。由于学生人数的增加,学校难以满足日益增多的学生入学要求,亦无力增加经费以聘任更多的教师。于是,兰卡斯特开始萌发想法,训练一些年长及成绩较好的学生担任助手,去教其他学生。1805 年,兰卡斯特开始对导生进行系统培养。不久,为对这些导生进行训练,他在鲍洛路(Borough Road)修建了一所校舍,供学生住宿。这所学校成为英国历史上第一所进行师资培训的学校,后成为伦敦的圣地之一,导生制由此产生。导生制学校在导生的选拔、管理制度以及教学方法等方面和其他学校有着许多不同。学校管理者一般

---

[1] 赵华兰:《美国教师教育模式的嬗变》,《当代教育科学》,2010 年第 15 期。

[2] Integrating professional development schools into state education reforms. January 27,2000. http://www.nga. org/center/division.

[3] 本部分内容参考李先军:《英国近现代教师教育发展研究》,华中师范大学硕士学位论文,2006 年;单中惠,徐征:《西方国家师范教育机构转型的路径、成效及动因》,《国家教育行政学院学报》,2012 年第 5 期。

在学生中选拔成绩较好的、年龄在 12 岁左右的学生充当导生。导生每天早晨利用 2 小时跟老师学习各种知识，同时进行教学方法训练，受训时间为 3 个月。导生制产生后也遭到一些批评，如：导生教学质量水平低，教学方法机械；导生的管理能力欠缺，不利于学生及导生自身的成长。

1840 年，枢密院教育委员会首任主席凯·沙图华兹以普鲁士师范学院为蓝本，创办了巴特西师范学院（Battersea College for Teachers），这一创举对英国师范教育产生了重大影响。各地纷纷效仿，至 1850 年已有 30 多所。

1846 年，沙图华兹借鉴荷兰经验，创立"见习教师制"（又称见习生制）。为确保见习教师的培养质量，枢密院教育委员会提供了经费及师资保障。见习制类似于学徒制：在初等学校选择年满 13 岁，学业、品德、健康状况均优的学生作为见习生；每周 5 天，每天至少 1 个半小时在课余接受校长指导；学习时间为 5 年，每年接受皇家督学的考核。见习生数量发展很快，1850 年时仅为 4 190 人；到 1860 年，见习生数量增长到 13 237 人，增长了 2.2 倍；1886 年，见习生中心遍及全国；随后，见习生的数量由 1870 年的 14 612 人增加至 1897 年的 34 109 人。① 见习生制与导生制相比，申请难度较大，训练更为严格。皇家督学每年对见习生进行考试，未通过者便中止合同，因而更为有效，效率更高。因为他们经过了系统的训练，还有一定的报酬。但与正规的师范学校相比，培训的师资质量要差，所以见习生制在英国后来并没有占很大比重，但见习生制弥补了英国师范学校不足，为初等教育的发展作出了贡献。直到 20 世纪初，见习生制一直是培训小学师资的主要形式。

（二）英国师范教育的初创阶段（19 世纪末—20 世纪 40 年代）

英国师范教育初步创立阶段的主要特征就是封闭式师范教育体制的设立。即成立公立和民办的师范学院，作为师资培养的主要机构。

1890 年，英国政府正式立法设置走读制师范学院，专门培养合格的小学教师。合格的教师优先供应受补助的学校。各学校有权根据当地培养儿童的实际需要和学校教师条件，自行编制教学计划。学生每天学习 8 小时，时间约为上午 9 点到下午 5 点。学生可以晚上在家或宿舍自习。学校对学生管理非常严格，甚至对晚上的学习时间也作出了明确的规定。1902 年，走读师范学院有 19 所，共有学生 2 000 名。1902 年"伦敦地区大学郡议会师范学院"正式成立。它是第一所由地方教育当局和大学联合创办的师范学院，院长由大学教授兼任。该校为各类学校培养师资，培训对象为大学毕业生和在校大学生。

---

① Peter William Musgrave. *Society and education in England since* 1800. Methuen,1968:24 – 47.

此后,地方教育当局开办的第一所师范学院是赫理福德师范学院(Hereford-shire),第二所为谢菲尔德师范学院,博尔顿、利兹和朴茨茅斯等地的师范学院相继设立。到第一次世界大战爆发以前,已有 20 所地方公立师范学院。英国形成了由大学附属的走读师范学院、地方教育当局开办的师范学院和地方私立师范学院三种不同性质的现代师范教育体制。其后的发展中,附属大学的走读师范学院于 1911 年被改革成为大学教育系。此后,大学教育系和地方师范学院成为英国师资培训的两种主要类型。

这一阶段,幼儿园教师、小学教师和中学教师的培养模式逐渐固定化,且教师在职教育也提升教育实践层面。小学教师分为二年班、三年班、四年班,分别在不同级别的师范教育机构学习,其中将教育实习安排在师范学院附设的实验学校或实习学校进行。中学教师的培养也较为系统,分为不同学科、班级。此外,在职教育的设计也体现出了应有的科学性,主要通过以下几种方式对在职教师进行培训:讲习班、补修班、预备班。

（三）英国师范教育的发展阶段（20 世纪 40 年代—20 世纪 70 年代）

为了"二战"后师范教育的重建和发展,1942 年 3 月,英国时任教育委员会主席巴特勒任命一个 10 人委员会,由利物浦大学副校长麦克奈尔担任主席,负责调查教师供给状况,以及教师和青年工作者的录用与训练,并将引导原则向教育委员会汇报。1944 年 5 月《麦克奈尔报告》出炉,提出了关于改革英国师范教育的 40 多条原则和建议,其中最具争议的是师范学院的出路问题,在某种意义上就是师范学院是否需要独立设置的问题。《麦克奈尔报告》中的很多建议由《1944 年教育法》通过法令的形式确立下来,其中有"教育大地区师资培训组织的建立臣必须作出适宜的安排,以确保有充分的设施用来培养师资。教育大臣应指示地方教育当局建立、维持或协助任何师范学院和其他师资培训机构,以及提供和协助任何其他师资培训的设施"。[①] 地区师资培训组织(Area Training Or-ganization,简称 ATO)是《麦克奈尔报告》中最具影响的成果。地区师资培训组织分为两类:一类具有大学所属机关的地位,大学在管理上比地方教育当局、师范学院更具有发言权。经费来源于财政部大学补助委员会。此类为地区师资培训组织主体。第二类地区师资培训组织独立于大学之外,大学地位与其他构成部门地位相同。地区师资培训组织接受教育委员会监督或大学管理,以处理该地区内有关师资训练事宜。ATO 管理委员会由大学、师范学院和地方教育当局及区内有关教育组织派代表组成,教育委员会则派两名人员参加。管委会下设

---

① 滕大春:《外国教育通史》第 5 卷,山东教育出版社,1993 年,第 181 页。

学术委员会(Academic/Professional Board)，教育委员会也有两名督学与会，但督学无表决权，仅负责提供情报资料及建议等。学术委员会下设有分科委员会。ATO 的职责在于：(1) 负责审定教育委员会认可的师资课程；(2) 评定修完课程的师范学校学生成绩，并负责向教育委员会推荐，授予合格者教师资格。其日常事务由设在大学中的注册处、总务处、科研处和办公室负责处理。1946 年 6 月，教育委员会发出关于筹建"地区师资培训组织"的通知。

1947 年，第一批 4 个 ATO 正式成立，以后不断发展。1947 年到 1951 年期间，英格兰和威尔士 15 所大学，先后在校本部成立教育研究所或教育学院，在行政上管理师范学院，并为学生提供高一级的进修机会。50 年代初，在英格兰和威尔士建立了几个地区师资培训组织，包括大学教育系或教育学院、师范学院及艺术、体育、家政技术师范学院在内的 177 个教师教育机构。60 年代末 70 年代初，进一步发展到 23 个"地区师资培训组织"，统辖着 200 多个教育系、师范学院及其他与教师教育有关的机构和组织，形成了统一的教师教育网。[①]

应该说，地区师资培训组织将教师培训学院与大学结合在一起，在提高对教育学院的期望方面获得了惊人的成功。它在各地区形成了一种协调教师教育和提高学术水平的独特方式。然而，虽然教师培训进入大学领域，课程的学术水准也得到提高，但专业训练的地位却有所降低。为此，英国政府取消了地区师资培训组织，以期寻找新的教师培训的途径。20 世纪 60 年代初期，英国师资紧缺的状况得到初步缓解。但随着教师的数量日趋饱和，教师质量低下的问题又日益凸显。于是，教师教育质量的问题被重新提到议事日程上来；与此同时，人们已经开始认识到，教师应该像医生、律师那样接受严格的专业训练。因此，引起了对教师教育的改组。

1963 年《罗宾斯报告》出台，报告书对教师教育的形式和内容给出了具体建议：将大学教育系和地方教育学院改为教育学院；教师培训对象改为三年制专业教师合格证书的获得者，并提供四年制的教育学士学位课程(Bachelor of Education)；建议把教育学院的学位授予权、行政权和财务管理权逐步移交给大学。政府接收了报告书的部分建议，创设教育学院并实施四年制课程。在 20 世纪 70 年代中，教育学院成为师资培训的主要机构，教育学院有 160 多所。不久，1971 年出台的《詹姆斯报告》对教师教育制度提出了严厉的批评：师资培训组织中的大学把教师教育课程引向"过于学术化"，给教师教育带来危险；师资培训效率不高。报告建议废除地区师资培训组织，由教育部和地方当局发挥主要作用来

---

① 　王承绪：《英国教育》，吉林教育出版社，2000 年，第 560 页。

领导和管理教育学院;报告提出了著名的教师教育新模式——师资培训三段制。在对报告进行一年多的研究之后,英国各界经过将近一年的讨论,政府于 1972 年公布了教育白皮书——《教育扩展的构架》,提出了未来 10 年的教育发展计划,其中教师教育部分,根据《詹姆斯报告》中提出的建议作了修正。

《詹姆斯报告》和教育白皮书公布之后,英国政府开始了对教师教育机构的整顿:整合教育学院;推动高等教育学院建设;改进教师在职进修制度。1963 年的《罗宾斯报告》、1971 年的《詹姆斯报告》和 1972 年的教育白皮书的发表以及 1964 年全国学位授予委员会的成立等更促成了独立的大学教育学院的出现。

(四) 英国教师教育的转型阶段 (20 世纪 70 年代—20 世纪 90 年代)

英国政府及社会各界人士发现,20 世纪 50 年代通过地区师资培训组织而建立起来的大学与教育学院之间的联系并不如想象的那样密切,教育学院仍被排斥在大学生活之外,而处于边缘状态。随着《1988 年教育改革法》的颁布和以提高教育质量为主旨的教育改革运动的兴起,英国教师培训机构日趋于多元,包括了大学教育学院、高等教育学院、校本教师培训机构(教育联盟、教师培训合作伙伴)等。1991 年,英国全国课程委员会发表的《国家课程、考试制度、试用期教师和证书教育的职前培训》长篇调查报告明确指出:自从实施新的国家统一课程和考试制度以来,教师不适应这种变革的形式,必须对教师职前教育培训制度进行改革。1992 年,教育大臣帕顿正式宣布政府的教师教育改革计划,即以学校为基地通过大学与中小学之间建立伙伴关系来培训教师,这种以学校为基地的教师培养模式力图削弱大学在教师培养中的主导地位。1992 年中学开始实施这一改革计划,后来历届政府对这种教师培养模式不断进行调整,但总体上以学校为基地通过大学与中小学之间建立伙伴关系进行教师培养的方向没有发生变化。

为了保证教师数量的供应以及增加市场竞争,政府又开辟了一系列的其他的教师培训途径,如教育学士学位课程 B. Ed. 和研究生教育证书课程 PGCE 外,政府又开辟了一系列新的教师培训,包括为短缺学科、数学、物理学、现代语言的教师提供的缩短学制的两年制的 B. Ed. 计划、培养中学教师的两年 PGCE 课程、证书教师 Licensed teacher 计划和条例教师 Articled teacher 计划,以学校为中心教师培训(SCITT)计划的实施、以就业为本的教师培训(GTP)计划等。

三、日本教师教育概览

作为中国清末创立教师教育的"蓝本"的日本教师教育,迄今已经经历了 200 多年、跨越三个世纪的发展历程。事实上,日本的教师教育发展历程是与日本学习取向的转向相关联的——"大和民族"善于取"他山之玉",向外以求,并结合自身发展特色，系统吸收和内化。因此，日本的教师教育在封闭的起步下，在其发展历程中也经历了数次转变。时至今日，日本的教师教育呈现出了"兼收并蓄"的特色：不仅保留和设立了一定数量的师范机构，同时也在教师教育的制度体系建设上取得了巨大进展，为开放教师教育建设的背景下教师质量的提升起到了保驾护航的作用。具体来说，日本教师教育的发展经历了以下几个阶段。

（一）日本教师教育的萌芽（19 世纪 70 年代—19 世纪 80 年代初）

1872 年，文部省先后颁布了《建立小学校教员指导场的呈文》和《学制》，指出设立师范学校培养教师的紧迫性。其中《学制》指出"小学校之外，还要有师范学校，在此种学校教授小学教学原则和教学方法，实乃当务之急"。于是，日本于明治初期（1872 年）开创了近代学校制度，也创办了培养教师的师范学校，东京师范学校由此而创办。同时，1872 年还明确规定：作为小学教师的资格是必须拥有师范学校毕业的许可。其后，明治政府先后在大阪、宫城设立了大的学区内的官立师范学校。至 1874 年，名古屋、广岛、长崎、新潟等大的学区分别设立了官立的师范学校。至 1883 年末，在短短的 10 余年中，公立师范学校就达 78 所，1886 年各府县又都各增加了一所学校，日本政府奠定了培养小学教师的学校基础。

1880 年 12 月，日本政府公布《改正教育令》，以对《学制》时期的教师教育加以完善。根据此令的精神与原则，文部省于 1881 年 8 月 19 日颁布了《师范学校教则大纲》。该大纲是明治政府根据《改正教育令》的精神与原则制定的一项旨在整顿师范学校的一般教育课程的单行法规。《师范学校教则大纲》规定，师范学校应把小学教员放在其所学的学科中培养；在师范学校内设一年制的初等师范科、两年半制的中等师范科和四年制的高等师范科；其毕业生分别担任小学初等科、小学中等科以下、小学高等科以下的教员；初等师范科开设修身、读书、习字、算术、地理、物理、教育学、学校管理法、实地教学、唱歌、体操等 10 个科目；中等师范科除了开设初等师范科的章程外，还开设历史、图画、生理、博物、化学、几何、簿记等科目；高等师范科除了开设中等师范科所有的课程外，还开设经济、本邦法令、心理等科目。教则大纲还规定了教学时数，即 1 年 36 周。

（二）封闭式教师教育的构建和发展（19 世纪 80 年代—20 世纪 40 年代初）

1886 年，文部省颁布了《师范学校令》，对师范学校作了全面规定，将师范学校分为寻常师范学校和高等师范学校两级；师范生学生享受公费制度和服务期制度，并渐次制定《寻常师范学校的学科及其程度》与《高等师范学校的学科及其程度》，对师范学校的课程作了详细规定。1890 年，文部省对《师范学校令》作了修改，对教师教育制度进行了改革，其中《寻常师范学校的学科及其程度》的变动最大,最为突出的就是设立简易科、预备科、小学校教员讲习科、幼儿园保姆讲习科等。1894 年,文部省颁布了《高等师范学校规程》和《女子高等师范学校规程》,将高等师范修业年限延长为 4 年,其中第四年是在附属学校里教学实习。1897 年,文部省颁布新《师范学校令》,对高等师范学校、女子高等师范学校和师范学校(原寻常师范学校)的任务作了明确规定:高等师范学校负责师范学校、寻常中学校、高等女学校的教师培养,女子高等师范学校负责小学校的教师培养;同时还规定了师范学校设置预备科、小学教员讲习科、幼儿园保姆讲习科。1907 年,文部省制定了《师范学校规程》,规定师范学校分为预科和本科,本科分为第一部和第二部,预科修业 1 年,招收 14 岁以上的两年制高等小学校毕业生。本科第一部修业 4 年,招收 15 岁以上修完预科课程者或三年制高小毕业生;男生本科第二部修业 1 年,招收 17 岁以上的中学毕业生;女生本科二部招收 16 岁以上的高等女学校的毕业生,修业 2 年,或者招收 17 岁以上的五年制高等女学校毕业生,修业 1 年。

其后,日本又再次对高等师范学校、女子高等师范学校作了整顿,将国家主义教育放在了首要位置。1943 年修改了 1897 年颁布的《师范学校令》,使教师教育有了一些新的变化:把原来只有中等学校程度的师范学校升格为具有高等教育水平的专门学校;把原来培养小学师资的师范学校升格为师范专门学校(相当于现在的短期大学),招收普通中学毕业生;规定教师教育机关是国立的,全国开办 56 所官立师范学校。自此至二战,教师教育被纳入为政治经济发展以及侵略战争服务的轨道。

据统计,到战败前夕的 1944 年,日本培养各级各类师资的学校分布如下:高等(女子高等)师范学校 5 所,师范学校 56 所,青年师范学校 47 所,实业学校教员养成所 12 所,临时教员养成所 15 所,农业教育和体育专门学校 2 所。总计全国有各类师资培训机构 137 所,在校学生共有 81 542 人。以日本 47 个行政区划单位来计算,平均每个都、道、府、县有将近 3 所培养师资的学校。至此,日本的封闭式教师教育体制已经完全形成。[①]

(三)开放式教师教育的构建(20 世纪 40 年代—20 世纪 80 年代)

二战后,日本教师教育逐渐走向开放。这一过程实际上经历了由被动向主动的发展过程。所谓被动,指的是战后作为战败国的日本在美国的控制下,进行全方位的重塑。1946 年初,美国教育使节团向占领军总部提交《美国教育使节团报告书》,建议实行开放型的师资培养制度,将师范学校改为四年制教员养成

---

① 成有信:《十国师范教育和教师》,人民教育出版社,1990 年,第 163 页。

大学,同时推动其他单科大学或综合性大学开展教师培养。1946年底,在美国占领当局的指导下,日本提出了改革的基本方针,即"在综合大学和单科大学设置教育学部以培养教师"。1947年底,日本教育刷新委员会正式推出《关于教员养成的决定（一）》,文件决定:小学和初中的教师主要从学艺大学的结业者或毕业生中录用;高中教师则从大学毕业生中录用。1949年5月,日本颁布的《国立学校设置法》规定:设立单科学艺大学;在设有文理学部的19所大学内设置学艺学部;在另18所设有文理学部的大学内设置教育学部。

在这一格局下,以师资培养为主要任务或与此相关的机构为:7所学艺大学、19所学艺学部、26个教育学部。各级各类师范学校或合并成以培养教师为主要目的单科制的学艺大学及教育大学,或编入综合性大学中设立教育学部或学艺学部。这标志着开放型的教师培养制度在日本正式确立。所谓的开放型教师培养制度,就是当时停办了中等师范学校,将旧制师范学校一般升格为教育大学或学艺大学,这样就使各级各类学校的教师一律由大学培养,不论是公立大学还是私立大学,只要符合标准都能从事师资培养教育。不管是教育大学还是综合性大学,抑或短期大学,只要设置文部省大臣所批准的教师培养课程,学生读完所规定课程学分,均可获得教师资格许可证,取得做教师的资格。

经这样的改革之后,已无师资培养的专门机构存在。与开放型教师培养制度相对应,教师资格法律化建设也逐步跟进,《教育职员许可法》于1949年5月公布并实施,同时还公布并实施了《教育公务员特例法》。此外,日本还对教师在职教育作了规定。

在美国教育文化影响下建立的开放式教师教育体制在诸多方面无法匹配日本国情。50年代中期,日本政府和国民开始对教育尤其是教师教育进行反思,在反思的基础上开始了教师教育体制的主动发展阶段。1951年,政令咨询委员会向内阁提交《关于改革教育制度的咨询报告》,开启了教育反思的旅程。1958年7月中央教育审议会作出审议报告,认为开放制度实施以来教师认可标准偏低,形式主义严重,并要求立即清除开放制中的种种弊病。其后日本开始了近10年的反思和探索,但收效甚微。70年代后期,日本再次推动新的尝试。

为保证在职教师教育水平提升,1970年文部省制定了新任教师研修制度,其后不断完善。1978年,文部省创办上越教育大学、鸣门教育大学和兵库教育大学,目的在于研究与初、中等教育实践有关的各种科学,并给初、中等学校教员提供进修与研究机会,以提高他们的教育理论水平和教育实践能力。新教育大学设有培养初等教育教师的学部和为在职教师提供研究机会和场所的研究生院。学部主要招收高中毕业生,修业年限为4年,主要培养小学和初中教师。研究生院招收有 3 年以上执教经验的中、小学教师,修业年限为 2 年。3 所大学代表了日本政府改革教师教育的方向,即一方面维持"由四年制大学培养教师"和"开放制"的原则,另一方面重点逐渐转向在教育大学培养中小学教师是为了保证和提高教师水平,改善师资队伍建设。

(四) 教师教育一体化模式的探索和形成 (20 世纪 80 年代—20 世纪 90 年代)

日本于 20 世纪 80 年代开始了教师教育一体化的探索。1983 年 11 月,文部省颁布《改革教师培养与资格检定制度》,试图对教师资格证制度进行修改,但该文未获通过。1988 年底,日本国会通过了部分修改《教育职员许可证》,决定从次年开始实施新的《教育职员许可证》。20 世纪 90 年代,教师教育一体化成为日本教师教育主要趋势。日本"教养审"在第三次审议中强调了教师教育必须通过职前培养、任职、职后培训等全过程来完成。希望采取有效措施,完善教师培训制度,鼓励教师自发地、自主地参加培训学习,实现教师教育的一体化。

为了解决教师职前培养中的教育内容与社会发展相偏离,以及过度强调教师的专业性而轻视教育技能等问题,"教养审"建议通过设立"与专业或教育类课程相关的科目"为代表的教育课程改革来达到这一目的,并导入选学方式。此外,还强调了硕士课程对教师在职学习及研究的意义,建议各大学重视和积极地吸收带有客观问题意识的在职教师入学,发挥硕士研究生课程的特点,开展与其相适应的多种形式的教育活动。

(五) 21 世纪以来日本教师教育新进展

进入 21 世纪以来,日本当局从教师教育课程、教师教育机构以及教师资格证等三方面入手对教师教育进行了改革。

第一,教师教育课程的改革从政策准备角度来看。对日本教师教育课程改革起到重要影响的政策性建议,主要是 2005 年 10 月日本中央教育审议会提出的《今后教师培养和资格证制度的改革方向》(中间报告)。2006 年,日本中央教育审议会又多次对教师培养和资格认证制度进行讨论,根据各界的反馈意见形成最终的审议报告。① 报告为本科阶段的教师教育课程作出了详细规划:本科阶段的教师教育在整个教师教育过程中占有重要地位,教师教育课程的本质使命就是按照社会发展要求培养教师的必要素质和能力;设置教师教育课程的大学要有组织地改革自身教育课程;新设"教职实践演习"课程,将其作为毕业生资质能力的最终检测形式;大学、学校和教育委员会共同致力于改善教育实习和充实新设"教职实践演习"课程,将其列为必修课。

---

① 金红莲:《日本:严格教师资格确保师资质量》,《中国教育报》,2007 年 3 月 19 日。

　　"教职实践演习"课程主要致力于培养，授课形式包括角色表演、小组讨论、事例研究、实地调查、模拟上课等，学习时间通常为其他科目学习完之后的4年级后半学期，学分最低为2学分，班容量为20～40人左右。"教职实践演习"课程要求教育科目的指导教师和教职指导教师共同协作、共同承担责任，同时要求在实施过程中大学、中小学以及教育委员会共同合作并做到有机联系。

　　为了提高学生的实践应用能力和综合能力，日本各承担教师培养任务的大学在未来教师的教育实习方面进行了进一步的改善和充实。此次教育实习改革进一步凸显了大学、教育委员会以及教育实习现场——学校之间相互联系、共同承担责任的重要性。

　　第二，教师教育机构的改革。21世纪初以来，日本社会普遍认识到通过硕士课程培养教师的重要性，积极推动教师培养的研究生院化并为此发布了一系列文件：《面向新时代的研究生院教育——构筑具有国际魅力的研究生院教育》的报告以及《关于今后教师培养·资格制度》咨询报告。报告建议在日本创设专业型的研究生阶段教师培养专门机构，并考虑将其命名为"教职研究生院"。其后日本文部省于2007发布《关于对专门职研究生院设置基准及学位规则的部分修改的通知》，对"教职研究生院"的课程、学位、教师配置等作出了明确、详细的规定。

　　第三，教师资格制度改革。2007年6月，日本国会通过了《教育职员资格法修正案》，决定自2009年4月1日起开始实施教师资格更新制。更新制度的直接目的是以社会对教师的要求为基础，立足于教师综合能力的提高，通过增强教师的专业性以及社会适应性，使教师能够充满自信地站于讲台之上，得到社会的尊重和信赖。①

第四节　国际教师教育发展趋势及启示

　　教育关系国家的前途命运，教师队伍是否优秀影响着人才的培养。20世纪80年代以来，随着新的工业革命和科学技术的迅猛发展，世界各国都十分重视教师教育。从西方发达国家的教师教育制度来看，出现了一种新的走向，具体表现在以下5个方面：

一、培养层次不断提高

　　传统的教师教育分为中等师范教育、师范专科教育及高等师范教育三个层

---

① 陈君，李克军：《日本教师教育改革的新进展及启示》，《国家教育行政学院学报》，2012年第3期。

次。随着当代科学技术和经济社会的发展,大多数国家都认为,没有教师的质量,就没有教育的质量。未来学校和教育的质量、人才的质量,在很大程度上取决于教师的素质和能力。作为一名教师,应具备以下4个方面的素质:

(一) 科学文化素质

1. 要求教师具有大学毕业文化水平或研究生水平

法国要求教师持有教育博士学位,美国要求教师取得硕士或博士学位。有些国家提出教师要"文理兼通",具有广博坚实的文理基础知识和较高的文化修养。

2. 要求教师了解新知识、新技术

人类已经跨入信息社会。教师应能够及时调整或更新自己的知识结构,探求综合贯通新知识的学习计划。

3. 要求教师具有美学知识和美育素养

21世纪,美育逐渐成为必修课,教育科学本身就包括科学和艺术。教育理论知识是科学,而将它运用于实际,就是艺术。美育和艺术教育并不在于培养艺术家,而在于使学生具有丰富的情感和意识创造性、坚定的科学世界观基础。前苏联教育家曾强调:忽视美学教育因素,就等于培养无创造力的实用主义者。

4. 要求教师具有未来意识和未来学知识

国外专家认为,对于现代教育,仅仅面向今天是远远不够的,必须面向未来,时刻准备迎接未来的到来。研究表明,缺乏未来意识的学生,发展后劲不大,且无法适应瞬息万变的未来社会。

(二) 专业素质

要求教师一般能够掌握5个方面既独立又密切相关的知识:所教学科知识;所教学科的相关知识;广博的心理学、社会学、人类学、智力概念和测试、人类发展及学习心理的知识;自我认识;由教育学术知识、教育临床知识构成的教育科学知识。美国教育研究人员运用计算机对教师的教学行为进行微观研究后指出,一名合格的现代教师,应该成为教育教学的"临床专家"。他们需要掌握多方面的基础能力,诸如教学能力、实验指导能力、科研能力、革新能力、与学生的交往能力、学生升学就业指导能力、组织学生社会活动能力、教科书处理能力、书面与口头表达能力、示范能力、自我评价能力,以及推理、判断、决策能力等。

(三) 身心素质

国外教育界认为,教师的行为主要是通过他们在身心发展教育教学方面的作用表现出来的。良好的教育教学效果,必定是伴随着教师的健康身心素质而产生的。教育的活力,来自于教师身心素质的活力。英国教育专家、心理学博士戴维·方塔纳研究指出：在学校环境中，学生所受到的最重要影响来自教师，教师的心理素质和特征对于提高教学质量、教育水平，向所期望的目标迈进具有重要意义。

（四）思想品德素质

思想品德素质被认为是教师素质整体结构的核心、灵魂，属于动力成分，具有"点亮一盏灯，照亮一大片"的功能，是影响学生学习和发展的重要因素。美国心理学家认为，两位具有同等智力、受到同等培训、对课题材料达到同等掌握的教师，很有可能在教学成绩上有很大差异。其中的部分差异是由教师的思想品德对学生的影响而造成的。在国外，受到推崇的教师思想品德素质主要是：爱国精神，钟爱教育工作和自己的学生，不断改革与提高自己的工作效率，鼓励学生创新、超过自己，民主和人道主义精神以及勇于承认自己的不足等。

由于对中小学教师提出了更高的素质要求，中等师范、师范专科教育两种形式已经不能满足社会的要求，高等师范教育逐渐成为主导，成为许多发达国家教师水平的最低限度。几乎所有的发达国家都实现了由高等教育机构培养中小学教师的目标。

美国公立中小学教师需要具有学士学位，并通过各州的教师证书考试，取得教师证书，才能从事教学工作。许多州都要求师范生先接受4年的大学教育，然后再接受一年的教育专业训练取得教学文硕士学位，才能走上教学岗位。在职中的小学教师也需要定期接受在职培训和继续教育。美国在推广五年制教学文硕士课程的同时，各州也都已经把硕士学位作为取得中小学永久教师证书的基本条件。

英国实行"3＋1"政策，因为英国大学本科为三年制，但想当教师的学生还要学习一年的教育课程。

法国要求教师持有教育博士学位，并规定从1986年秋季开始，师范学校不再面向高中毕业会考合格者招生，而改成直接招收普通大学第一阶段毕业者。普通大学培养的初等教育师资也相应提高了入学水平的标准，变为面向高中毕业后又接受过两年高等教育的学生。这一趋势反映了当代科学技术和社会生活的发展对中小学教师提出了更高的素质要求。

二、师资培养走向开放

二战以后美国就将师范学院改制为综合性大学，可以说没有形成独立的教师教育体系。中小学教师一般由综合性大学的教育学院和文理学院的教育系负责培养。许多州都要求师范生先接受4年的大学教育，然后再接受一至两年的教育专业训练，取得教学文硕士学位。目前，许多国家都一致认为，师范生必须接受完整的文理知识教育,增强发展潜能。美国的大学在一、二年级进行基础课的学习期间,要求学生必须接触大量的人文社科基本知识,两年后才正式转入专业学习。而英国虽然大学三年都是专业学习,但是它在中学和大学之间特别设立了"第六学级",为期两年,中学毕业生在该学级中学习基础课程,为进入大学做铺垫。

国外的大学为学生提供了较为完整的教育层面,使得未来的教师拥有较高的综合素质,成为一专多能的复合型人才。虽然德国、法国、瑞典、日本等国家还保留了少量的专门师范院校,但他们也和其他发达国家一样,综合性大学已成为教师教育领域的主角,师资主要由综合性大学中设置的教育学院和其他非师范院校来培养。如日本,虽然设有几所教育大学,但中小学教师也主要由综合性大学中的教育学部来承担,幼稚园师资则由短期大学培养。

三、实行资格认证制度

教师资格认证制度在发达国家是非常通行的师资检测方式。

在美国,任何人要登台授课都必须持有教师资格证书,任何学校都只能聘用持有效证书的教师,否则便是违法。教师的职务与能力等被划分成不同的级别,教师的证书也按有效期的长短被划分成不同的种类。不同级别的教师享受不同的待遇。教师证书的颁发在美国已有一百多年的历史。

20 世纪 80 年代以来,为提高教师素质,美国各州均把严格教师证书制度作为一项改革内容。其基本做法是加强州政府在教师证书颁发中的权力,严把教师质量关。有些州还延长教师试用期和新教师实习期,宁缺毋滥。与此相关,他们还采取措施,提高教师待遇,吸引有才华的人加入教师行列,调动教师的积极性,树立教师的新形象。

德国在教师认证方面则更为严格。在德国,获取教师资格要经过两次国家考试:大学毕业以后参加第一次国家考试,通过后获得实习教师资格;一年的实习教学完成后再接受第二次国家考试,通过后才能取得正式的教师认可,视为国家的公务员。

日本的教师资格认证也很普及,许多非师范专业的毕业生也都纷纷参加教师资格的认证考试,视取得教师资格为一种能力。

四、注重教学实习环节

极为重视教学期间的实习工作无疑是发达国家教师教育的优良传统,这被认为是提高学生实际工作能力的必要途径。德国要求获得大学学士学位的毕业生在担任教师前,一般要先经过 18 个月明确的教师职业培训:一是教育理论,二是教学实习。在 18 个月的培训期间,2/3 的时间全是实习。

20 世纪 80 年代中期以来,美国在教育改革中特别开展了一项计划,组建教师专业发展学校。它作为大学与中小学伙伴关系的产物,把美国教师教育改革同公立学校(义务教育)的教改紧密联系起来,使师资的培养和中小学教育生成一种"共生关系",格外突出师范生的教育实习比重。

五、持续发展的教师教育观

发达国家在实施开放式教师教育的同时,十分重视在职教师的教育专业理论培训。从二战以后国际教师教育会议所表述的观念和各国的实际情况来看,教师的职前教育与在职培训已浑然一体。美国建立了开放式师资培训体系后,培养师资的教育机构还承担了教师在职进修的工作。法国 1971 年颁布了有关继续教育的法令,从而使教师的在职培训有了经费和时间等基本条件的保证。1983 年到 1990 年法国继续教育计划中规定,每年保证 75% 的小学教师受到一定的继续教育;5 年内 16 万初中教师中有 10 万名得到长期(两年)或短期培训,全体教师接受计算机基础知识和运用计算机开展教学的培训。德国也把教师的在职训练当做整个教师教育不可缺少的一环,在职培训已由自由活动性质变成有计划开展教育,要求教师有义务不断地定期参加公办的在职培训,也可停职留薪到大学或学院继续进修,通过进修可获得相应教育阶段即高一级教师任职资格,也可得到硕士、博士学位。由于开辟了多种途径,发达国家实现了教师专业培训的可持续发展。

总之,随着世界范围经济竞争和科技竞争的加剧,各国都把教育摆到了社会发展的战略位置,美国政府在日本和德国经济腾飞的压力下,重新审视本国的教育状况,提出国家处于危急中,教育改革势在必行。在世界范围的教育改革浪潮中,人们越来越认识到,教育改革的成败在教师,只有教师教育水平的不断提高才能造就高质量的教育水平。

六、国外教师教育发展及反思

从世界高等教师教育发展历程和趋势来看,由定向型教师教育向开放型教师教育过渡,是我国教师教育发展的必由之路。

西方发达国家的高等教师教育产生于 19 世纪初,其真正发展的时期则是在19 世纪末到 20 世纪中期。当时经济的迅速发展要求为普及教育提供足够的师资,而培养初等教育师资的中等师范学校的普遍设立,成为高等师范产生和发展的直接动力。特别是 12 年教育得到基本普及以后,西方发达国家为提高初等教育师资的水平,相继把中等教师教育纳入高等教师教育的体系,以实现中等师范向高等师范的过渡。由于这一时期各国对教师的需求量还较大,教师的地位也不足以吸引大批优秀人才从事教育事业,而综合性大学的主要任务,还主要是为快速发展的经济提供大量的产业和管理人才。因此,为了保证对教师数量和质量的要求,各国多采用"定向型"的教师教育体制。

20 世纪中期以后,现代科学技术以其迅猛之势,引起了现代社会生产和生活的根本性变化。社会对人才提出了高水平、创造性和多种适应能力的要求,相应就要求师资培养机构能造就出高学术水平和多元化结构的教师。而原来封闭的"定向型"教师教育体制,日渐不能适应这一要求,所以西方发达国家的教师教育开始改革。

一些国家或将师范学院改为综合性大学,或使之成为综合性大学的教育学院,在学制和课程上采用 4 年普通高等教育加 1 年教育课程,或综合性大学从起始年级开设教育课程,供学生选修的 5 年教师教育等模式。这样,较为开放的"混合型"和"开放型"教师教育体制就逐渐发展起来,而且越来越成为现代教师教育体制的主流。

应该说西方发达国家高等教师教育体制发展线索大体上是:由 20 世纪 20 年代中期的"定向型",向 20 世纪 40 年代中期以后的"开放型"与"混合型"方向发展。而中国的高等教师教育则是:20 世纪 20 年代以前的"定向型",在 20 世纪 20 年代—20 世纪 40 年代向"混合型"发展。然而这一趋势并没有像西方发达国家那样继续延续,相反,到了 20 世纪 50 年代,还是回到了"定向型"的高等教师教育体制。

第九章　中国教师教育的未来走向

教师教育在其百余年的发展历程中，历经数次变革。自从 21 世纪初"教师教育"概念传入中国并付诸政策以来，教师教育步入新的发展调整期。近年来，我国教育事业整体水平不断提升，教师教育也取得长足进步：教师队伍无论在数量上、整体素质上还是结构上都有效地满足了基础教育发展的需要，结构上的不平衡正在得到有效弥补，随着各种计划的推进，老少边穷地区以及农村地区的基础教育师资都正在得到有效满足，并在质量上得到了快速提高。由此，基础教育、学前教育对教师的需求逐渐发展到质的提升层面。围绕着这一需求的转变，教师教育新的发展趋势逐渐显现：教师准入制度趋于严格化和体系化；教师教育体制的开放趋势也逐渐明朗；教师退出机制也将逐渐提上议事日程；随着教师教育重心的逐渐后移，对教师实施科学、系统、可持续的在职教育成为教师教育工作的重点。面对新的变化，如何将教师专业发展与教师教育一体化建设结合起来，将教师专业发展与教师教育制度的建设结合起来，推动教师教育的可持续发展，将是教育界共同面临的问题。

第一节　中国教师教育的发展趋势

与社会转型同步，教师教育正经历着日新月异的变化。由人口结构变化而引发的在校生规模的减小将对职前教师教育规模产生影响；教师准入制度的系统构建和严格实施等因素将进一步推动教师教育体制的开放走向；教师专业发展加速，进而引发教师教育重心后移；随着教师教育管理的统一趋势加速，教师教育的标准体系将日趋完善；随着教师绩效管理的制定和实施，教师退出机制将逐步建立和完善；随着中国化因素彰显，教师职业道德体系将日趋完善。凡此种种，都反映了我国在"中国式"教师教育体系构建方面的积极尝试和努力，也折射出了中国教师教育合目的性和合规律性发展图景。

一、教师教育总体趋势：由"外延与内涵并重式"向"内涵式"转变

我国教师教育正经历着巨大转变：教师教育的发展模式已经由以前的规模和质量并重的"外延与内涵并重式"，逐渐转向以内涵提升为主的"内涵式"发展模式。数量上的需求在局部层面仍然存在，但总体上看，数量的需求已经不再成为主要需求。造成这一转变的根本原因主要有：一方面，改革开放以来，以师范院校为主的培养主体为基础教育输送了大量的优秀师资，基本上满足了我国基础教育发展而引发的教师需求。另一方面，人口结构的变化引发在校生规模减小，基础教育对教师的需求将发生转变，即在数量基本得到满足的前提下，更为注重素质的选拔。与此对应，教师准入机制日益严格，并呈现系统化建设态势，以确保教师教育"内涵式发展"。作为"内涵式发展"的重要支持和保障链，教师教育重心后移，教师的入职和在职教育将逐渐成为工作的重点。作为"内涵式发展"的重要构成部分，教师的研究能力和研究水平也需要逐渐提高，教师的科学研究将成为未来教师教育的重要努力方向，惟其如此，才能保证教师教育和基础教育的和谐共存，并在相互作用中实现可持续发展。

随着近年来教师教育工作的稳步推进，尤其是免费师范生、"特岗计划"类似计划的稳步实施，大量师范院校毕业生进入中小学以及学前教育机构，有效地满足了基础教育以及学前教育对教师的需求。随着教师的不断增加，以及将来在校学生总量的不断减少，教师需求在量上趋于平稳，呈现为结构性需求特征，即在学前等教育阶段教师量的需求较大，而在其他各级，则相对较小。按照 OECD 的统计口径，我国基础教育阶段生师比与 OECD 中部分发达国家甚至是 OECD 均值已经比较接近（学前教育尚无确切统计数据，本部分不作比较）。中国与 OECD 部分国家比较情况如表9-1 所示。

表 9-1　我国与教育发达国家生师比比较（2010 年）

%

	中国	英国	美国	韩国	日本	德国	法国	G20	EU21	OECD
小学	17.6	19.9	14.8	22.5	18.6	17.4	19.7	19.1	14.5	14.5
初中	15.6	16.1	14.3	19.9	14.5	15.1	14.9	15.9	11.5	11.5
高中	18.2 (15.99)	12.3	15.1	16.7	12.2	13.9	9.6	15.1	12.4	12.4

注：① OECD 的统计中，初中、高中指的是高级中等教育，包含了我国统计中所包含的全日制的高中、中专等在内的高级中等教育。①

②15.99 是指我国的普通高中生师比，数据来源：《2010 年中国教育事业公报》（数据为2010 年底数据）。

---

① *Education at a Glance* © OECD 2011. http://dx.doi.org/10.1787/eag-2011-en.

由上述比较可见,按照生师比来看,我国现有的生师比已经较为接近 OECD 的部分国家,教师数量上的需求已经得到根本缓解,数量上需求将不再成为教师的主要需求(见图 9-1)。当然,这一判断并不否认中西部的教师在数量上仍存在较大的缺额,继续呈现出数量补充的需求。此外,根据中国社科院 2009 年发布的《人口与劳动绿皮书》,在 2016 年左右,我国小学在校生的总量规模预期达到最低,比 2008 年减少约 1 213 万人;此后规模呈缓慢上升趋势。初中阶段在校生规模预期在 2020 年之前总体上呈递减趋势,其总量规模于 2020 年达 4 156.64 万人。若纳入在校生规模缩小因素,我国基础教育教师总需求量将会更少。①

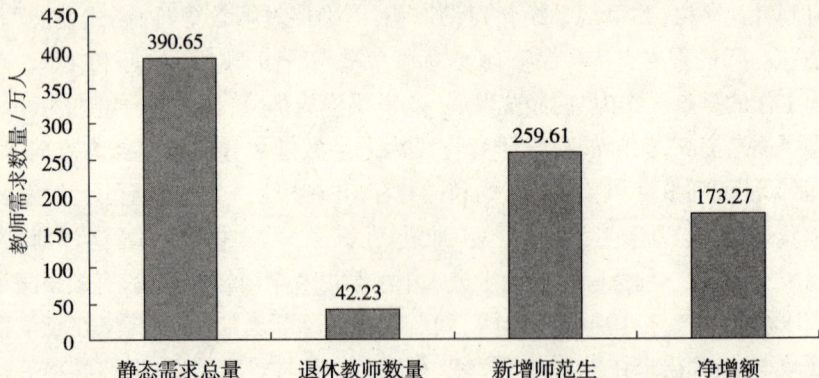

图 9-1　未来 5 年教师需求数量预测(2015 年后中国教师增量预测)

注:① 静态需求总量测算根据教师存量现状(2011 年教师统计,来自教育部《2010 年中国教育事业公报》)以及 OECD 均值测算。静态测算总量 = 按照 OECD 生师比应有教师总量 - 现有教师总量。其中在校生规模假设为现值不变。

② 退休教师总量,按照现有的人事制度规定的年龄计算,数据为教育部发展规划司《中国教育统计年鉴 2010》。均值的统计中,初中、高中指的是高级中等教育,包含了我国统计中的包含全日制的高中、中专等在内的高级中等教育。新增师范生数据根据在校生统计,假设师范生按期毕业并进入教师队伍。

上述分析说明,2016 年及之后基础教育和学前教育的毕业生数量须压缩到现在的一半或者更少。由此上溯,师范生的招生规模须在 2012 年及之后较长时间内逐步压缩(未考虑因师范生培养方、课程设置改革而产生的师范生多出口的情况)。即使将因教师退出机制建立后引发的岗位空缺而产生的教师需求纳入考虑范围,教师的需求量也不会太大。教师在量上的需求将主要呈现为结构性需求:与沿海和中心城市师资充足甚至过剩相对的是老少边穷和农村地区师资

---

① 蔡昉:《人口与劳动绿皮书(2009)》,社会科学文献出版社,2009 年,第 10 - 11 页。

相对不足;某些学科教师相对不足;随着学历提升的要求提高,高学历教师的需求相对增加;此外,随着学前教育教师内部结构优化提升,对专业化的教师需求也将有所增长。但从总体上看,教师需求量趋于减少将是一个不争的事实。这一看得见的局势将考验着教育管理部门和师范院校(专业)的智慧。

二、教师准入制度和退出机制逐步完善,教师职业门槛将逐步提高

教师资格准入制度是教师职业的根本制度。教师资格证制度是准入制度的核心。目前,教师资格证制度日益受到重视,其严格化、规范化以及系统化趋势越来越明显。

其一,教师资格证培训政策的制定和实施。教师资格证与其他相关资格证的最大区别是教师从事的工作性质以及面对的对象的特殊性。因此,对申报者的基于教师教育一体化的培训是不可或缺的(这一培训与社会办学的"应试"培训是不同的)。部分省市的试点,已经显示出这一趋势。甘肃、广西规定非师范类人员申请中小学、幼儿园教师资格,必须参加教师教育基地集中培训一年,系统学习教育教学理论、教学基本功训练、教育教学实习等,经考核合格后参加全国统一考试。① 师范类学生所在院校根据教学进度安排教师资格课程。

其二,资格证考试制度的严格化趋势显现。资格证考试逐步由地方自行命题和考试逐步向全国统一考试认证发展。教育部于 2011 年下半年在浙江、湖北两地试点实施全国统考②,并于 2012 年扩大到河北、上海、浙江等 6 省③,并将逐步推广到全国。至此,实施了 10 余年的地方命题和考试宣告结束。国家统考兼顾理论和实践能力潜力考核,并力图对考核者综合素质、学科知识和能力结构全覆盖。

其三,资格认证的细化。主要体现为从认证到聘用各个环节的管理的细化,以及资格证管理的动态化。教育部自 2011 年开始实施教师资格考试和定期注册改革试点工作,并将建立国标、省考、县聘、校用的教师职业准入和管理制度作为重点工作,并试行 5 年一周期的教师资格定期登记制度。④

---

① 广西壮族自治区教育厅:《广西壮族自治区关于开展教师资格考试改革和注册制度改革试点实施方案:广西将开展教师资格考试改革打破教师"铁饭碗"》,http://www.gov.cn/jrzg/2010 - 12/24/content_1772431.htm.

② 《浙江省教育考试院关于举行 2012 年中小学和幼儿园教师资格考试的公告》,http://www.zjzs.net/app/portal/article.html? articleDomain.id = 84168&categoryDomain.id = 200.

③ 《2012 年上半年中小学和幼儿园教师资格考试已开始报名》,http://www.jszg.edu.cn/portal/home/gonggaogongshi? id = 564.

④ 教育部:《教育部 2011 年工作要点》,http://www.moe.edu.cn/publicfiles/business/htmlfiles/moe/moe_164/201102/114836.html.

《国家中长期教育改革和发展规划纲要（2010—2020 年）》规定："建立教师资格证书定期登记制度。省级教育行政部门统一组织中小学教师资格考试和资格认定，县级教育行政部门按规定履行中小学教师的招聘录用、职务（职称）评聘、培养培训和考核等管理职能。"同时，各省也不断实施资格证细化试点，如甘肃省 2012 年开始试行 5 年一周期的教师资格定期登记制度，并规定教师资格定期注册之后，未从事教育工作的持证者注册时须书面提供 5 年来的学习进修情况，从事教育工作的持证者每满 5 年须向教师资格认定机构提供继续教育学分登记情况以及年度考核情况，考核达标才能予以注册。

与准入机制的建立和完善相对应，教师的退出机制也将逐步建立起来。建立和完善基于科学的评价制度的退出机制，是教师整体素质持续提升的根本保证。

其一，教师评价机制逐渐建立。2011 年开始的教师资格证统考的推广，将与资格证相挂钩的评价制度作为退出机制的依据。国家将逐步试点建立教师资格考试和定期注册制度，完善中小学教师退出机制，要求教师接受每 5 年一次的定期注册考核，考核内容包括师德、业务考核以及教学工作量考核，其中师德将作为首要条件，实行一票否决。

其二，教师退出机制逐步建立。《国家中长期教育改革和发展规划纲要（2010—2020 年）》提出了"加强教师管理，完善教师退出机制"的要求。① 2011 年底，教育部颁布中学、小学、幼儿园专业标准，要求"制定中学教师聘任（聘用）、考核、退出等管理制度"。作为试点的广西等地到 2015 年，形成较科学的中小学教师资格培训、考试、认定的新机制，形成较完善的教师资格定期注册办法，初步建立教师退出机制。② 随着各地教师退出制度的试点，完善的教师退出机制将逐步建立起来。

三、教师教育体制开放趋势明显，教师教育主体日趋多元化

随着高等教育的大发展，在全国教育快速推进的过程中，缺乏统一的规划和对资源的全面整合，以及具有差异化的全面布局。因此，教师教育在布局上同质化倾向严重，进而导致了专业的设置相对密集而某些专业设置缺乏的局面。关于师范专业的出口，在新中国成立初期，我国曾对部属师范院校以及省属以及区

---

① 《国家中长期教育改革和发展规划纲要（2010—2020 年）》，http://www.gov.cn/jrzg/2010 - 07/29/content_1667143.htm.

② 《广西壮族自治区关于开展教师资格考试改革和注册制度改革试点实施方案》，http://www.moe.edu.cn/publicfiles/business/htmlfiles/moe/s4934/201012/112996.html.

域的师范院校作了规定,其中部属师范院校的学生出口主要是省属师范院校等。但随着院校的调整以及基础教育对教师要求的提高,原有的行政指令性的规定已经完全失效。

当今,无论部属还是非部属,乃至综合性大学,其学生的主要出口都是直指基础教育。既有的格局被打破,而原有的院校、专业尚未完全因此实现变革性调整。由此,同质化的局面逐渐固化,因而引发的同质化竞争在所难免。仅以江苏省为例,几乎所有的师范院校以及参与教师教育的综合性院校都设有师范类汉语言文学专业。这一现象也普遍存在于其他地区。而与此形成对比的是,如学前教育、艺术教育等专业,由于历史原因,设置较为不足。纵观国内学前教育和艺术教育等专业设置,参差不齐、系统化、科学化设置者少之又少,远远不能满足未来较长一段时间学前教育以及基础教育学科教师需求。

同质化格局和竞争态势必将成为教师教育和谐、可持续发展的障碍。无论是通过教师教育内部竞争来调节还是由主管部门主动调节,未来的教师教育发展都将会体现出更为鲜明的办学特色:一方面,部分院校将通过科学规划,实现专业结构调整,进而通过"差异化"战略来保持和提升办学实力;另一方面,部分院校通过全力提升专业实力,进而保持现成品牌不败。教师职前培养由以师范院校(专门的教师教育机构)为主体向以综合性大学或者文理学院为主体的转变,不是一蹴而就的。

20 世纪 30 年代以后,美国的教师学院开始向多目标的文理学院和综合性大学演变。20 世纪 50 年代,美国的教师学院都发展成了多培养目标的大学,而原有的教师学院成为大学的一个部门。其他综合性大学大多都设有教育学院或教育系,承担教师培养的任务。[1]

我国综合性高校大规模参与教师教育自 20 世纪末开始。1999 年颁布《中共中央国务院关于深化教育改革全面推进素质教育的决定》规定"鼓励综合性高等学校和非师范类高等学校参与培养、培训中小学教师的工作",标志着师范教育的开放格局开始起步。2004 年《非师范院校积极参与教师教育的行动宣言》发布,80 所综合性院校进入了教师教育职前培养行列。[2] 其中包含部分师范院校被并入综合性院校及师范院校向综合性高校转型。截至 2007 年,全国培养师范生的综合性大学有 70 所,在校本专科师范生 19.4 万人;综合学院 128 所,共

①　黄崴:《教师教育体制:国际比较研究》,广东高等教育出版社,2003 年,第 21 - 23 页。
②　教育部:《全国非师范院校教师教育工作研讨会召开》,http://www. moe. gov. cn/publicfiles/business/htmlfiles/moe/moe_233/200409/606. html。

有在校师范生 44.8 万人;独立学院有 35 所,本专科师范生 6.3 万人。[①] 与此同时,师范院校也从 2000 年的 221 所[②]减少到 2009 年的 189 所。在师范生总规模增长的前提下,师范院校的减少也印证了参与教师培养的综合性高校规模和体量的扩大。

根据调查,经过近 10 年的发展,中小学、学前教育的教师队伍中,非师范学历背景的教师越来越多。调查显示,毕业于教育部直属非师范大学和地方非师范大学的教师比例分别为小学 1.1%、初中 4.5%、高中 7.8%。[③] 当然,这一现状表明开放教师教育体系尚未真正形成。但纵向比较会发现,非师范学历背景的教师在绝对值上有所增长,反映了开放的趋势。随着教师资格证制度的严格化以及职后培训的系统化、科学化开展,这一开放趋势将越来越明显。

四、教师教育重心逐渐后移,在职教育系统化、科学化特色逐步彰显

教师教育内涵式发展的加速,推动了教师教育的重心后移。在职教育(培训)的系统化、科学化设计和实施是教师教育的重要趋势。基于教师教育一体化的教师在职(在岗)培训的系统化设计、调整以及实施,将逐渐成为教师在职教育的重点。当前,教师在职教育主要体现出以下特点:

第一,在职教育的地位日益凸显。从教师教育中培训设计来看,我国教师教育经历了这样一个过程:从无到有,从有到逐渐丰富("打补丁式"丰富),从有到体系化、科学化、系统化设计。按照历史阶段分,可以分为补偿性继续教育阶段、探索性继续教育阶段[④]以及系统化继续教育阶段。在地位上经由作为补充、辅助到逐渐成为重要构成部分,并逐渐占据教师教育主体地位。

第二,体系上,搭建统分结合、从上到下的立体结构。从教育部到各个省市自治区、县级区域,形成了上下一体、分级分类的在职教育管理体系,依托部属师范院校、省属师范院校教育学院及综合性大学、县市级教师教育基地,形成了上下有序、分级分类的在职教育平台。标志性的成果如近年实施的"国培计划"。当前,以"国培计划"为核心的教师继续教育体系已经形成,围绕着"国培计划"建立形成了国家、省(市)、县的分类分级培训体系。此外,"国培计划"重点突

① 朱旭东,胡艳:《中国教育改革 30 年(教师教育卷)》,北京师范大学出版社,2009 年,第 93 - 95 页。

② 《中国教育年鉴》编辑部:《中国教育年鉴 2001》,http://www.moe.edu.cn/publicfiles/business/htmlfiles/moe/moe_383/index.html.

③ "全国中小学教师专业发展状况调查"项目组:《中国中小学教师专业发展状况调查与政策分析报告》,《教育研究》,2011 年第 3 期。

④ 张贵新:《我国中小学教师继续教育的发展阶段与走向》,《东北师范大学学报(哲学社会科学版)》,2001 年第 1 期。

出,且有所侧重。如其中的"中西部农村骨干教师培训项目"。

第三,分类设定,突出主题。以"国培计划(2012)——中小学教师示范性培训项目"为例,其中"中小学教师示范性培训项目"包括:培训团队研修、免费师范毕业生培训、幼儿园骨干教师培训、特殊教育骨干教师培训、紧缺薄弱学科骨干教师培训、中小学骨干教师研修、义务教育骨干教师远程培训、中小学骨干班主任教师研修。此外,该项目还要求将义务教育课程标准的贯彻落实作为培训重要内容之一,推行主题式培训,开发建设一批优质培训课程资源。

第四,在职教育逐渐走向全覆盖。教师在职教育从实施方式上,实现了从线上到线上线下全覆盖,从理论到实践,从常态培训到常态、主题、专门培训全覆盖,从非学历到非学历与学历结合提升。教师在职教育业借助现代信息技术,突破时空限制,实施远程培训。如"教师网联"等组织的建立。教师在职教育业逐渐由非学历向学历发展,如"硕师计划"(在职学历提升)。

第五,教师在职教育管理日趋规范,效能不断提高。近年来,在职教育管理机制不断完善。如建立教师培训管理档案、教师培训学分管理制度、教师培训机构资质认证制度、教师培训质量评估机制,完善教师培训质量评估体系等方面。

五、教师教育标准体系逐步建立,教师管理制度日趋科学

随着教师教育内涵式发展的加速,规范化、科学化的要求越来越高,建立教师教育标准体系的工作也将逐渐提上议事日程。教师教育标准是一个有机的体系,根据教师教育的发展和需要,有序、分类、稳步推进教师教育标准的建立和实施,是教师教育的一个重要趋势。教师教育标准体系按照时间顺序可以分为:教师职前招录标准、培养标准、教师教育课程标准、教师准入标准、在职教育标准等,可以根据教师教育的内在结构分为教师专业发展标准、教师行为标准、教师素质能力结构标准、教师教育机构认定标准、教师教育绩效指标标准、师德标准等。

欧美等国在其教师教育发展过程中,陆续形成了教师教育的若干标准。如20世纪50年代以来美国逐步形成了多项教师教育标准,如:NCATE教师培养单位职业鉴定标准[1]、INTAS"教师证书标准"[2]、NBPTS"教师发展评估标准"[3]。德国也于2004年提出了德国教师教育标准,对教师的培养、教师的能力结构、教师

---

[1] National Council for Accreditation of Teacher Education. *Professional standards for the Accreditation of schools, Colleges, and Departments of Education*, 2007. http://www.ncate.org/public.

[2] CCSSO. The Standards of Interstate New Teacher Assessment and Support Consortium (INTASC). http://www.dpi.state.nc.us/pbl/pblintasc.htm.

[3] National Board Scholarship Program. http://www.nbpts.org/become_a_candidate/fees_financial_support/scholarships.

评价等作了详细规定。英国在1989年首次确立了合格教师(Licensed Teacher)和实习教师(Articled Teacher)标准,分别于1989年和1990年实行。①

近年来,我国在教师教育标准体系建设上取得了较大发展。教育部从2004年开始就着手研究建立教师教育标准体系。2008年,与世界银行合作开展"中国教师教育标准体系研究项目",开展现状调查和国际比较等前期研究。2011年,《教育部关于大力推进教师教育课程改革的意见》对如何实施《教师教育课程标准(试行)》给出了指导性意见。② 同年年底,教育部研究制定了《幼儿园教师专业标准(试行)》(征求意见稿)、《小学教师专业标准(试行)》(征求意见稿)、《中学教师专业标准(试行)》(征求意见稿)③,并在全国范围内公开征求意见。2102年5月教育部发出实施《"国培计划"课程标准(试行)》的通知,要求"国培计划"应该依据上述标准,根据不同类别、层次、岗位教师教育教学能力提升和专业发展的需求确定。各地要将师德和教师专业标准解读等内容列入"国培计划"培训课程模块。④

鉴于教育部的统一标准,地方教育研究机构陆续出台了相关配套措施。如北京教育学院于2012年初完成《中小学教师专业发展标准及指导》制定,作为地方性指导标准指导教师培训计划的落地。⑤

教师教育标准体系逐步建立并日趋完善,教师教育日趋科学化。教师教育标准体系的建立和完善是一个动态的过程。完善的教师教育标准体系,既要具有国际化视野,实现与国际接轨,又要与国内基础教育、学前教育相匹配,并与其实现良性互动,实现和谐发展。这一趋势将对教师教育产生越来越深刻的影响。作为教师职业的根本制度,教师资格证制度日益受到重视,其严格化、规范化以及系统化趋势越来越明显。

---

① 黄崴:《教师教育体制:国际比较研究》,广东高等教育出版社,2003年,第28页。
② 教育部:《关于大力推进教师教育课程改革的意见》,http://www.moe.gov.cn/publicfiles/business/html-files/moe/s6342/201110/xxgk_125722.htm。
③ 教育部:《〈幼儿园教师专业标准(试行)〉〈小学教师专业标准(试行)〉和〈中学教师专业标准(试行)〉公布公开征求意见》,http://www.moe.gov.cn/publicfiles/business/htmlfiles/moe/s248/201112/127841.html。
④ 教育部:《教育部办公厅、财政部办公厅关于做好2012年"国培计划"实施工作的通知》,http://www.moe.gov.cn/publicfiles/business/htmlfiles/moe/s3088/201205/xxgk_136541.html。
⑤ 《〈中小学教师专业发展标准及指导〉研制完成》,http://www.moe.gov.cn/publicfiles/business/html-files/moe/s5147/201201/129532.html。

第二节 师范院校的定位与转型

教师教育的快速发展,对师范院校提出了较高要求。教师总量需求的减少,对当前规模庞大的教师教育职前教育专门机构——师范院校提出了挑战。此外,教师资格证制度的严格、系统化实施,加速了教师教育体制的开放进程,给师范院校带来的压力将不断增大;师范院校将面临精、减、转的变局。部分师范院校将在做强前端、做成品牌的同时,逐步形成具有一定特色的教师教育职前中心;教师教育重心的后移和下移,要求做强、做大教师在职教育,加大教育科研力度,逐步形成一批在职教育中心、经验交流及研修平台。

一、通过结构调整、资源整合,创新分级分类的教师教育体系

教师教育在走向开放式的过程中,教师教育前端(职前培养)仍然呈现出以师范院校为主体、以非师范高校为辅的局面。但随着教师需求量的减少,师范院校将面临培养规模缩小的趋势。教师资格证制度的严格化,为非师范毕业生进入教师队伍提供了更为公平的竞争保障,削弱了师范院校学生因"师范"而形成的相对优势。这一趋势也对师范院校的培养规模产生了一定压力。因此,师范院校将面临激烈的内外部竞争。面临来自内外部的竞争,师范院校何去何从,将关系到教师教育的和谐和可持续发展。

基于对教师教育职前培养布局及趋势的考量,师范院校调整基本思路是"精、减、转":在全国一盘棋的前提下,发挥地方积极性,通过内部资源调整,合理缩减师范教育规模,通过有序引导,做精做强一批职前教育品牌中心(基地),缩减转型一批师范院校。面对教师总需求缩减之势,师范院校现有的专业培养能力已经远远过剩。所谓"精",即凝练一批优质职前教育品牌,建设形成若干职前教育高地,造就涵盖全部专业或学科的品牌群,形成品牌效应,并起到辐射作用。如建立形成具有一定传统优势的某学科教育中心,围绕这一中心,形成若干培养基地。做"精"做强而不做大,是这一布局的基本特征。具体而言,可依托具有较强积累和基础的部属师范院校,建立若干全国性学科中心,并以此为基础,以优秀省属师范院校为依托,在学科基础上建立若干职前教育专业基地,形成"中心"引领下的省级基地。当然,这一设计的基本前提是,全国的学科中心必须实现对学科的全覆盖,实现专业全覆盖和动态发展。此外,要依托职前教育基地评价体制,定期对中心和专业基地进行评价,做到能上能下、存优汰劣。惟其如此,才能够确保"精"。做精做强前端教育,形成若干品牌和高地,在地方层次和全国层面形成一批特色专业和特色项目。职前教育的精简是一个大趋势。

所谓"减"，就是通过资源整合实现内部优化，通过多种手段将现有师范院校减少一批。而"减"的着力点就是"转"，"转"的方向有两个：一是转变成为综合性高校或其中一院系，可以选择是否以及以何种方式参与教师教育；一是转变为以教师在职教育为中心的机构，其中职前教育逐渐缩减。

二、推动师范院校工作重心下移，对接基础教育和学前教育

教师教育与基础教育、学前教育关系紧密，并通过互动实现整体提升。因此，教师教育必须着力推进重心下进程，实现与基础教育、学前教育的对接；结合教育研究的最新成果，对基础教育和学前教育进行指导，并在教育实践上与基础教育、学前教育合作；充当基础教育、学前教育的指导者与合作者。通过建立教师教育基地，以项目的方式来推动指导与合作；与在职教育相结合，推动理论和实践指导的进程；发挥基础教育、学前教育机构以及教师的主动性，推动教育理论建设和教师实践进程，并提升教育指导和合作的效果。此外，教育实验的实施，也是师范院校的一个重要任务。转型后的师范院校将在统一部署下，系统地、科学地推进教育实验进程；主要负责教育实验的设计、教育实验的组织以及教育实验的理论支持以及实践指导，负责教育实验的材料编制及提供，并与对接学校及教师一起，完善教育实验的过程控制；要对教育实验的结果进行评价及总结。在教育实践（实验）中，师范院校将以参与者身份在合作中提供指导，提供理论支持。

在对接基础教育和学前教育的过程中，师范院校还应该承担起教育质量评估的任务。作为基础教育和学前教育的重要参与者，师范院校在参与过程中，借由对教育实践和实验的参与、控制以及研究，对基础教育、学前教育进行过程掌控，并对教育质量进行评价、对教育方向进行矫正。师范院校应该在评价体系实施过程中，形成对评价体系的反馈，并形成修订建议，提交教育政策制定部门。鉴于此，师范院校实际上扮演了教育信息交互中心的角色。

三、推动师范院校平台化转向，将其打造成教育交流平台

师范院校自设立以来，基本上都承担了学术交流、教育实践经验交流的工作，并积累了较为丰富的经验。因此，师范院校将侧重承担教育交流的任务。总体来说，应该以"分级分类"为原则，建立不同层次和不同类别的教育交流平台，形成以部属师范高校为依托的国内外理论交流中心、高层教育管理者经验交流中心、教育基础理论交流中心、新理论和新研究结果汇报交流中心、分学科的教学实践交流中心、中小学校长交流中心、国内外实践交流中心、名师交流平台、跨学科交流中心、学科交互研究交流平台、评价制度研讨沟通平台、教育政策实施交流中心和研讨基地。

基于省属师范院校的交流中心主要立足于本专业的理论交流、区域特色（民族特色）教育实践交流、骨干教师经验交流、新教师发展交流等，上述交流任务的实施，主要是以主题方式推进，其中常规性的交流可以固化下来，定期组织举行。而面对新情况、新问题、新的理论和实践变革、新政策等，可以采取非常设性主题开展交流。为保证交流的效果，需要形成一定的评价机制。通过评价，实现交流项目的不断优化，确保交流平台健康高效运行。分层的目的在于通过"统分结合"的交流，提高交流的实用性和有效性；分类的目的在于凸显专业性，突出主题和针对性，提高交流的效能。立体多维的交流平台将有助于改变现有的无序状态，实现资源充分共享，进而实现资源效用最大化。

第三节 综合性大学参与教师教育的策略

在教师教育经历着巨大转变的背景下，一直承担着部分教师教育重要任务的综合性大学将面临巨大的考验。综合性大学何去何从，将是当前和未来不得不面临的重大问题。面对教师教育的"内涵式发展"趋势，综合性大学应该发挥自身的优势，在办好既有的专业和学科的同时，积极思变，通过品牌专业打造学科或者专业高地，充分整合和利用优势的学科资源，形成优秀的学科科研能力，逐步建立起一批教育教学研究中心或者研究平台，进而逐步形成教育教学的研究基地。立足自身资源优势和培养模式的多样性优势，充分利用既有的学科平台、实验实践平台，在培养模式上开展探索，突破已有的培养思维，进而在学生综合素质上实现重大突破。凸显综合性大学无可比拟的优势，在同质化竞争中呈现差异化，并以先行者的姿态引领教师教育的发展。

一、综合性大学参与教师教育的优势分析

从欧美教育史上来看，综合性大学参与教师教育由来已久。但在我国，综合性大学参与教师教育的历史较短，且在教师教育中所占的份额较小，未能发挥其在教师教育改革推进中应有的作用。随着教师教育改革的推进，必须大力发挥综合性大学的优势，发挥其在教师教育中的积极作用，推动教师教育水平的全面提升。

（一）综合性大学参与教师教育的历史和取得的成绩

中国的综合性大学正式参与教师教育体制是以《中共中央国务院关于深化教育改革全面推进素质教育的决定》的出台为标志的。1999 年 6 月，第三次全国教育工作会议召开，会议颁布了《中共中央国务院关于深化教育改革全面推进素质教育的决定》，其中明确指出"调整师范学校的层次和布局，鼓励综合性高

等学校和非师范类高等学校参与培养、培训中小学教师的工作,探索在有条件的综合性高等学校中试办师范学院"。[1] 以此为契机,参与教师教育的综合性大学开始了培养模式的探索。对于非专业性院校来说,这是一次艰难的旅程。近些年来,在借鉴国外的教师教育模式下,中国的各种探索逐渐取得了一定的成绩。

到 2001 年,全国有独立设置的师范院校 210 所,其中本科 109 所,专科 101 所,比 1988 年的 272 所减少了 62 所,在整个高等教育中的比重由当时的 25% 下降到 2001 年的 18.78%。[2] 1997 年,全国有 77 所非师范类大学承担了师范教育任务,其中师范类学生约占全国高校在校生数的 25%。2002 年,全国共有 140.2 万师范类普通本专科在校生,其中高等师范学校占 70.0%,教育学院占 2.6%,其他高等学校占 27.4%。该年,全国共有 475 所高等学校招收师范类全日制本、专科学生,其中非师范院校 258 所,比 1997 年的 77 所增加了 23.5%,已占培养教师院校总数的 54%。非师范院校培养教师数约占全国高校培养教师数量的 33%。[3] 到 2004 年,全国共有 593 所高等学校招收师范类全日制本、专科学生,其中高等师范学校 195 所、教育学院 83 所、非师范院校 315 所,非师范院校的增加幅度较大,非师范院校已占培养教师院校总数的 54%,非师范院校在校师范生占在校师范生总数的 19.10%,招生占 17.86%,毕业生占 17.55%。[4] 综合性大学参与教师教育的积极性之高、发展速度之快,可见一斑。这一快速发展进程正在迅速地改变着教师教育体制的格局。

（二）综合性大学参加教师教育的优势

从内涵式发展的角度全面衡量,综合性大学在教师教育方面有着师范院校无可比拟的优势。面对基础教育对教师学科造诣要求的提高,综合性大学的学科优势尽显,其中包括了综合性大学的学科深度、宽度以及学科交叉优势;面对基础教育对教师研究能力要求的提高,综合性大学在研究平台、研究传统以及其他研究资源方面的积累,将有助于教师研究能力的培养;面对基础教育对教师包括学术视野等在内的综合素养的提升,综合性大学在培养模式方面的优势不仅有利于综合素养的提升,还有利于灵活地根据培养目标的变化,实施培养模式变革。因此,在未来的教师教育发展中,综合性大学应该主动发挥上述优势,推动甚至引领教师教育发展。

---

[1] 《中国教育年鉴》编辑部:《中国教育年鉴(1999)》,人民教育出版社,2000 年,第 1～7 页。

[2] 教育部发展规划司:《中国教育统计年鉴(2001)》,人民教育出版社,2002 年,第 24 页。

[3] 《百余所非师范院校宣言加强教师教育》,http://www.jyb.cn/gb/2003/11/12/zy/jryw/1.htm.

[4] 《中国教育年鉴》编辑部:《中国教育年鉴(2005)》,http://www.moe.edu.cn/publicfiles/business/html-files/moe/moe_1172/index.html.

　　第一，综合性大学具有师范类院校不具备的学科厚度、宽度以及交叉优势，这一优势将有利于教师学科素养的有效提升。长期以来，教师教育在学科方面的不足一直未能得到有效解决。主要原因在于，师范专业的学科与纯"学科"相比，无论是在课程设置的全面性和系统性上，还是在课程设置的深度上、与课程配套的实践活动上，都存在一定的差距。因此，师范专业的教师在对任教的学科的理解深度上、理解的系统性上就存在一定的不足，甚至短期内无法完全适应所任学科。一方面由于师范院校对学生学科的要求比纯学科学生低，另一方面确实存在着师范学院在学科方面的建设厚度和宽度相对不足、学科建设应用性强而系统性相对较弱等问题，更谈不上学科交叉的设计。

　　上述不足，在综合性大学里完全可以得到有效弥补，甚至可以说综合性大学具备着师范院校无可比拟的优势。具体表现为：综合性大学具有某些学科的厚度或者是深度优势。综合性大学在学科设置上，以学科为专注点，侧重专业的细分，学科或专业的设置以及资源配置充足。不仅如此，综合性大学还具有学科的宽度优势，即学科设置中，关联学科乃至学科群甚至研究平台群设置相对齐备，并能够形成相关连接效应。此外，在综合性大学中，学科交叉的特征也越来越明显。学科交叉往往能够成为新学科的新增长点，也是综合性大学研究创新的重要立足点。而这一优势对于教师教育来说，往往能够在教育过程中，帮助学科教师打通思维领域，形成跨学科思考能力和思维高度、优秀的学科架控能力和理解能力，进而帮助教师系统地实施学科教学，有效地引导学生学科思维和创新潜力的养成。

　　第二，综合性大学具备良好的研究资源和研究模式，有利于教师实践能力的提升和研究素养的培育。一般而言，由于缺乏夯实的研究资源支撑和多样的研究模式的保证，师范院校学生科学研究以及相关实践较为平面，系统性相对较差，实践的深度与综合性大学相比相差甚远。与师范院校不同，综合性大学的学科研究资源较为完备、系统。与之对应，其学科研究的模式也较为先进。此外，综合性大学的研究跨度也较大，往往从基础研究到应用性研究都有所涉及，因而其研究的种类也较为丰富。

　　以研究平台为载体的研究资源，能够保证学生参与或者开展纵深研究，加深对学科的认知和理解，为其在教学中开展教育科研提供支撑。完善的研究评价机制，对学生的科研素养的快速提升也有较大帮助。因此，综合性大学在教师研究能力和潜力、研究思维等的培养方面具有一定优势。

　　第三，资源组合优势。当前的综合性大学在教师教育方面基本上承袭了师范院校的做法，因此其独特的资源优势未能发挥出来。综合性大学在师范专业设置以及培养模式上未能跳出"师范"的窠臼：这一模式，实际上将师范置于大学之外，完全忽视了大学的综合资源。综合性大学拥有学科优势、研究优势、其他资源优势。更为关键的是，在上述资源的整合上，综合性大学更为灵活。如可以通过项目的形式整合研究资源，搭建教师教育相关研究平台；可以通过矩阵式组合，将学科资源与教师教育资源整合起来，建立虚拟研究平台；可以通过研究以及实践平台组合，将师范生的实践活动与学科生的实践活动融为一体；等等。综合性大学可以通过资源整合，放大资源的辐射功能，从而真正推动教师教育质的提升。

第四，综合性高校具备人才培养模式上创新的优势。综合性高校的人才培养模式主要体现出综合、多样、灵活性等特点，而这些特点恰恰是人才培养模式创新的主要因子。综合性大学的"宽口径、厚基础、多出口"的培养特征，使得人才的培养呈现出"非定制"或者"非标"态势，有利于人才潜能的培养和素养的提升。而综合性大学培养模式多样性的特点，使得不同的培养模式并存并相互作用，共同推动培养模式的革新，如应用型人才和研究型人才的培养模式的变化和更新。

在多种培养模式并存的情形下，各种模式之间的相互作用能够引发模式的变革和创新。此外，由于培养模式的多样性和人才标准的多样性、人才出口的多样性的存在，综合性大学的培养模式显得更为灵活。这样，在评价中不适合成为教师的学生，能够自由地选择其他出口，并在相应的培养模式中实现个人发展。而师范院校则不具备上述特征。由于人才出口的单一性，培养模式的选择就显得缺乏灵活性；由于缺乏多样性的培养模式比较，培养模式的创新就显得较为困难，很难突破既有培养模式的窠臼。即使在培养模式上有所创新，也仅限于对原有模式的修修补补，无法实现根本性突破。而师范院校在培养模式上的不足在综合性大学里将得到有效的弥补。

二、应对同质化办学格局，通过做强"专业"实现可持续发展

面对国内教师教育同质化的竞争格局，综合性大学应该发挥"船小好掉头"和内部专业相对可调的优势，以"差异化"和"品牌化"应对竞争。惟其如此，综合性大学才能在教师教育激烈竞争中立于不败之地。

首先，以"差异化"寻求发展空间。同质化发展导致专业重合度高，资源相对集中，办学效能相对低下。"差异化"在教师教育上主要体现为：在专业布局上，错开饱和学科和专业，错开资源集中的重合性专业，错开本区域的强势传统专业，如高度密集的专业；面对全国性和区域性强势同质化专业，采取"差异化"培养策略。通过"差异化"培养策略的实施，使学生的知识结构等方面有别于、优于其他类似的传统模式。应该根据综合性大学的学科布局，综合考虑此前的学科背景和教师教育专业的设置经验，适度"取舍"，从而专注某一学科或者专业。

其次，实施"品牌化"战略。通过专业的评估，形成专业发展战略，构建专业发展的"战略地图"，并开展实施可行性研究和实施路径研究。在科学的规划和计划下，通过有效实施，做强、做精专业，实现品牌效应。在学科优势和教师教育专业对接上，要彼此兼顾，既考虑到历史的延续性又考虑到创新性。在对接模式上，应该采用完全的融入模式。品牌专业的塑造，一靠培养模式，通过打造品牌课程、品牌师资和品牌模式来实现，二靠科研力量支持，这里的科研主要侧重于技术性层面而非理论层面。

短期战略主要集中在教育教学方法、学科教学等方面，长期战略需要在学科理论等方面加强。短期性的科研可以提升培养的内涵，提升学生的综合素养，从而有效地满足基础教育的需要，提升培养质量的信任度和美誉度，从而逐步引导"品牌专业"的成长壮大。长期性的科研，能够逐步构建起品牌专业的科研高地，甚至形成学科教学和研究的中心，保证"品牌专业"的可持续发展。

三、创新办学思维，采取多样化办学形式

学习教育发达国家的办学经验早已成为共识。越来越多的高校正在尝试与国外联合办学的模式，并取得了良好进展。但在教师培养方面的办学实践一直较少。随着国内教师教育水平的逐步提高，对接国外的教师教育将成为一个重要趋势。当前，以非定向培养方式的教师教育占据主流，因此综合性大学对接国外的教师教育具有先天优势。综合性大学可以在某专业领域实施合作办学或者联合办学试点，并逐步总结经验，推而广之。国外在综合性大学办理教师教育方面已经积累了丰富的经验，其成熟的做法完全可以"拿来"。具体而言，可以采取以下两种措施：

一是开办中外合作班。尝试在某些特色专业与国外高水平大学实施"整建制"教师教育办学，合作培养本科生。以项目制推进与国外知名的综合性大学的教师教育机构合作，形成多层次的学生联合培养项目。以学科或者专业为单位，实施与本科生联合培养。

二是借助信息技术手段，实施课程共享计划。通过专业和学科上与国外综合性大学及其教师教育机构的沟通合作，借助信息技术手段，突破时空局限，逐步在某些课程以及实践活动上实施实时共享和互动。实施"跨时空讲台"计划，尝试与国外综合性大学及其教师教育机构之间签订双向互赢的合作教学计划，利用先进的计算机与互联网技术，将学校与合作机构联系起来，与合作学校同时在同一个课堂开设同一门课程，实现"异地同学"，构建"跨时空课堂"的教师教

育发展模式。

通过与国外的联合办学，深入地领会其办学思想和指导原则，为国内综合性大学办理教师教育提供更为有益的借鉴。通过联合办学的经验积累，综合性大学可以在教师教育方面探索出更为适合中国基础需求的教师教育模式，有效地引领教师教育发展，为教师教育的完全转型奠定基础。

四、依托综合性大学的学科优势，建设特色研究基地和平台

综合性大学在学科方面的优势是毋庸置疑的。但如何用好这一资源，有效地提高教师教育的水平，一直考验着举办教师教育的综合性高校。尽管有过不少尝试，但其中取得杰出成就的、值得大面积推广的办学模式较为少见。

首先，从资源的整合层面来看，高校决策层面应该将资源的整合作为教师教育的重大问题来对待，应该有资源"一盘棋"的概念，打破学科的围墙，实现资源的综合利用。

其次，在学科资源的使用方面，可以利用虚拟的矩阵式结构，实现教师教育和学科的综合发展。在内部实行"开放式"资源平台整合，通过整合，放大资源的综合功用，通过资源优化提升，建立起与学科相关的研究平台、交流平台；围绕这些平台，逐步建设改革试点基地、学科建设试点中心、学科教学方法研究中心和实验中心。具体而言，通过学科资源整合，以横向的矩阵式的研究平台为依托和载体，建立学科教学研究基地，取代由教师教育学院以及原有的师范专业设立的学科研究中心，从而横向上实现学科优势与教育教学理论等方面的有机结合。学科研究平台要虚实结合，在中长期的研究规划下，以项目方式或者主题研究方式开展活动。

再次，在资源的内涵式提升建设层面，通过管理层面的科学规划和有效运行，通过品牌打造和资源优化提升，逐步形成区域性乃至全国性的学科研究的特色中心，进而形成辐射效应。通过与基础教育对接，在有效互动中，将学科的优势资源放大，构建起某些强势学科或者重点学科的教学研究高地，逐步形成区域性乃至全国性的学科教法研究中心和学科教学思想中心。在经常性的对接基地，通过对中小学教育的全面理解和把控以及对国内外基础教育的全面深入比较和研究，逐步形成中小学学科建设和改革中心或者教学改革的策源地。

五、教师资格证的相关培训中心和定期检核主体

教师准入体系是一个完善的、有机的整体。当前，我国教师准入体系的建设重点是教师资格证制度。随着教师资格证为核心的教师准入制度的不断完善和科学化建设，检核制度的严格化，对综合性大学既是机遇也是挑战。综合性大学应该有效地抓住这一机遇，以自身的发展应对挑战，将有利于其教师教育的发展。准入制度的严格化、系统化,是对综合性大学教师教育的一个重要检核手段和保证,也是对未来完全开放式的教师教育的一个重要保证和实施的突破口。同时,师范教育的师范性也将遭到冲击——师范的"师范性"必须接受准入制度的考验,而非由自身的衡量标准决定。而综合性大学则在这方面灵活性较强。学科优势明显的综合性高校,有能力将教师技能、教育理念等培养、培训提升到一个较高层面,在教师准备阶段发挥应有的作用。

根据综合性高校的优势,将综合性大学的教师教育功能分类化,将教师资格证培训或者教师准入制度的准入资格培训和检核作为重要职能,将常态化的培训与检核合为一体。加大对教师准入制度的实际效果研究,定期形成研究结果,推动常态申报制度和检核制度的更新,推动教师准入制度的科学化进程。第一,形成区域性的教师准入培训中心,负责课程的实施以及与课程相关的活动的组织和评估、与课程相关的过程性培训,而不是将培训基地作为应试中心来办理,导致培训成为考试的预备营。准入培训中心,应该依托政策的支持,凸显培训的过程性,凸显培训对教师水平提高的引领作用,切实在教师预备过程中,引导教师专业发展,推动教师队伍整体水平的提升。第二,结合培训结果和培训研究,在对教师队伍全面调研、深刻了解的基础上,协助教育行政部门实施常态检核,承担其中的部分检核任务。检核制度将突出过程考核,实现对教学的引导作用。因此关注考核的培养培训就成为未来工作的重点。

六、改变"师范"的固有思维习惯,系统创新培养模式

改变培养模式的"师范"思维习惯,是未来综合性大学在教师教育方面应有的创新。综合性大学自身已经具备了这一优势。具体而言,就是在培养模式创新过程中,逐步将师范教育资源平台化、服务化。在这一转变过程中,既有的师范专业或者研究平台逐步"向后退",进而转变为师范专业作为课程提供者、课程研究者和培养的引导者。当前,培养模式主要为师范院校的量身定做的培养模式、二次招生以及"3+1"或者"N+1"等培养模式。这些模式的根本立足点,仍然是为"师范"而"师范";其目的性仍然极为明确,思维往往局限在师范生的培养层面,因此在学科基础上的预期要较非师范生要低。固化的"师范"思维往往制约着培养形式的变革和创新。

培养模式的革新,应该集中在4个环节。

第一,创新教师教育培养方案。教师教育特有的培养方案,在综合性大学的培养模式改革中,可以适当简化或者纲领化。综合性大学的优势则在于其实践的多样性和丰富性,可以通过多种非"师范"指向的实践,提高学生对学科的感悟和理解,提升学生对教育技能的认知,并逐步引导学生形成自己的教育理念,进而在过程中逐步优化自己的知识结构和能力结构。

第二，尝试课程选修指引机制与师范生内部招录机制。按照当前乃至今后较长一段时间的发展态势，完全实现开放式的教师教育的可能性仍然较小。一方面是由于教师准入制度的不完善，另外一方面是由于大量的师范院校的存在，教师教育能否快速实现"华丽转身"仍然是悬而待决的问题。因此，在过渡阶段，仍然建议逐步采取师范生的内部招录机制。因此，在创新的培养方案下实施课程引导机制建设，将学什么、如何学、何时学、如何评价等实施指导性规定或者建议，在弹性的管控下纳入过程控制，凸显素质的综合提升需求；以内部招录机制为根本保障，确保课程学习以及实践提升活动得到切实开展。同时，内部招录机制将侧重过程性考察，在设计方案上要把结果导向和量化考察与过程考察、潜力评估作为重要的考核指标。对于每一门选课，都要设立综合考核指标，尽可能实现与实践的对接，实施综合评价。对于集中选课作适当限制，以免落入考试导向的误区。

第三，尝试"非定制"培养模式，不分师范和非师范，将学生放入其他学科中培育，学生每学期选修部分与师范相关的课程，并参加学科研讨。与二次招录类似，学生可以采用自由申请方式，进入教师教育阵营。或者将教育学院弱化为师范生公选课平台和研究基地。在课程平台和研修平台或者学科教法和研修基地，实施分学期的课程计划。这一模式要远胜于"3＋1"或者"N＋1"。

第四，尝试"多维导师制"。针对教师教育的多维度要求，可以尝试设立导师组制度，为学生配备"多维导师"，帮助学生树立完善其教育理念，构建完善系统的学科知识技能结构和教育教学技能结构。

参考文献

［1］舒新城:《中国近代教育史资料》,人民教育出版社,1981 年。

［2］陈学恂:《中国近代教育史教学参考资料》(上册),人民教育出版社,
1986 年。

［3］陈学恂:《中国近代教育史教学参考资料》(中册),人民教育出版社,
1987 年。

［4］陈学恂:《中国近代教育史教学参考资料》(下册),人民教育出版社,
1998 年。

［5］多贺秋五郎:《近代中国教育史资料·清末编》,日本学术振兴会,
1973 年。

［6］多贺秋五郎:《近代中国教育史资料·民国编》(上),日本学术振兴
会,1973 年。

［7］多贺秋五郎:《近代中国教育史资料·民国编》(中),日本学术振兴
会,1974 年。

［8］中华民国教育部:《第一次中国教育年鉴》,开明书店,1934 年。

［9］国民政府教育部:《第二次中国教育年鉴》,商务印书馆,1948 年。

［10］中华民国教育部:《教育法令汇编》,商务印书馆,1936 年。

［11］国民政府教育部高等教育司:《二十年度全国高等教育统计》,
1933 年。

［12］《国民政府政府公报》,1925 年 9 月。

［13］中国第二历史档案馆:《中华民国史档案资料汇编》,江苏古籍出版社,
1998 年。

［14］黄季陆:《革命文献第 55 辑:抗战前教育概况与检讨》,中央文物供应
社,1971 年。

［15］陈元晖主编,璩鑫圭、唐良炎编:《中国近代教育史资料汇编:学制演
变》,上海教育出版社,1991 年。

[16] 陈元晖主编，璩鑫圭、童富勇、张守智编：《中国近代教育史资料汇编：实业教育、师范教育》，上海教育出版社，1997年。

[17] 王焕琛：《留学教育——中国留学教育史料》，"台湾国立编译馆"，1980年。

[18] 李友芝，等：《中国近现代师范教育史资料》（内部交流资料）（1—4册），北京师范学院，1983年。

[19] 苑书义，孙华峰，李秉新：《张之洞全集》（第7—12册），河北人民出版社，1998年。

[20] 孙常炜：《蔡元培先生全集》，商务印书馆，1977年。

[21] 高平叔：《蔡元培教育文选》，人民教育出版社，1980年。

[22] 姜义华：《胡适学术文集：教育》，中华书局，1998年。

[23] 许椿生，等：《李建勋教育论著选》，人民教育出版社，1993年。

[24] 中国教育年鉴编辑部：《中国教育年鉴（1949—1981）》《中国教育年鉴（1982—1984）》《中国教育年鉴（1985—1986）》《中国教育年鉴（1988）》《中国教育年鉴（1989）》《中国教育年鉴（1990）》《中国教育年鉴（1991）》《中国教育年鉴（1992）》《中国教育年鉴（1993）》《中国教育年鉴（1994）》《中国教育年鉴（1995）》《中国教育年鉴（1996）》《中国教育年鉴（1997）》《中国教育年鉴（1998）》《中国教育年鉴（1999）》《中国教育年鉴（2000）》《中国教育年鉴（2001）》《中国教育年鉴（2002）》《中国教育年鉴（2003）》《中国教育年鉴（2004）》《中国教育年鉴（2005）》《中国教育年鉴（2006）》《中国教育年鉴（2007）》《中国教育年鉴（2008）》《中国教育年鉴（2009）》《中国教育年鉴（2010）》。

[25] 教育部发展规划司：《中国教育统计年鉴（2001）》《中国教育统计年鉴（2002）》《中国教育统计年鉴（2003）》《中国教育统计年鉴（2004）》《中国教育统计年鉴（2005）》《中国教育统计年鉴（2006）》《中国教育统计年鉴（2007）》《中国教育统计年鉴（2008）》《中国教育统计年鉴（2009）》《中国教育统计年鉴（2010）》。

[26] 何东昌：《中华人民共和国重要教育文献》（共3册），海南出版社，1998年。

[27] 宋嗣廉，韩力学：《中国师范教育通览》，东北师范大学出版社，1998年。

[28] 《当代中国》丛书教育卷编辑室：《当代中国高等师范教育资料选》，华东师范大学出版社，1986年。

[29] 国家教育委员会师范教育司:《师范教育文件选编(1980—1987)》,东北师范大学出版社,1989 年。

[30] 国家教育委员会师范教育司:《师范教育工作资料汇编(1988—1995)》,东北师范大学出版社,1996 年。

[31] 刘英杰:《中国教育大事典》,浙江教育出版社,1993 年。

[32] 北京师范大学校史编写组:《北京师范大学校史(1902—1982)》,北京师范大学出版社,1984 年。

[33] [日]高桥俊乘:《日本教育史》,秦企贤译,中日文化协会出版社,1941 年。

[34] [前苏联]帕纳钦:《苏联师范教育——重要历史阶段和现状》,李子卓,赵玮译,文化教育出版社,1981 年。

[35] [加]许美德:《中国大学 1895—1995:一个文化冲突的世纪》,许洁英译,教育科学出版社,2000 年。

[36] [加]许美德,等:《中外比较教育史》,朱维铮,等译,上海人民出版社,1990 年。

[37] 成有信:《十国师范教育和教师》,人民教育出版社,1990 年。

[38] 瞿葆奎:《教育学文集·日本教育改革》,人民教育出版社,1991 年。

[39] 瞿葆奎:《英国教育改革》第 22 卷,人民教育出版社,1993 年。

[40] 田正平,周谷平,徐小洲:《教育交流与教育现代化》,浙江大学出版社,2005 年。

[41] 顾明远:《战后苏联教育研究》,江西教育出版社,1991 年。

[42] 杨之岭,等:《中国师范教育》,北京师范大学出版社,1989 年。

[43] 刘问岫:《当代中国师范教育》,教育科学出版社,1993 年。

[44] 黄书光:《胡适教育思想研究》,辽宁教育出版社,1994 年。

[45] 周谷平:《马克思主义教育思想的中国化历程:选择·融合·发展》,浙江大学出版社,2008 年。

[46] 马啸风:《中国师范教育史(1897—2000 年)》,首都师范大学出版社,2003 年。

[47] 汪向荣:《日本教习》,生活·读书·新知三联书店,2000 年。

[48] 谢维和:《教育活动的社会学分析——一种教育社会学的研究》,教育科学出版社,2000 年。

[49] 吴定初,潘后杰,等:《中国师范教育简论》,四川教育出版社,1990 年。

[50] 陈永明:《当代日本师范教育》,山西教育出版社,1997 年。

[51] 吴式颖,阎国华:《中外教育比较史纲》(近代卷),山东教育出版社,
1997 年。

[52] 祝怀新:《封闭与开放——教师教育政策研究》,浙江教育出版社,
2007 年。

[53] 刘捷,谢维和:《栅栏内外——中国高等师范教育百年省思》,北京师范
大学出版社,2002 年。

[54] 梁忠义,罗正华:《教师教育》,吉林教育出版社,1998 年。

[55] 崔运武:《中国师范教育史》,山西教育出版社,2006 年。

[56] 王桂生:《中日教育关系史》,山东教育出版社,1993 年。

[57] 金长泽,张贵新:《师范教育史》,海南出版社,2002 年。

[58] 国家教育委员会师范教育司:《中国师范教育》,上海科技教育出版社,
1996 年。

[59] 国家教育委员会师范教育司:《师范教育工作经验汇编》,东北师范大
学出版社,1997 年。

[60] 王泽普:《中国师范教育改革与发展研究》,广西师范大学出版社,2001 年。

[61] 金长泽:《师范教育改革与师资队伍建设》,东北师范大学出版社,1998
年。

[62] 胡艳,米靖:《制度的建构与超越:北京师范大学与 20 世纪的中国师范
教育》,北京师范大学出版社,2005 年。

[63] 黄崴:《教师教育体制:国际比较研究》,广东高等教育出版社,
2003 年。

[64] 龚宝善:《昨日今日与明日的教育——教育历程的开拓》,开明书店,
1977 年。

[65] 李涛:《借鉴与发展:中苏教育关系研究(1949—1976)》,浙江教育出
版社,2006 年。

[66] 北京中苏友好协会宣传部:《苏联教育专家在北京》,时代出版社,1955 年。

[67] 洪明:《教师教育的理论与实践》,福建教育出版社,2007 年。

[68] 张焕庭:《西方资产阶级教育论著选》,人民教育出版社,1979 年。

[69] 梁忠义:《战后日本教育研究》,江西教育出版社,1993 年。

[70] 教育部师范教育司:《教师专业化的理论与实践》,人民教育出版社,
2003 年。

[71] 刘捷:《专业化:挑战 21 世纪的教师》,教育科学出版社,2002 年。

[72] 朱小蔓,笪佐领:《新世纪教师教育的专业化走向》,南京师范大学出版

社,2003 年。

[73] 王伦信:《清末民国时期中学教育研究》,华东师范大学出版社,2002 年。

[74] 楼世洲,蔡志良,徐今雅:《教师继续教育的理论与实践》,浙江大学出版社,2004 年。

[75] 于述胜,李兴洲,倪烈宗,李涛:《中国教育三十年:1978—2008》,四川教育出版社,2008 年。

[76] [俄]卡特林娅·萨里莫娃,[美]欧文·V·约翰宁迈耶:《当代教育史研究与教学的主要趋势》,方晓东,等译,教育科学出版社,2001 年。

[77] 杜学元:《杨贤江年谱长编》,光明日报出版社,2005 年。

[78] 刘海峰,庄明水:《福建教育史》,福建教育出版社,1996 年。

[79] 栗洪武:《西学东渐与中国近代教育思潮》,高等教育出版社,2002 年。

[80] 蔡昉:《2009 人口与劳动绿皮书》,社会科学文献出版社,2009 年。

[81] 王保华:《国际教师教育机构认证制度研究》,华中师范大学出版社,2007 年。

[82] [日]土屋基规:《现代日本的教师教育》,鲍良译,上海教育出版社,2009 年。

[83] 檀传宝:《中国教师教育的新境界:中国高等师范教育体制改革研究》,北京师范大学出版社,2001 年。

[84] 赖新元:《德国中小学教育特色与借鉴》,中国戏剧出版社,2009 年。

[85] 贾丰臻:《今后学制革新之研究》,《教育杂志》,1923 年第 12 卷第 6 号。

[86] 李烝:《师范学院问题》,《教育杂志》,1939 年第 4 期。

[87] [前苏联]普希金:《北京师范大学的任务和教研室的工作》,《人民教育》,1952 年第 10 期。

[88] 林众可:《苏联的教育统制》,《大上海教育》,1933 年第 2 期、第 3 期。

[89] [前苏联]阿尔辛杰夫:《从苏联高等教育的经验略谈几个问题》,《人民教育》,1950 年第 3 期。

[90] [前苏联]A·A·福民:《苏联高等教育的改革:在京津高等学校院系调整座谈会上的讲话》,《人民教育》,1952 年第 9 期。

[91]《大力稳定和发展小学教育　培养百万人民教师》,《人民教育》,1951 年第 6 期。

[92] 陈选善:《五年来的高等师范教育》,《人民教育》,1954 年第 10 期。

［93］上海市革命大批判写作小组：《谁改造谁——评凯洛夫的〈教育学〉》，
《红旗》，1970 年第 2 期。

［94］［日］饭岛宗一：《终生教育与中等以后的教育》，司荫贞译，《比较教
育研究》，1982 年第 3 期。

［95］顾明远：《师范教育的传统与变迁》，《高等师范教育研究》，2003 年第
3 期。

［96］张渭城：《当代重要教育思潮——终身教育》，《国外社会科学》，1984
年第 3 期。

［97］梁忠义：《关于日本的终身教育问题》，《外国教育研究》，1980 年第
1 期。

［98］司荫贞：《日本终生教育学会举行首届大会》，《比较教育研究》，1981
年第 2 期。

［99］夏德清，周南照：《陶行知——中国现代教育史上"终身教育"思想的
先驱》，《华中师范大学学报（人文社会科学版）》，1981 年第 4 期。

［100］成有信：《教师养成方式的演变和 21 世纪中国师范教育发展的宏观
走向》，《教育研究》，2000 年第 1 期。

［101］管培俊：《关于教师教育改革发展的十个观点》，《中国高等教育》，
2004 年第 2 期。

［102］黄崴：《建立以市场为取向的多元开放型教师教育体制》，《现代教育
论丛》，2001 年第 2 期。

［103］华东师范大学课题组：《师范教育发展战略研究：目标、对策与措施》，
《高等师范教育研究》，2001 年第 2 期。

［104］张乐天：《教师学习的终身化与师范院校的教育改革》，《江西师范大
学学报（哲学社会科学版）》，2001 年第 3 期。

［105］朱旭东：《教师教育专业化与质量保障体系》，《中国高等教育》，2001
年第 18 期。

［106］薛天祥，张金福：《多元、开放的教师教育体系管理体制的构建》，《高
等师范教育研究》，2002 年第 2 期。

［107］刘承波：《关于综合性高等院校办师范的探讨》，《高等教育研究》，
2000 年第 4 期。

［108］章亮，周谷平：《中国师范教育体制改革的动因》，《教育评论》，1999
年第 2 期。

［109］张斌贤，李子江：《改革开放 30 年来中国教师教育体制改革的进展》，

《教师教育研究》,2008 年第 6 期。

[110] 刘新玲:《中国百年高等师范教育体制的演变及启示》,《黑龙江高教研究》,2001 年第 4 期。

[111] 谢安邦:《教师教育转型时期的体制创新和制度建设》,《教育研究》,2004 年第 4 期。

[112] 王建军:《中国师范教育百年简论》,《河北师范大学学报(教育科学版)》,2002 年第 4 期。

[113] 黄崴:《从"师范教育"到"教师教育"的转型》,《高等师范教育研究》,2001 年第 6 期。

[114] 李晓波:《教师发展:大学质量经营的内在核心》,《河北师范大学学报(教育科学版)》,2012 年第 2 期。

[115] 李晓波:《培育市场、教师、学生力量克服行政化倾向》,《高等理科教育》,2011 年第 2 期。

[116] 李晓波:《论现阶段我国高等教育公平与效率的结合》,《华东师范大学学报(教育科学版)》,2003 年第 4 期。

[117] 李晓波:《机制创新:高等教育大众化的必然要求》,《教育发展研究》,2003 年第 11 期。

[118] 李晓波:《大学教育要倡导科技与人文交融》,《教育与现代化》,2002 年第 4 期。

[119] 李晓波:《精心筹划 快速完成实质性合并》,《中国高教研究》,2002 年第 12 期。

[120] 陆道坤:《清末民初中国高等师范教育体制的"日本模式"》,《大学教育科学》,2012 年第 5 期。

[121] 陆道坤:《我国师范教育的三次学习转向与师范教育体制的演变》,《学园》,2008 年第 2 期。

[122] 陆道坤:《教育公平建设为基础 全面推进教育事业进程——解读"十七大"报告关于教育的论述》,《江苏教育研究》,2009 年第 10 期。

[123] 陆道坤:《简论中国高等师范教育史上的"美国模式"》,《大学教育科学》,2009 年第 6 期。

[124] 陆道坤:《规避"钟摆现象"实现中国式教师教育体制的新发展》,《教育理论与实践》,2010 年第 1 期。

[125] 陆道坤:《近现代我国师范教育的学费制度研究》,《复旦教育论坛》,

2007 年第 4 期。

[126] 陆道坤:《教师教育和谐发展论纲》,《江西教育科研》,2007 年第
8 期。

[127] 陆道坤:《近现代中国中等师范教育的演化发展》,《现代教育论丛》,
2007 年第 8 期。

[128] 陆道坤:《我国近现代师范毕业生服务期制度初探——以中等师范为
例》,《大学教育科学》,2007 年第 6 期。

[129] 陆道坤:《近现代中国高等师范教育演进的逻辑》,《学术交流》,2008
年第 1 期。

[130] 陆道坤:《20 世纪前半叶我国高等师范教育学费与服务期制度研究
及启示》,《中国高教研究》,2008 年第 3 期。

[131] 陆道坤:《制度的输入与体制的构建》,华东师范大学博士学位论文,
2009 年。

[132] Husen T. *The International Encyclopedia of Education*. Pergamon Press,
1985.

[133] United States Department of Education. *Reports of the Commissioner of
Education. 1870,1890,1910,1930*. http://www. ed. gov.

[134] Cubberley E P. The Certification of Teachers, in Fifth Yearbook of
National Society for the Scientific Study of Education. The University of
Chicago Press, 1906.

[135] Ladd A J. The Function of the Teachers College. *Education*, 1910.

[136] Bigelow K W. The Special Education in College of Potential High School
Teachers. Reports of the Five Committees of the Conference on The Edu-
cation of Youth in America, held at Teachers College, 1946.

[137] Curran T D. *Educational Reform in Republican China: The Failure of Edu-
cators to Create a Modern Nation*. Mellen Press, 2005.

[138] Elliott J. *Reconstructing Teacher Education: Teacher Development*. The
Falmer Press, 1993.

[139] Martin. The Myth of the "Fully Qualified" Bright Young Teacher. *Ameri-
can Behavioral Scientist*, 2012.

[140] Education at a Glance 2011: OECD Indicators. http://www. oecd. org/
edu/highereducationandadultlearning/educationataglance2011oecdindicat-
ors. htm.

后　记

　　"师者，国之重器也。""国之将兴，必尊师而重傅。""重傅"不仅在于要给教师必要的物质和精神上的支持与鼓励，更在于要重视教师的发展，使教师更好地在育人中育己。党的"十八大"对教师的培养提出了要求，指出要"加强教师队伍建设，提高师德水平和业务能力，增强教师教书育人的荣誉感和责任感"。提高教师为师之"德"以及"能"，使教师能够胜任其职责，是师范教育永不停止的追求。历史是一面镜子，以史为镜，可以知兴替。在培育教师之"德"、"能"的道路上，中国经历了百余年的探索，积累了丰富的经验。

　　中国百余年教师教育的发展历程是一个艰难而曲折的历程，也是一个不断探索、尝试以及创新的历程，因其复杂性和丰富性，断难以任何一部专著实现全面覆盖。我们的尝试，也仅限于"管中窥豹"，想以概要性的描述将百年师范教育历程浓缩于纸上。当然，实践证明，这一尝试往往只是提供了"管"，却很难"窥豹"。对于笔者来说，能够提供"管"，也是值得欣慰的了。

　　可以说，中国的教师教育发展历程，要比世界任何一国的教师教育发展历程都丰富多样，即便是其中的某个时代、某个片段，也是值得研究者大书特书的，更何况是历史的全貌。为了尽可能地兼顾中国各个时段的师范教育发展，我们对不同时段的一些特殊区域的师范教育作了单独的研究，如民国中后期的革命根据地、中华苏维埃的师范教育以及抗日战争中的内迁的师范教育、沦陷区的师范教育等都列入了研究范围。

　　当然，在写这部书的时候，我们也想到，单单描述中国的教师教育发展似乎仍然将研究面限于高墙之内。因此，为了向读者提供比照的资料，我们也对美国、英国、日本的教师教育发展作了简单的勾勒，以期为读者全面审视中国教师教育提供便利。

　　本书的基础是李晓波三年前写就的关于中国师范教育向教师教育转型的历

史回顾和展望的文稿，内容侧重于教育体制的转换。由于感到新意不多，故一直没有付梓出版。恰巧陆道坤博士加盟江苏大学教师教育学院，他在教育思想史方面的研究成果颇丰，对原来的文稿也表示出了兴趣，认为如能有师范教育思想流变的内容，会使文稿显得有血有肉。于是，他加入了大量教育思想史方面的内容和近年来教师教育改革的最新成果，同时删去了一些可有可无、人云亦云的章节。

我们所在的单位江苏大学是 2001 年 8 月经教育部批准，由原江苏理工大学、镇江医学院、镇江师范专科学校合并组建的以工科为特色的教学研究型综合性大学。学校的办学历史可追溯到 1902 年张之洞等人在南京创办的三江师范学堂。

江苏大学 2001 年合并组建伊始，就十分重视师范教育，并致力于推动教师教育模式的创新，在将本科师范类专业学生纳入相关专业学院招录和培养体系的同时，专门设立了教师教育学院。江苏大学教师教育学院是全国第一个以"教师教育"命名的大学二级学院，是江苏大学对办学传统的追寻与弘扬。教师教育学院承担了全校师范类专业教育类课程的教学、教育学学科建设和省级中小学教师、管理者培训的任务，致力于推动教师专业发展。

当前，我国教师教育已进入到历史性的变革阶段。各级政府和开办教师教育的高校都在深入贯彻落实教育规划纲要，积极推进传统师范教育向现代教师教育的战略转型，加快教师教育改革步伐，坚持提升层次、强化特色、改革创新，走以质量提高为核心的内涵式发展道路，推动教师教育进入以走向开放、提高层次、深化改革、完善制度、提高质量为主要特征的发展新轨道，为培养造就高素质专业化教师队伍，为各级各类学校建设高素质、专业化的教师队伍提供了强有力的支撑和保障，为促进教育事业科学发展作出新的贡献。

今年，适逢江苏大学办学 110 周年，本书的出版既是纪念，也是祝愿。

李晓波　陆道坤

2012 年 11 月 29 日于江苏大学三江楼